本书由上海文化发展基金会图书出版专项基金资助出版

会计思想史

A History of Accounting Thought

Chatfield. Michael　[美]迈克尔·查特菲尔德　著

文　硕　董晓柏　王　骥
黄梅艳　汤谷良　肖泽忠　等译

立信会计出版社
LIXIN ACCOUNTING PUBLISHING HOUSE

图书在版编目(CIP)数据

会计思想史 / [美]迈克尔·查特菲尔德著;
文硕等译. —上海:立信会计出版社,2017.2(2022.9重印)
　ISBN 978-7-5429-5242-4

Ⅰ.①会… Ⅱ.①迈… ②文… Ⅲ.①会计学—思想史
Ⅳ.①F230-09

中国版本图书馆 CIP 数据核字(2017)第 027951 号

责任编辑	孙　勇
封面设计	南房间

会计思想史
KUAIJI SIXIANGSHI

出版发行	立信会计出版社			
地　　址	上海市中山西路 2230 号	邮政编码	200235	
电　　话	(021)64411389	传　　真	(021)64411325	
网　　址	www.lixinaph.com	电子邮箱	lixinaph2019@126.com	
网上书店	http://lixin.jd.com		http://lxkjcbs.tmall.com	
经　　销	各地新华书店			
印　　刷	浙江临安曙光印务有限公司			
开　　本	670 毫米×965 毫米	1/16		
印　　张	22.5	插　　页	1	
字　　数	352 千字			
版　　次	2017 年 2 月第 1 版			
印　　次	2022 年 9 月第 4 次			
印　　数	4 301—5 400			
书　　号	ISBN 978-7-5429-5242-4/F			
定　　价	48.00 元			

如有印订差错,请与本社联系调换

译者前言

提起美国著名的会计史学家迈克尔·查特菲尔德博士,我国会计界恐怕并不感到陌生。他撰写的《会计思想史》一书,乃是世界会计学园地的一颗明珠,被推崇为具有国际水平的会计史学名著,其中"在内部管理、预算和审计程序方面,中国在古代世界是无与伦比的"这一名言,已被我国会计学者和审计学者广为引用。

1934年6月13日,查特菲尔德教授诞生于美国首都华盛顿。他1957年毕业于华盛顿大学,获企业管理学士学位;1963年,获硕士学位;1966年从俄勒冈大学荣获博士学位。他先后执教于俄勒冈大学、新西兰坎特伯雷大学和美国加州大学等著名高等学府。他潜心研究学问,一直独身未婚,在会计史、成本会计、管理会计、审计和会计理论的研究和教学方面,均有较深的造诣。他的著作,举其要者有《成本会计》(1983年)、《英国人对会计师义务和责任的观点(1881—1902年)》(1978年)、《会计思想史》(1974年,1997年修订版)和《会计思想史研究》(1968年)。现在,他应数家出版社之约,正在编著或合著《成本会计》《管理会计》《会计理论的本质》和《实务会计研究》等书。在这些专著中,以《会计思想史》一书最具世界影响。

《会计思想史》的特色主要有四:

第一,作者采用宏观分析方法,在文明和经济两大背景下,为我们精彩地描绘了从文明古国到20世纪70年代会计发展的基本轮廓,是西方世界较有影响的会计思想发展通史。正如题目所示,它不是笼统地介绍会计发展的所有问题和事件,而是从纷繁迷乱的会计发展变化中找出那些具有代表性的、影响较大并已形成趋势的会计思想加以论述和评价,充分地显示了他驾驭丰富庞杂的资料的能力和分析力。

第二,作者采用"厚今薄古"的方法,对古代会计发展轻轻一笔掠过,而对产业革命前后财务审计、管理会计和会计理论的发展,则进行了浓墨重彩的论述。他尤为重视历史问题与现实的相关性,主张针对现实撰写会计史。

这一点是查特菲尔德教授与其他会计史学者的显著不同之处。

第三，著者在书中引用的史料极为丰富。不仅有大量的最新的会计史料，而且有许多涉及政治、经济、管理、法律和档案的历史文献。他在论述会计思想的演进时，对一些重要的史料、事件和言论，总是尽可能地指出其出处来源，并在综合研究的基础上，得出最可信的结论。

第四，作者在本书中提供了不少关于古代中国会计和审计发展的资料，并表达了对古代中国优秀会计文化的崇敬之情。这在西方会计史学专著中还是第一次。

总而言之，《会计思想史》一书一方面继承了以前会计史学家们的会计史学传统，同时又在内容和体例上增添了新鲜血液，因而大获成功，在世界各国享有盛誉。1977年，该书修订版问世。第二年，日语版在日本东京问世。1985年，韩语版在韩国汉城问世。1974年，本书荣获美国会计史学家协会颁发的会计史学最高奖——时杯奖（Hourglass Award）。对于我国读者来说，本书堪称了解会计思想演进过程的最佳文献。

为了翻译出版这部名著，迈克尔·查特菲尔德教授、北京商学院黄肇兴教授和张以宽教授、中央财政金融学院李天民教授、北京经济学院陈今池教授和日本名古屋商科大学津谷原弘教授给予了有力的支持。各章译者、校者均于章末署名。

译文若有错误之处，恳请读者批评指正！

文　硕

2016年11月

中 文 版 序

会计人员对会计史感兴趣,与其说是出于学术上的需要,毋宁说是出于实用上的需要。他们想了解会计职业的过去,常常是因为它影响到他们本人的现在和未来。所以,本书论述的是会计思想的历史,而不是会计史实与事件的编年史,旨在将会计史料整理成册,以揭示当今会计问题的历史渊源。

全书共20章,涉及4 000多年的簿记历史,其重点放在20世纪。主题的选择是基于这样的愿望确定的,即它能反映会计的重要进展。不过,本书并不打算给每一主题以同样多的笔墨。每章末还列有参考书目,为各专题资料来源提供参考。

文艺复兴时期的人文主义者认为,历史研究乃是哲学研究的范例。我们或许还应该添上一句:会计史研究为探讨当代会计问题,提供了论坛。

迈克尔·查特菲尔德
1988年5月,于美国加州大学

著 者 原 序

随着美国大学对学生进行实务教育的兴旺,会计史作为研讨会的课题和专题研究活动的出发点,正受到人们的关注。然而,这些主要的资料却遍布在浩如烟海的著作和定期刊物中。现在,只有藏书丰富的大学,才能适当开设会计史课程。本书的编著,旨在将会计学史的基本原理整理成册,以展示它们与现代会计学问题的关系,让读者对会计思想的发展概况有一个全面的了解。

本书以专攻会计学的学生为对象,进一步探讨已广为人知的概念深度和逻辑框架,为会计理论、审计学、成本会计和国际会计的研讨会提供资料,并追寻它们发展到现在的轨迹。而且,它还为那些不满足于日常基础课程学习,而在理论研讨会上又感到知识不足的研究生们提供会计学的初级课程。本书并不要求读者具有基本会计学以上的专业知识。

要将这一主题的所有方面辑为一册,显然是不可能的,因而有必要限定在几个专题上。正如本书题目所示,本书与其说是事件的编年史,或事件的汇总,毋宁说主要是思想的历史。探讨与现代问题的相关性,乃是本书内容的主要尝试。所以,本书注意将最近的事件与历史上有关时代的事件进行了对比说明。较之以前出版的会计学史专著,本书对于复式簿记的发展轻描淡写,而将浓墨泼在十八、十九世纪,当时,已开始出现现代会计技术和会计理论。而且,本书主要介绍那些对当时的经济发展有重要影响的国家。在文艺复兴时期,几乎以意大利为主;在17~19世纪,主要介绍英国;在20世纪,主要介绍美国。当然,这并不是说,这些国家采用的会计方法具有广泛的代表性。一般而言,这些国家是处于指导地位的、革新的国家,与战争一样,从各时代处于支配地位国家的角度考察,是最易于理解会计史的。

本书由三编组成:第一编由七章组成,论述巴比伦时代至现代簿记编年史;第二编论述产业革命以后会计理论的思考,包括科学管理、系统的成本核算、审计学、预算控制、现代税收和会计职业的兴起。第三编是会计理论的历史,追溯和分析会计原则的演进。

每章后均列有注释和参考文献。在R·H·帕克的《管理会计:历史展望》(1969年)和拙著《会计思想史研究》(1968年)二书中,可以发现更全面、更详细的会计史参考文献。

在本书手稿的修订过程中,笔者得到理查德·P·布里夫、约翰·W·巴克利、理查德·杭伯格、克里斯·J·卢纳斯基和丹尼尔·L·麦克唐纳德诸位教授的意见和建议,在此深致谢忱。

迈克尔·查特菲尔德
1976年12月于加州海沃德

目　　录

第一编　会计基本方法的发展

第一章　古代社会的会计 …………………………………… 3
第二章　中世纪的会计 ……………………………………… 21
第三章　复式簿记在实践中的发展 ………………………… 35
第四章　帕乔利和威尼斯式簿记 …………………………… 50
第五章　帕乔利以后的复式簿记 …………………………… 58
第六章　会计账簿和财务报表的演进 ……………………… 73
第七章　股份公司的出现 …………………………………… 88

第二编　工业时期的会计分析

第八章　工业企业的会计问题 ……………………………… 101
第九章　英国的会计规则和审计 …………………………… 126
第十章　美国审计的发展 …………………………………… 141
第十一章　会计职业的发展 ………………………………… 163
第十二章　现代成本会计的起源 …………………………… 179
第十三章　决策的成本分析 ………………………………… 198
第十四章　政府预算与企业预算 …………………………… 213
第十五章　会计在所得税中的作用 ………………………… 227

第三编 会计理论史

第十六章 会计理论：企业的观点 ………………………… 243
第十七章 资产计价概念的变迁 …………………………… 260
第十八章 收益实现和计量 ………………………………… 288
第十九章 公布报告中的披露 ……………………………… 306
第二十章 假设和原则 ……………………………………… 323

第一编
会计基本方法的发展

第一章 古代社会的会计

一、会计与社会的发展

人类思想的进步在一定条件下可以决定社会的发展,社会的发展同样可以决定人类思想的进步。所以,人类思想与生活环境之间,有着明显的关系。通过考察这种关系的演进过程可以看出,会计的发展是反应性的,也就是说,会计主要是应一定时期的商业需要而发展的,并与经济的发展密切相关。一般地说,文明的水平愈高,簿记方法就愈精湛。随着记账必要性的增强,会计资料促进或妨碍经济发展的能力也增强。

有时,新的会计方法可以改变产生它的环境。例如,复式簿记的出现促进了大型企业组织的发展;在文艺复兴时期,采用复式簿记的某些德国城邦,较之采用传统的单式簿记的邻近城邦,其发展迅速得多。[1]在20世纪,美国公证会计师的地位提高了,因为随着企业从向银行取得贷款,转向通过发行股票向一般大众筹集资金,其成功与否取决于投资者对所公布财务报表的信赖程度,人们对财务报表的内容加强了控制。

将会计作为社会经济发展的一面镜子的观点,是很有意义的。我们对古代社会日常生活的许多知识,都是通过当时的会计账簿了解到的。爱德华·吉本(Edward Gibbon)认为,现在,我们了解罗马人的最大遗憾,就是皇帝奥古斯都向元老院提出的预算表已被毁坏。[2]古代的收支表由于具有客观性,且详细地反映了年代史编者认为不值得记录的事项,因而常常比那些精心编写的文书更能说明问题。相反,为了检验现在采用的会计原则和会计方法的正当性(至少是妥当性),应采用这种追溯历史轨迹的方法。

会计史上具有决定意义的事件,乃是复式簿记的出现。卢卡·帕乔利(Luca PaCioli)于1494年论述的"威尼斯式簿记法"已经包括了现在正在使用的簿记的绝大部分要素,但是,这种复式簿记法又全然不同于以前存在的簿记方法。所以,会计史可以分成两大不同的时代,即复式簿记出现以前的500年和复式簿记出现以后的500年。这两个时代截然断开,前一时代的事件看起来似乎只具有某些历史意义,与现代会计上的问题没有什么联系。

实际上,古代世界所遇到的记账、控制和检查之类的问题,在许多方面与现代有共同之处。在每一个发达的社会,进行会计记录,乃是各个时代的持续不断的要求。无论哪个政府,均须正确地记录收入和支出,其余是征税,经常受到严格的控制。私人财富的积累导致了受托责任会计的产生。这种会计不仅应保护物质财产的安全,而且应证明管理这些财产的人是否适当地履行了他们的职责。调查受托者的诚实性和可靠性的需要,使内部控制成为所有古代簿记制度的主要特征。为了揭露由不诚实和疏忽带来的损失,还存在某种形式的审计手续。这些均是古代会计的本质因素,但它们不能说是全面的,甚至在公元前古代会计已发展到最高峰的巴比伦、埃及、中国、希腊和罗马,簿记员也面临着必须对委托人承担会计责任的问题。当时,这些文明古国的大多数人是文盲,记录材料成本较高,计算方法也不太简便,而且,在大多数情况下,货币并没有成为价值尺度。可以想象,这样产生的会计资料显然是既费力又费钱的。

二、巴比伦和亚述

约7000多年以前,迦勒底—巴比伦、亚述和苏美尔的文明产生了可能是世界上最早的有组织的政府、最古老的文字和流传下来的最古老的商业记录。[3]定期的洪水泛滥,在两河流域之间形成了一片特别肥沃的耕地。各种商业和小型工业在各城市创建,范围广泛的商业在美索不达米亚流域内外发展起来。当时,至少存在两家钱庄,而且,在商人中间还存在包括金银标准计量单位在内的计数法。人们已理解了信用原理,普遍采用从甲地签发汇票到乙地支付的方法。巴比伦和尼尼微以"商业中心"而闻名遐迩,巴比伦语成为近东地区商业和政治的通用语言。尽管世界上最古老的商业文书出现在公元前3500年以前,但可以推断,记账在公元前4000年左右就开始了。[4]

根据所有的资料考察,巴比伦人由于爱好组织管理,所以对簿记工作非常重视。[5]他们居住在人口稠密的流域,这些肥沃流域的命运取决于复杂的水利灌溉系统。苏美尔是神权国家,那些早期的统治者被认为是"神的地主管者"(bailiffs of the gods)。在这一权限下,他拥有大部分土地和家畜。无论是管理者还是被管理者,均得向超自然的神,呈报详细的"受托责任账户"(stewardship accounts)。[6]正式法典对记录商业上的经济业务起到了促进的作用,其中最著名的是《汉谟拉比法典》。汉谟拉比是巴比伦时代的第一位国王。该法典要求替商人销售商品的代理商应向商人报送反映价额的契约证书,如果不这样做,契约的实施便失去法律效力。对于每一笔经济业务,即便是最小的交易,亦需由起草契约书的当事人和证人署名盖章,这已成为惯例。

在国王有时炫耀自己具有读写力的这些国家中,商业和公共管理的记录官(scribe)是绝对必要的,人们称之为今日的会计师的前身。[7]这些记录官与会计师的职能相类似,但范围更为广泛。他的职责不仅是在文书上反映商业经营业务,而且在签订商业合同时,还要监督是否遵守有关法规。这些"公共"记录官居住在城门附近,签订合同的当事人来到这里,如果彼此达成协议,就应将他们的经营业务的内容向该记录官说明。然后,记录官用一根与铅笔一样的带有三角形粗针的木棍,在湿润的小黏土板上记录该合同,其中应包括合同当事人的姓名、收支内容,签订的协议和其他必要的细节。为了避免由于大众不识字带来的不方便,就让每人在脖子上戴着其主人署名的护身符(死后与本人随葬)。经营业务的当事人和证人应在粘土板上画押署名,记录官记下他们的名字,记录即告结束。[8]对于重要的商业业务,需用黏土烧制成板,其他的在太阳下晒干即可。

合同写好并经署名后,记录官有时将记载好的契约粘土板装入一块用粘土制成的类似信封的薄片之中,然后只在薄片上刻上契约当事人的姓名并盖上印章,这样既能鉴别黏土板的内容,又能保守秘密。但是,倘若要防止有人篡改该黏土板的内容,就应在信封上再次记录一次契约内容,然后署名,使外层成为复制的副本。由于里外的内容是一致的,所以,无论对外层的黏土板进行什么样的窜改,均可通过与里层的记录事项对比查明。而且,只要不打破外套,任何人要想改动最初的黏土板都是不可能的。所以,要想有效地伪造契约的内容,必须同时改动里外两层并署名,方能达到目的。

巴比伦神殿,以及中央和地方政府雇用了数百名记录官作为行政官。现存的大量黏土板上的神殿账户反映了收支、工资支出、现金收入、贷款利息和不动产交易之类的经济事项。[9]神殿和国库将记录官作为祭品和税收的征集者派到远离帝国的地方。这些记录官先得自己承担差旅费,然后得到补偿。当时反映津贴的黏土板相当于现在的经费账户。什一税和财产税通常以实物支付,所以,谷物、家畜和其他农产品每天都被收集于全国各地的仓库。这些仓库如果不迅速加以处理,就会超储,或因损耗构成损失。记录官应在货物运到时,对它们的种类和数量给以反映,并通过销售,使用和储存进行管理。他们还定期对资产进行盘点,并根据收入和支出的商品,编制义务和履行报告书。由此可见,当时已存在王室检查和审计的证据。[10]

三、埃　　及

尽管采用纸草作为书写材料使记录会计事项变得容易,并使广泛利用辅助凭证成为可能,但只有埃及官厅会计的发展从大体上讲与巴比伦相同。国家的维持取决于王室财政,因而,各地的仓库收纳了以实物支付的贡税,并将不易腐烂的物品转送到中央国库。由于帝国是通过记账巩固下来的,所以,记录官再次成为"国库和其他部门等所有机构顺利发挥作用的枢纽。"[11]各仓库的记录官仔细地反映关于收支的详细情况。无论谁,没有支付命令书,均不得从仓库中提取货物。而且,通过建立严格的内部控制制度,财产的安全性得到进一步的提高。按制度规定,一个官吏的记录必须与其他官吏的记录相一致。记录官登记的会计账簿须由仓库监督官加以检查,如有严重的违法行为则以断肢或死刑处之,因而会计记录的准确性是值得信赖的。

令人难以理解的是,这些记录虽然非常重要,但方法非常简单。埃及和巴比伦的簿记在早期文明阶段发展迅速,而在以后的几千年却停滞不前。他们的收支记录只留停在目录的形式,因而不能视之为现代意义上的可以纳入资料积累范畴的计算书。一些人认为,之所以不需要更好的方法,是因为这些文明古国经过早期发展阶段以后,没有发生什么变化。[12]但这种观察仅仅是用未经证明的假定来讨论问题而已。在多数人均是文盲且缺乏统一交换媒介的社会里,对于簿记方法的选择总是有限的。他们从未使用货币,只是使用过标明纯度和重量的金属。[13]他们的会计只反映商品的变动,但不将金银作为价值的尺度,仅仅处理作为交换手段的实物。通过某一种实物是不可能反映所有的货物的,所以,累积和相加非常困难,至于统一的会计制度,事实上也是不可能的。由物物交换产生的文明压抑是无法阻止的。这种情况在安达曼群岛的居民之中仍存在。他们携带剩余财产来到市场,等价交换自己想得的物品。为了达成一笔这样的生意,有时在市场上一蹲就是几天。

可以想象,具有货币观念的人,即便不拥有货币,也不会作出上述的行为来。殖民地时代的美国经济,在许多方面较之古代埃及的经济更加落后。商业尤具地方特性,国内交通系统不发达,绝大部分土地也不肥沃,只有农业方法稍好一些。英国人不允许铸造货币,致使货币极为缺乏,直到1820年,商业交易仍然是主要通过实物进行,而不是货币。当时,人们发明了一种以簿记为媒介的物物交换制度,即以时间之差进行的物物交换制度,以代替货币。[14]例如,牛奶商每天向裁缝赊销牛奶,年终时就可以得到一套新服装。从一方面看,这一制度要求当事人双方均应具备读写能力,以及按同一交换媒介登记会计账簿的能力。从另一方面看,这种制度与在古代社会看到的制度一样原始。它只需要记录,至多是记余额,而没有汇总全部账户的必要。总账主要由人名、借方和贷方组成。当时没有单独计算收益的尝试,经营成果通过资产的增加进行测定。尽管复式簿记已为人们所了解,但很少采用。

四、中　　国

在古代社会,中国会计的发展较之近东国家,似乎更加缓慢,持续的时间更长。在周王朝时代(公元前1122～公元前256年),官厅会计发展到最高峰,在19世纪复式簿记技术引进之前,这种会计制度几乎没有任何改进。

周朝是中国历史上第三个王朝,也是存在时间最长的朝代,在这一期间,疆土得以扩大,无论是文学或哲学,均迎来了黄金时代,孟子、老子和孔子(据说他们曾是政府的会计官)就是在这一时代涌现出来的。周王朝继承并确立了源于夏王朝(公元前 2206～公元前 1766 年)和商王朝(公元前 1766～公元前 1122 年)时代的财务管理和会计责任的概念,它们使用于铸币,而且,货币机构和产品交易所发挥着相当于中央银行的作用,负责进行贷款,并收购滞销货物,以谋求产品市场的稳定。在内部控制、预算和审计程序等方面,周代在古代世界是无与伦比的。[15]

较之公元前的任何国家,中国人早就将公共财政列入行政事务部门。在这里,会计主要用于评价政府计划的成功程度和官吏的工作效率。小宰是周王朝财政工作的中心,负责征收岁入,并将它们作为通常经费,分配给其他的政府机构,批准所有的支出,并在各会计年度末编制收支计算书,汇集各路财源并形成一个精悍的基金系统。为行政监督提供了方便。用现代的术语来说,该系统包括:制订最高税率的总收入基金;由海关没收进口物品构成的福利基金;由国家余粮构成的救济基金,汇集其他的所有基金盈余,以抵补预算支出赤字和应付预算外需要的储备基金。此外,还有各种特别收入基金。公共事业、王室家计的维持、外交使节、工资和公共活动,均定期纳入预算,并据以支付资金。这一制度不仅为特定的目的准备一定的资金,而且,各项基金通过各自的征税和贡赋来筹集资金。从这一点上讲,这是一种惊人的方法。

大宰对预算编制过程和各政府部门的现场审计承担全面的责任,但是,他将二者的具体工作责成司会部门掌管。作为预算周期的第一阶段,各不同职能部门分别提出关于人口、收成情况和生产过程的资料,其中以当时的人口普查数字尤为重要。记账监督部门提供收支表、地图、各种职业的人口表、生产工具数量和种类,以及天然资源的概算表。政府粮食管理部门主要报送关于收成预测的报告书。主管部门再根据该报告书决定在这个农业帝国可以实施的实物税率,并决定政府计划的扩大或缩小。大宰取得这些资料以后,随即对国家财政问题作出重要决策。这一决策应在一月内作出,因为大宰应在预算年度开始前一个月,在封建国家的诸侯和政府官吏面前,发表施政方针演说。施政方针一旦确定,大宰便确定各种贡赋的数量、征税的细节和总收入基金。这一预算完全是一个行政上的文书,当时还没有立法部门。

中国人采用阴历,1年分为12个月,每月29天或30天,并将每月分成3段,每10天为1旬。所以,在预算周期中,应作成旬报、月报和年报。旬报是解释地反映现状,由司会按随机抽样法加以审查,月报和年报则应接受详细审查。而且,各政府机关应作成反映其政绩的年度报告,它们亦需由大宰加以审查。这种审计通常重视官吏的工作成绩,可以视为辅宰(Assistant Minister)三年一度对官员进行考核的预备审查。这种官员考核确定哪些人应被提拔、褒奖,哪些人应被降级、处分和公开谴责。大宰负责审计和编制预算,所以,在执行自己和上级大库交给的任务过程中,大宰处于微妙的立场。周王朝通过让大宰处于比大库更高的地位,解决了这一问题。所以,在这种崭新的独立体制下,大宰可以站在公正的立场,毫无恐惧地对负责财政事务和资金管理的官吏进行审查。

五、希　　腊

公元前5世纪的雅典人进行的公共行政管理,与前述的文明古国不同,当时公民对政府财政和官僚政治拥有真正的权力。支山额由法律确定,公民大会的成员掌握财政立法,对公共财产的收支加以管理。10位政府的会计官通过抽签任命,负责记录所有的收入,并编制政府的财务人目录。由于最高官员甚至也承认公民的主权,所以,人类历史上第一次出现了财务公开的重要概念。为广泛地保持公共性,某些账户被刻在石头上向公民公开。尽管如此,舞弊行为似乎也经常发生。每位政务官的记录在卸任时均应接受政府审计官的审查。"不报送自己账目的官吏不得出国,不得向神祭献财产,不得贡献神圣的祭品,不得作成遗书,甚至不得成为养子。"[16]

正如巴比伦将产品和商业集中在神殿一样,雅典大多数公共财富也以"神的财产"的名义积聚在帕特农神殿和其他神圣的建筑中。但是,希腊的神殿财产由国家而不是由僧侣管理。通过将剩余资金交付于神的手中来设立不动准备金,以应付意外事件,是适当的。但是,无论是从哪里借钱,还是将钱存放在神那里,雅典城邦实际上都是债务者和债权者,所以,这些金额的变动实际上都是簿记处理。[17]民众任命出纳官(treasure)和僧侣,新任官吏就职之前,应对神殿财产进行年度盘存。雅典政府的财政制度对于管理地方收入来源非常有效,但管理海外业务失灵了。向附属城邦征收贡物的大权通过投标方式卖给了包税人。[18]

希腊对会计发展的最大贡献是早在公元前630年就发明了铸币。[19]当通过货币单位来登记会计记录时,簿记就变得专业化了,这在商业会计的场合尤为如此。但是,D·S·克罗依克斯(De Ste. Croix)指出,私人会计通常很难比公共会计记得更好。[20]货币的使用在希腊社会慢慢地扩展开来,并逐渐影响到会计。但是,身份低的人依然是文盲,所以,经营业务大多是由本人直接参与,当场结算。普通的希腊人除债权债务以外,没有感到簿记存在的必要性。尽管希腊人和后来的罗马人通常以货币作为通用的计算单位,反映他们的全部财产和交易,但他们也常常不这样反映经济业务。他们有时以实物数量反映实物财产,以货币单位反映货币财产,而且,不同城邦的货币混记在同一会计账簿中。希腊金融业似乎较之其他古代国家都要发达。所有的银行家都登记会计账簿,但这些账簿可能是为了在法庭上作为证据提出。他们兑换货币、借款,接受存款,作为中间人和委托人活动,而且,通过向很远城邦的代理人发出支付命令书,为顾客提供现金汇兑业务。[21]

上千份芝诺纸草(zenon papyri)包括几乎全部希腊、罗马时代遗留下来的账户。公元前256年,埃及是希腊的行省。当时,芝诺是托勒密二世财政大臣阿波罗尼奥斯的庞大的私人财产的管理者,他引进了责任会计制度。该所有地的各部门(如葡萄园、农场、粮库、家畜、家计和行政单位等)由监督官员负责,这些监督官应每天或频繁地报送会计账簿。所有经营业务均形成文字,最后的记录是按相同项目汇总,算出总额并系统地编制而成的。所有的会计记录经芝诺或他的助手批准后,再加上标签归档。各部门的单据定期在类似总现金账户和商业账户上汇总。其中,资产一旦取得和出售,就应作相应的增减记录,也可以记录现在的余额。而且,编制月度、年度和三年度汇总表,所有的账户均接受审查。由于纸较为便宜,所以,管理容易,可以编制广泛的备忘记录。芝诺账册较之已知最早的复式总账,其记录更为详细,尤其是原始凭证和辅助记录。[22]

芝诺档案是公元前5世纪希腊采用的会计制度的表现。当时的这一会计制度在地中海东部和中东普及开来,后又由罗马人采用并修改。[23]芝诺是一位有才能的行政官。有证据表明,他的账户在同类会计账户中是首屈一指的。但是，这些会计账户也有不足之处，而这些不足主要是它本身造成的。芝诺之所以记账，并不是为了向外界报告，也不是用于计算税额或尽可能多地创造和确定不动产收入，而是为了揭露主人的雇员和其他使用财产者的盗窃、欺诈和效率不高所带来的损失。他的最大目的是通过管理这些人来保护财产。他详细记录和审查收支事项，甚至包括使用的铁钉价格。受托责任和稳健主义在这些账户中反映了出来，但是，没有产生重要的概念。当时，一般的希腊账户采用文字叙述式会计记录法反映经济业务，收支经常相混。现代的读者经常对这些会计记录缺乏分类以及很少运用计算表而感到惊讶。当时，会计记录非常详细，但几乎没有积累资料的尝试，所以，人们怀疑在古代社会是否存在真正的系统的会计制度。[24]银行家、商人或土地管理人对每一个人进行的经济业务加以反映，但是，每一笔经济业务都是分别处理的，没有必要记入其他的会计账户。

希腊人和罗马人没能作成统一的会计账户，与没能利用会计进行决策比较起来，其损失当然要小一些。他们没有像成本会计那样的制度。[25]一般认为，土地的记录对于评价以销售为目的的财产来说，是没有帮助的。在土地账户中，没有按产品分别反映生产费，所以，土地所有者没有适当的手段去判断在生产不同作物时的替换成本或利润。他们没有区分资本支出和营业支出，所以，芝诺的记录无法判断进行设备投资的收益性。而且，没有分离劳务费，也无法测定在使用多数或少数劳动者时对于特定农作物所产生的影响。当然，这样简单地比较现代和古代的方法，对于那些对保护财产感兴趣，而对财务测定不感兴趣的会计员来说，是不太适当的。但是，从更广的意义上说，无法系统地分配资源，无疑增大了希腊和罗马社会的经济缺陷。直到工业革命以前，还没有采用比不动产会计更优秀的方法，当然，造成这一状况的原因，并不仅仅是落后的会计技术。[26]

六、罗　　马

罗马政府和银行家的会计账簿是从完善家长登记的记录开始的。家长的账簿有二：一是逐日反映家计收支的日记账(adversaria)，亦称备忘录和流水账(daybook)；二是按月转账的现金出纳账(codex accepti et expensi cashbook)。由于法律要求纳税者作成关于所有财产和财务的计算书,而且,市民的公民权在某种程度上取决于他所申报财产的数额;所以,家长的账簿是重要的。[27]此外,仅通过登记各自的会计账簿,就可以使两者之间的合同成立,以前的收支一览表的方法就逐渐扩展到包括实际的现金支出和财务的确认两个方面。[28]

罗马元老院在共和国之下,以人民的名义控制着货币铸造和国家财政。最初,命令支出的权限授予执政官(Consul),但到公元前443年,又移至监察官(Censor)之手,由监察官全权负责国家的财政管理。岁入和岁出由少数财务官(Quaestor)负责,他们管理国库,支付军队费用和管理政府会计。在财务官的监督下,国库记录官(Treasury Scribe)记录相当于家长的流水账(adversaria)的日记账,每月往类似现金出纳账(codex)的记录簿结转。他们还记录年度目录(calendarium)那样的债权债务记录账。而且,在各财务官之间,还确立了一套复杂的检查和复核制度。在从国库支付金钱之前,要求出具认可书和正式的支付命令书。通常,管理现金的官吏不拥有这种批准支出的权力。公共会计书由财务监督下的审计官检查,财务官在卸任之前,应向元老院和继任者报送账目。[29]

城邦的财政制度由于元老院、监督官和财务官分享权力,已逐渐不能适应管理帝国的财政活动或连年不断的征服战争的需要。[30]事实上,从共和国向帝国的转移,部分地是为了迎合中央集权化管理国家财政的需要,从表面上看是共和国,实际上立法机构的权威已经丧失,财权和政权已集中到行政部门。所以,朱利亚·恺撒亲自对国库进行监督,而奥古斯都皇帝则对国库的财政组织进行了全面的改组。在他的改革中,最重要的是为了协调帝国的财政活动,进行了年度预算,并量入为出,根据支付能力适当地决定征税额的分配比例。公元292年,戴克里先皇帝将帝国分为14个郡,每个郡由许多相连的行省组成。各行省的长官应对自己的郡长官承担纳税的义务,郡长官对4名高级执政官中的一个负责,这些执政官是皇帝财政的私人代理人。在皇帝决定各高级执政官提出的收税数额以后,执政官立即颁发有关应征收税款分予各行省的命令书,各级地方官吏再将这些金额进一步分给下级官吏。尽管地方的会计记录被用于检查税收额,但罗马人并没有真正解决内部控制的问题。这一制度经君士坦丁大帝及其后继者修正,一直沿用到公元476年西罗马帝国的灭亡。[31]

在古罗马最先进的商业账簿中,只采用左右对照账户形式的,是由银行家和代理人记录的会计账簿。银行家设置了3册账簿,即随时反映发生的经济业务的日记账和现金出纳账,以及对从日记账结转过来的资料加以分类,实际上相当于人名总账和记录簿的顾客总账(liber rationum)。这些记录通常均记在涂着蜡的木板上,所以,我们对这些账簿的确切形式不甚清楚。据了解,罗马的银行家按各位顾客姓名设户,并定期结账。[32] 倘若银行家尚有许多未偿还的贷款,存款人也借款,或者债务人按分期付款形式还款。那么,这时尤有更细心地记录顾客总账之必要。迅速确认顾客余额的必要性和贷款金额与偿还金额自然两重性的存在,导致了这样的会计制度的产生,即收入和支出作成两笔,一笔记入一个账户的贷方,另一笔记入另一账户的借方,从而使顾客账户以左右对照的账户形式反映每位顾客的借贷。P·卡兹(P·Kats)支持这一观点,坚持认为罗马的银行家已经掌握账户的汇总方法、账户余额的结转方法,通过对销记录勾销会计记录的方法和将借方余额从一位顾客的账户转移到另一顾客账上的方法。[33] 然而,现在并没有证据表明当时存在记录的两重性和通过借方、贷方进行增加或减少的数据积累型账产。[34]

采用左右对照账户形式的另一种账户是代理人账户。富裕的罗马人任命管理人将剩余资金用于投资,由特别的助手登记这些特别的会计账簿,这些特别的助手通常是受过良好教育的奴隶。卡兹认为,在这样的情况下,代理人报送会计账目的责任,必然产生出一套可以使主人马上把握自己的经营状况和检查与"主人账户"内容是否相一致的簿记制度。[35] 特别的助手在收到投资资金时,一方面将收到的款项记在现金出纳账的借方;另一方面记在主人账户的贷方。在为获取利息而放款时,一方面在现金出纳账户的贷方反映;另一方面在人名账户的借方反映,在偿还贷款时,这笔记录反过来记。将钱还给主人时,一方面记在现金出纳账的贷方;另一方面记入主人账户的借方。所以,通过结账,便可以得出代理人现在的余额。从这一意义上讲,主人账户是其他所有账户的对应和综合账户,类似于现代的受托者账户。倘若真是采用了这样的方法,那么,就在记账中引进了两重性因素。但是,它没有涉及正式的会计等式、资产与负债的平衡和损益账所反映的经营成果,而仅仅是便于汇总的两重记录。[36]

D·S·克罗依克斯反对这一推论。他认为,在罗马时代,簿记方法没有取得重大发展。[37]罗马人采用了汇总零用经费的技术和账户之间相互参照的技术。据现存账户记录可知,当时确实存在左右对照的账户形式。[38]但是,典型的罗马人的账户,采用的是文字叙述式会计记录法,没有编制数字表,也没有对收入和支出进行分类。而且,当时不存在借方和贷方概念,只是将数值记入相关账户中的两个不同的栏目,没有达到将借方记录和贷方记录进行分类的程度。[39]他们没有建立一套将作为复式记录本质的实账户和虚账户结合起来的制度,甚至没有建立统一的单式簿记制度。罗马人记账的动机,并不比巴比伦人更强烈,他们记账的主要目的是为了揭发由于舞弊和效率不高所带来的损失,所以,上述的一切均是不必要的。

七、古代簿记和现代簿记

关于古代和现代会计的差别,只要我们考察一下没有采用复式簿记的复杂且原始的罗马经济,自然就会明白。为什么在这样大的帝国灭亡近1000年以后,复式簿记才首先在意大利北部的城邦产生呢?复式簿记要求有一个可以整理和汇总会计资料的框架。但是,最早采用复式簿记的人似乎对这种秩序井然性和综合性并不感兴趣。而且,当初,复式簿记未被用于总利润计算,也不作为主要的决策辅助资料,没被用来编制计算书。早期的使用者似乎看到了它主要作为记忆辅助的价值。[40]这一优点也为罗马人所理解。没有理由认为中世纪的商人比他以前的商人更有才能,在某些方面,他的活动范围却更为狭小。古代社会和文艺复兴时期的会计环境之间无疑还存在着其他的差别。A·C·利特尔顿(A·C·Littleton)在《20世纪以前的会计发展》(*Accounting Evolution to 1900*)一书中,提出了系统的复式簿记产生的七项必要条件:

> 书法,簿记首先是记录;算术,簿记是由连续计算组成的,私有财产,簿记只反映关于财产和财产权的事实;货币,货币经济,簿记只有以货币作为共同的计量单位,去反映所有的关于财产和财产权的经济业务,才得以成立;信用,即未完成的经营业务。倘若所有的经济业务当场结清,就不存在反映交易的刺激;商业,仅仅是地方性贸易,尚不会产生足够的压力,使人们会将各种不同的概念综合成一个系统的方法;资本,没有资本,商业就是小

宗买卖,信用交易也就不会产生。[41]

这些簿记发展的必要条件,在古代社会均以某种形式出现过。但是,甚至在文明最发达的社会,也没有出现复式簿记制度和相类似的簿记制度。由于文盲众多,所以,凡事形成文字的可能性不大,而且,货币经济从未以健全的形式存在过。从这一意义上讲,希腊与罗马是过渡的社会,货币资产通常按货币单位记账,同时,盘存资产和其他资产经常按实物单位记账。在每一个古代社会,都存在算术,但均没有开发出计算技术的简易方法。希腊—罗马会计(Grecco-Roman accounting)发展迟缓的基本原因在于它们的记数法制度。[42]这一制度之所以落后,一部分是因为存在各种各样数字使用符号(希腊人使用 28 个符号),一部分是因为希腊人和罗马人尚不知道只通过位置法来表现数值的方法。缺乏这种位置法,就不存在各栏排列数值的刺激,因为它们无法像阿拉伯数字那样能自上而下进行加法运算。所以,那时候,收入栏和支出栏没有分设,不存在借方和贷方的概念,当然不可能产生复式簿记。

财产权在古代社会显然存在,但是,通过征服和奴隶劳动而获得的财产通常用于非生产方面。[43]这种资产的受托管理责任,会产生财产目录和收支计算书,但很少进行收益计量。财富是充分存在的,但没有明确地将资本的概念作为一个生产因素来理解,也没有体会到由选择使用资产带来的成本和利润这样的会计的必要性。古代社会的商业没有产生出复式簿记。公元前的大多数社会是以农业为主体的自给自足的社会,普通人很少具有购买力,商品的供给量少,交通也不发达。通常的交换方法是物物交换,经济业务当场结清,所以,不需要簿记。当时存在一些信用交易,但还没有成为系统记账的动机。借款更多地是用于消费,而不是用于生产和贸易活动。贷款大多要以贵重品担保,在这样的情况下,银行家与现代的当铺老板一样,对这种贷款的偿还概不关心。[44]

从全面意义上看,罗马会计对中世纪的影响是深刻的,但它的价值却令人怀疑。簿记员喜欢罗马数字,使用达数百年之久,直至 16 世纪阿拉伯数字的引进。令人啼笑皆非的是,对罗马人无益的方法却更适用于封建制小国的后继者们。11~14 世纪,西欧经济的发展使许多方面与以前大不相同,人们要求新的记账方法。贸易量的不断增加,产生了生产性资本的资金,并刺激广泛地利用信用交易。而且,与现金交易一样,商品交易也开始按货币单位来记账。出现复式簿记是在 13 世纪,但在此以前,已经明显地呈现出分类和汇总记录事项的倾向,同时,在现存单式簿记中,收入和支出已并列记录。在这样的时代,对非财务会计也进行改良,尽管它并没有直接产生新的会计形态,但不容否定,已成为新的会计形态的背景。

注 释

[1] Walter Eucken, the Foundations of Economics: History and Theory in the Analysis of Economic Reality (Chicago: University of Chicago Press, 1951), p. 283.

[2] Edward Gibbon, A History of the Decline and Fall of the Roman Empir, E. M. Bury, ed. (New York: The Macmillan Company, 1909—1914), vol. 1, p. 158.

[3] Richard Brown, ed., A History of Accounting and Accountant's (Edinburgh: Jack, 1905; reprinted by B. Franklin, New York, 1966), p. 16.

[4] A. H. Woolf, A Short History of Accountants and Accountancy (London: Gee and Company, 1912), p. 15.

[5] Tom B. Jones, "Bookkeeping in Ancient Sumer", Archaeoogy 9 (1956), 17.

[6] Ioid.

[7] Orville R. Keister, "the Mechanics of Mesopotaminan Record—Keeping", The National Association of Accounts Bulletin 46 (February 1965), 24.

[8] Edward Chiea, They Wrote on Clay (Chicago. University of Chicago Press, 1938), p. 67-69.

[9] Brown, op. cit., p. 19.

[10] Orville R. Keister, "Commercial Record-Keeping in Ancient Mesoptamia", Accounting Review 38 (April, 1963), 371-376.

[11] Woolf, op. cit., p. 6.

[12] Keister, "Commercial Record—Keeping in Ancient Mesopotamia", op, cit., p. 372.

[13] G. E. M. De Ste. Croix, "Greek and Roman Accounting", in A. C. Littleton and B. S. Yamey, ed., Atudies in the History of Accounting (Homewood, Ill.: Richard D. Irwin, 1956), p. 22.

[14] W. T. Baxter, "Accounting in Colonial America", in A. C. Littleton and B. S. Yamey, ed., Studies in the History of Accounting (Homewood, Ill.: Richard D. Irwin, 1956), 272-287.

[15] Phillip Fu, "Governmental Accounting in Cina during the Chao Dynasty (1122 B. C.—256 B. C.)", Journal of Research 9 (Spring, 1971), 40-51.

[16] Quoted in Brown, op. Cit., 26-27.

[17] De Ste. Croix, op. cit., 26-27.
[18] Woolf, op. cit., 30-31.
[19] De Ste. Croix, op. cit., 22.
[20] Ibid., 29.
[21] Woolf, op. cit., 34-35.
[22] H. P. Hain, "Accounting Control in the Zenon Papyri", Accounting Review 41 (October, 1966), 700-702.
[23] Ibid., 699.
[24] De Ste. Croix, op. cit., 32.
[25] S. Paul Garner, Evolution of Cost Accounting to 1925 (Alabama: University of Alabama Press, 1954), 2, 3, 25, 296.
[26] Gunnar Mickwitz, "Economic Rationalism in Graeco-Roman Agriculture", English Historical Review 52 (1937), 580.
[27] B. Penndorf, "The Relation of Taxation to the History of the Balance Sheet", Accounting Review 5 (December, 1930), 244.
[28] A. C Littleton, Accounting Evolution to 1900 (New York: American Institute Publishing Company, 1933), 30.
[29] Brown, op. cit., 30-32; Woolf, op. cit., 38.
[30] Brown, op. cit., 30-32.
[31] Ibid., 32-39.
[32] Penndorf, op. cit., 244.
[33] P. Kats, "A Surmise Regarding the Origins of Bookkeeping by Double Entry", Accounting Review 5 (December, 1930), 313.
[34] Littleton, op. cit., 29-32.
[35] Kats. op. cit., 316.
[36] Littleton, op. cit., 32-33.
[37] De Ste. Croix, op. cit., 33.
[38] Ibid., 34-37.
[39] Ibid., 14.
[40] See Chapter Three.
[41] Littleton, op. cit., 12.
[42] De Ste. Croix, op. cit., 50-60.
[43] Littleton, op. cit., 14.
[44] Ibid., 14-15.

主要参考文献

Brown, Richard, ed. A History of Accounting and Accountants. Edinburgh: Jack, 1905. Reprinted by B. Franklin, New York, 1966, chaps. one two.

Buckmaster, D. "The Indian Quipu and the Jacobsen Hypothesis". Journal of Accounting Research 12 (Spring, 1974) 178-181.

Calhoun, George M. The Business Life of Ancient Athens. Chicago: University of Chicago Press, 1926.

Chiera, Edward. They Wrote on Clay. Chicago Press, 1938, Chap. six. Selected Temple Accounts from Telloch, Yokha and Drehem. Philadelphia: University of Pennsylvania Press, 1921.

Costouros, George J. Accounting in the Golden Age of Greece. Unpublished Ph. D. Dissertation, University of Santa Clara, 1972. University Microfilms, Ann Arbor. Michigna.

—— "Development of Banking and Related Bookkeeping Techniques in Ancient Greece (400-300B. C.)". International Journal of Accounting 8 (Spring, 1973), 75-81.

—— "Early Greek Accounting on Estates (Fourth Century B. C.)". Academy of Accounting Historians Working Paper No. 7. University, Alabama: Academy of Accounting Historians, 1974.

Delmouzou-Peppa, D. The Institution of Public Accountants in Ancient Greece. Athens: Institute of Certified Public Accountants of Hreece, 1963.

De Ste. Croix, G. E. M. "Greek and Roman Accounting". In A. C. Littleton and B. S. Yamey, ed., Studies in the History of Accounting. Homewood, Ill.: Richard D. Irwin, 1956, 14-74.

—— "Ancient Greek and Roman Maritime Loans". In Harold Edey and B. S. Yamey, eds. Debits, Credits, Finance and Profits. London: Sweet and Maxwell, 1974, 41-59.

Forrester, D. A. R. "Incan Contribution to Double Entry Accounting", Journal of Accounting Research 6 (Autumn, 1969), 283.

Fu, Phillip. "Governmental Accounting in China during the Chou Dynasty (1122 B. C. 256 B. C.)". Journal of Accounting Research 9 (Spring, 1971), 49-51.

Glautier, M. W. E. "Roman Accounting: the Influence of Socioeconomic Factors on the Development of Accounting Concepts", International Journal of Accounting 8 (Spring, 1973), 59-74.

Green, Wilmer L. History and Survey of Accountancy. Brooklyn: Standard Text Press,

1930, Reprinted by Nihon Shoseki, Osaka, 1974. Chapters one and two.

Grier, Elizabeth. Accounting in the Zenon Papyri. New York: Columbia University Press, 1934.

Hain, H. P. "Accounting Control in the Zenon Papyri", Accounting Review 41 (October, 1966), 699-703.

Herkowitz, Hevrman. "The Roman Literal Contract and Double-entry Bookkeeping". Journal of Accountancy 49 (May, 1930), 350-353.

Jacobsen, Lyle E. "The Ancient Inca Empire of Peru and the Double Entry Accounting Concept". Journal of Accounting Research 2 (Autumn, 1964), 221-228.

Jones, Tom B. "Bookkeeping in Ancient Sumer". Archaeology 9 (1956), 16-21.

Kats, P. " A Surmise Regarding the Origins of Bookkeeping by Double Entry". Accounting Review 5 (December, 1930) 311-316.

Keister, Orville R. "Commercial Record-Keeping in Ancient Mesopotamia". Accounting Review 38 (April, 1963), 371-376.

— "The Incan Quipu". Accounting Review 39 (April, 1964), 414-416.

— "The Influence of Mesopotamian Record-Keeping". Abacus 6 (December, 1970), 169-181.

— " The Mechanics of Mesopotamian Record-Keeping ". National Association of Accountants Bulletin 46 (February, 1965), 18-24.

Littleton, A. C. Accounting Evolution to 1900. New York: American Institute Publishing Company, 1933. Reprinted by Russell and Russell, New York 1966, chap. two.

Meiis, F. Storia della Ragioneria. Bolgna: Dott. Cesare Zuffi, 1950.

Merritt, B. D. Athenian Financial Documents of the Fifth Century. Ann Arbor: University of Michigan Press, 1932.

Mickwitz, Gunnar. " Economic Rationalism in Graec-Roman Agriculture", English Historical Review 52 (1937), 577-589.

Most, Kenneth S. " The Accounts of Ancitent Rome". Academy of Accounting Historians Working Paper No. 3. University, Alabama: Academy of Accounting Historians, 1974.

— "Accounting by the Ancients". Accountant 160 (May 9, 1959), 563-566.

— "How Wrong was Sombart" Accounting Historian 3 (Spring, 1976), 1, 6.

Murray, D. Chapters in the History of Bookkeeping , Accountancy, and Commercial Arithmetic. Hlascow: Jackson. Wylie, 1930, 125-138.

Penndorf, B. "The Relation of Taxation to the History of the History of the Balance Sheet". Accounting Review 5 (December, 1930), 243-251.

Robert, R. "Roman Accounting". Accountant 137 (August 10, 1957), 157-158.

Smith, C. A. "Speculation on Roman Influence on the Theory of Double Entry Bookkeeping". Accounting Research 5 (1954), 337-339.

Stone, Willard E. "Antecedents of the Accounting Profession". Accounting Review 44 (April, 1969), 284-291.

Ten, Have, O. The History of Accountants Palo Alto: Bay Books, 1976, 22-29.

Woolf, A. H. A Short History of Accountants and Accountancy. London: Gee, 1912. Reprinted by Nihhon Shoseki, Osaka, 1974. First four Chapters.

（王骥、董晓柏 译　文硕 校）

第二章　中世纪的会计

中世纪时期的簿记在几个不同的方面均有所发展。意大利北部冒险合资业和海外贸易的发展,导致形成了沿用至今的复式簿记制度。经历了从罗马帝国灭亡到帕乔利《数学大全》出版这1 000多年的复式记账的会计历史,是引人注目的。由于复式簿记已成为会计的主流,以致人们忽视了中世纪意大利以外其他国家的会计实务的详情,或仅仅将其视为历史而已。

基于某些原因,中世纪的英国会计技术是值得注意的。在残存下来的用英文编写的最古老的文献中,有早期英国政府的纳税清册和庄园的会计账簿。从这些文献中可以发现,当时对特定问题的处理与现代实务的处理很相似。中世纪的代理会计为今天的委托责任和稳健主义原则奠定了基础,为文艺复兴时期会计技术的快速发展创造了条件。此外,这一制度的普及和持久,说明了复式簿记并不是组织财务数据唯一有效的方法。也就是说,在某些方面,用简单的方法也能获得同样的效果。

一、封建社会背景

与罗马帝国的会计程序不同,中世纪的会计具有地方分权并围绕若干专门机构集中的倾向。然而,要摆脱罗马时代的影响是很难的,无论是中世纪还是罗马时代,均立会计账簿,因为主人需要对自己派出的代理人进行监督。与罗马簿记酷似的方法是在天主教教会的收支会计账中发现的,该天主教教会在数百年间对整个欧洲进行征税和课税。早在6世纪初叶,就任命执事管理教会的财产,并向教会汇报收入情况。罗马教皇金库的代理官被派到各个辖区,负责为教廷收税。会计的价值早就被视为财产管理制度的助手了。9世纪时,查理大帝颁布了《庄园敕令》,其中包括对被委派的管理员监管王室领地并向国王报告硬币支付情况的一系列详细规定。尽管计算方法原始,会计期间不定,但"查理大帝强调了记录有条不紊和在总目下汇集同类细目的必要性,以及逐一详细地筹划收入来源的必要性。"[1] 对王室全部领地及动产要进行年度盘存,收入支出分记不同账簿中,倘若有余额,即禀报国王。

在诺曼底以前的苏格兰,甚至在贵族中具有读写能力的人都是少见的。所以,很难用一种书面制度在会计账簿上反映经济业务。直到11世纪,财务数据几乎全是用口头进行传达和验证的。至于文书资料,只是用于辅助口头传达的重要事项。[2] 算盘的引进、计算技术的改进,以及对文字记账的兴趣,几乎是同步的。书面记录制度实质上是由口述会计逐渐形成的。

封建社会就像一座等级森严的金字塔,低等级的人同样具有一定的权利和义务。这种结构要求大量下放权限,而且要求对土地所有权应从名义上的所有者向实际占有者和使用者转移。这一社会所特有的会计问题就是主人和代理人之间直线联系。所以英国的财产会计要求庄园的受托管理人代表庄园主编制义务和履行报告书,而王室财务方面则倾向于记录和验证征税的纳贡制度。

二、官厅会计

英国当权者与早期政府都需要管理征收税。胜利者威廉一世入侵英格兰以后,以国王的名义获得了占有全部财产的权利,并于1806年对整个英国进行土地调查,据以课税。《末日裁判书》主要是作为普查清册使用的。同时,它就像土地价格登记簿一样,是国王课税的依据。

英国最古老的残存下来的会计记录是税务法庭的总税册(Pipe Roll or Great Roll),系每年根据《末日裁判书》的估价额,以及反映各州长官和其他官吏应向国库支付款项的计算表编制而成。税务法庭的总税册用文字叙述式会计记录法反映了从公元1130年开始的700年间的租金、罚款、租税和其他固定罚款,并反映了征收及其费用合计。

税务法庭是在封建社会环境中对王室岁入承担重要责任的国家部门，其合法性由王权委任产生。国王与臣民的基本关系是，国王有课税的权力，而臣民只有纳税的义务。税务法庭两大立法部门的相互关系，进一步说明了中世纪簿记的代理人面貌。下院亦称财务主管部门，负责收纳现金，支付物品并验定货币的成色是否符合规定的标准。但是，总税册是由上院记录。上院亦称国王评议会，批准经费，解决会计账目中出现的法律问题，并向征税官签发收据。

某些支付事项可以直接对国库进行，但多数情况下，在国王和臣民之间需要调解人。州长官在民事和军事两方面均是国王的代理人，通常居住在该州的中心城堡。州长官是王室岁入的征收官，也是按固定租金出贷全州财产的地主代理人。而且，他还在州法庭公正执法；征收道路、森林和农田使用费；征收进出口关税、各城镇的贡物、罚款、罚命，以及其他杂税。他是对税务法庭承担会计责任的会计当事人。

纳贡制度

各州长官在每年的复活节和米迦勒节(9 月 29 日结账日)均要应召出席在威斯敏特召开的税务法庭会议。在复活节，州长官携带本州所征收的一半税款支付给下院。上年欠款的征收额均须与税务法庭的总税册相互核对，但对于本年度收款的存放额，则不作任何记录。财政大臣认可并接收州长官的贡金和预付款时，就下令切削符木。

符木是作为支付凭证使用的，比总税册的出现要早。在 12 世纪，符木通常是 8~9 英尺长的细棒木片，通过刻痕表示收入金额。人掌尺大小的一个切口表示 1 000 镑；100 镑是一拇指大小的切口；20 镑是一小指大小的切口；1 镑是成熟大麦粒大小的切口；1 先令是一个 V 字形切口；1 便士是一个小切口；半便士钻一个孔表示。[3] 在符木上刻上州长官的贡金数额以后，从符木较粗的一端开始划一条 1 英尺或 2 英尺长的对角线，接着从中间将符木分成长度不等，但均刻有痕记的两半。较短的符木称为"foil"，另一块符木称为"stock"。州长官拿回"stock"作为付款收据，"foil"则由财政大臣保管，作为税务法庭的记录。

州长官到米迦勒节时要付清剩余的应付王室岁入，并接受审计。这是他最后的会计结算。尽管他在复活节已经支付了本州债务的一半，但在米迦勒节时再来,则不是为了支付剩余的一半,而是为了计算全年的总收入,并编制收支账册。财政大臣首先正式询问州长官是否已将收支账目准备好,如果账目列清,财政大臣就根据税务法庭总税册的副本宣读应上交的数额,并询问州长官的日常开支是否与上年相同。一些特殊的支出,州长官必须用文字说明,并与税务法庭的副本进行核对,边对边宣读,然后登录税册。像城堡修筑之类的费用,应由两名王室检察官根据政财大臣下达的文书,具体检查工程完成的情况及实际费用,然后以书面形式予以证实。随后,应交

	Thomas Brown s Clerk					
	Clerk of the Constabulary	Chancellor's Clerk	Chancellor's Scribe	Treasurer's Scribe	Treasurer	
	£10000	£1000	£100	£20	£	s.	d.

(表格:Thomas Brown / Sheriff / Sheriff's Clerk 行;右侧标注 King's Representative / Justiclar / Chancellor / Constable / Chamberlain / Chamberlain / Marshall)

(Amount due)

○ ○○ ○○○ ○○○ ○○○ ○○○
          ○   ○

● ●● ●●● ●●● ●●● ●●●
          ●   ●

(Amount rendered)

| Clericus Qui Preest Scriptorio | Calculator | Cutter of Taliies |

State of the Audit

Royal Account: £1,298 19s. 11d.

Sheriff's Account: £1,287 10s. 4d.

And he owes £11. 9s. 7d.

THE EXCHEQUER TABLE.

出包括农田租金的过期未付的欠款账目表、取悦国王的协定或有国王信函的无偿支付款、在无法捕到杀人犯时向州索取的罚金、各城邦和自治市献给国王的额外贡金和贡品,以及重罪犯和逃亡者的全部财产。[4]

最后清算是围着铺有棋盘格布的桌子进行的。税务法庭就是因这种棋盘格布而得名。桌子的一侧坐着手持征得税款、符木和支出证明书的州长官。财政大臣根据征税册宣读各州当年上缴的金额。与州长官斜对面的是计算官,面前摆着正方形棋盘格账目板,上面记录着应缴纳国王的全年金额。倘若两者的总额一致,计算官就准备反映州长官应在复活节支付款额的另一套会计账目板。州长官符木的"stock"和税务法庭的"foil"相符,并被一起检验刻痕记数和切口的一致性。当财政大臣一说出应付款额,州长官就在账目板自己一方的正方形格上列出在米迦勒节被征收的金额,并由验定货币真假、进行货币计算的会计官进行检查。调整金额还要用新制的符木表示。州长官的薪俸和经费填在账目板的边上,以便从应付款额中扣除。当应付金额、符木和薪俸收据与国王的账目板全部核对结清时,州长官就算履行了义务。但他还要面对税务法庭凭良心宣誓,他的账符合法定要求,然后才可以退场。[5]

国库会计的发展

纸在 16 世纪以前的英国还是罕见的,并且没有印刷的清单或表格,但仍然要按惯例征收租税,并上缴国库。在大多数人是文盲、羊皮纸的收据没有任何意义的社会里,刻痕计数签或它的等同物,对于征税发挥着重要的作用。防止舞弊是封建社会簿记的主要目的,纳贡制度则是协助和控制常用手指计算的税收官的独创方法。

税务法庭的主要缺点是过分追求有利于自己迅速发展的因素,而忽视了最终能使自身得以完善的因素。罗马数字的使用,给计算带来了不便,而且很难发现差错。更糟的是没有将收入和支出记入左右对照的平行栏目,而仍以文字叙述式会计记录法反映经济业务。当时,使用的主要会计账是原始记录账,缺乏将分录账和总账结合起来的制度。账户分类前后矛盾,难于查找每笔收入记录,并常常是没有明确地规定权利与义务的界限。有时,王室成员在税收入库之前就将其放入自己的腰包,致使债务记入总税册,而收入却未记入收入账册。

国库会计随着王室不断增加新的收入来源而变得更为复杂。在以后的年代里，符木继续发挥着收据的作用，同时，还作为应付票据、税收凭单、填制期支票和汇票使用。[6]私人债务刻在应付给债权人的债务额的符木上。债权人在指定时间拿出符木，以收回支付款。金雀花王朝和都铎王朝的国王们最初是偶然的，后来则是经常的以符木作为担保来筹款，以应付财政赤字。这些符木赋予贷款人接收未来税收的权利和按罗马方式亲自征收租税的权利。后来，符术作为可转让票据普及开来，从而减少了税务法庭中铸造货币的流入和流出，使收入账册的记录更加繁琐。随着税务法庭符木交易量的增大，符木已被视为是对政府发行证券进行投资的一种投机，并通过金首饰商进行贴现。在18世纪，符木逐渐被国库票据所取代，并最终于1826年被废除。

三、庄园会计

直到中世纪末期，人类劳动力始终是最主要的生产要素，封建社会制度将这种劳动力与土地拴在一起。庄园（贵族的财产）在中世纪是英国的农场和工场。英国的庄园会计反映的是自给自足经济的收支业务；与外界进行交易的成果在会计账户中列为"外务"。庄园生活的另一特征是通过代理人进行管理。庄园的公爵或伯爵的生活经常依赖于他们大片土地的丰产，以及自己不能亲自管理的各分区人们的效力。日常管理通常委托给授予正式官职的人和各分区的头领。庄园主记账的目的是由于他需要检查这些管家是否诚实可靠，防止损失和盗窃，提高功效。而从受托的管家方面看，会计记录乃是自己忠实履行义务的证据。

庄园的自给自足性和代理人关系是了解庄园会计和今天会计间不同之处的关键。庄园经济的独立性和无需向外部进行报告，意味着当时几乎不存在对我们称之为财务会计的需要。赊销非常少见。对资产进行盘存，但很少编制平衡表。庄园主的器具与佃户的私人财产记在一起，在庄园资产表中，现金价值有时同物品数量混在一起处理。当时，没有明确划分资本支出和营业支出，按相同方法反映马的成本和马消耗草的成本。各项开支被分摊于各种活动中，分别反映各项活动的成果，而总损益却很少得到重视。

有时,一项利润账户的记载被中断,让出地方记载对各项活动的收益估算。

庄园的官吏之所以记账,并不是像现在的企业为了经营起见,而是为了保护自己。在广阔的土地上,"监视人"记录关于地租和封地捐税的会计账,这些账供"总收入官"使用,由他们汇总收入,并在账簿上反映收入的来源。其他官吏支付薪金和经费,并在账上加以反映。这些账基本上是私人的记录,而不是庄园的账,所以,审计人员要定期查账,汇总账目。由于查账的目的仅仅是检查庄园官吏是否正当地履行了自己的职责,因此,各位管家自然应该记录自己责任范围的事项,并反映与支出相对应的各种收入。

义务履行报告书常被人们误认为是遗产会计的起源。实际上它是由15世纪苏格兰政府的会计发展起来的,不久又为英国庄园的管家所采用,直到300年后,才被遗嘱执行人广为使用。义务和履行报告书本身是代理人观念上的和债务清偿的报告。表头使用庄园的名称并包括管家的姓名,有时还记上审计人员的姓名、审计场所和日期,以及调查时间。它经常包括按种类细分的地租和其他收入的现金账户,根据不同的性质对谷物、家畜和各种生产物加以分类的谷物库存账户。该报告书还反映了各项目的期初余额,然后反映庄园管家自己的费用、外来收入和增加的各种家畜,以及扣除了现金支出、损失和其他资源耗用的债务清偿情况。

庄园会计在内部控制程序方面,类似于现代企业。庄园的监视人与公司的总经理一样,期望利用会计资料对庄园各项活动加以控制,并规划未来。他的职责中还包括不预先通知就赶到现场进行实地调查,并将结果报告给庄园主。当时认为,记录所有的经济业务,并将记账与现金出纳职能分离开来,是完美的会计实践。销售木材、禽肉和干草所得的收入与支出进行对比分析。各种谷物的播种也要详细记录[7]。经常提前一年估算食品、燃料、布匹和其他物品的需要量,并根据估算的需要量来确定向管家交付现金的日期。

内部审计制度审核在庄园各工作场所记录的会计账簿。某些领地的招待员监督,负责登记膳食记录,并同厨房所收实物的记录进行核对,必要时,还将贮藏的食品和食物供应单相互核对。食品贮藏保管员的记录要和面包师傅发出面包的记录相核对。酿酒商和主管酒类的男仆要相互核对啤酒的数量。屠夫就兽皮同手套制作者进行核对,就肉与贮藏肉者相互核对;就用于做蜡烛的油脂与油脂商人进行核对。[8]

生产的标准化强调内部牵制。面包师傅、啤酒酿造商和肉类贮藏者应分别从获得的原材料中制成一定数量的面包、啤酒和肉食。购买原料和供给成品时要进行记录,如暂不使用,就上锁贮藏。管家经常进行实地盘点,以便检查供给量和消费量是否与预算额一致。厨房、佐料间、谷物仓库和其他作业场地的会计人员每月汇总支出,并在检察官的监督下进行盘点,计算室的会计人员进行汇总,并据此编制反映支出合计和全部存货的"余额明细清单"。

税务法庭和庄园的簿记技术被用于庄园的家计记录中。[9]在这种情况下,其意图是通过会计对每项支出进行控制。会计的主要目的不是确定收益,也不是反映家计自给情况,而是想证明自己履行了义务。家计费的记录与整个庄园费用的记录方式相同,这样做,是为了与庄园其他账户的年度汇总表合并在一起编制报告书。

庄园审计

最大庄园的账每年均要庄园主和他的家庭议会检查,而且常常是由选定的审计官员进行。[10]在同一领地内包括许多庄园时,就按组对这些庄园进行审计,或者是审计官员到这些庄园逐一进行巡回审计。这种审计基本上是对管家的会计责任进行审查。审计促进了内部控制,提高了财务报表的可信度,并规定了掌管钱财的各级官吏最终应履行的职责。在中世纪的所有会计职能中,这种审计与现代审计最为相似,并对现代实务有着最直接的影响。在一年中,审计人员经常实施包括审查管理效率在内的预备审计或"估算"。

他们检查农田,调查播种及收获情况;检查家畜及其增加的数量,调查死亡和尚未出生的家畜;盘存谷物仓库;检查设备;调查是否存在必要的支出和临时性的业务;估算每个官吏的期中会计账目……[11]

会计账目的估算使审计人员和管家之间产生了一种微妙的对立。管家总是希望高估损失,低估收入和自然增长值,提出对自己有利的会计账目。而审计人员的职责则是使庄园主不致因舞弊、过失或错误判断而遭受损失。在米迦勒节,审计人员亲临许多领地,告知每个管家本年度应付款的数额。管家提供支付账单,表明自己已支付的费用和上交金额。如果得到审计人员的认可,这些开支就将记入账中,并从应付款中减除。剩余部分由管家付给审计人员,审计人员便发履行证给他,承认他已履行了义务。现金将上缴收入官。最后,审计人员把这些单独的会计账户合并到整个庄园的义务与履行报告书中。审计人员或用小计,或在期末余额的下边写上"下列署名的审计人员已听取"这一审计证明的习惯用语。

最终阶段是审计年度申报。此时,已经审计人员证明过的义务与履行报告书要在庄园主和管家面前宣读。每个管家都可能被叫出来回答问题,并用自己了解到的事实进行证实。口头汇总会计账目的原因之一显然是:庄园与税务法庭面临的现实问题是一样的,就是要适应大多数人还是文盲的社会。但是,公开听证(审计这一用语就意味着"听取")也要在所有的人面前进行陈述,从而发现漏记和差错,防止舞弊行为。从这一意义上讲,庄园审计乃是通过质询进行综合管理的最佳手段。

会计趋向统一

像罗马人一样,英国人为审计人员编制了指导手册。书中详细地论述了查账的方法,并揭示了可能遇到的某些差错和欺诈的种类。在有关财产管理的论述中,有时也包括编制义务与履行报告书的标准格式。13世纪的农业繁荣时期,庄园的管理人员和审计人员非常缺乏,于是庄园会计开始成为牛津大学课程的一部分。这种正规的培训如同审计人员的指导书,使不动产会计实务趋向标准化。

我们对于中世纪簿记的论述也许与事实有出入。像会计的一致性和可比性之类的现代概念在当时几乎是不存在的。但是,和其他时代一样,封建社会乐于采用这一时代所特有的会计技术。在城市政府、修道院、庄园、家庭和行会,以及"沃希普费尔公司",均使用义务与履行簿记,并承继了会计责任审计的传统。各种会计账与农业季节是相适应的,米迦勒节标志着收获期和自然经营年度的结束。单式簿记在封建制的日本,同样是采用记账分权化,通过算盘进行视觉法计算,并重视会计官员的控制和各官员个人责任的履行。[12]

庄园与社会

庄园自给自足的状况作为一种制度限制了它自身的发展。在文艺复兴时期,英格兰的近东贸易曾经中断,但是随着美洲大陆的发现,它又占据了更为有利的位置。在17世纪,城市开始取代了庄园,成为经济生活的中心,独立的手工制造业者开始与封闭的社会商人进行竞争。随着海外贸易的扩展,产生了新的市场和供货来源,其重心也就从庄园资产的受托管理转到保护公司投资者、计算利润和支付红利的问题上。代理会计依然存在,但开始采用在意大利北部盛行的复杂形态。当时在意大利北部,由于资本积累和贸易的距离问题,带来了分店经营、信用制度和委托贸易的兴旺。

我们不应责备庄园会计人员没有编制自己并不需要的资料。中世纪典型的行政官"实际上既不会书写,也不会阅读"[13]。税务法庭和庄园的会计账通常都是以国王和贵族从不过目为前提加以记录的。所以,各部门的负责人一般都是在会计信息足以供自己使用时就停止了会计工作。

当时,这些人没有真正的资本概念,所以没有开创将资产和权益对立起来的会计方法。[14]庄园就是他们的资本。土地很少被买卖;他们仅能根据年度净产量的某些倍数来估价土地。生产和消费混淆不清,没有确定总收益的刺激。而且大部分庄园总是重复着相同的工作,收入和支出的形式几乎没有变化,因此,没有建立系统的成本会计的必要。

但是,在内部控制和审计领域,庄园的实践却远在帕乔利"威尼斯式簿记法"之前。它证实了主要为年度决算而记录的会计账如何适应并帮助日常业务的管理。稳健主义的学说来自于面临审计的庄园管家进行自保的对策;估价过低的倾向同样是现代企业会计的核心。遗嘱执行人和财产受托管理人继续使用义务与履行报告书作为信托财产管理的会计报表。现代的度量制度甚至也是从国王伸长的手之末端到他鼻子的长度定为1码的时代流传下来。尽管许多事情都已发生变化,但是来自中世纪的丰富的会计形式、技术和思想却仍影响着我们的传统会计。

注 释

[1] S. M. Jack, "An Historical Defence of Single Entry Bookkeeping", Abacus 2 (December, 1966), 144.

[2] Ibid., 140.

[3] Rudolph Robert, "A Short History of Tallies", in A. C. Littleton and B. S. Yamey, eds., Studies in the History of Accounting (Homewood, Ill.: Richard D. Irwin, 1956), 76.

[4] D. M. Stenton, ed., The Great Roll of the Pipe for the Second Year of the Reign of

King Richard the First, 39 (London: Publications of the Pipe Roll Society, 1925), Introduction, xiii, xiv.

[5] Ibid., pp. xv-xvii.

[6] Robert, op. cit., pp. 79-85.

[7] N. S. B. Gras and E. C. Gras, The Economic and Social History of an English Village (Crawley, Hampshire) A. D. 909—1928 (Cambridge, Mass.: Harvard University Press, 1930), p. 16.

[8] A. C. Littleton, "Old and New in Management and Accounting", The Accounting Review 29 (April, 1954), 196-200.

[9] E. M. Myatt-Price, "Cromwell Household Accounts, 1417—1476", in A. C. Littleton and B. S. Yamey, eds., Studies in the History of Accounting (Homewood, Ill.: Richard D. Irwin, 1956), pp. 97-108.

[10] A. C. Littleton, Accounting Evolution to 1900 (New York: American Institure Publishing Company, 1933; reprinted by Russell and Russell, New York, 1966), pp. 260-264.

[11] Quoted in Jack, op. cit., p. 154.

[12] K. Nishikawa, "The Early History of Double—Entry Book-Keeping in Japan", in A. C. Littleton and B. S. Yamey, eds., Studies in the History of Accounting (Homewood, Ill.: Richard D. Irwin, 1956), pp. 380-381.

[13] H. Jenkinson and D. M. Broome, " An Exchequer Statement of Receipts and Issues 1339—1340", English Historical Review 58 (1943), 210.

[14] Jack, op. cit., pp. 155-157.

主要参考文献

Brown, Richard, ed. A History of Accounting and Accountants. Edinburgh: Jack, 1905. Reprinted by B. Franklin New York, 1966, chaps. three and four.

Chen, Rosita. "Social and Financial Stewardship", Accounting Review 50 (July, 1975), 533-543.

Chrimes, S. B. An Introduction to the Administrative History of Medieval England. New York: Barnes and Noble, Inc., 1966.

Colvin, H. M., ed. Building Accounts of King Henry III. Oxford, England: Clarendon Press, 1971.

Crossley, D. W., ed. Sydney Ironworks Accounts 1541—1573. London: Royal Historical Society, Camden Fourth Series, Vol. 15, 1975.

Davies, R. R. "Baronial Accounts, Incomes and Arrears in the Late Middle Ages". Economic History Review, 2dn Series, 21 (August, 1968), 211-229.

Finn, R. W. An Introduction to the Domesday Book. New York: Barnes and Noble, 1963.

Gras, N. S. B. and Gras, E. C. The Economic and Social History of an English Village (Crawley, Hampshire) A. D. 909—1928. Cambridge, Mass: Harvard University Press, 1930, 13-18.

Hanham, Alison. ("Make a Careful Examination"—Some Fraudulent Accounts in the Cely Papers). Speculum 98 (April, 1973), 313-324.

Harvey, P. D. A. "Agricultural Treatises and Manorial Accounting in Medieval England". Agricultural History Review 20 (1972), 170-182.

— "The Pipe Rolls and the Adoption of Demesne Farming in England". Economic History Review, 2nd Series, 27 (August, 1974), 345-359.

Jack, S. M. "An Historical Defence of Single Entry Bookkeeping". Abacus 2 (December, 1966), 137-158.

— "A Note on F. P. Barnard: The Casting Counter and the Counting Board". Abacus 3 (August, 1967), 80-82.

Jenkinson, H. , and Broome, D. M. "An Exchepuer Statement of Receipts and Issues 1993—1340". English Historical Review 58 (1943), 210-216.

Levett, A. E. "The Financial Organization of the Manor". Economic History Review, Ist Series, 1(1927), 65-86.

Littleton, A. C. Accounting Evolution to 1900. New York: American Institute Publishing Company, 1933. Reprinted by Russell and Russell, New York, 1966, chap. sixteen.

— "Old and New in Management and Accounting", Accounting Review 29 (April, 1954), 196-200.

Lyon, Bryce, and verhulst, A. Aedieval Finance: A Comparison of Financial Institutions in Northwestern Eureope. Providence, P. I. : Brown University Press, 1967.

Maitland, F. W. Domesday Book and Beyond. New York: W. W. Northon and Company, Inc. , 1966, first article.

Mills, M. H. "Experiments in the Exchange Procedure (1200—1232)". In R. W. Southern, Essays in Medieval History. New York: St. Martin's Press, 1968, 129-145.

Most, Kenneth S. "New Light on Mediaeval Manorial Accounts". Accountant 160

(January 25, 1969), 119-121.

Murray, Athol L. "The Comptroller, 1425—1488". Scottish Historical Review 52 (April, 1973), 1-29.

Murray, David. Chapters in the History of Bookkeeping, Accountancy, and Commercial Arithmetic. Glascow: Jackson, Wylie, 1930, 128-153.

Myatt-Price, E. M. "Cromweel Household Accounts, 1417—1476". In A. C. Littleton and B. S. Yamey, eds. Studies in the History of Accounting. Homewood, Ill.: Richard D. Irwin, 1956, 99-113.

— "The Twelve at Tattershall", Accounting Review 35 (October, 1960), 680-685.

— "Examples of Techniques in Medieval Buildng Accounts". Abacus 2 (December, 1966), 41-48.

Oschinsky, D. "Medieval Treatises on Estate Accounting". In A. C. Littleton and B. S. Yamey, eds. Studies in the History of Accounting. Homewood, Ill.: Richard D. Irwin, 1956, 91-98.

— Walter of Henley and other Treatises on Estate Management and Accounting. Oxford, England: Clarendon Press, 1971.

— "Notes on the Editing and Interpretation of Estate Accounts". Archives 9 (1969 and 1970), 84-89, 142-152.

Poole, R. L. The Exchequer in the Twelfth Century. Oxford at the Clarendon Press, 1922.

Postan, M. M., Medieval Trade and Finance. Cambridge, England: University Press, 1973.

Richard, Soh of Nigel. The Course of the Exchequer (Dialogues de Scaccario). C. Johnson, ed. London: Thomas Nelson and Sons, Ltd., 1950, Introduction.

Robert, Rudoplh. "A Short History of Tallies". In A. C. Littleton and B. S. Yamey, eds. Studies in the History of Accounting. Homewood, Ill.: Richard D. Irwin, 1956, 75-85.

Ross, Barbara. "The Accounts of the Stewards of the Talbot Household at Blakemere: an Example of Medieval Accounting Practice". Abacus 4 (August, 1968), 51-72.

Simpson, A. "Encounters with Accounts". In The Wealth of the Gentry, 1540—1660. Chicago: University of Chicago Press, 1961, 1-21.

Stenton. D. M., ed. The Great Roll of the Pipe for the Second Year of the Reign of King Richard the First, Vol. 39. London: Publications of the Pipe Roll Society, 1925, Introduction.

Stone, Williard E. "The Tally: An Ancient Accounting Instrument". Abacus 9 (June, 1975), 49-57.

Wren, M. C. "The Chamber of the City of London". Accounting Review 24 (April, 1949), 191-198.

（董晓柏 译　文 硕 校）

第三章　复式簿记在实践中的发展

尽管尚不了解复式簿记的确切起源,但对其早期历史的许多方面,学界却取得了一致的意见。左右对照的账户形式是为了适应商业的复杂化,满足当时会计制度无法解决的商业上的要求,于1250—1440年之间在意大利北部产生的。复式簿记在文明古国及尔后的意大利以外的任何地方都未曾出现。现在看来,复式簿记法分别诞生于意大利诸城邦,几乎同时又运用于相同的商业状况之中。商人兼银行家通过逐步推广应用复式簿记法反映某些信用交易的实务,对簿记进行了改革。复式簿记这一改良方法就是这样在不断摸索中发展着,并从一个企业和城邦流传到另一个企业和城邦。这种新的簿记体系之所以流传下来,是因为它具有其他方法无法比拟的优点。考察早期复式簿记的自然发展过程,可以更好地理解这种方法的内在优点。

复式簿记主要是应必须解决的商业上的要求而诞生的,所以,理解这种商业上的要求,较之论述会计方法和会计技术的发展更为重要。这就要求了解一些中世纪贸易和意大利商业实践方面的知识。

一、意大利的商业社会

复式簿记是伴随着十字军东征(1096—1291年)和后来地中海贸易的繁荣而诞生的。十军字战士除必要的舰船和粮食以外,还带回了丝绸、香料和其他东方的产品,从而刺激了西欧居民对这些商品的需求,同时也刺激他们去生产可以与这些商品相交换的欧洲产品。这种新的交易促成了长达300年的商业革命,而这次商业革命是18世纪工业革命的预兆。尔后不久,热那亚和威尼斯获得了作为连接欧洲和近东交易的中继地的地位。所以,意大利人不仅成为中世纪最活跃的商人,而且几乎全部垄断了国际金融业。他们经常排挤商业上的竞争对手,并将其他国民(如英国人)的势力范围限制在一定的地方范围内。

他们成功的主要原因是由于他们创建了高人一筹的企业组织。除复式簿记以外,他们还发明了汇票,试验了海上保险,掌握了信用货币的技术,发展了一系列成为今日商法基础的商法典。他们以前所未有的规模进行经营活动,商人也开始通过代理人网络和国际合伙进行贸易往来,继续采用小型公司运用的簿记方法已不适应。不系统的会计记录限制了他们的企业规模,一旦企业规模扩大到一定的水平,所有者便无法管理远距离的经营活动。

意大利人经常关心会计,他们总是将优秀的会计方法加以标准化和法典化,这也是复式簿记发展的重要因素。早在11世纪,热那亚的海商法就要求记录官提出船运商品的会计账目。米兰的会计师编制了应课税土地的登记簿,并修订了关于米兰大寺院建筑的会计账簿。佛罗伦萨金融家行会的会员应承担登记会计账簿,并接受行会代表实施突击审计的义务。热那亚的银行簿记员必须是公证人,他们的记录与契约一样,具有正式的地位。1581年,第一个会计师协会在威尼斯创立,并垄断了全部实务,协会还规定会员申请者必须经过6年实务补习和口头测验。[1]

13世纪的意大利已具备A·C·利特尔顿所指的形成复式簿记所必需的7项条件。也就是说,阅读和写作能力在意大利商人阶层已很普遍,纸张的发明使书写变得容易。通过与北非进行贸易,意大利人成为最早掌握阿拉伯数字的欧洲人。比萨的莱奥纳尔多·菲博纳奇在1202年出版了《计算之书》以后,意大利商人普遍使用了这部书中介绍的阿拉伯数字。复杂的货币经济的存在和罗马时代以来稳定的货币制度,使经济业务有可能换算成复式簿记所必需的共同计算单位。财产权在许多国民之间已经非常普及,这在古代社会是根本看不到的。商人通过经商积累起来的资本又再次用于投资。缺乏货币是中世纪一直存在的问题,所以,外国人非常敬佩意大利人不使用货币从事企业经营活动的能力。但是,信用交易的广泛利用,要求有关于债权和债务额的文字记录。为了计算未结清的余额而汇集某人所有项目的必要性,乃是发明借贷左右对照账户形式的主要动机。[2]

在 A·C·利特尔顿列举的 7 项前提条件的基础上,还应加上意大利商业的合伙和委托代理关系,这两项条件同样促进了会计的发展。大多数大型企业均采用合伙形态,所以,为了公平地分配利润,就需要一套反映经济业务的会计制度。长期合伙企业的形成,促使人们认识到,这些企业应是独立的实体,资本和收益反映的应是所有者的请求权。对于他们来说,有必要发明一套可以自动计算利润和资本余额的簿记方法。

意大利人通过海外代理人来进行贸易的方法,也是复式簿记出现的重要因素。在许多商业中心,通过让当地的商人担任委托销售代理人,事实上就可以逃避对外国人的课税。这些受托商人应将销售收入交给所有主,所以,为了经常详细反映费用、销售收入和对委托人的债务,就需要一套会计制度。二重性意味着对同一商品的销售存在两个有利害关系的集团,委托人也应在会计记录上反映货物、销售收入和到期金额。所以,事实上,双方当事人都是从相反的角度来反映同一笔经济业务的。代理商有必要准确详细地计算不同企业委托的商品、接受的数量和销售的数量,因而代理人簿记也可以对商品账户的出现加以解释。

二、新方法的独特性

尽管有人认为,早在希腊、罗马、古印度、秘鲁和西班牙等地,就发明了复式簿记,但意大利式簿记法与以前的簿记方法有着本质上的不同:(1)每笔经济业务均作成两笔,一笔为借方,另一笔为贷方;(2)所有的账户均按同一货币单位记账;(3)通过实账户与虚账户的配合,可以反映利润和权益余额。即便单式和复式会计账簿在形式上有着某些类似点,但其适用范围和目的,是大不相同的。单式簿记制度或许实际上就是从复式簿记制度发展而来的。[3]单式簿记的记录采用许多形态,其中包括日记账、目录、备忘录和没有采用左右对照账户形式的分录账。它通常是只反映信用交易,一旦决算结束,就销掉这笔记录事项。而且,尚无虚账户的设置。按这一制度,要求簿记员只有读和写的能力即可。

A·C·利特尔顿指出,可以从记录的二重性和借贷的平衡性中去寻求复式簿记的特征。[4]这种二重性显然包括三种类型,即分录账和总账账簿的二重性；借贷对照账户形式的二重性；每笔经济业务转账的二重性。由于交易是建立在产品和劳务交换之上的，这种双重的外表并不只是形式，而相当于买主与卖主、授予人与接受人、债务人与债权人之间的基本的相互关系。所以，将每一笔经济业务作成两笔是必要的，但对于复式簿记来说，则是不充分的。罗马的负债账户可以说是作成两笔记录的。当时，人们用支付记录来抵销债务。而且，罗马教皇的收支记录经常是由不同的官吏作成两笔记录，旨在验证会计记录的正确性。但是，复式簿记的发展基本上不是追求算术计算上的正确性。例如，这种追求决不会产生虚账户。

平衡性是复式簿记制度的另一个本质特征。通过在各个账户上平衡积极因素和消极因素，就可以很容易地进行算术核对，最终算出资本和收益额。但是，仅有平衡性，复式簿记是无法成立的，缺乏平衡性（如现代电子计算机），也未必会妨碍详细地、秩序井然地记录会计账簿。也就是说，平衡性并不能保证对所有经济业务均加以记录。罗马时代的奴隶和中世纪的代理商登记的会计账簿虽然没有反映所有的经济义务，但仍然保持平衡性。

利特尔顿教授和齐默尔曼教授主张，复式簿记的本质并不是二重性或平衡性，而是范畴的结合。"……实账户和虚账户的结合，较之会计发展的其他方面，其重要性要大得多。"[5] 正是这些账户的结合和由此带来的利润，使复式簿记成为优秀的分析手段。所有的经营业务均记入会计账簿。这样，就可以根据其结果对总利润和总损失作出判断。只有在要求簿记为整个经营活动服务的时候，借贷左右对照账户的潜力才全部发挥了出来。

三、商人和银行家的会计账簿

不协调的简单的账簿记录是怎样发展成全面的系统的复式簿记的呢？其原因何在？由于现存记录较少，所以，只能根据推测作出回答。在意大利不同地域产生了在形式和技术上均不相同的复式簿记记录，这一事实表明，复式簿记是在几大商业中心分别起源的。其中最重要的中心，是热那亚、威尼斯和佛罗伦萨。为了研究问题方便起见，下面就以这三个地方为中心加以论述。热那亚和威尼斯均系沿海城邦，尽管它们与英国和佛兰德斯进行贸易，但其商业活动主要是由与近东的短期投机贸易构成的。佛罗伦萨位居内陆,取代了锡耶纳欧洲主要金融城市的地位,并开发了陆地贸易路线,发展了毛织品和丝织品的制造工业。

热那亚和威尼斯

1340年,热那亚市政厅财务官的会计账簿,是现存的明显具备复式簿记所有特征的最早的会计记录。热那亚市政厅设置了两套总账反映财务收支。其中一套由两名财务官记录,另一套由检查财务官工作的两名财务记录官按原账抄录。在这些会计账簿中,可以看到十分发达的复式簿记形式,它表明,这种方法早在1340年以前就开始使用了。也许,至少可以追溯到1327年。因为这一年发生了许多舞弊事件,因而法律规定,应按照银行的方法,登记总账。[6]现存的总账共478页,每笔记录均作成两次,采用对开纸的形式,借方和贷方在每一页纸的左右两侧并列,而且,文字叙述式记录包括日期、每笔经济业务的性质、相关者、金额、与其他总账的对照检索几部分。财务官的总账虽然不能称为典型的资本主簿记,但除市政厅官吏的人名账户以外,还包括如同商人们的商业账户一样的商品账户。市政府为了筹集资金,还通过赊购胡椒、丝绸、蜂蜡和糖,并以更低的价格迅速出售来进行投机贸易。

通过委托代理人和短期冒险合伙交易对威尼斯式和热那亚式复式簿记产生了重大的影响。作为出资人的投资合伙人将商品委托给执行合伙人,这些执行合伙人冒着航海的危险进行实际贸易,返回时再作出详细的报告。在威尼斯,这种合伙契约采用两种基本的形式:一是由投资合伙人提供全部的资金而分享3/4利润;二是执行合伙人投资1/3资本而均分利润。

通过海外受托商人进行经营活动的短期投资商人有必要了解发出商品和收到商品的余额,以及对代理人的债权和债务余额。航海(寄销品)账户,贷记在代理人报告中详细反映的销售余额,借记寄销品的价额。利润是从与东方产品的利凡特贸易中产生的,代理人由此获得了信用。发货人开设商品账户,只有到商品全部售完,才能结账,所以,短期投机利润可以在每次航海结束后,通过将航海账户和商品账户的余额结转到损益账户来决出。这种简单的簿记制度回避了现代会计师所面临的诸多问题,尤其是定期结账、计算总利润和编制财务报表所带来的许多问题。

最早的著名的威尼斯会计账簿是多纳多·索兰佐(Donal do Soranzo)兄

弟商会的两套总账。一套总账(1410—1418年)部分地采用了复式簿记制度，所有的借方均有对应的贷方，商品账户余额往损益账户结转，但损益账户与资本账户没有联系，所以其余额不往资本账户结转。另一套总账(1406—1434年)采用健全的复式簿记制度。但在解决协调本商会账户与海外的短期投机账户这一问题时，两套账户均不甚成功。索兰佐四兄弟进口棉花，其中一个兄弟作为他们的合伙人和其他威尼斯商人的委托代理商在叙利亚从事经营活动。索兰佐兄弟为了使自己的总账能够全面地反映经济活动，就必须将威尼斯的记录和叙利亚的记录结合起来。但是，他们几乎没有设置作为总账转账基础的统一的按发生顺序记录的分录账。他们设置了许多原始记录账。如果将索兰佐兄弟的会计账簿与后来的威尼斯会计账簿进行比较，可以看出下述分录账的发展过程。首先，是从不健全的经费账、日记账、租金账户、备忘账和代理人报告书往总账结转，然后，从称作分录账(但实际上是现金出纳账)的单纯的序时记录往所有的总账(包括现金)结转，巴尔巴里戈(Barbarigo)的会计记录反映了威尼斯会计账簿发展的第三阶段，当时，几乎所有的总账记录都是从分录账结转过来的，但也有小部分是从代理人的报告书结转过来的。最后，由于认识到分录账的主要目的是用作总账的基础；故将它与现金出纳账明确地区分开来。[7]

安德烈亚·巴尔巴里戈(Andrea Barbarigo)是定商，聘请索兰佐兄弟作为叙利亚的代理商。他的会计账簿(1431—1449年)是威尼斯成熟的短期冒险簿记最早的范例。帕乔利在《数学大全》一书中论述的，从本质上讲，就是与巴尔巴里戈的会计账簿相同的簿记制度。分录账和总账相互不可缺少，总账上已标明对应账户，分录账上标明了往总账结转的过账页码。借方和贷方分别以用语"Per"和"a"区分开来，金额记入右侧的空白栏。巴尔巴里戈将从特定的代理人那里收到的所有货物，均记入同一个棉花账户，即便在它们已经过几个期间的场合下亦是如此。对于频繁进口的商品(如英国的衣料)，按每一批收到的商品开设新的账户，在这些商品售完之前，不能结清账户。他的贸易不具有现代意义上的持续经营的性质，而且，不同的航海，其成功的可能性亦不相同，所以，按每次冒险交易的次数分别决出利润，这样，就几乎不存在定期结账的理由。他于1431年、1435年和1440年编制了试算表，直到1449年逝世才结清账簿。他的儿子尼科罗(Nicoro)从1456—1482年记录总账，但结账只是在1482年总账记满时一次进行。

"威尼斯式簿记法"从现代的标准看是不健全的。而且,其中存在许多不同的方法,反映了实务中的很大差别。由于会计账簿只是按所有主使用的目的加以记录,故不存在统一会计制度的理由。尽管如此,复式簿记还是从威尼斯传播到世界各国,这是因为威尼斯式簿记法至少具有三大优点:(1)威尼斯是书籍贸易的中心,第一本复式簿记著作就是在这里出版刊行的,几乎在发明活字印刷的同时,完成了左右对照的账户形式;(2)威尼斯的簿记教师使记录的整理和表现方法精益求精,力求账簿记录清晰并可以对照检索,以及易于进行算术计算;(3)尽管短期投机交易的复式簿记是为国外的商人设计的,但非常富有弹性。所以,可以易于反映整个事业的年度经营成果,甚至可以应用于工业会计。

佛罗伦萨

与威尼斯的商人一样,佛罗伦萨的商人从根本上讲,也是机会主义者。对于那些希望不转让资金就结清债务的富裕商人来说,他们当然除经商以外,再兼营金融业。佛罗伦萨1338年设有80家银行,14世纪末超过100家。[9]佛罗伦萨企业组织的特征是大规模的商业兼金融业合伙,它们与控股公司一样,要对国外的分店和下一级合伙网进行管理。

最早的银行家的会计账簿仅仅是债务的备忘录。银行家需要文字记录,以随时反映贷款者和存款者。由于贷款和偿还、存款和取款在账户上产生了对应关系,从而促进了左右对照形式的分类。但是,这些记录是非常粗糙的。现存最早的佛罗伦萨会计账簿(1211年)反映的仅仅是与银行的顾客进行的经济业务,只是帮助记忆所必要的不连贯的记录。在早期的银行家中,有的人为特定的顾客设置账页,在其他的场合下,存款人账户应在一页上进行借记,在另一页上进行贷记。除人名账户以外,不存在其他的账户,也不结账,所以,不存在一套可以发现差错和漏记的系统的会计方法。[10]

银行家将这种基本的人名账户发展成一套包括有形资产、费用和权益在内的复式簿记制度是有一定原因的。当早期的银行家将商业经营引进到金融活动中,从而需要计算资本和利润的记录制度时,就得增设虚账户。而且,由于现金转移较为困难而且要冒风险,绝大多数银行家的业务在结清负债上发挥着媒介作用。商人们要通过银行转账、支付款项,就应将现金存入银行。银行仅仅是将某一客户账户的借方转入到另一客户账户的贷方,但正是这种方法,成为联结各个账户的推动力。产生系统的佛罗伦萨会计制度的第三大原因不仅与热那亚和威尼斯一样,是出自商人私自运用的目的,而且,为了向他人提出会计资料,也有必要记录会计账簿。当银行家兼商人在国外长期设置分店时,由于所有者和管理者物质上的分离,对于总店来说,就产生了间接管理的必要性,而对于分店来说,就产生了汇总会计数据向总店定期报告的必要性。

现存的早期佛罗伦萨的会计账簿非常丰富,所以,较之威尼斯和热那亚,更容易追溯复式簿记发展的轨迹。现存最早的复式簿记记录是里内里奥·巴尔多·菲尼(Rinerio and Baldo Fini)家的商业账簿(1296—1305年)。其中包括债权和债务、费用(包括利息)和经营成果。每一笔总账记录均标有与借方和贷方相对应账户的对照检索。不足的是,这里只有所有者权益和反映有形资产构成因素的账户。法罗尔菲(Farolfi)商会的总账(1299—1330年)包括许多相同对应账户的对照检索,其中包括损益账户。而且,预付租金作为递延费用得到正确的处理。

在1300—1345年之间,佛罗伦萨最强盛的商人兼钱庄是巴尔迪银行、佩鲁齐银行和阿恰伊渥奥利银行。它们被共称为"基督教世界的支柱"。其中,以巴尔迪银行规模最大,但现存的会计记录却是支离破碎的。规模第二大的是佩鲁齐银行,1336年,它在西欧和利凡特设立了15家分店,聘请了90位代理商。佩鲁齐银行的会计记录位居单式簿记和复式簿记之间,与索兰佐的记录一样,由许多不健全的分录账组成。每一笔总账记录均有对应账户的过账页码,但各账户没有采用左右对照的账户形式。总账的前半部分为借方记录,后半部分为贷方记录。尽管设置了损益账户,但对其平衡性没有从算术上进行证明,利润不是通过结清总账得出,而是通过资产盘点,以资产总额减去负债和资本总额算出的。

这三家银行均在14世纪40年代由于信用贷款的回收期拉得太长和国王无力偿还贷款而宣告破产。后来,又选出佛罗伦萨的阿尔贝蒂·德尔·朱迪切(Alberti del Giudice)负责征收罗马教皇的岁入。该家银行后来由于家庭纠纷的原因而分割为几家相互竞争的公司。阿尔贝蒂的账簿也包含了复式簿记的因素,但这种复式簿记制度并不全面。并不是所有的经济业务均作成借贷两笔,也没有设置可以进行算术核对的费用账户或损益账户,而且,没有结账以决出利润。现存的记录中涉及范围最广的是秘密总账,它包含有关于1302—1339年合伙人资本的资料,还有12张不定期编制的用于计算利润的财务报表。与许多佛罗伦萨的公司一样,每次结算间隔1~5年进行。在这样的情况下,应结清账簿,对资产和负债进行盘存,并对合伙契约加以修订或补充。在这一期间,合伙人不能退出合伙,也不能吸收新的合伙人。

弗朗切斯科·德马尔科·达蒂尼(Francesoo de Marco Datini,1335—1410年)在他的生涯中,将自己的企业从采用单式簿记的地方性事业发展成采用健全的复式记录制度的大型分店经营。他兼零售商、进口商、金融家、委托代理商和制造商于一身,为了避免像其他公司那样因发展太快而破产的风险,他采用了各种各样的套头交易方法。他通过设立20多家分店,来扩大经营规模,并确立了簿记管理制度,对国外分店的管理者严加控制。达蒂尼的总账从1366年到1410年一直没有中断过记录。1390年以后,他在其国外分店和佛罗伦萨总店采用了一套充分发达的包括资产负债表在内的复式记录制度,但他的总账的最大改进是账户形式已从上下叙述式发展到左右对照式。最初,佛罗伦萨总账的借方项目和贷方项目,不是像威尼斯那样记入左右对照的账页,而是自上而下连续记录的。例如,如果在某页的上部反映负债,那么,就在下部留下空白,用以进行支付记录。由于不可能从账页位置上区分借方和贷方,所以,佛罗伦萨式会计方法没有发展出按现在采用的"速记式"记录总账。从威尼斯引进左右对照的账户形式以后,佛罗伦萨在簿记技术方面再没有进行重大改革,这意味着,威尼斯和佛罗伦萨的会计制度基本上是相同的。[11]

梅迪奇银行创办于1397年,延续了近100年,其活动仅限于西欧,没有达到巴尔迪银行和佩鲁齐银行那样大的规模。梅迪奇的会计账簿之所以引人注目,是因为他们将复式簿记技术用于现代目的,即经营与管理、审计和所得税计算。每年3月24日,他们会结清分店的会计账簿,并要求将资产负债表的副本报送到佛罗伦萨。在资产负债表上,分别列出了各顾客账户的余额。所以,梅迪奇的一些资产负债表包括200多个项目。当时使中世纪银行家们的支付能力受到威胁的原因是呆账,所以,总经理和他的助手通过审计,对这些财务报表进行检查,以防止信用过期,并揭发可疑的或过期账款。同时,在进行全面检查时,还要求分店经理参加。国内分店的经理一年应赴佛罗伦萨集中一次,国外分店至少每两年到佛罗伦萨集中一次。这种内部审计制度的缺点是，尽管对资产负债表进行检查，但巡回审计人员不对分店进行定期审计。所以，该银行由于无法管理分店经理，无法调整企业的全部活动而蒙受巨大损失。尽管梅迪奇作为罗马教皇的银行，拥有将不支付教堂岁入的任何人逐出教会的权限，但仍然没有挽救梅迪奇银行的命运。1494年，该银行宣告破产。

工业成本会计与商业复式簿记一样，也是意大利文艺复兴的产物。梅迪奇工业合伙人在佛罗伦萨经营2个毛织品工厂和1个丝织品工厂，在提高管理生产工程所必要的准确而又健全的会计记录的要求方面，对复式簿记的发展，作出了间接的贡献。梅迪奇在某种程度上融合了工业记录和复式簿记，但尚无证据表明，当时已按复式簿记形式登记成本账户，也没有证据表明成本账户已成为综合的复式簿记制度的一部分。因制造是由自己拥有工具的本厂以外的雇员进行的，故梅迪奇主要关心的是防止盗窃和浪费。当时，并不存在现代意义上的成本核算的要求，也没有在账户上联系生产和销售的必要。中世纪复杂的货币制度也使复式簿记很难扩展到工业会计。工厂主用佛罗琳金币购进原材料，再用银币支付工人的工资，这样，就必须登记两套会计记录。直到19世纪，人们才用复式簿记去反映制造企业中资产的转化。

四、帕乔利以前的复式簿记

理查德·布朗(Richard Brown)指出，尽管复式簿记在1494年帕乔利的《数学大全》问世之前就已经得到充分发展和广泛运用，但它的发明者却是在笨拙地使用它。[12]很少有商人凭借会计账簿去定期地、准确地检查资本和利润。大多数商人仅将复式簿记的决算手续作为证明将所有经济业务记入总账的一种方法。所以，当时还没有发展到通过财务报表分析来进行会计控制。而且，精明强干的会计人员的缺乏，导致经常出现记账差错。既便是当时优秀的簿记员，也会为结账而苦恼，并想方设法，填补记账漏洞。像W·桑巴特(W·Sombart)那样，对复式簿记的出现，赋予重大的经济意义，是错误的。[13]复式簿记的早期使用者是企业少数革新者，最初几乎没有去将经济活动加以体系化。

复式簿记较之以前的会计方法,具有一定的优点,它帮助商人记录债权和债务,并提供了调整信贷和管理资产的标准。按复式记录法登记的会计账簿是全面的、系统的和有条理的,应对每一笔经济业务均加以记录,并按记录的二重性,检查总账的正确性和全面性。左右对照的账户形式可以帮助所有者判断本企业制订的方针的有效性,并使各合伙人可以更公平地分配利润。而且,还可以根据总账直接编制财务报表。这些优点的一部分按更简单的制度也可以做到,而复式簿记的成功,无疑有赖于最早了解这种制度的人们的威望和其他人纷纷采纳这种制度的自然趋势。

在这些早期使用者看来,这种新的制度测定整个经营成果和财务状况的能力并不比它反映特定经济业务的能力更有价值。当时,绝大多数企业均是短期投机贸易型的,并按分户计算法决出利润。即便是较长期经营的企业,也大多是小型的,所有者经常与自己公司的业务有着直接的联系,并按自己的使用目的登记会计账簿。

复式簿记最基本的优点在于,与其说它是为企业服务而设计,毋宁说是可以适应非常复杂的环境。它具有全面性,并强调利润与资本的来源,这使有理论潜力的最早的簿记方法得以形成。费用账户和权益账户的结合,为从数量上确定资本和收益的划分,提供了手段。复式簿记还发展了将企业作为最大限度地追求利润的实体的概念。最后,它通过限定会计资料仅仅反映企业的经济活动,并通过按一套货币单位反映所有的经济业务,为客观性原则,作出了贡献。

尽管中世纪商人兼银行家并没有预想到这些事情,但15世纪的企业实践较之早期著述者们论述的简单的簿记制度要先进得多。帕乔利的《数学大全》是以未受正规教育的学生为对象的教科书,与今日的会计学入门书一样,省略了许多理论部分的内容。帕乔利不仅是在复式簿记建立以后很久才著书立说的,而且没有全面提及百年以前的优秀实务。帕乔利的单一的分录账、日记账和总账对在1339年设置了11套新的分录账的佩鲁齐几乎没有帮助,达蒂尼1410年的会计账簿已经包括应计项目、折旧、按成本与市价孰低方法进行的存货计价和外汇账户。所有这些,帕乔利均未适当地加以论述,而且,他甚至未提及辅助总账、控制账户、对应账户、产权准备金、成本会计和财务报表审计。他只是介绍了"威尼斯式簿记法",而没有详细论述威尼斯以外其他地方簿记的发展情况,尤其是佛罗伦萨的借贷对照表。如果复式簿记法存在两大来源,即一为实践上的;二为学术上的,那么,实务显然成为帕乔利编著《数学大全》的基础。帕乔利作为新的基本概念的普及者,对世界产生了重要的影响。

注 释

[1] Richard Brown, ed., A History of Accounting and Accountants (Edinburgh:Jack, 1905; reprinted by B. Franklin, New York, 1966), p. 177.

[2] Raymond De Roover, "The Development of Accounting prior to Luca Pacioli according to the Accountant-Books of Medieval Merchants", in A. C. Littleton and B. S. Yamey, eds., Studies in the History of Accounting (Homewood, Ill.: Richard D. Irwin, 1955), p. 116.

[3] Basil S. Yamey, "Notes on the Origin of Double-Entry Bookkeeping". The Accounting Review 22 (July 1947), p. 264.

[4] A. C. Littleton, Accounting Evolution to 1900 (New York: American Institute Publishing Company, 193; reprinted by Russell and Russell, New York 1966), p. 27.

[5] A. C. Littleton and V. K. Zimmerman, Accounting Theory: Continuity and Change (Englewood Cliffs, N. J.: Prentice-Hall, 1962), p. 47.

[6] Edward Peragallo, Origin and Evolution of Double Entry Bookkeeping, A Study of Italian Practice from the Fourteenth Century (New York: American Institute Publishing Company, 1938), p. 3.

[7] F. C. Lane, Andrea Barbarigo, Merchant of Venice, 1418—1449 (Baltimore; Johns Hopkins University Studies in Historical and Political Science, vol. 62, no. 1, 1944), pp. 159-163.

[8] F. C. Lane, "Venture Accounting in Medieval Business Management". Bulletin of the Business Historical Society 19 (1945), p. 172.

[9] Littleton, op. cit., p. 34.

[10] Brown, op. cit., p. 94.

[11] Peragallo, op. cit., pp. 24-30.

[12] Brown, op. cit., p. 107.

[13] See Basil S. Yamey, "Scientific Bookkeeping and the Rise of Capitalism", in W. T. Baxter, ed., Studies in Accounting (London: Sweet and Maxwell, 1950), pp. 13-30.

主要参考文献

Brown, Richard, ed, A History of Accounting and Accountants. Edinburgh: Jack, 1905. Reprinted by B. Franklin. New York, 1966, chap. five.

Brun, Robert. "A Fourteenth Century Merchant of Italy: Francesco Datini of Prato". Journal of Economic Business History 2 (May, 1930), 451-466.

De Roover, Florence Edler, "Partnership Accounts in Twelfth Century Genoa". In A. C. Littleton and B. S. Yamey, eds. Studies in the History of Accounting Homewood, Ill.: Richard D. Irwin, 1956, 86-90.

—— "Francesco Sassetti and the Downfall of the Medici Banking House". Bulletin of the Business Historical Society 17 (1943), 65-72.

DeRoover, Raymond. "Andrea Barbarigo's Trial Balance". Accounting Review 21 (January, 1946), 98-99.

—— Business, Banking, and Economic Thought in Late Medieval and Early Modern Europe (ed., Julius Kirshner). Chicago: University of Chicago Press, 1974.

—— "Characteristics of Bookkeeping Before Paciolo". Accounting Review 13 (June, 1938), 144-149.

—— "The Commercial Revolution of the Thirteenth Century". Bulletin of the Business Historical Society 16 (1942), 34-39. Reprinted in F. C. Lance and J. C. Riemersma, eds., Enterprise and Secular Change. Homewood, Ill.: Richard D. Irwin, 1953, 80-85.

—— "The Development of Accounting prior to Luca Pacioli according to the Account-Books of Medieval Merchants". In A. C. Littleton and B. S. Yamey, eds. Studies in the History of Accounting. Homewood, Ill.: Richard D. Irwin, 1956, 114-174.

—— "Early Accounting Problems of Foreign Exchange". Accounting Review 19 (October, 1944) 381-407.

—— "A Florentine Firm of Cloth Manufacturers: Management and Organization of a Sixteenth-Century Business". Speculum 16 (1941), 3-33. Reprinted in Business, Banking, and Economic Thought in Late Medieval and Early Modern Eureope (ed., Julius Kirshner). Chicago: University of Chicago Press, 1974, 85-118.

—— "Lingering Influences of Medieval Practice". Accounting Review 18 (April, 1943), 148-151.

—— "New Perspectives on the History of Accounting". Accounting Review 30 (July, 1955), 405-420.

—— The Rise and Decline of the Medici Bank, 1937—1494. Cambridge: Harvard University Press, 1963; paperback edition: New York: W. W. Norton, 1966.

—— "The Story of the Alberti Company of Florence, 1302—1348, as Revealed in its Account Books". Business History Review 32 (1958), 14-59. Reprinted in Business, Banking, and Economic Thought in Late Medieval and Early Modern Europe ed. , Julius Kirshner. Chicago: University of Chicago Press, 1974, 39-84.

Lane, F. C. Andrea Barbarigo, Merchant of Venice, 1418—1499. Baltimore: Johns Hopkins University, Studies in Historical and Political Science, vol. 62, No. 1 (1944), 153-181.

—— "Venture Accounting in Medieval Business Management". Bulletin of the Business Historical Society 19 (1945), 164-173.

Lee, Geoffrey A. "The Development of Italian Bookkeeping, 1211—1300". Abacus 9 (December, 1973), 137-155.

—— "The Florentine Bank Ledger Fragments of 1211: Some New Insights". Journal of Accounting Research 11 (Spring, 1973), 47-61.

—— "The Oldest European Account Book: a Florentine Bank Ledger of 1211". Nottingham Mediaeval Studies 16 (1972), 28-60.

Littleton, A. C. Accounting Evolution to 1900. New York: American Institute Publishing Company, 1933. Reprinted by Russell and Russell, New York, 1966, chaps. two and three.

Littleton, A. C. and Zimmerman, V. K. Accounting Theory: Continuity and Change. Englewood Cliffs, N. J. : Prentice-Hall, 1962, chap two.

Lopez, R. S. and Raymond, I. W. Medieval Trade in the Mediterranean World. New York: Columbia University Press, 1955, chap. twenty-two.

Martinelli, Alvaro. The Origination and Evolution of Double Entry Bookkeeing to 1440. Unpublished Ph. D. dissertation, North Texas State University, 1974. University Microfilms, Ann Arbor, Michigan.

Melis, F. Storia della Ragioneria. Bologna: Dott. Cesare Zuffi, 1950.

Mollo, Anthony. Florentine Public Finances in the Early Renaissance 1400—1433. Cambridge: Harvard University Press, 1971.

Peragallo, Edward. Origin and Evolution of Double Entry Bookkeeping, A Study of Italian Practice from the Fourteenth Century. New York: American Institute Publishing Company, 1938. Reprintedaby Nihon Shoseki, Osaka, 1974.

Ten Have, O. The History of Accountancy. Palo Alto: Bay Books, 1976, 30-39.

Yamey, Basil S. "The Functional Development of Double Engty Bookkeeping". Accountant 103 (November, 1940), 333-342.

— "Introduction". In A. C. Littleton and B. S. Yamey eds., Studies in the History of Accounting. Homewood, Ill.: Richard D. Irwin, 1956, 1-13.

— "Notes on the Origin of Double-Entry Bookkeeping". Accunting Review 22 (July, 1947), 263-272.

（文硕　黄梅艳 译）

第四章　帕乔利和威尼斯式簿记

> 现代人未必经常认为文艺复兴乃是一次反知识的运动。在中世纪,人们有证明事物的习惯;文艺复兴则发明了观察事物的习惯。
>
> ——贝尔特兰多·鲁塞尔《天主教和耶稣教的怀疑论者》

一、传　　记

卢卡·帕乔利于1445年诞生在托斯卡纳地区一座名叫博尔戈·圣塞波尔克罗的小镇。他从该镇方济各会修道士那里接受普通教育和宗教培训。20岁时,他来到威尼斯,担任一位富商3个儿子的家庭教师。在这里的6年时间里,他除授课外,还学习数学,并掌握了商业和簿记知识。正如他在自己的著作中所述,"正是由于这位商人,我乘上了满载商品的航船"。[1]

1470年,帕乔利在离开威尼斯时,完成了第一本数学论著。从1475年开始,他在佩鲁贾大学讲授了6年的数学课程,并编写了第二本数学论著。尔后,他来到达尔马提亚的扎拉,于1481年在当地出版了第三本专著。1482年,他在罗马讲授数学。与许多想获得教师职位的年轻人一样,他成为方济各会的修道士。在周游意大利并完成了相当于博士学位的大学教育以后,帕乔利于1486年回到了佩鲁贾。在以后的8年时间里,他在罗马和威尼斯进行公开教学,并在那不勒斯、帕多瓦、比萨、亚细亚、威尼斯和乌尔比诺讲授数学。1494年,年近50岁的帕乔利从乌尔比诺回到威尼斯,出版了第五本专著《算术、几何、比及比例概要》(*Summa de Arithmetica*, *Geometria*,

Proportion et Proportionalita)一书。

帕乔利晚年的 1/3 时间都用在授课、著书立说和旅游上。从 1496—1499 年,他是米兰卢多维科·斯福尔扎家教授宝座的第一个任职者。在这里,他的朋友列奥那多·达·芬奇为他的专著《神圣的比例》(*Divian Proportione*)(1497 年)作插画。据说帕乔利也为达·芬奇计算了创作卢多维科·斯福尔扎公爵的巨幅塑像所必需的青铜量。从 1500—1505 年,他担任比萨大学的数学教授,尔后居住在罗马副司法官的法庭内,将欧几里得的《几何原本》译成了拉丁文。为了修订这本译作,他于 1508 年再次回到威尼斯,第二年出版发行。1510 年,帕乔利担任其故乡圣塞波尔克罗修道院的院长,4 年后,应罗马教皇列奥十世之邀,到罗马大学讲授数学课程。

一般认为,《数学大全》主要是为了满足商业上的要求而编著的。帕乔利并不认为自己发明了书中介绍的所有的会计手续,所以,他无疑是参考了当时的簿记手稿。德·鲁渥(De Roover)认为,《数学大全》"或多或少是威尼斯商人学校教师和学生之间所使用手稿的修订版"。[2] 由此看来,帕乔利仅仅是一位汇编者。但是,这无法说明为什么在 100 年的时间里,手中拥有帕乔利教科书的模仿者们竟没有写出比《数学大全》更优秀的会计著作的原因。可见,第一本关于复式簿记的印刷文献主要应归功于作者的才能和他生活的特殊时代。

帕乔利最引人注目的,是他特有的一种精神。他生长在很难将职业和科学明确区分开来的时代,但他却令人惊讶地掌握了各种专业知识。这位在商人家里精通了簿记的家庭教师,同时是修道士、朝臣、行政官和学习军事科学的学生,也是数学教科书和娱乐著作的作者。商人的兴趣已与数学家和学者的才能融为一体。

帕乔利在当时相信各门学问之间的密切联系,相信它们对于反映"自然的"和谐与平衡来说,是尤为重要的。[3] 阿尔贝蒂、达·芬奇和其他画家被他所吸引,在自己的作品中表现了透视法技巧、比例和对称。帕乔利一生都喜欢从被人们忽略的相关问题中去发现和探讨数学问题。1508 年,帕乔利从讲授几何学、宗教、医学、建筑、绘画、雕刻、音乐、法律和语法之间的关系开始,在威尼斯向数百名听众,讲授了欧几里得几何学第五版。[4] 为了让初学者易于理解和应用,帕乔利在《数学大全》一书中详细地论述了商业会计的实务,并且反复强调了作为复式簿记程序的基础的二重性、综合性和均衡性特征。

二、《数学大全》的内容

在当时,《数学大全》是作为数学知识的摘要和一般入门书而编著的,由 5 个论题组成:(1)代数和算术;(2)它们在商业中的应用;(3)簿记;(4)货币和兑换;(5)纯粹几何学和应用几何学。其中簿记部分题为"计算与记录详论"(*De Computis et Scripturis*)共 36 章,是"为及时向商人提供关于资产和负债的信息"而编排的。[5]

帕乔利在"计算与记录详论"的第 1 章中,介绍了商人成功的三个必要事项,即足够的现金并坚守信用、优秀的簿记员和可以一见就能判明企业状况的会计制度。商人在开始营业之前,首先应编制包括企业和私人全部资产与负债的财产目录,而且应最先反映价值昂贵,又易丢失的现金和贵重金属。这种财产目录应在同一天编制完毕,并按时价估价资产。

帕乔利的会计制度是以日记账、分录账和总账这三种账簿为基础的。日记账系原始记录账簿,经济业务一发生,便按发生顺序详加记录。这些"日记账"采用文字叙述式会计记录法加以反映。帕乔利允许有的企业只采用分录账和总账,但对于文艺复兴时期的商人来说,日记账在几种意义上都是有用的。日记账在某种程度上发挥着现在原始凭证的作用,而且,意大利的许多城邦都发行各自的货币,商人会收到许多各种各样的货币。所以,应首先按不同的货币单位在日记账中反映经济业务,然后,将它换算成复式簿记所必要的统一的货币计量单位,再将每天的记录秩序井然地往分录账结转。为了表示转账完毕,应对月记账的记录,划一条斜线注销。

日记账由许多办事员记录,而分录账只是商人的私人账簿。所以,帕乔利建议,为了保密,应将财产目录中的全部项目直接记入分录账。分录账由文字叙述式的借方和贷方,以及加以说明的段落组成。也就是说,在每一笔记录的上页中央应标明日期;用"Per"(借方)用语表示债务人,并用两根平行斜线(//)分开借方和贷方;然后用"a"(贷方)用语表示债权人,最后,反映汇总日记账记录的说明。每笔经济业务的金额应一次记录在该页的右侧。这样,帕氏的分录账就只有一栏,没有合计,也不存在复式记录。帕乔利在第 12 章第一次设置了区分现金和资本的分录账,介绍了作成这种分录账的方法,并提出现金不得出现贷方余额。财产目录和日记账的各项目均应按经济业务的发生顺序,有秩序地记入分录账。

在以后的4章(第13章～第16章)中,帕乔利还介绍了总账。总账是帕氏介绍的三种账簿中与现代账簿最相似的一种。他建议,应在每一个总账上记录人名和页数,并按字母顺序附上索引或目录。总账记录采用最简洁的文字叙述式会计记录法,账户科目记在每一页的上部,借方项目和贷方项目分别以用语"deve dare"和"deve avere"记入账页的左侧和右侧。簿记员在设置总账账页,并按罗马数字在每一页的右上方记录年份以后,应像最初登记分录账一样,将现金作为借方记入账页。往总账转账时,应在各分录账的记录栏划上两根斜线(往借方转账时,从左至右划两根斜线;往贷方转账时,从右往左划一根斜线)。分录账和总账双方都标有过账页码。其中,分录账标明了往总账结转经济业务的过账页码,而总账中只标明往对应总账转账的过账页码,没有标明分录账的页码。所以,易于从分录账往总账查寻经济业务,但从总账往分录账追溯经济业务,仅有日期可作指南。

可见,帕乔利确立了账簿和会计的基本框架。接着,帕乔利在后10章(第17～第26章)中,论述了商人经常遇到的专业问题和经济业务的种类。在第17章中,他论述了关于银行存款和提款的记录方法。他建议,由于簿记员经常更换,有必要对银行的经济业务予以充分的注意,存款时必须收到证书。在第18章中,帕乔利对通过经纪人购进商品时的会计处理方法进行了讨论;在第19章中,论述了正确使用汇票支付的会计处理方法;在第20章,论述了物物交换的记账方法,指出商人的商品应按时价加以记录。

帕乔利在第21章中,论述了合伙短期投机贸易的原理和记账方法。他介绍了使用双重资本账户的方法和各合伙人出资的记录方法。在私营企业,企业与私人资产是混合在一起的;而在合伙企业,则应将它们严格分开,而且,每年应进行结账。

帕乔利在第22章论述了费用分配的记录方法。他建议,临时费和损失应与营业费区分开来,应设置杂项费用账户,而且,"由于不能将关于买卖的所有的细小的事项均记入商品账户",故应设置零用现金账。

帕氏在第23章,论述了实质上与应收账款相同的分店会计手续。在第24章,论述了汇票的支付和谈判方法。在第25章,指出一些簿记员应设置收入和支出的特别账户,并在每年的年末结账;另一些簿记员则应将这种收支账户记入另外的辅助账，而且，在正式结账时，该账簿也应采用结账的方法。

接着，在第 26 章，帕氏论述了商人和代理人在外出旅行时的会计方法。在商人外出旅行时，应携带小分录账和小总账，回家时，再仔细计算这些账簿。在代理人外出旅行时，应将预付的现金和委托的商品均记入该代理人账户的借方，到代理人返回时，再将收回的现金和未销售的商品记入该代理人账户的贷方。

从第 27～第 34 章，帕乔利主要论述会计账簿的结账和决算过程。按威尼斯式方法，一次短期投机交易一结束，就应将有关账户结账，并将余额往损益账户结转。损益账户的余额应随时往资本账户结转。这些结账记录不是通过分录账结账，而是直接由总账结转过去。

尽管帕乔利没有提及财务报表或期间利润的计算，但他鼓励进行年度决算。而且，他认为，甚至在旧总账没有记完时，也应进行这样的决算，并设置新总账。短期投机交易具有分散零碎的性质，所以，进行年度决算的主要目的是发现工作差错，而不是编制计算表。在旧总账结账之前，应证明其正确性。关于这一点，帕乔利认为应分两个阶段进行。首先，进行比较探讨，然后，编制试算表。他详细地介绍了通过朗读各账户，来比较分录账和总账记录的方法。按这种方法，资本主拿着总账，分录账交给助手，助手大声朗读分录账的各记录事项并加以核对，资本主检查对应的总账记录，并按印以示核对完毕。如果所有的金额均准确无误，双方账簿已没有未核对的项目，通过朗读进行核对的工作即告结束，然后，结清旧总账，并设置新总账。所有的资产和负债账户都应结账，其余额往新账簿结转，然后，将费用和收益账户往损益账户结转，再将损益账户的余额往资本账户结转；最后，通过结账将资本账户余额记入新总账。这一过程应在一日内完成，其间不得进行任何新的记录。

帕乔利的会计循环以试算表（即合计的总计，Summa Summarium）结束。簿记员应将旧总账中所有的借方金额合计和贷方金额合计分别列在一张纸的左右两侧，然后分别汇总，进行"总计"。如果二者相等，则表明旧总账是正确的；如果二者不一致，则"表明您的总账存在记账差错，所以，您应以上帝赐予的勤奋和智力，并借助所学到的知识，孜孜不倦地查找总账错误"。

三、直接影响和与现代的联系

关于《数学大全》的影响，可以从以下三个方面加以判断，即（1）帕乔利通过将当时的优秀方法公之于众，扩大了改善会计实务的范围；（2）对教授法和教科书的编写法影响甚大；（3）对会计学产生了影响。

其中，帕乔利对 16 世纪实务的影响，由于对已经采用他所论述的会计方法的商人来说，仅起补充作用，所以，最难加以评价。《数学大全》之所以受到高度评价，是由于它是在活字印刷发明只有几年、印刷品罕见且造价昂贵的时代出版刊行的。[6]帕乔利论述的一些方法（如转账的表示；日期的位置；总账和分录账的记录规则）在数百年的时间里一直被人们所采用。分录账之所以迄今仍应欧洲、南美许多国家的法律的要求而设置，主要应归功于使用由日记账整理而成的账簿的文艺复兴的传统。

追溯帕乔利数学文献的影响，是非常容易的。他通过将威尼斯实务的本质内容公之于众，使以前主要通过徒弟制度和雇员调动工作来传播的会计知识，迅速得以普及。《数学大全》出版后的 100 年内，已被译成 5 国语言。而且，意大利人、英国人、荷兰人和德国人编著的会计著作均以"计算与记录详论"为基础，详细地论述了复式簿记，从而使"意大利式簿记法"（Italian Method）的知识在整个欧洲广为普及。

那些认为《数学大全》乃是古代簿记和现代簿记分水岭的人们主张，现代大部分会计实务均源于文艺复兴时代；复式簿记从最初开始，就以同最后的发展结果一样的形态演进着。帕乔利的著作表明，簿记在 475 年间几乎没有发生任何变化。他的会计循环中经济业务的处理手续是简洁的，《数学大全》各章中论述的大部分特别的会计手续都是普遍存在的。成为帕乔利功绩的基础理论尤具现代意义。尽管他的目的是实务性的，但他反复强调资本主和所有权、左右对照式账户形式，尤其是计算损益总额的优点。所以，他在论述构成复式簿记基础的数学逻辑的过程中，涉及了现代会计理论的本质。

帕乔利会计方法的变化大多不是本质上的。也就是说，这种变化是现代大型企业的经营所带来的升华。帕乔利在论述由参与企业日常业务的小规模的商人采用的会计方法方面,占有很大的优势。帕乔利的入门书几乎包揽了商人们学习的所有课程。例如,他认为,小型私营企业没有必要设置特殊分录账或辅助总账,没有必要设置控制账户和结转每一栏的合计额,没有必要正式制定审计、成本会计和预算制度。固定资产折旧和间接费的分配亦不必要。在几乎不公开会计资料的当时,财务报表并不经常需要,也不必定期进行决算,不必在连续的会计年度内适当地分配费用和收益,也无需将流动和固定的范畴统一起来的账簿组织。有些内容被省略了,如他没有论及应计项目和递延项目。因为帕乔利认为,对于初学者来说,这些过于复杂。当然,后来的许多改良、惯性、稳健性、持续经营之类的原则,以及企业资产和私人资产的分离,对于15世纪典型的商人们来说,并没有多大的用处。商人们所要求的最实用、最方便的方法,就是威尼斯式簿记法。

注 释

[1] R. Emmett Taylor, "Luca Pacioli", in A. C. Littleton and B. S. Yamey, eds., Studies in the History of Accounting (Homewood, Ill.: Richard D. Irwin, 1956), p. 176.

[2] Raymond De Roover, "New Perspectives on the History of Accounting", Accounting Review 30 (July 1955), 418.

[3] See Arthur Koestler, The Sleepwalkers (London: Penguin Books, 1964).

[4] R. Emmett Taylor, No Road: Luca Pacioli and his Times (Dhapel Hill: University of North Carolina Press, 1942), pp. 322-326.

[5] All quotations are from the translation of Pacioli's text by J. B. Geijsbeek, Ancient Double Entry Bookkeeping: Lucas Pacioli's Treatise (Denver: University of Colorado, 1914).

[6] 帕乔利的《数学大全》是第一本关于复式簿记的印刷文献。在《数学大全》出版36年前,即1458年,贝内代托·科特鲁依编著了《商业和健全的商人》一书,却直到1573年才出版。该书设专章介绍复式簿记。科特鲁依与帕乔利一样,也用拉丁语编著,并介绍了相同的三套会计账簿。尽管他的方法没有介绍损益账户,但直接往资本账户结转,并倡导编制试算表。帕乔利知道这部手稿,故发明"复式簿记"的荣誉,应归科特鲁依。

主要参考文献

Brown, Richard, ed. A History of Accounting and Accountants. London: Jack, 1905;

Reprinted by B. Franklin, New York, 1966, chap. five.

Brown, R. G., and Johnston, K. S. Pacioli on Accounting New York McGraw-Hill, 1963.

Burckhadt. Jakob C. The Civilization of the Renaissance in Italy. Nw York: Harper, 1958.

Crivelli, Peetro. An Original Translation of the Treatise on Double-Entry Book-Keeping by Frater Luca Pacioli. London: Institute of Bookkeepers, 1924. Reprinted by Nihon Shoseki, Osaks, 1974.

De Roover, Raymond. "New Perspectives on the History of Accounting". Accounting Review 30 (July, 1955), 405-420.

Geijsbeek, John Bart. Ancient Double-Entry Bookkeeping. Luca Pacioli's Treaties. Denver: University of Colorado, 1914. Reprinted by Scholar's Book Company, Houston, 1974; and by Nihon Shoseki, Osaka, 1975.

Green, Wilmer L. History and Survey of Accovntancy. Brooklyn Standard Text Press, 1930, 88-105. Reprinted by Nihon Shoseki, Osaka, 1974.

Littleton, A. C. Accounting Evolution to 1900. New York: American Institute Publishing Company, 1933; reprinted by Russell and Russell, New York, 1966. Chapter five is a summary of Geijsbeek's translation.

Marsland, P. W. "In Pursuit of Pacioli, From Venice to London". Accountants Digest 16 (December, 1975), 84-89.

Peragallo, Edward. Origin and Evolution of Double Entry Bookkeeping, A Siudy of Italian Practice from the Fourteenth Century. New York: American Institute Publishing Company, 1938. Reprinted by Nihon Shoseki. Osaks, 1974.

—— "Origin of the Trial Balance". In A. C. Littleton and B. S. Yamey, eds. Studies in the History of Accounting. Homewood, Ill.: Richard D. Irwin, 1956, 215-222.

Taylor, R. Emmett. "Luca Pacioli". In A. C. Littleton and B. S. Yamey, eds. Studies in the History of Accounting. Homewood, Ill.: Richard D. Irwin, 1956, 175-184.

—— No Royal Road: Luca Pacioli and his Times. Chapel Hill: University of North Carolina Press, 1942.

Ten Have, O. The History of Accountancy. Palo Alto: Bay Books, 1976, 39-45.

Yamey, B. S. "Fifteenth and Sixteenth Century Manuscripts on the Art of Bookkeeping". Journal of Accounting Research 5 (Spring, 1967), 51-76.

(许刚译 文硕校)

第五章　帕乔利以后的复式簿记

从帕乔利《数学大全》的出版到科学会计的诞生所经历的这300年,被人们称为"会计的停滞时代"。[1]实际上,这一时代正是簿记方法升华和普及时期。其间,虽然复式簿记法的逻辑没有发生变化,但帕乔利所论述的简洁会计程序在实践中日趋完善。日记账和分录账已合而为一,成为一本原始账簿;增设了辅助账簿;年度决算的惯例广为普及;应计基础会计和财务报表也被广泛地使用。关于这一时代会计账簿和财务报表的发展,将在第六章详加论述。本章根据早期的教科书和现存的会计记录,主要论述会计技术的发展。

一、早期的复式簿记著作

"计算与记录详论"不仅是有志簿记员的标准参考,也是许多教科书的原型。但这些教科书的绝大部分均系模仿而成。在帕乔利的影响下,威尼斯式簿记法发挥着"详细事项的经典"[2]的作用,一直使用到20世纪簿记机械化以后。商人、簿记员和教师们编写的会计著作从本质上讲,论述的都是相同的方法和相同的主题,并且采用相似的例题。这些著作为15~19世纪簿记改革的历史,提供了最翔实的记录。

意大利

美国会计史学家爱德华·佩拉盖洛教授(Edward Peragallo)将意大利簿记的发展分为三个阶段[3]。第一个阶段(1458—1558年)是实务技术比较科书优秀的时代。科特鲁依、帕乔利及其后继者们仅仅是介绍商人之间采用的簿记技术。但没有谁试图从理论上概括会计实务,没有谁将商业企业记账的必要性扩展到其他领域。他们的贡献并不是创造了簿记的基本原理,而是将簿记知识传播到整个欧洲。

帕乔利以后的第一本重要的著作是多梅尼科·曼佐尼(Domenico Manzoni)于1543年出版的著作。他对复式簿记的论述是对"计算与记录详论"的忠实继承,但增加了实例,对分录账栏和总账栏进行了详细的论述。曼佐尼的创新之处包括:将日记账作为辅助账簿使用,只重视分录账和总账;在总账上标明往分录账结转的过账页码;通过分录账将虚账户结转到损益账户。

阿尔维塞·卡萨诺娃(Alvise Casanova)1558年在威尼斯出版的会计著作,大部分是对帕乔利著作的模仿。卡萨诺娃是第一个省略日记账只采用分录账和总账的著作者。但是,他的主要贡献是提出了更系统的总账结账手续。他介绍了结账以及转账时均应通过分录账进行的方法。按这种方法,他的航海账户不是在每次冒险交易结束时结清,而只在年末进行。所有未结清的余额均应往余额账户结转,然后,结清总账,并将结转到余额账户的金额,往新总账结转。

在意大利簿记发展的第二阶段[①](1559—1795年),人们对帕乔利论述的会计模式作了重要的修订,并开始研究簿记理论。而且,复式簿记开始为大型企业、修道院和政府会计所采用。1586年,柏纳克里特教团的修道士唐·安杰洛·彼得拉(Don Angelo Pietra)出版了第一本论述非营利组织会计的著作。彼得拉认为,为了检查修道院的会计,最好单独编制财务报表,并加以审核。尽管财务报表自14世纪以来,已在实务中使用,但在著作中进行论述,这是第一次。彼得拉还是第一个将企业和所有者分别看待的著作者。他之所以倡导编制借贷对照表、损益表和资本明细表,是由于他不仅希望明确了解资本主权益的变化,也希望了解该主体整个财务状况的变化。

1633年,耶苏伊特教团的修道士卢多维科·佛罗里(Ludovico Flori)编著了另一本论述修道院会计的教科书。在这本书中,佛罗里发展了彼得拉的会计思想。佛罗里同样强调了财务报表的重要性,而且是第一个论及应将各种经济业务归入合适的会计期间的著作者。他之所以使用试算表,不

---

① 原著并未介绍第三个阶段。——译者注

仅是为了检查总账的正确性，而且为了易于决算。佩拉盖洛指出，在19世纪以前对意大利式簿记的论述中，佛罗里的是最简明的。[4]

帕乔利的会计著作几乎影响了整整一个时代。随着美洲大陆的发现和与东方贸易路线的打通，政治和商业霸权开始从地中海沿岸转移到大西洋沿岸。一系列同时发生的变化，促进了复式簿记向整个欧洲的传播。民族国家的建立导致了一套更统一的货币制度的产生：阿拉伯数字取代了罗马数字；纸张的使用已经普及；古腾堡活字印刷的发明使人们可以很容易地得到印刷书籍。几个世纪内复式簿记的发展与其说是新技术的发展，毋宁说是其使用范围的扩大。

会计的改良通常是与一个国家商业活动和国力的急速增长同时进行的，但也有例外。15世纪，西班牙是当时欧洲最重要的国家，但它的簿记知识却落后于其他国家。不妨说，它起着在意大利和英国之间传播知识的作用。法国在会计发展的早期，也没有发挥出应有的重要作用。部分原因是，为了防止舞弊行为而制定的法律，带来了妨碍簿记发展的后果。而在德国、荷兰和英国，均对意大利式簿记作了重要的修订。1500年以后，从意大利流传到北欧的复式簿记技术通过当时的教科书得以迅速普及，这些教科书论述了意大利复式簿记的新方法及其优点。

德国

德国的会计著作由于意大利式簿记与固有的代理人簿记制度的相互作用和影响而为人们所关注。德国最早的两本教科书是由海因里希·施雷贝尔（埃尔富特，1523年）和约翰·戈特利贝（纽伦堡，1531年）编著的。两者均包括了复式记录的要素，但尚未提及损益账户和费用账户。两者均使用德国传统的三种会计账簿，即分录账、总账和商品账。直到1549年，通过沃尔夫冈·施魏克的曼佐尼的译作，威尼斯式会计才被介绍到德国。1550年，数学教师、肯普腾的德国人瓦伦丁·门赫在安特卫普出版了一本更具独创性的教科书。该书论述的虽是代理人簿记，但显然也受意大利复式簿记的影响。尽管采用了德国式会计账簿组织，但门赫第一次论述了复合分录。他在1565年出版的另一本教科书中论述了包括损益账户和余额账户在内的健全的复式簿记。在这一时期以前，德国总账的排列一直很笨拙，会计科目摆在每一行开头。1594年，从比利时逃亡到德国并定居到汉堡的数学教师帕西尔·格森第一次将会计科目标在每一页的最上方，从而使总账趋于体系化。尔后，尼克劳斯·沃尔夫 1610 年在纽伦堡出版了一本复式簿记教科书。在这本书中，仍然保留了德国固有的商品账。由此可见，意大利式方法并没有完全取代传统的德国会计实务。直到 17 世纪，德国的著作者们才完全采用帕乔利介绍的会计制度。

荷兰

第一本佛兰芒语簿记著作是 1543 年出版的《新教程》一书，作者是在各地经商，并在威尼斯生活过 12 年的安特卫普商人，叫简·英平·克里斯托弗尔。他一方面深受帕乔利的影响，同时，其分录账和总账格式是对曼佐尼的继承。不过，正是他，将试算表引进到荷兰；正是他，首先提倡编制关于期初资产和负债的财产目录，并进行估价。尼克劳斯·彼得里 1588 年出版于阿姆斯特丹的教科书也论述了期末试算表。为了在原始记录中确立特殊账簿，他介绍了一种"费用账"，在上面汇总应过入分录账的现金总额。

与帕乔利一样，西蒙·斯蒂文（1548—1620 年）也是一位博学多才的大师。他总是希望将自己的思想付诸实施。他曾是奥兰治王子的家庭教师兼顾问，从 1605—1608 年，出版了《数学惯例法》(*Hyponmemata Mathematica*、*Mathematical Traditions*) 一书。这是一本有关数学、力学和天文学的百科全书。簿记部分名为"意大利式王子簿记"(Account-keeping for Princes, according to the Italian Method)，采用问题解答的形式论述，一方为斯蒂文，另一方为他的学生奥兰治王子。除将复式簿记运用于王室财产和军队管理的论述不太成功以外，斯蒂文以 10 章的篇幅，对商业会计进行了详细的论述。与早期绝大多数著者不同，他关心效率，并将简化记账业务作为改革的基础[5]。而且，他早就论述了复合分录，并在辅助账簿中引进了现金和费用账。他主张，辅助账簿的各项目不应分项结转，而应按日或按月汇总后再一起结转。他在宗教上是一名无神论者，所以最早废除了会计著作的序言中向神祷告的习惯。

西蒙·斯蒂文在汇总手续方面，也填补了文艺复兴时期的会计与现代会计学之间的空白。他不仅主张年度决算，而且一反当时会计著作家们流行的做法，在总账以外编制资产和负债一览表。他向所有主建议，应在一张纸上列示所有的资产和负债。所以，期间利润是通过比较纯资产和前期期末的数值得出的。复式簿记主要是经北海沿岸的低地国家（现在荷兰、比利时和卢森堡的总称)流传到 16 世纪的英国的,所以,斯蒂文对英国的会计师产生了很大的影响。一位权威人士指出:19 世纪以前的会计理论的发展都是建立在帕乔利和斯蒂文的会计著作的基础之上的。[6]关于他对财务报表的发展所作出的先驱性的业绩,将在下一章作进一步的介绍。

英国

在英国,与德国一样,威尼斯式簿记最终取代了受古老的簿记制度影响的会计方法。应计基础的义务和履行会计适用于商业和货币兑换的重要性不如自给自足的土地管理的封建社会。相反,意大利式簿记是应商人兼金融家反映债权和债务之需要而产生的。这些人主要关心未来,并用经管责任用语,如应给(shall give)和应有(shall have)加以强调。但是,英国对主人的财产承担责任的受托者,并不是承担未来责任的债务人。他的义务是财务上的,也是社会上的。甚至在采用复式簿记以后,英国在分析经济业务时,强调的都是当前的事项,而不是未来的事项。意味着借方的"debit"相当于"义务"(charge),贷方的"credit"相当于"履行"(discarge)。所以,由于"义务"的原意是指收到什么,故产生了以下的记账规则,即收到的为借方,支付的为贷方[7]。

第一本英文簿记著作名为《有益的论文》(*A Profitable Treatyce*),著作者休·奥尔德卡斯尔是伦敦的布商和数学与簿记教师。此书的原版已散佚,我们只能根据 1588 年出版的由约翰·梅利斯编著的《简单的指导》(*A Brief Instruction, etc*)一书来考察它的内容。梅利斯在书中承认,他的著作是根据奥尔德卡斯尔的簿记文献编著而成的。两本教科书均是帕乔利会计著作的直译,仅仅是追加了两三道价值不大的实例。梅利斯省略了"计算与记录详论"中的 11 章,但包括其中的银行会计,这是因为,当时英国尚未建立银行制度。

詹姆斯·皮尔是救世主医院的教师兼事务员,他编著的簿记教科书是现存最早的,也是最完整的会计文献。他的处女作出版于 1553 年,名为《如何把账记好的方法和格式》(*The maner anb forme how to kepe a perfecte Reconyng, etc*)继承了帕乔利的传统。但通过列举例题,对总账的记录方法作了补充说明。他的第二部专著是 1569 年出版的《借贷会计入门》(*The Path-way to perfectness*),此书系一部以师生间相互问答的形式,详细地论述总账结账法的巨著。

皮尔的第二部会计著作与约翰·韦丁顿编著的《简明簿记教程》(*Johan Weddington : A Breffe instruction*, 1567) 均摆脱了意大利式复式簿记的传统。韦丁顿受荷兰实务的影响尤深，几乎没有参考以前的簿记著作，从而给英国的会计著作引进了新鲜的内容。为了分掌记账业务,减少在总账上反映的详细事务,韦丁顿按经济业务的形态对日记账进行了分类,编制了存货、现金收支、购销、兑换诸账簿和三种代理人、合伙人使用的账簿。各账簿直接往总账结转,从而废除了分录账。本书尽管对实务没有直接的影响,但从根本上摆脱了早期簿记著作的羁绊。韦丁顿的著作是最早通篇使用阿拉伯数字,最早论及复合分录,最早举例说明应计项目和递延项目,最早区分流动负债和固定负债,最早在存货账中设置了出量栏和收量栏的英语教科书。

17世纪初叶,荷兰会计实务对英国的簿记教科书的影响达到了顶点。东印度公司职员约翰·卡彭特于1632年编著出版了《最优秀的教程》(*A Most Excellent lnstruction*, etc.)。该书的主要优点在于著者极力主张,所有的总账记录首先必须通过分录账反映。那时候,卡彭特这本书确实在很大程度上引用了帕乔利、曼佐尼和奥尔德卡斯尔,尤其是拉尔夫·汉德森(Ralph Handson)翻译亨利·瓦宁亨的译作的有关内容。汉德森在1633年出版的《商业会计分析》(*Analysis of Merchant's Accompts*)一书中介绍,应在一张纸上列举各种经济业务,然后对各种经济业务设置应进行借贷记录的复式账户。这种论述简洁的分录方法,是以死记硬背讲授法为基础的簿记教科书的先驱。伦敦的会计师和教师理查德·达伐纳于1636年出版了《商人宝鉴》(*The Merchants Mirrour*)一书。在该书中,他与斯蒂文一样,采用了柏拉图式的对话形式。一般认为,他的著作深受荷兰会计技术的影响,但他抛弃了诸如辅助账簿、总账和复合分录之类的荷兰方法。无论如何,达伐纳的专著乃是第一部详细论述复式簿记体系的英文教科书,不久便再版数次。

在达伐纳及其追随者的著作以后,很难发现外国对英国簿记文献的影响[8]。尽管他们经常落后于会计实务,但后来的论文基本上是根据英国的经验编写而成的。这些专著更易于被人们所接受。1600年以前,出版的会计著作屈指可数。到1800年,英国出版了100多本专著,均再版数次。

另一件表明接受意大利式簿记的事实是改革家们的失败。其中最著名的人物,是爱德华·托马斯·琼斯(Edward Thomas Jones)。他在1796年出版的著作《琼斯的英国式簿记》(*Jones' English System of Bookkeeping by single or Double Entry*)一书中,主张应发明一套不同于意大利式复式簿记的原理体系。它可以节约时间,便于决算,揭发舞弊,避免出现转账错误[9]。他倡导的英国式簿记只使用日记账和总账,没有设置辅助账簿,日记账设三栏,簿记员首先将经济业务记入中间栏,然后,在空暇时,再将借方和贷方分别记入左侧栏和右侧栏。琼斯的总账除通常的金额两栏以外,在两侧还有四个特别栏,各栏反映每季度的借方合计和贷方合计。这样,就有可能在每个季度对总账合计和日记账合计加以核对。琼斯的总账只设现金账户、债权账户、债务账户和资本账户。他的批评指出,缺乏购进和销售账户,便无法计算利润,对盘存商品也无法进行实地盘存,而且由于日记账和总账均不是健全的复式记录,故无法核对其正确性。

但是,琼斯将单式簿记的简易性与意大利式簿记的综合性结合起来的尝试本身是正确的。尽管他的英国式簿记没有在英国推广开来,后来自己也推翻了它,但这本书的广泛流传引起了人们对传统会计程序的反省和批判。不久,琼斯在另一本专著中,又主张使用多栏式会计账簿、辅助总账、控制账户和其他节约劳动的手段。这种方法打破了沿袭帕乔利簿记法的状态,从更广的意义上说,它还促使簿记从文字叙述式会计记录法向统计简明式会计记录法发展。

教科书对于会计实践的标准化发挥了重大的作用。到18世纪,意大利式簿记成为支配性的会计方法,并在整个西欧巩固下来。毋庸置疑,商人们之所以将意大利式复式簿记作为更通俗易懂的方法来使用,就是教科书的影响所致。早期会计著作所论述的大部分方法与今天使用的方法非常相似。但是,当时重视记账,而不重视分析;重视叙述,而不重视表格。现代会计著作中的重要项目(如资产计价、收益计量和财务报表等)在1850年以前出版的大多数教科书中,所占篇幅并不是很大。[10]那时候,几乎没有论及成本会计,复式簿记仅仅只是从商人的观点加以考察的。

二、英国复式簿记的实践(1436—1800年)

英国都铎王朝时代的商业生活酷似文艺复兴时期的威尼斯。对于英国人来说,幸运的是威尼斯式簿记与短期投机交易账户和非定期损益决算一起作为意大利式簿记,已经在整个欧洲树立了一个典范。英国的商业活动是小规模的,贸易往来是零星发生的,并按交易的次数和商品的种类决出损益。大多数企业按单式簿记法记账,仅仅反映收支业务。当时的复式记账制度,是非常粗糙的。在大多数场合下,是单式和复式的混合形态,虽然采用了双重记录,但既没有设置损益账户,又没有设置资本账户。17世纪典型的总账是一册簿记中包括企业全部的账户,而且,没有尝试对它们进行分类。总账的一页记满后,其余额结转到下一页,其结果,有时便出现现金和其他通用的账户。甚至在100年以后,大部分会计账簿仅仅包括债权和债务账户,同一个顾客的账户可能双方都加以处理。而且,企业的事务与私人的事务混在一起。直到18世纪,人们才广泛注意到,复式簿记不仅有记录的能力,而且有汇总的能力[11]。

无论是否采用复式簿记,商人们记账的动机都是相同的。他们至少应对信用交易、存货和合伙人的资本加以反映。簿记教科书的作者强调,复式簿记的主要优点是它的秩序井然地、详细地记录经济业务的能力。也就是说,通过简单的记账方法只能提供很少一点资料,但通过总账余额,可以立即了解过去经营的分析记录。商人通过以义字叙述式会计记录法登记分录账和总账,可以详细地检查每一笔经济业务。尽管经常存在计算利润的要求,但自动地计算利润的方法在16世纪的会计账簿中尚未确立,而且,它也不是采用复式簿记的主要动机。当时的贸易具有投机的性质,过去的经营活动并不能作为未来活动的确切指南,所以,大部分商人无须依靠短期投机交易账户作为决策依据。那时,经验不如最新的消息重要[12]。

在这样的环境下,决算过程发挥着从算术上加以核对的作用。通过结清虚账户的总账,促进新账簿的设置。它还偶尔作为所有主的财务报表。教科书经常论述财务报表,但在实务上限制簿记的目的,将会带来四点后果,即:(1)决算的不规则性和临时性;(2)无法修正差错;(3)使用损益账户的局限性;(4)采用资产计价法的多样性。

17世纪的簿记技术与现代簿记技术的显著区别是没有定期结账和定期决算。决算手续与随时发生的事件相关。例如,在一次航海结束时、总账记满时、企业出售时、合伙解散时、商人破产或死亡时。当时,并没有定期决算的概念。早期的许多教科书建议,只有在总账记满时才能结账。18世纪的著作者们论述了年度决算的方法,但并没采用,因为对商人来说年度决算的时间可以任意选择[13]。

由于决算不是经常进行,使得决算手续复杂起来。当时,考察会计师的能力,是看他能否正确地编制试算表。但是,在许多场合下,如果账簿借贷余额不平衡,并不改正账簿记录。由于对企业外部不承担什么责任,商人只按自己的意愿办理,愿意怎样就怎样,而且,由于他们自己与企业的事务有着密切的联系,所以降低了定期检查总账正确性的必要性。其结果是,他们对复式簿记制度的兴趣是不固定的,虽然他们也及时地、准确地记录客户、供应商和合伙人的账户,但并不会下很大的工夫去验证全部的经营成果。

缺乏权责发生制会计和定期决算,混淆总账中的私人交易和企业交易,表明当时的人们对计算总利润并不关心[14]。短期投机交易账户的余额表示特定商品和特定航海的利润。一般认为,总利润是两个决算日之间由于各种原因所带来的商人拥有的全部财产价值的变动或"剩余"[15]。决定利润总额并不是它的目的,而是决算过程的副产品。损益账户呈现出作为单纯的过渡账户的倾向。实现的和未实现的损益、企业和私人项目,资本支出和收益支出、短期投机交易账户、资本摊缴和提款、资产再计价等,均直接在损益账户中反映和计算。而且,那些认为不属于其他项目的项目也应集中记入损益账户。再者,在没有贷方时与借方相反的记录和在没有借方时与贷方相反的记录,同样记入损益账户。如果重视这样算出的纯利润数值,就不能反映出企业的进展,也不能揭示出资本变动的原因。

由于感到没有必要计算总利润,所以,簿记员可以按他们的意志,没有顾虑地估价资产对资产负债表价值的利润额的影响。资产会计的主要目的,就是作成可供所有主参考的综合的总账记录,[16]商人通过审阅总账,便可以清楚地了解他的企业的财务状况。商人们应相信对各项目的说明,不应相信估价金额。如果还编制资产负债表,那么,这份报表就不是价值的计算表,而是商人们的资产和负债盘存表。为了提高它帮助记忆的有用性,应包括资产成本和目前的收支。这种收支的差异可以记入损益账户,也可以不记入损益账户。同样,持有利得可以马上列账,也可以推迟到资产出售以后再作处理。当时,并不存在标准的实务,所以,对于同一企业的不同资产,通常采用几种计价标准,甚至对同一资产,在不同的时间采用不同的计价标准。[17]短期投机交易会计不要求计提折旧,也不知道系统的资产折旧方法。

流动资产会计与其说是出于对利润的考虑,毋宁说是由于综合记录之需。应计项目和递延项目的处理并不一致。呆账有时从损益账户中注销,但经常也作为"危急的债务者"(desperate debtors)向特别资产账户结转。这样处理显然高估了收益,但不管其实质内容如何,它保证了所有的债务记录均归企业承担。租金的利息有时作为应计项目处理,但更普遍的,是在支付期到来时全额列账。[18]在存货会计中,也不是为了向销售成本正确地转账而进行计算,而是为了将不同商品的交易结果区别开来,这就是会计控制的主要意图。教科书和现存的记录均表明,当时为各种不同的商品设置商品账户,而且,商品账户在金额栏之后设立了数量栏,以便可以保持永续盘存记录。直到19世纪,总账中的商品账户才统一起来。

三、结　　论

缺乏强制实行的一致性,带来了停滞的时期。在这个时期里,业界对下述概念的正确性进行了检验,即会计技术从本质上讲是反映性的,也就是说,是应社会之需和企业状况的变化而发展的。在意大利、德国、荷兰、英国,甚至在日本,[19]复式簿记早在它普及以前就为人们所了解。在这些国家相同的社会发展阶段,即从封建社会发展到商业社会占主导地位的时代,意大利式簿记取代了不成熟的代理人会计。

但是,相反的命题是什么呢?复式簿记的普及对敲响中世纪丧钟的欧洲经济的扩展,产生了什么样的影响?沃尔特·尤肯(Walter Eucken)指出:

复式簿记知识,乃是16世纪初叶德国南部发展的先决条件。什么地方缺乏这种知识或普及缓慢(如汉萨同盟城邦),它的经济发展就迟缓。由此可见,只有对经济核算方法进行改良,才能够完全改变人们对经济生活的姿态。这就是结论。[20]

但是,意大利式簿记与其说是主动的,毋宁说是"反应性"的。16~19世纪之间主要技术的发展,就是比较频繁地利用复式簿记的汇总能力。"复式簿记法在会计记录中引进了资本概念"。[21]但是,18世纪的商人只重视它可以使账簿记录有条不紊的价值,我们今天接触到的与利润计算和资产计价有关的大部分问题,与当时的商人几乎无关。没有应计基础、配比或期间计算之类的手段,他们的短期投机交易账户同样可以测定每一笔经济活动的成果,同时,还可以通过翻阅总账,了解一些关于全体企业活动的情况。但是,他们既无法明确地发展利润概念,也无法创造出判断一定期间自己企业成功与否的系统手续。公众很少向企业投资,企业对外部也不承担经济责任,所以,财务报表在当时并不重要。引出会计分析要素的,是产业革命,而不是以前的簿记改革。绝大多数企业采用复式簿记只是1850年以后的事情,其主要的推动力是当时生产企业、所得税和会计职业的出现。[22]

注　释

[1] Raymond de Roover, "New Perspectives on the History of Accounting", Accounting Review 30 (July 1955), 409.

[2] David Solomons, "The Maner and Fourme how to keepe a Perfecte Reconyng", Lloyds Bank Review, no. 43 (1957), 44.

[3] Edward Peragallo, Origin and Evolution of Double Entry Bookkeeping, A Study of Italian Practice from the Fourteenth Century (New York: American Institute Publishing Co., 1938), p. 54.

[4] Ibid., p. 89.

[5] O. ten Have, "Simon Stevin of Bruges", in A. C. Littleton and B. S. Yamey, eds., Studies in the History of Accounting (Homewood, Ill.: Richard D. Irwin, 1956), p. 243.

[6] P. G. A. ed Waal, De leer van het boekhouden in de Nederlander tijdens de zestiende eeuw (Roermond, 1927), p. 289.

[7] A. C. Littleton, Essays in Accountancy (Urbana: University of Illionis Press, 1961), pp. 34-38.

[8] B. S. Yamey, H. C. Edey, and H. W. Thomson, Accounting in England and Scotland: 1543—1800 (London: Sweet and Maxwell, 1963), p. 170.

[9] B. S. Yamey, "Edward Jones and the Refrom of Bookkeeping, 1795—1810", in A. C. Littleton and B. S. Yamey, eds., op. cit., p. 315.

[10] Yamey, Edey, and Thomson, op. cit., p. 191.

[11] James Winjum, "Accounting in its Age of Stagnation", Accounting Review 45 (October 1970), 756 ff.

[12] S. W. Bruchey, Robert Oliver, Merchant of Baltimore, 1783—1819 (Baltimore: Johns Hopkins University Studies in Historical and Political Science, vol. 74. no. 1,

1956), pp. 135-141.

[13] Winjum, op. cit., p. 750.

[14] Solomons, op. cit., p. 41.

[15] B. S. Yamey, "The Functional Development of Double-Entry Bookkeeping", Accountant 103 (November 2, 1940), 339.

[16] B. S. Yamey, "Scientific Bookkeeping and the Rise of Capitalism", in. W. T. Baxter ed., Studies in Accounting (London: Sweet and Maxwell, 1950), p. 24.

[17] Yamey, Edey and Thomson, op cit., p. 197.

[18] Ibid., p. 193.

[19] K. Nishikawa, "The Early History of Double-Entry Bookkeeping in Japan", in A. C. Littleton and B. S. Yamey eds., op. cit., p. 380.

[20] Walter Eucken, The Foundations of Economics: History and Theory in the Analysis of Economic Reality (Chicago: University of Chicago Press, 1951), p. 238.

[21] Winjum, op. cit., p. 747.

[22] B. S. Yamey, "Some Topics in the History of Financial Accounting in England, 1500—1900", in W. T. Baxter and Sidney Davidson, eds., Studies in Accounting Theory (Homewood, Ill.: Richard D. Irwin, 1962), p. 25.

主要参考文献

Baxter, W. T. "Credits, Bills and Bookkeeping in a Simple Economy". Accounting Review 21 (1946), 154-166. Reprinted in W. T. Baxter, ed. Studies in Accounting London: Sweet and Maxwell, 1950, 31-48.

— "Accounting in Colonial America". In A. C. Littleteton and B. S. Yamey, eds. Studies in the History of Accounting. Homewood, Ill.: Richard D. Irwin, 1956, 272-287.

Brown, Richard, ed. A History of Accounting and Accountants. London: Jack, 1905. Reprinted by B. Franklin. New York, 1966, chaps. five and six.

Bruchey, S. W. Robert Oliver and Mercantile Bookkeeping in the Early Nineteenth Century. Johns Hopkins University, M. A. Essay, May, 1946. Reprinted by Arno Press, New York, 1976.

Coleman, A. R., Shenkir, W. B., and Stone W. E. "Accounting in Colonial Virginia". Journal of Accountancy 138(July, 1974), 32-44.

Coomber, R. R. "Hugh Oldcastle and John Mellis". In A. C. Littleton and B. S. Yamey, eds. op. cit., 206-214.

— "Early Accounting Books and Early Books of Accounting". Accounting Review 30

(July, 1955), 405-420.

Eucken, Walter. The Foundations of Economics: History and Theory in the Analysis of Economic Reality. Chicago: University of Chicago Press, 1951.

Gordon, Cosmo. "The First English Books on Book-keeping". In A. C. Littleton and B. S. Yamey, eds. , op. cit. , 202-205.

Hartsough, Mildred, "A New Treatise on Bookkeeping under the Fuggers". Journal of Economics and Business History 4 (1931—1932), 539-551.

Hatfield, Henry Rand. " An Historical Defense of Bookkeeping", In M. Chatfield, ed. Contemporary Studies in the Evolution of Accounting Thought. Belmont, Cal. : Dickenson Publishing Company, 1968, 1-11.

Kats, P, "Double Entry Book-keeping in England Before Hugh Oldcastle". Accountant 74 (January 16, 1926), 91-98.

— "Hugh Oldcastle and John Mellis". Accountant 74 (1926), 483-487, 641-648.

— "James Peele's 'Maner and Form'". Accountant 82 (January 11, 1930), 41-44, 88-91, 119-122.

— "The 'Noveile Instruction' of Johan Ympyn Christophle". Accountant 77 (1927), 261-269, 287-296.

Kellenbeny, Herman. "The State of Bookkeeping in Upper Germany at the time of the Fuggers and Welsers". Academy of Accounting Historians Working Paper No. 7. University, Alabama: Academy of Accounting Historians, 1974.

Kojima, Osamu. "The Synthesis and Division of the Merchandise Account". In Studies in the Industrial Economics. Kyoto: Daigakudo Shoten, 1976, 123-134.

— ed. Historical Studies of Double-Entry Bookkeeping. Kyoto: Diagakudo Shoten, 1975, 252-305.

Krelser, Larry. "Early American Accounting". Journal of Accountancy 142 (July, 1976), 77-80.

Littleton, A. C. Accounting Evolution to 1900. New York: American Institute Publishing Company, 1933. Reprinted by Russell and Russell, New York, 1966, chaps. four and six.

Littleton, A. C. , and Zimmerman, V. K. Accounting Theory: Continuity and Change. Englewood Cliffs, N. j. : Prentice-Hall, 1962, chaps. two and three.

Nishikawa, K. "The Early History of Double-entry Bookkeeping in Japan". In A. C. Littleton and B. S. Yamey, eds. op. cit. , 380-387.

Parker, R. H. "The First Scottish Book on Accounting: Robert Colinson's Idea

Rationaria (1683)". Accountant's Magazine 78 (September, 1974), 358-361.

Peragallo, Edward. "A Commentary on Vigano's Historical Development of Ledger Balancing Procedures, Adjustments, and Financial Statements During the Fifteenth, Sixteenth, and Seventeenth Centuries". Accounting Review 46 (July, 1971), 531-534.

—— Origin and Evolvtion of Double Entry Bookkeeping, A Study of Italian Practice from the Fourteenth Century. New York: American Institute Publishing Company, 1938. Reprinted by Nihon Shoseki, Osaka, 1974.

Previts, Gary J. "Origins of American Accounting". C. P. A. Journal 46 (May, 1976), 13-17.

Ramsey, Peter. "Some Tudor Merchants' Accounts". In A. C. Littleton and B. S. Yamey, eds., op. cit., 185-201.

Riley, E. M. "William Prentiss and CO.: Business Success in Eighteenth Century Williamsburg". Financial Executive 35 (1968), 35-38, 40-41.

Solomons, David. "The Maner and Fourme how to keepe a Perfecte Reconyng". Lloyds Bank Review, No. 43(1957), 34-46.

Sutherland, Paul. "Hugh Oldcastle and the 'Profitable Treatyce' of 1543". Accountant 102 (March 23, 1940), 334-336.

Ten Have, O. "Simon Stevin of Bruges". In A. C. Littleton and B. S. Yamey, eds., op. cit., Homewood, Ill.: Richard D. Irwin, 1956, 236-246.

—— The History of Accountancy. Palo Alto: Bay Books, 1976, 56-75.

Thomson, H. W. "The Institute's Literary Treasures: How the 'Method of Venice' Came to England". Accountant 143 (October 15, 1960), 469-472.

Thomson, H. W., and Yamey, B. S. "Bibliography of Bookkeeping and Accounts-1494 to 1650". Accounting Research 9 (1958), 239-257.

Vanes, J., ed. The Ledger of John Smythe, 1538—1550. London: Royal Commission on Historical Manuscripts, JP 19, HMSO, 1974.

—— "Sixteenth Century Accounting. The Ledger of John Smyth, Merchant of Bristol". Accountant 157 (September 16, 1957), 357-361.

Winjum, James. "Accounting in its Age of Stagnation". Accounting Review 45 (October, 1970), 743-771.

—— "The Journal of Thomas Gresham". Accounting Review 46 (January, 1971), 149-155.

—— The Role of Accounting in the Economic Development of England: 1500—1750.

Urbana: Center for International Education and Research in Accounting, 1972.

Yamey, B. S. "Early Books on Accounting: Carpenter's Mnst Excellent Instruction (1632) and Other Works". Accountant 137 (December 14, 1957), 683-684.

— "Edward Jones and the Reform of Bookkeeping, 1795—1810". In C. A. Littleton and B. S. Yamey, eds., op. city., 313-324.

— "The Functional Development of Double-Entry Bookkeeping". Accountant 103 (November 2, 1940), 332-342.

— "Handson's Analysis of Merchants' Accompts-An Unrecorded Broadside, 1669". Accounting Research 8 (1987), 299-304.

— "Pious Inscriptions: Confused Accounts: Classification of Accounts: Three Historical Notes". In Harold Edey and B. S. Yamey, eds. Debits, Credits, Finance and Profits. London: Sweet and Maxwell, 1974, 143-160.

— "Scientific Bookkeeping and the Rise of Capitalism". in W. T. Baxter, ed. Studies in Accounting. London: Sweet and Maxwell, 1950, 13-30.

— "A Seventeenth Century Double-Entry Journal". Accountancy 71 (November, 1960), 639-641.

— "Some Seventeenth and Eighteenth Century Double-Entry Ledgers". Accounting Review 34 (October, 1959), 534-536.

— "Some Topics in the History of Financial Accounting in England, 1500—1900". In W. T. Baxter and S. Davidson, eds. Studies in Accounting Theory. Homewood, Ill.: Richard D. Irwin, 1962, 14-43.

— "Stephen Monteage, A Seventeenth Century Accountant". Accountancy 70 (November, 1959), 594-595.

— "Weddington's A Breffe Instruction, 1567". Accounting Research 9 (1958), 124-133.

— Edey, H. C., Thomson, H. W. Accounting in England and Scotland: 1543—1800. London: Sweet and Maxwell, 1963.

Ympyn, Jan. A Notalbe and very Excelent Woorke. Edited by O. Kojima and B. S. Yamey. Kyoto: Daigakudo Shoten, 1975.

（王骥 译）

第六章　会计账簿和财务报表的演进

在许多会计手段中,尤数财务报表最受各历史时期的影响。在工业革命之前,它们主要是为了从算术上验证总账余额的正确性而加以编制的。尔后,其作用颠倒了过来,人们认为,使财务报表的编制变得容易的是会计账簿。随着财务报表从簿记的汇总发展成为相互沟通的手段,分录账和总账也开始从文字叙述式向易于把握余额的统计表发展。在 19 世纪初叶,最初向债权人报告,后来主要向股东报告的期间财务报表将账户分成流动和固定的两个范畴,并通过应计项目和递延项目,更精练地汇总总账资料。而且,政府也开始对公布的财务报表加以管理。

一、分录账和总账(1500—1900 年)

早期绝大多数复式簿记著作都是以三种账簿(日记账、分录账和总账)的使用为前提的。日记账是在经营业务发生时反映经营事项的日记,同时也是将相同的经济业务加以归类的场所。首先,无论是谁,对于每一笔经营业务的处理,均应记入日记账,并以当时的货币,记入全部的金额;然后,簿记员一次又一次地按正式的复式簿记法将这些记录事项往分录账结转;最后,再往总账结转。这样,整个记账手续才结束。资料不仅从财务报表中取得,也通过翻阅总账取得。在 14 世纪,设置一册总账和数册起辅助作用的日记账,就可以使通常的会计记录成立。后来,又在两者之间增设了分录账,用以将日记账的记录事项往总账结转。所以,当初,分录账的重要性较之总账要小。但是,到了 16 世纪,货币制度的进一步统一和收据的迅速普及,降低了日记账的必要性。随着日记账的消失，分录账作为原始记录账簿取而代之。

复式分录账

A·C·利特尔顿博士指出，早期的分录有两种不同的类型。[1] 在 1430—1550 年之间盛行的威尼斯式分录账，提出了专门性的、简略化的记账格式。它发挥着联结日记账和总账的作用，是由总账记录的表达法产生的。帕乔利在《数学大全》中列举的实例很具有代表性：

Per(借方)梅西纳的祖安·安东尼奥：a(贷方)现金，根据合同，将上述部分糖款支付给他。

这可以称为"从 A 至 B ……"(By A…… to B……)型。"Per"(by)最初表示债务者(借方)，接着，"a"(to)表示债权者(贷方)。由于这些关键词具有与平常会话间不同的专业意义，所以，能不能理解它，依这种关键词的意思如何而定。

同时，另一种分录形式也在佛罗伦萨会计实务中发展着，这种形式对全部的内容加以反映，而且按词义就可以理解，是由人名账户交易的备忘记录产生的。现按这种形式将帕乔利所举实例列下：

我将梅西纳的祖安·安东尼奥作为债务人(借方)，将根据合同，作为上述糖款一部分的现金作为债权人(贷方)……×××

这种形式，按不同的表达法，有三种类型，即：(1)"A 是债务人(借方)，B 是债权人(贷方)"(A is debitor, B is Creditor)；(2)"A 对于 B 是债务人(借方)"(A is debitor to B)；(3)"A 欠 B"(A owes B)。[2] 这种形式为人们所欢迎，所以，它淘汰了威尼斯式，成为现代分录的先驱。

1600 年以后，分录从文字叙述式和拟人式向简略式和统计式发展。18 世纪分录账的文字叙述要素比以前减少了一半，过去的 debitors(债务人)和 creditors(债权人)这样的拟人化表示法，已不如应结转的 debit(借方)和 credit(贷方)记录法的使用更为普遍。

梅西纳的祖安·安东尼奥对于作为上述糖款一部分的应支付的现金，为借方……×××

到 19 世纪中叶，文字叙述式已完全让位于通过专业用语来表达的方法，通过空格和划分数字的记录栏，来区别借方和贷方：

应收票据	借方(Dr)	×××	
贷方(to)	现金		×××

这意味着借方和贷方的用语 Dr 和 to 在当时已与它原意不相称,后来逐渐消失。现代分录乃是提高往总账结转的准确性的统计分类手段。

总账格式的变迁

复式总账也是从拟人式向统计式发展的。由于总账记录最初以辅助记忆为主要任务,所以,它自然按详细的文字叙述式加以反映,按没有簿记知识的人也易于理解的形式反映全部内容,而且,每一笔经营业务均应记入借方和贷方两方面。大部分的总账记录事实上只是将分录账的记录照抄到总账账户,所以,这种总账不是对数值进行整理,而是按文字叙述式记录法对所有的经济业务加以分类。[3]

但是,早期总账记录的本质并不是文字叙述式,而是账户的拟人化。从与外部者进行交易的一个或数个所有主的观点看,应经常进行会计记录。复式簿记就是从这种人名账户开始的,最早的总账除此以外,别无其他。而且总账扩展到包括有资产和权益以后,人的特征自然对记账时的表现方法和与经济责任有关的用语产生影响。

意大利式总账主要用于将口头的债务契约正式化。所以,记账也反映未来的事项。尽管专业术语各种各样,但均包括意味着期待将来的、与会计责任有关的正式用语。Debet dare(Should give),即"还给资本主",是反映借方的典型表示法;Debet habere(Should have)表示贷方,是指"从资本主那里得到"。所以,借方就是"给"(give)方,贷方就是"得"(have)方。

1340 年 3 月 7 日	1340 年 3 月 12 日
借方 胡椒 100—1b,一批 80 个,贷方第 9 页,文奇圭雷·因佩里亚利;胡椒每 100—1b 批,价值 24 Libbre,5 Soldi。 1940 Libbre 政府经纪人卢卡斯·多马吐斯	贷方 胡椒,借方第 3 页的,克里斯蒂亚尼·罗梅利尼,在佛罗伦萨的约安纳·德佛朗哥的账户上销售的胡椒。100—1b,价值 22 Libbre,14 Soldi,6 denari. 227 Libbre,5 Soldi

这种古典的意大利式总账记录在 14 世纪初叶至 16 世纪中叶之间没有发生什么变化,一直为人们所采用。这就是按文字叙述式反映给予者、收受者、给予物和接受物四部分的段落形式。上面列举的实例,是引自热那亚市政厅总账所记录的胡椒账户。[4]

17 世纪初叶,总账的文字叙述式让位给不是从语法上,而是从位置上区分借方和贷方的记账形式。通过西蒙·斯蒂文和模仿他的英国人而得到普及的这种形式,在以后近 300 年的时间里,没有发生根本性的变化,而为人们所采用。

		Notes Debet	1600 年					Notes Credit	1600 年		
0	1 月	Per Capital fol. 3	144	0	0	30	5 月	Per Peter De Witt fol. 10	334	16	0
28	3 月	Per David Roels fol. 15	95	4	0	4	8 月	Per Pepper fol. 16	610	0	0

此例引自《数学惯例法》一书。由此可见,斯蒂文形式的本质是它的简洁性。缩短了整个句子,省略了详细的经济业务,会计科目、借方和贷方符号已与正文分离,成为标题的一部分。

到 18 世纪初叶,又对总账记录进行了两项小改良。传统的做法是,总账在设置的账簿的账页两侧分别记载会计科目,并将借方和贷方作为各页标题。现在,会计名称去掉了贷方账页的标题,代之以用语"Per Contra"。而且,源于拉丁语"debet dare"和"debet habere"的"debit"和"Credit"用语分别简化为"dr"和"cr"。这种形式在英国实务中持续使用了近 100 年的时间。

到 19 世纪中叶,总账在一个会计科目下、在一张纸上表示借方和贷方。这样,账户就成为反映与标题有关的特定事实的表格。所以,账户的记录事项与其说是对应账户的对照检索,毋宁说是以反映金额为其主题。

应 收 票 据

Dr(借方)					Cr(贷方)				
1847 年 5 月 17 日	6	to Wm Johnson	150	00	1847 年 11 月 10 日	12	By cash	150	00

今天的总账只是在标题上没有了"Dr"和"Cr",而且,在摘要栏也没有了

"to"和"by"。在 1900 年以前,这些记账形式的最后痕迹,就已从大部分总账中消失。总账的目的只是用统计的方法反映账户余额,使财务报表的编制变得容易一些。

二、财务报表

试算表

早期论述复式簿记的著者均强调,复式簿记具备自动验证总账结转的正确性和全面性的职能。不过,帕乔利虽然已理解了试算表的目的和职能,[5]但他推荐的汇总表并不是现代意义上的试算表。在虚账户往资本账户结转以后,应编制总账的平衡表,它与结转手续结束后的试算表一样,只不过是证明现存的借方和贷方余额的平衡性而已。合计的总计是作为已结转的账户的最终证明而编制的,这些账户的余额已结转到新的总账。旧总账的所有借方和贷方记录事项均分别记录在一张纸的左侧和右侧,然后,对其平衡性加以证明。佩拉盖洛教授称这一手续是无用的手续,认为它仅仅是证明所有总账的转账过程,[6]结转后的总账,即便出现工作差错,其借贷合计也一致。因为在往新总账结转前,记录余额数值时,各账户的借方和贷方都是相等的。试算表在 15 世纪末叶被广为采用,但合计的总计的寿命并不长,而且,也没有被广为采用。

余额账户

财务报表发展的第二阶段是以余额账户的面貌出现的。这种余额账户只是所有总账借方和贷方余额的排列。它不仅验证总账结转的正确性,而且使汇总资产和权益的余额记入新总账的手续简单起来。它以标准的簿记手续出现,使人们对实账户和虚账户的关系有了进一步的认识。例如,戈特利贝 1546 年在余额账户中,通过分别计算资产和负债与期初资本的合计,来求得利润。但是,在早期的教科书中,并不存在已将余额账户作为总账之外的计算表来使用的证据。[7]余额账户与损益账户一样,主要是作为清算和转账的手段来使用的。

资产负债表的复兴

余额账户是如何演变成资产负债表的呢？其原因有许多，在中世纪的意大利城邦和德国自治城市，为了征得账户税，要求编制财务报表。1673年的法国商法典要求商人每两年"编制反映全部不动产、动产、债权和负债的财产目录"。[8]其用意是，在这位商人破产时可以通过以前的财务报表，把握各企业的概况，从而采取必要的处理措施。在14世纪采用的最古老的佛罗伦萨平衡表中，合伙利润是通过计算本会计期间内的纯资产和上年度的纯资产之间的差额得出的。合伙人在加入合伙，或退出合伙，从法律上解散企业时，有必要计算合伙资本。在缔结合伙账簿时，只由登记账簿的合伙人保持反映该时点的经营状况的记录是不充分的。从所有主变更时期对资产进行再计价的必要性看，也要求单独编制关于资产和负债的财产记录。[9]

尤其是，随着企业规模的扩大，越来越多的人开始关心企业的经营活动，但是这些需要信息的人又无法直接接近总账，这样，也需要单独编制财务报表。17世纪股份公司的出现，使有利害关系者对与账簿分离的独立财务报表的需求更为强烈。这是因为，债权者和股东均要求得到与他们的投资有关的资料。

早期的财务报表，是根据总账中的账目直接抄录的，或者是采用试算表数据的多栏式报告书。达伐纳在1635年的簿记教科书中，列示了六栏式财务报表。该报表左右两侧均包括三栏：第一栏合计试算表；第二栏是余额试算表；第三栏是剩余的资产和权益。以后的著作者追加了损益栏，并通过盘存计算，对账簿数据进行修正，编制计算表。不久以后，这种笨拙的多栏式财务报表从教科书中消失，取而代之的，是只反映计算的最终结果，而不反映其过程的"账户"式和"报告"式财务报表。

在这一时期，资产负债表是最重要的，也是唯一的财务报表。它的利用者希望得到关于资产和资本的数据，而不太重视费用和收益。

西蒙·斯蒂文在《数学惯例法》一书中突破了这一概念，强调虚账户具有同等的重要性。斯蒂文列举了题为"德里克·鲁斯的资本状况表"的著名实例。他指出，之所以叫这个名称，是因为它只包括"构成一定日期的资本状况"项目，而不包括其他反映资本增减的全部账户。[10]斯蒂文的资产负债表在当时是具有典型意义的，资产和负债并列，收益反映的是一个会计期间中资本的纯变化。

德里克·鲁斯的资本状况表

1600 年 12 月 31 日编制

资本状况借方	L S d	资本状况贷方	L S d
（负债一览表）…………	51,8,0	（资产一览表）…………	3191,7,1
借方余额，为结清计算书……	3140,9,1		
合计……………	3191,17,1	合计……………	3191,17,1
		期末余额(资本)…………	3140,9,1
		期初余额(资本)…………	2153,3,18
		本期增加额…………	987,5,5

但是，斯蒂文并没有就此止步。"为了验证上述资本状况表的正确性，应汇总所有使资本增加或减少的账户余额。"也就是说，"由于它们没有反映实际事物"，[11]应汇总没有在资本状况中反映的所有账户余额。但是，这种"损益的证明表"是传统的测试总账正确性的报表。它不仅证明资产负债表所反映的利润额，也详细列出了导致纯资本变动的费用和收益，表明利润是如何赚得的。

损益的证明表

资本状况借方	L S d	资本状况贷方	C S d
营业费 …………	57,7,0	丁香的利润…………	75,4,1
家务费 …………	107,10,1	坚果的利润 …………	109,7,2
合计 …………	164,17,0	胡椒的利润 …………	18,19,0
		生姜的利润…………	41,8,4
		损益账户 …………	907,3,4
		（期初贷方余额）…	
与上述计算书一致的利润 …………	987,5,5		
	1152,2,5		1152,2,5

英国的资产负债表

现代财务报表的形式主要是以 19 世纪的英国经验为基础而确立起来的。关于制定公司法的背景，将在第七章和第九章作更加详细的介绍。简而言之,18世纪的簿记是为了满足企业的需要而建立的。其目的不再仅仅是辅助管理者,而且还向投资者报告决策所需要的事项。从更广的意义上讲,是为了帮助分配资源,维持正在工业化的经济的金融市场。南海公司投机事业的破产,使投资家蒙受极大的经济损失,于是,制定了1720年的"泡沫公司取缔法"。尔后100年间,禁止创立股份公司。直到1844年,股份公司注册法才再次允许普遍采用股份公司这一组织形态。

在制定公司法时,国会与其说受意大利式复式簿记的影响,毋宁说更受英国传统责任会计的影响。[12]允许创办股份公司在当时被认为是一种特权,其回报条件是,要求股份公司承担特定的公共责任。一般认为,公司的发起人和公司职员是负责管理投资者的资本的受托者,所以,有义务将资产的使用情况公之于众。在这种前提下,英国首先倡导制订保护投资人的法案。1844年的股份公司注册法要求应向股东公布已审的资产负债表。1856年的公司法虽然从正文中删掉了早期的会计和审计条款,但规定了反映英国人对法人责任看法的资产负债表的标准格式。

与义务和履行报告书一样,这种报告书的标准格式将与资产负债表科目有关的科目汇集起来,并将义务和履行分别列在对应的两侧。它不仅是总账余额的简单罗列,而是有分析地对资料加以排列,自身有了改进。由于管理者的首要责任是由出售公司股票带来的,所以,在1856年资产负债表的标准格式的第一区段就是对比由出售股票带来的永久性资本和由收入产生的永久性资产。英国古典经济学家们将资本划分为固定资本和流动资本两部分,立法者根据这种思想又将流动资产和流动负债与固定资产和固定负债区分开来。[13]关于受托责任的最后两个项目是意外损失备用和分红备用;对应的项目是成为其基金的现金和营业资产。

(借方)公司资产负债表	1856年……作成(贷方)
资本和负债	财产和资产
Ⅰ 出售股票所得资本	Ⅲ 财产
a 已发行股票数	a 不动产
b 每股价格	b 动产
Ⅱ 负债	Ⅳ 公司的债权
a 固定负债	a 应收票据
b 流动负债	b 应收账款

	c 呆账
Ⅵ 意外损失备用	Ⅴ 现金和投资
Ⅶ 分红备用_____	_____
======	======
或有负债	

这种标准格式将资产列在右侧,将权益列在左侧,并且将永久性资本列在最上端,这与现代美国资产负债表完全相反。可以说,这也是从古典的意大利形式脱胎演变而来的,是几方面的原因所致。有的人指出,西蒙·斯蒂文对英国教科书产生了影响。他还指出,在结清旧总账之后,开设新总账之前,余额账户应按相反的排列法表示,早期几家英国公司就是按这种形式编制报告书的。早期英国的法案是影响这种报告标准格式的另一因素。[14] 1721—1858 年之间编写的英国会计教科书介绍了应在左侧反映资产的资产负债表,但 1858 年以后,又颠倒了过来。1862 年的公司法建议应将资产排在右侧。1868 年铁道法案条款不仅强行要求这样做,而且要求用"Opposites"的词句从横的方面对这些资料进行划分。

随着财务报表的编制成为簿记的主要目的,总账数据也精确到更接近当时的市价。期间报告书的必要性,使资产计价第 次成为重要的问题,并激发了人们对百分率折旧法的兴趣。应计地租和利息的技术自 14 世纪以来就在实务中广为采用,但当时不存在更广泛地、系统地采用这一技术的条件。至于存货的计价,亦是如此。雅克·萨瓦里(Jacques Savary)在 1712 年介绍了他对成本与市价孰低,以及因陈旧过时减记账簿价额和现变现净值的理解,但是,直到财务报表已广为使用的 19 世纪末叶,存贷计价的标准化才开始展开。在此之前,存在各种各样可以接受的计价方法,很少或根本没有趋向统一的迹象。随着财务报告重要性的增强,出现了资料的一致性和可比性的问题,于是,主张历史成本会计和在销售时变现的争议更加热烈起来。

美国的财务报表

在美国,与英国一样,资产负债表是主要的财务报表,但是,其产生的原因是各不相同的。英国的资产负债表是因为要向投入资金的股东报告管理责任而发展起来的。19 世纪美国的股份公司却没有像英国那样由于股份投机而使股东蒙受巨大损失的历史,因此创办股份公司的规定,也不像英国那样严格,而且,并不认为创办股份公司是一种特权,取而代之的,是要求公司应承担披露的义务。美国的股份公司大多数是小型的,大部分资本不是通过发行股票而是依靠银行的短期贷款筹集的。资产负债表主要以银行家为直接对象,这些金融家的传统常识是认为债务人在贷款到期时的偿还能力与收益能力无关,而与存货变现有着密切关系。[15]由于重视流动性,而不重视赢利额,所以,美国的资产负债表将流动资产和流动负债列在最初。由于缺乏政府法规,所以,资产负债表的格式也仅仅是仿效总账的余额,将资产列于左侧,权益列于右侧。

银行家的"流动性主义"(liquidity doctrine)在1920—1921年商品萧条时期,经受了考验。美国的批发价格降低到40%,存货收缩到10亿美元。[16]盘存商品的现行销价大大低于实际成本,现金流量减少,偿还贷款也变得困难起来。随着信用的低落,金融家们看到了仅仅以流动性为基础的贷款政策的局限性,作为借款方的公司也认识到,如果他们仅仅依靠银行的短期贷款,就会使自己的基础在衰退时期变得薄弱。所以,他们就寻求对短期现金变动难以产生影响的资金源泉。20世纪20年代,由于权益对运转资金不会带来直接的压力,所以,大量发行股票就成为一般公司扩大事业资金源泉的普遍途径。

当股票发行成为外部资金的主要来源,股东成为财务报表的主要读者时,损益表就成为更有意义的报告书。当然,重点从资产负债表转到损益表,其原因除企业筹集资金的方法发生变化之外,还有其他。其中包括长期企业和技术上的变化,如私营公用事业公司的规则和铁道的发展等。[17]所得税与成本会计的迅速发展一样,使人们对企业的盈利额和费用也关心起来。长期的债权人发现,收益能力甚至比偿付能力的测试更为重要。人们开始主张确定资产负债表编制日的纯资产价值不仅是次要的问题,而且是不可能解决的问题。后来,还有人同样谈及了收益计量。

资金表

资产负债表和损益表是直接根据总账余额加以编制的,它们反映的是企业的财务状况。通过分析表中运转资本的变动,可以使预测更加灵敏。资金表在100多年以前就已经在美国实务中被采用了。[18]到1903年,至少存在4种类型,即汇总现金变动的计算书、汇总流动资产的计算书、汇总运转资本的计算书和汇总整个财务活动的报告书。但是,至于应采用何种类型和形式,并不统一。

在1908—1921年之间出版的4本教科书中,[19]威廉·莫尔斯·科尔(William Morse Cole)举例论述了为汇总资产负债表所有账户的变动而编制的计算书。他指出,正如负债账户的减少意味着已支付债务一样,资产账户的增加则意味着购置一些资产的开支。同样,资产的减少,意味着从本年度资产账户中开支什么,用于何处;负债的增加则意味着该企业借用了资产。科尔将各个负债的增加和资产的减少称为"Wheregot, (or Receipts or Credits)",而将资产的增加和负债的减少称作"Wheregone, (or Expenditure or Debits)"他试图通过比较资产负债表的期初项目和期末项目,去反映内部经济业务的结果,尤其是流动性的变化。但是,为了累积所有资产负债表账户的纯变化,他未能摆脱流动性这一点,因而未能揭示收入的源泉或者开支的最终影响。他对各种变动将会导致企业资金总额的增加或减少表示了默认。

对于现在使用的资金表的格式,H·A·芬尼(H·A·Finney)做了大量的工作。他通过揭示运转资本变化的原因,加快了以流动性为重点的报告书的发展。在1921年注册会计师考试时,他对资金表编制问题的解答是独具特色的。他将"资金表"(Statement of Application of Funds)划分成"提供的资金"和"运用的资金"两部分。[20]他也是最早主张应将往来账户的增减作为价值的"容器"加以汇总的人。芬尼在1923年的论文中提出,资产负债表的一些变动,如土地的再计价和商誉的摊销,仅仅是账簿记录的结果,而不是资金供给和运用的结果。[21]为了让真正的变动与它分离开来,他提出了计算表的处理方法,按这种方法,该计算表应汇总反映对运转资金产生影响的绝大部分(但不是全部)变动。而且,他还提出了系统的编制方法。在1925年以前,可以在教科书中看到在形式上和内容上均与今日的资金表相似的计算表。

在两次世界大战之间,有这样一个倾向,即将对流动资产和流动负债余额没有影响的经济业务均从资金表中删掉,只以运转资本账户代替,详细地反映往来账户的变动,这就为进一步考虑优先的经济业务留下了余地。第二次世界大战以后,人们尝试着不仅计算两个资产负债表编制日之间运转资本变动的总额,而且对资金的实际流转进行测定。[22]在公开发表的报告中,可以经常见到资金表。从 1971 年 9 月 30 日起,美国注册会计师协会(AICPA)要求在对股东的年度报告中包括资金表。

今日的传统财务报表

资产负债表和损益表发展到现在这样的形式,只有 100 余年的时间。但是,它们似乎适合于更简单的社会经济环境。这些财务报表是在通货膨胀还没有像现在这样成为问题时成熟起来的。当时的编制者还没有面临着扩大公开和发表报告书范围的法制压力。在各个时代,它们分别以某个主要集团作为唯一的使用者,满足其要求。它们不要求去遵循"公认"但定义含糊的会计原则。而且,通常并不期待会计师去正确地进行资产计价和收益计量。在资产负债表的情况下,这种事态的影响之一,与都铎王朝时代的英国一样,就是经常揭示资产和权益诸项目的记录,而不是对它们进行估价。

注 释

[1] A. C. Littleton, Accounting Evolution to 1900 (New York: American Institute Publishing Co., 1933; reprinted by Russell and Russell, New York, 1966), p. 117.

[2] Ibid.

[3] Ibid., p. 90.

[4] Edward Peragallo, Origin and Evolution of Double Entry Bookkeeping, A study of Italian Practice from the Fourteenth Century (New York: American Institute Publishing Co., 1938), p. 8.

[5] Edward Peragallo, "Origin of the Tram Balance", in A. C. Littleton and B. S. Yamey, eds., Studies in the History of Accounting (Homewood, Ill.: Richard D. Irwin, 1956), p. 216.

[6] Ibid., p. 218.

[7] Littleton, op. cit., p. 132.

[8] Jacques Savary, Le Parfait Negociant, 6th ed. (Paris: 1712); quoted in Littleton, op. cit., p. 136.

[9] Littleton, op. cit., pp. 137-138.

[10] A. C. Littleton and V. K Zimmerman, Accounting Theory: Continuity and Change (Engiewood Cliffs, N. J.: Prentice-Hall, 1962), p. 76. See also Littleton, op. cit.,

pp. 133-134.
[11] Ibid. p. 76.
[12] Ibid. p. 85.
[13] Ibid. p. 88.
[14] Ibid. pp. 82-83.
[15] Ibid. pp. 92-93.
[16] Ibid. pp. 95-96.
[17] Eldon S. Hendriksen, Accounting Theory, rev. ed. (Homewood, Ill.: Richard D. Irwin, 1970), pp. 47-48, 55.
[18] L. S. Rosen and D. T. DeCoster, "Funds' Statements: A Historical Perspective", Accounting Review 44 (January 1969), 126.
[19] William Morse Cole, Accounts: Their Construction and Interpretation (Boston: Houghton Mifflin Co., 1908 and 1915); Accounting and Auditing (Cree Publishing Co., 1910); The Fundamentals of Accounting (Boston: Houghton Mifflin Co., 1921).
[20] H. A. Finney, ed., "Students' Department", Journal of Accountancy 32 (July 1921), 64-67.
[21] H. A. Finney, "Statement of Application of Funds", Journal of Accountancy 36 (December 1923), 460-472.
[22] See Colin Park and John W. Gladson, Working Capital (New York: Macmillan Company, 1963).
[23] Accounting Principles Board, "Reporting Changes in Financial Position", Opinion No. 19 (New York: AICPA, 1971).

主要参考文献

Anton, Hector R. Accounting for the Flow of Funds. Boston: Houghton Mifflin Co., 1962, 45-64.

Brown, Sister Isidore. The Historical Development of the use of Ratios in Financial Statement Analysis to 1933. Unpublished Ph. D. dissertation, Catholic University of America, 1955. University Microfilms, Ann Arbor, Michigan.

Daniels, Mortimer B. Corporation Financial Statements. Ann Arbor: University of Michigan, 1934, chap. one.

Dev, Susan. "Ratio Analysis and the Prediction of Company Failure". In Harold Edey and B. S. Yamey, eds. Debits, Credits, Finance, and Profits. London: Sweet and

Maxwell, 1974, 61-74.

Edey, H. C., and Panitpakdi, Prot. "British Company Accounting and the Law 1844—1900". In A. C. Littleton and B. S. Yamey, eds. Studies in the History of Accounting. Homewood, Ill. Richard D. Irwin, 1956, 356-379.

Foulke, Roy A. Practical Financial Statement Analysis. 6th ed. New York: McGraw-Hill, 1968, chap. one.

Gregory, R. H., and Wallace, E. L. "Solution of Funds Statement Problems-History and Proposed New Method". Accounting Research 3 (1952), 99-132.

Hay, L. E. "Executorship Reporting—Some Historical Notes". Accounting Review 36 (Januar, 1961), 100-104.

Hendrikson, Eldon S. Accounting Theory, rev, ed. Homewood, Ill. Richard D. Irwin, 1970, 60-62, 237-250.

Horrigan, J. O., "A Short History of Financial Ratio Analysis". Accounting Review 43 (April, 1968), 284-294.

Howard, S. E. "Public Rules for Private Accounting in France, 1673 and 1807". Accounting Review 7 (June, 1932), 91-102.

Käfer, K. and Zimmerman, V. K. "Notes on the Evolution of the Statement of Sources and Application of Funds". International Journal of Accounting 2 (1967), 89-121.

Littleton, A. C. Accounting Evolution to 1900. New York: American Institute Publishing Company, 1933. Reprinted by Russell and Russell, New York, 1966, chaps. seven through ten.

Littleton, A. C., and Zimmerman, V. K. Accounting Theory: Continuity and Change. Englewood Cliffs, N. J.: Prentice-Hall, 1962, chaps. three and four.

Moyer, C. A. "Trends in Presentation of Financial Statements and Reports". Chapter fifteen of Morton Backer, ed. Handbook of Modern Accounting Theory. Englewood Cliffs, N. J.: Prentice-Hall, 1955.

Myer, J. N. "Statements Accounting for Balance Sheet Changes". Accounting Review 19 (January, 1944), 31-38.

Park, Colin, and Gladson, John W. Working Capital. New York: Macmillan Company, 1963, especially chaps. one and two.

Penndorf, B. "The Relation of Taxation to the History of the Balance Sheet". Accounting Review 5 (December, 1930), 243-251.

Peragallo, Edward. Origin and Evolution of Double Entry Bookkeeping, A Study of Italian Practice from the Fourteenth Century. New York: American Institute

Publishing Company, 1938. Reprinted by Nihon Shoseki, Osaka, 1974.

— "Origin of the Trial Balance". In A. C. Littleton and B. S. Yamey, eds. Studies in the History of Accounting. Homewood, Ill. Richard D. Irwin, 1956, 215-222.

Rosen, L. S., and DeCoster, D. T. "Funds's Statements: A Historical Perspective". Accounting Review 44 (January, 1969), 124-136.

Schmalenbach, Eugene. Dynamic Accounting. London: Gee, 1959, Chap. one.

Takatera, Sadao. "Early Experiences of the British Balance Sheet". Kyoto University Economic Review 37 (October, 1967), 34-47. Reprinted in O. Kojima, ed. Historical Studies of Double-Entry Bookkeeping. Kyoto: Diagakudo Shoten, 1975, 299-305.

Ten, Have, O. "Simon Stevin of Bruges". in A. C. Littleton and B. S. Yamey, eds, Studies in the History of Accounting. Homewood, Ill. Richard D. Irwin, 1956, 236-246.

Walker, R. G. "Asset Classification and Asset Valuation". Accounting and Business Research 4 (1974), 286-296.

Winjum, James. "Accounting in its Age of Stagnation". Accounting Review 45 (October, 1970), 743-761.

— The Role of Accounting in the Economic Development of England: 1500—1750. Urbana: Center for International Education and Research in Accounting, 1972.

Yamey, B. S. "Some Topics in the History of Financial Accounting in England, 1500—1900". In W. T. Baxier and S. Davidson, eds. Studies in Accounting Theory. Homewood, Ill. Richard D. Irwin 1962, 14-43.

— "Closing the Ledger". Accounting and Bussiness Research 1 (1970), 71-77.

— "Pious Inscriptions; Confused Accounts; Classification of Accounts: Three Historical Notes". In Harold Edey and B. S. Yamey, eds. Debits, Credits, Finance, and Profits. London: Sweet and Maxwell, 1974, 143-160.

Yamey, B. S., Edey, H. C., and Thomson, H. W. Accounting in England and Scotland: 1543—1800. London: Sweet and Maxwel, 1963.

（文硕 译）

第七章　股份公司的出现

　　构成现代股份公司基础的法学理论,是由早期的下述三种思想发展演变而来:(1)每一个公司应是独立的、凭本身权利拥有财产的实体;(2)组成公司的个体对其经营活动只承担有限责任;(3)公司可与其所有者的寿命无关而继续存在。中世纪3个机关——教会、城市和行会,都被视为是独立的、可以永久存在的实体[1]。修道院的财产从未被认为属于哪个修道士或院长大人,他们个人对教会的债务也不承担偿还责任。中世纪的市政当局也被看作是与其居民无关的独立实体,它们都要取得法律上承认其独立地位的结成社团的条款。行会是以行业保护为目的的互相扶助的职业团体。与教会和城市一样,行会在自己的名义下拥有财产,并且通过让许多个体者加入,使其拥有永久性的办公处所。

　　在各种情况下,实体的独立存在为成员提供了承担有限责任的理论根据。如果一个企业的存在与它的所有者是无关的,那么从逻辑上讲,就不能用企业的财产来偿还所有者个人的债务,因为所有者自己对企业的资产只拥有间接的索赔权。同样,假如该公司是一个具有签约权并拥有财产的独立个体,那么它的债权人也不能指望得到股东的个人资产去偿还公司的债务。

　　意大利的"康美达"(Comcmenda)合营公司是股份有限公司的先驱。在文艺复兴时期,投资者为了逃避教会关于货币不能生息的防止高利贷的法令,将它们的现金委托给外贸商人,从而分享合营冒险事业的利润。在"康美达"的合营契约中,除将冒险资本和贸易能力恰当地结合起来以外,还开创了这样一个先例,即规定贸易合伙人对合营公司的债务负有全部责任,而不直接参与经营活动的投资者只在投资额范围内承担风险,并且可以分享利润。

受意大利实务影响的许多欧洲国家在商法中都规定,应区分参加具体经营的合伙人和不参加具体经营的合伙人(亦称匿名合伙人)所分担的责任,后者的责任只以其出资额为限。1673年,法国《萨瓦里法典》对意大利式的有限责任的公营公司设定了特别条款。但在英国,合营公司的概念是建立在代理人关系之上的。他们中的每一个合伙人都能起到约束其他合伙人的作用,且全体合伙人共同对公司的债务承担连带的清偿责任。这就使得在需要大力发展大型公司的英国设立股份有限公司尤为困难。17世纪初英国的某些公司推广了一种投资者只负有限责任的形式,以吸引投资者购买公司的股票。"票面价值"原则并非是从公司债权者的立场来保护投资者的个人财产,而仅仅是向认购者保证,公司在他们付清全部股份以后,不再向他们要求追加投资[2]。但在这以前,英国政府出于对自身利益的考虑,已开始着手推动股份有限公司的发展。

一、企业的地位

重商主义是旨在通过贸易形式来发展商业实力和增加国家财富的一套经济理论,也是一种政治策略。由于重商主义在股份有限公司和其他现代企业形式正在发展的16～18世纪处于支配地位,因而它对会计学发展也产生了影响。正如亚当·斯密所指出的:重商主义者认为,企业利润乃是个人和公共利益的源泉。但重商主义的贸易商不论在理论上,还是在实践上都渴望获得贸易上的垄断地位。美国独立战争实质上就是英国重商主义者与北美殖民地重商主义者之间争夺阿勒格尼山脉以西土地控制权的斗争[3]。重商主义的学说认为:国家应通过授予投资者以垄断特许证,并给予某些公司以独立服务的特权,或者通过开发海外的特定区域以鼓励商业和工业的发展。他们在强调海外贸易时认为,国家还应保证出口额超过进口额,形成外贸顺差,以达到通过金银的流入来增加国库的目的。由于进口货物往往是原材料,而出口货物是加工产品,该项政策自然引出了一项更为成熟的政策,即出口剩余产品来换取所需要的外国货物。

伊丽莎白女王时代的英国商业与帕乔利时代威尼斯的商业一样,常采用风险投机买卖的形态。在这种环境下,公司要想持续经营,唯有首先通过国王的特许,取得一种伴随着垄断目的的特权。对控制商业领域有兴趣的贸易行会,早在1394年就开始了组成公司的进程。不久,就出现了消防和金融之类的地方性公司,这些行业公司对各种服务的垄断达200年之久。

二、企业组织形式的变化

美洲大陆的发现和通向中国及印度航路的开辟,促使投资者开始把注意力转向海外贸易。英国初期从事这种贸易的"冒险性公司"是合伙组织,但是,与意大利的"康美达"一样,某些合伙人希望具体从事海外贸易活动,而其他的合伙人只是想从事投资。在获利大、风险也大的领域里,如果投资者和冒险家想进行富有成效的合作,就需要采取某种有限责任的形式。

最初的股份联合公司属于合伙组织,它们具有一些法人组织的特征。一般地说,它们的生命是有限的,对于企业的债务,承担无限责任,但在许多情况下,他们也发行可转让的股票。这些企业的目的是多方面的,从贸易到殖民地经营,还包括军事远征和航海探险等。议会一般愿使它们成为竞争性企业,因为这些企业易于控制和课税。国家给予它们垄断权,作为对它们最初因冒险需要大量投资的部分补偿。俄罗斯公司(木材)、弗吉尼亚公司(烟草)、东印度公司(香料)和哈得逊湾公司(皮毛)是当时最著名的四大公司。对于像英格兰银行那种对国家利益产生重大影响的特许公司,一旦倒闭,政府允许其股东不受《破产法》有关条款的约束。其结果导致股东对公司债务的清偿责任只限定在他们未支付的股份数额以内。

根据伊丽莎白一世1600年的特许而建立的东印度公司,从发行有限期的股份从事航海冒险事业开始,逐步发展成为拥有永久投资资本的持续经营公司,历时60年。在1600—1617年期间,该公司主办了113次航海贸易活动,每次航行都作为一次独立的冒险活动并用新的方式补充已认资本[4]。这样,每次航行后都应进行清算,以便使想退出者可以退出,并使新的"冒险家"能加入进来。这也意味着,股票不是很容易就可转让的,因为要想加入正在进行中的冒险贸易,只有购买未发行完的股票或当时股东持有股份的零数才行。每次航行结束,资产和盈利应在股东之间进行"分配"。各个投资者很容易确定自己的利润,即取回超出他们投入的部分。

但是,船舶、贸易站和其他长期资产从一次冒险活动结转到下一次冒险活动,是非常麻烦的。最后,公司的账目在连续航行中陷入混乱状态。由于将以前结清的余额或过去航行的剩余物转入以后的航行中,所以,有必要在许多航行的各个终结阶段,对资产和利润进行处理。在17世纪,海外贸易已经发展成连续不断的过程,所以需要拥有永久性资本。这时把企业视为持续经营更为妥当。

1613年,东印度公司终止了每次冒险活动都发行股票的做法,开始出售为期4年的认股单。股东认购股票的价额分4年支付,每年支付的款项供该年度航行使用。1657年,《新公司成立的特许条例》的颁布,确立了永久性投资资本的原则,并扩大了股东在清算前可以转让个人股份的权力。同时还规定,公司在第七年末首次对股票进行估价,尔后每3年估价一次,每个股东可以在任何时间依据这些价格转让他所持有的股票。这不仅简化了股份转让的问题,而且,从公司的角度看,也更容易筹集新资本。1661年东印度公司的总裁声明:将永久性投资资本理论引入企业,对未来股东的分配不再是人们所熟悉的"分割"资产和利润的方式,而将采用从利润中支付"股息"的方式[5]。

三、南海泡沫公司

接踵而来的是这些新公司的管理问题。由国王特许成立的公司,无论其最初的目的是什么,它的活动范围实际上并未受到限制。而且,在17世纪后半叶,许多非法人的企业就像股份公司那样进行经营活动,并在没有取得法律许可的情况下发行可转让的股票。由于当时缺乏必要的管理,这些企业或助长诈骗行为,或推行异想天开的计划。在设立的公司中,有些是以建造西班牙大帆船为目的,有些是以制造永恒运动的机械为目的。

当时,存在着把锯屑做成松木的企业;在切尔西公园种植桑树借以养蚕的企业;在大不列颠到处可见的操办丧事的企业;从铅中提取银子的企业;在英格兰还有奖励繁殖马匹的企业,以及帮助牧师和教会耕种土地并维修牧师住宅的企业。[6]

另一类企业创办人大肆宣扬他们的"计划",但对计划的目的秘而不露,声称事后告知。他们宣称任何人只要缴纳两个畿尼(旧英国货币——译者注)的预约金就可以成为他们的"股东","这个冒险家在一个上午就收到了许多预约金,而在当天夜里就溜到其他领域去了"。[7]

南海公司就是这些冒险活动中最大的投机者,也是与会计有重大牵连的公司。南海公司于 1710 年经特许成立,主要目的是筹集 1 000 万英镑流动国债的资金。10 年间它也曾尝试发展海外贸易,但没有取得多大成功。尔后,随着英国第一次股票大投机时代的到来,该公司决定接收全部国债,并通过发行大量的新股票来购买国债。董事们通过出售股票,散布有关股利的谣言,提供低于股票市价一半的贷款,把本公司的股票价格提高了 10%[8]。1720 年,狂热的股票大投机浪潮退去后,股票价格比它们的最高水平下落了 15%。最后,这个国家没有足够的资金支付到期的分期认缴股款,或购买在市场上抛售的股票。尽管该公司的经营活动又延续了 130 年,但投资者丧失了数百万英镑的资金,使全国商业的发展延缓达半个世纪之久。议会任命的秘密委员会在调查中发现该公司账目有窜改现象。最后,公司的一名董事被关进伦敦塔,其他董事的个人财产也被全部没收。

与 1929 年震惊世界的经济危机一样,南海泡沫事件(South sea Bubble's collapse)导致了完善会计监督的要求。写作教师兼会计师查尔斯·斯内尔(Charles Snell)受聘对南海公司的子公司——索布里奇公司的会计记录进行了审查。斯内尔因此成为英国第一位对股票公开上市公司的会计记录进行审计的会计师,也是最早对所谓公司舞弊进行调查的人。他发表的报告是没有确定结论的。他发现该公司有虚假记录,但他没有对该公司为什么这样做发表意见。

这次疯狂的股票大投机所带来的最后结果,是 1720 年议会颁布了著名的《泡沫公司取缔法》。这项法令制定的目的在于防止四种舞弊行为:(1)过分的股票投机;(2)成立欺诈性的股份公司;(3)非法人公司使用公司的特权;(4)利用公司的特权进行与类型不相称的经营活动。[9]这项法令不仅否认了所有未经国主或议会赋予法人资格的公司的有限责任,而且成为约束新公司成立的政治手段。该法令也使有限责任公司的正常发展被抑制达 100 年之久。

这项禁令是在最混乱的时期颁布的,它推迟了产业革命初期最适宜于工业迅速扩大的企业组织形式的发展。该法令规定,厂商建立的合伙组织的所有成员不论其投资额的多寡,在法律上对公司的所有债务均需亲自承担清偿的责任。由于这种合伙组织不能保护投资者,因而筹集资金的能力十分有限。它们通常是由许多单个合伙人组成的不稳定的大规模组织,与这些合伙人打交道的人们不能肯定自己究竟在与谁订约。在1720—1844年期间,一些运河、铁路和其他公用事业被赋予承担有限责任的资格,但绝大多数的工商企业却不是这样。要想组成公司,只有经过国王的特许或得到议会特别法案的认可,这样不仅手续麻烦,而且费用较高。

19世纪初期,由于受到一系列法庭判决的影响,《泡沫公司取缔法》的基础被动摇。[10]1825年的一项法令完全废止了《泡沫公司取缔法》,并使国王在公司的特许状中明确指出股东对公司债务责任的程度或不承担责任。从1837年开始,国王有权授予非法人企业特许证,这事实上就是把它们特许为股份公司,1844年的《公司法》几乎允许所有的企业经过注册均可组成公司,但股东承担的责任仍然是无限的。1855年的《有限责任法》,允许根据1844年法令注册的企业为其股东取得有限责任的证明书。1862年的《公司法》,把有关股份公司的组成和管理的早期规定加以编纂整理,形成条文,从而消除了法人支配英国基础产业的最后障碍。具有讽刺意味的是,在放任主义取代重商主义而占据支配地位的很长时间以后,国家才成为这些产业的仲裁人。

四、持续经营的会计意义

使会计技术发生根本变革的是公司的持续经营,而不是有限责任和公司独立实体的地位。对于一个冒险行动而言,簿记完全是历史性的;而对于持续经营来说,簿记则面临着把连续不断的活动视作许多部分的问题。这样,不仅经营成果是暂时的,而且记账的整个重心都转向了未来。现在企业的资产计价主要是依据该公司的长期收益能力而定,这又使得清算价格不如原始成本重要。持续性还产生了这样一层意思,即除非资产价值的变化对持续经营价值产生影响,否则就没有必要对资产进行再估价。

企业的持续性,需要保持其资本。浪费投资资本的公司没有理由指望自己具有无限的生命力。有限责任和永久投资的经济需要均要求在企业内保持缴入股本。[11]大量永久资产的出现,也使得资本保持在经济上是十分必要的。股份公司必须保持其资本的完整性,确保经营的连续性及其经济实力,从而使广大的投资者、消费者、公司雇员和其他企业有关人员,避免因为企业资产的减少和收益能力的降低而蒙受经济损失。从法律上承认有限责任,就产生了维护资本的法律义务。这一法律禁止公司的债权人对股东的个人资产享有追索权,但允许他们保持对企业资产的索赔权。

当时,英国和美国的立法机关作出了一系列旨在确保投资资本完整性的划时代的决定,为了加强这些判定,两国制订了只能从本期收益和累计收益中发放股利的法律。[12]其结果,用亚梅(Yamey)的话来说就是:"往日是附带的,如今却成为主要的了!"[13]计算可用来发放股利的利润数额,成为公司会计人员日常最主要的工作。这就要求明确地区分资产和费用,企业的收入应与产生一定期间收益的成本联系起来。

但是,最初利润的计量缺乏精确性和连贯性。当时不存在每一股份公司都必须依据的原则体系。详细划分资本支出和收益支出的法庭判决,使收益计算得以明确化和标准化。在建设期间将利息支出资本化是恰当的[14],但对公司资本支付利息则是不恰当的。法庭还规定,在股东有资格享受现金股利之前,公司对未来的经营活动应设立准备金;特别是在确定利润时应设置坏账准备、折旧备抵以及一般资本准备。利特尔顿认为,这些判决充分反映了19世纪中叶会计人员的思想。[15]它们从某种意义上讲,是集会计原则之大成的替代物,是对当时流行的较好的会计方法进行鉴别并给予公认的一种手段。

然而,亚梅认为,这种具有法律意义的会计原则,一般比职业会计规则更为宽大;会计规则不是法律要求事项,而主要是在利润计算方面强行加以约束。[16]当时,几乎不存在有效的披露规定。如果财务报表的编制较公正,并经审计人员认可,法庭就不应加以干涉。亚梅强调了管理当局在法律范围内具有设立秘密准备、计算账面利润和控制股利分配政策的能力。当时还存在如同现在经常发生滥用权责发生制会计的现象。实际上,现代财务报告中许多意义不明确之处就是由于沿用了19世纪后半叶的会计惯例。与重新强调确定利润一样重要的是"公司管理当局要求加强过细的会计核算的胜利"[17]。

由于股利的支付影响着公司的流动性,因而就出现了将利润额与实现资产增值同等看待的趋势。由此得出这样一个结论,即未实现的利润不应在账簿中记录,因为它与销售不同,并不增加企业的流动资产或支付股利的能力。这种趋势由于权责发生制会计的广泛采用而受到阻碍。当将收益和费用与特定会计期间的企业经营业绩联系起来时,企业开始计算净值和定期收益,而不考虑现金的收入与支出。例如,簿记员开始认识到,利润是逐日累积起来的,尽管在预定的日期货币没有如数收回,而一定数额的利益在该日期以前就已经获得。从这一意义上说,定期性的认识意味着应随货物的实际收发作出记录,而不是依据现金的收付,由此而产生了更接近现实的会计实务。

以上我们考察了公司经济活动的连续性所导致的会计期间的缩短和定期化的趋势。现在,企业的寿命不仅超过了一次特定冒险行动的时间,而且,超过了企业所有者的寿命。定期会计报告对于公司股票的定价是颇有帮助的,法律和税务当局有时也要求编制这种报告。特定会计期间的利润计算是确定股利支付额的主要决定因素。大多数股东通常是与公司业务没有直接关系并住在外地的所有者。对于那些没有时间详细研究企业经营活动的人来说,定期利润是反映企业管理效率的重要指标。

日历年度被证明是适合公司编制报告的期间。一年通常足够完成一项或数项企业的经营活动,但要向投资者提供公允的当期信息,则似乎又太短。当企业每年的报表在同一时期和同一天发表时,才具备有用的可比性。随着会计记录更加标准化,股份公司出现了这样一种趋势:它们在较短的间隔期内编制报表,最后形成了一种编制年度报告的基础。在每年业务经营的淡期结束的会计年度(正常营业年度),早在18世纪70年代就开始采用,以后在19世纪不同的年代和地区又再度出现过[18]。至少在1800年以前的英国,人们一般已采用在年末或公司创立纪念日结清账目的习惯做法。

五、股份公司对会计的影响

随着一些企业有权脱离它们的所有者而存在的概念得到公认,所有者应对公司债务承担有限责任的学说亦开始形成,它反过来又引起企业只能通过从累计的利润中支付股利来维护投资资本的义务。这样,既保护了债权人,又维持了企业经济活动的连续性。这样限制股利的分配,就需要系统地进行利润计量,其中包括更精确地区分资产和费用。

埃尔登·亨德里克森(Eldon Hendriksen)指出:"会计理论的基本概念很少是单纯从股份公司形式中产生的。"[19]但是股份公司的创建,也确实引起会计思想的很大变化。股份公司"对于将资本资产的永久投资和收益计量的机制结合起来,发挥着媒介作用"。[20]股份公司使连续性观念具有法律效力。通过鼓励经济业务非人格化观点来结束账户的拟人化。只是在稳健主义成为公司财务的基本原则以后,才普遍对未来的意外事项设立公积准备。在建立以年度为报告期的划分基础,以及流动资产与流动负债、固定资产和固定负债的划分界限方面,股份公司的出现,比其他任何因素所起到的作用都要大。

公司会计从文艺复兴时期的实账户和虚账户的结合中挖掘出新的潜力。股份公司大规模的经营活动促进了会计核算的经常性、连续性和经济性,并普遍采用了辅助日记账和辅助总账。向外地投资者提供信息的必要性,使得定期编制财务报表比查询总账数据更为重要。对已审核财务报表的需求促进了英美两国会计工作职业化的产生。稳定金融市场、保护投资者利益的必要性,使政府介入了公司的财务报表。而且,股份公司由于拥有迅速地集中巨额资本的能力,为工业生产和工业会计的发展创造了有利的条件。

注　释

[1] A. C. Littleton, Accounting Evolution to 1900 (New York: American Institute Publishing Company, 1933; reprinted by Russell and Russell, New York, 1966), pp. 242-244.

[2] Ibid., p. 249.

[3] Amaury de Riencourt, The American Empire (New York: Dial Press, 1968), pp. 8-9.

[4] Littleton, op. cit., p. 210.

[5] Ibid., p. 211.

[6] C. J. Hasson, The South Sea Bubble and Mr, Snell, Journal of Accountancy 54 (August 1932), 131.

[7] Ibid., p. 132.

[8] Ibid., p. 131.

[9] Littleton, op. cit., p. 248 fn.

[10] Ibid., pp. 251-252.

[11] Ibid., pp. 245-246.

[12] Ibid., p. 215.

[13] B. S. Yamey, "Some Topics in the History of Financial Accounting in England 1500—1900", in W. T. Baxter and Sidney Davidson, ed., Studies in Accounting Theory (Homewood, Ill.: Richard D. Irwin, 1962), p. 38.

[14] Littleton, op. cit., pp. 218-219.

[15] Ibid., p. 221.

[16] Yamey, op. cit., p. 41.

[17] Ibid., p. 42.

[18] Nicholas Stacey, English Accountancy, 1800—1954 (London: Gee and Company, 1954), pp. 16-21.

[19] Eldon S. Hendriksen, Accounting Theory, rev. ed. (Homewood, Ill.: Richard D. Irwin, 1970), p. 47.

[20] Littleton, op. cit., p. 213.

主要参考文献

Beard, Miriam. A History of Business, 2 vols. Ann Arbor: University of Michigan Press, 1962 and 1963, vol. 1, pp. 325-453.

Edey, H. C., and Panitpakdi, Prot. "British Company Accounting and the Law 1844—1900". In A. C. Littletion B. S. Yamey, eds. Studies in the History of Accounting Homewood, Ill.: Richard D. Irwin, 1956, pp. 356-379.

Hasson, C. J. "The South Sea Bubble and Mr. Snell". Jn M. Chatfleld, ed., Contemporary Studtes in the Evolution of Accounting Thought. Belmont, Cal.: Dickenson Publishing Company, 1968, pp. 86-94.

Hendriksen, Eldon S. Accounting Theory, rev. ed. Homewood, Ill.: Richard D. Irwin, 1970, pp. 47-52.

Irish, R. A. "The Evolution of Corporate Accounting". In M. Chatfield, ed. Contemporary Studies in the Evolution of Accounting Thought. Belmont, Cal.: Dickenson Publishing Company, 1968, pp. 57-85.

Littleton, A. C. Accounting Evolution to 1900. New York: American Institute Publishing Company, 1933. reprinted by Russell and Russell, 1966, Chap. thirteen and fifteen.

Pollard, Sidney. The Genesis of Modern Management: A Study of the Industrial Revolution in Great Britain. London: Edward Arnold. Ltd. , 1965, Chap. two.

Pollins, H. "Aspects of Railway Accounting Before 1868", In A. C. Littleton and B. S. Yamey, eds. Studies in the History of Accounting. Homewood, Ill. : Richard D. Irwin, 1956, pp. 332-355.

Sainsbury, Ethel Bruce. A Calendar of the Court Minutes etc. of the East India Company, 1660—1663, Oxford, England: Oxford University Press, 1922.

— A Calendar of the Court Minutes etc. of the East India Company, 1664—1667. Oxford, England: Oxford University Press, 1925.

— A Calendar of the Court Minutes etc. of the East India Company, 1671—1673. Oxford, England: Oxford University Press, 1932.

Scott, William. The Constitution and Finance of English and Irish Joint-Stock Companies to 1720. Cambridge, England: Cambridge University Press, 1910.

Stacey, N. A. H. English Accountancy: A Study in Social and Economic History, 1800—1954. London: Gee and Company, 1954.

Sterling, Robert R. "The Going Concern: An Examination", Accounting Review 43 (July, 1968), 481-502.

Ten, Have, O. The History of Accountancy. Palo Alto: Bay Books, 1976, 52-55.

Watzlaff, R. H. "The Bubble Act of 1920", Abacus 7 (June, 1971), 8-28.

Wren, Daniel A. The Evolution of Management Thought. New York: Ronald Press Company, 1972, chap. two.

Yamey, B. S. "The Case Law Relating to Company Dividends". In W. T. Baxter and S. Davidson, eds. Studies in Accounting Theory. Homewood, Ill. : Richard D. Irwin, 1962, 428-442.

— "The Development of Company Accounting Conventions". Accountants, Magazine 65 (October, 1961), 753-763.

— "Some Topics in the History of Financial Accounting in England 1500—1900". In W. T. Baxter and S. Davidson, ed. Studies in Accounting Theory. Homewood, Ill. : Richard D. Irwin, 1962, 14-43.

— "Scientific Bookkeeping and the Rise of Capitalism". In W. T. Baxter, ed. Studies in Accounting. London: Sweet and Maxwell, 1950, 13-30.

(黄梅艳 译 李天民 校)

第二编
工业时期的会计分析

第八章 工业企业的会计问题

一、英国的产业革命

产业革命当然是一种活动,而不是一个历史时期。它对 18 世纪的英国和 1870 年以后的美国、德国的冲击,在很多方面与现在发展中国家的经验是比较类似的。17 世纪末,整个西欧医疗和环境卫生的改善、饮食习惯的改良和生活的逐步城市化,导致全西欧死亡率的降低和人口的激增。在英国,70 年间人口就增加了 1 倍,因而,传统的农业经济已经不能养活这么多人口,这样就迫切需要产生新的生产力形态。

许多因素都有利于工业的发展[1]。在当时的英国,储蓄率高、资本容易筹集。物价的上涨和对高额利润的期望,促使人们向新的产业冒险投资。"圈地法案"(The Enclosure Acts)使劳动力有了保证。工厂生产的内部分工带来一系列的技术革新和发明,这些革新和发明很快地从纺织业扩展到陶器制造业、采矿业和钢铁制造业,以及运输业。

实质性的物质变化之一是工厂使用动力设备进行集中生产。采取工厂生产方式的大型公司当时遍及整个西欧,而其中大多数与英国的重商主义者一样,是通过实行垄断来谋取利润的特权制造商。但他们面临的问题与英国的实业家有所不同。英国实业家在与其他公司竞争时一般销售被广泛使用的消费品,并通过降低成本来扩大它的产品市场。英国制造商拥有的这种强烈的价格意识和他们建立、开拓大规模市场的能力,促使并帮助英国在世界上率先进入产业革命。

这时,一种新的社会经济学说出现了。亚当·斯密在《国富论》一书中倡导以"自由放任"作为可行的理想模式。即国家不干涉企业,取代它的是让每个生产者和消费者自己行动和选择。在他的影响下,限制雇工数量和贸易规模的概念让位于不加控制地无限地发展经济的概念。

18世纪的实业家面临着许多历史上的新问题。西德尼·波拉德(Sidney Pollard)指出:

> 当时的大企业家开始只有非常有限的管理人员、办事员以及后勤人员。他亲自写信,走访顾客,用手杖痛斥其部下,而且,他的职责周围比现在的企业家要广泛得多,他一个人参与几乎全部的工厂活动,如采购、生产和销售。在工业化初期,许多现在看来理所当然由外部人员提供的服务,或只要通过纳税就可以处理的事情,当时都必须由大企业家自己完成的。[2]

这些问题包括:创建以前不存在的城市和运输系统;募集和培训第一代工厂工人;用非常有限的强制力管理数以千计的人们的生活。除制造技术的问题以外,经营活动的迅猛增加也是新问题。这样,一个人要亲自管理大公司的各项活动就不可能了。

大公司对工业化问题主要有两个对策,即任命和培训经营管理人员;开展工业会计。[3]会计应在不稳定的环境中,反映熟悉的和合理的因素。工业管理人员非常需要下述特定的会计资料:

1. 他们需要包括资产计价和折旧程序在内的资本效益会计,以便计算可用来发放股利的利润。

2. 他们应防止舞弊和偷窃行为的发生,满足工资支付的需要,并保持资产流动性。

3. 他们需要生产控制数据。例如,原材料的库存量应足以防止因短缺而停工,也不应过大而浪费资本。

4. 他们应检查不同生产过程的产出和费用的绝对数与相对数,以考核其经营效率。

5. 他们需要成本会计:

(1) 计算期末库存数额和商品销售额。

(2) 在工商业衰退时期确定产品价格可以降到何种程度,同时使降低后的价格仍能补偿其变动成本。

（3）根据未来成本和替换成本的估计，进行合理的决策。

二、对会计实践的新要求

在产业革命时期，会计人员首先要掌握的主要问题至今仍然存在。本章以后论述的是那些最早的现代会计实务问题，它们发生的时代是每个企业有很大自由根据其特殊需要建立会计原则和采用会计方法的时代。[4]当时的会计职业还缺乏影响力，除非他们卷入欺诈行为，否则，法庭一般不干预会计学说方面的问题。公司也没有由于受到政府法规的威胁而缩小报告编制的差异。

当时的会计行为要对各个管理者的目标作出反应，这一点比现在显得更为突出。他们在每个企业里大多可以自由地制定有关资产计价和确定收益的规则。我们可以理所当然地将早期的工业企业看作是在没有非经济约束的条件下进行会计学实践的实验室。所以，考察在几乎单为满足管理要求而寻求解决问题的方法的环境下，会计人员是如何满足管理当局的需要或是无法满足管理当局的需要的，这对于我们来说，是非常有益的。

庄园会计

可供18世纪的实业家利用的现存会计制度是由商人和庄园主建立起来的。如同本书第二章所述，庄园会计主要是为了证明管家是否诚实地、有效地履行其职责而产生的。它广泛应用于从不动产发展而来的产业。比如，采矿业、运河经营业和钢铁制造业。[5]纺织工业和其他产业则习惯于雇佣农业劳动力和租借业务，并经常在乡村的江河附近设厂，以便用水轮产生动力。在由庄园主管理工厂的情况下，庄园和管家通常是工厂管理人员的上级，并经常按庄园方式记账。

庄园会计对于任何在竞争的社会中应进行革新和经营的企业来说，均是不合适的。大庄园主的成功，主要不是由于依赖市场机制而是由于他们在社会和政治上被允许享有的特权，如"私人圈地法案"的强行通过。农业技术的变化是缓慢的，没有作出有利于直接进行竞争的改良。庄园主也没有像在资本家意识中那样具有强烈的利润动机。典型地采用收支方法的工业企业一般不设置资本账户，没有明确区分资本支出和收益支出，也无法计算总收益或投资报酬率。在这样的账簿中无法反映资本的使用效果和革新的好处，也无法反映该企业对其竞争者而言的市场地位。因此，庄园会计不久便为产业界所淘汰。

商业会计

工业会计的更重要的源泉是自中世纪开始由商人们研制出来的复式簿记。"商人的需要支配着英国的会计工作，全部正规的培训和所有的威信也来自他们"[6]。这种死记硬背式的和拟人化的"培训"，从工业生产过程来说是不切实际的。但是，商业簿记仍然提供了许多有益的内容。在18世纪，英国大型工业企业多数是合伙组织，需要一种能够精确地分配利润的簿记制度，实业家和商人一样，也希望能够防止错误、控制偷窃，以及在任何时候都能估计自己资本的净值。他需要确切知道有足够的钱支付当期的账单，他需要一套系统的与外部进行交易活动的记录，并且需要以总账余额的形式提供现有的参考数据以供自己利用。

工业会计在商业簿记体系中直接增加了两个新要素：(1)使用大量的固定资产；(2)增加了定期报告的必要性。大部分工业会计问题集中在固定资本的处理上，这对于商人而言却不是很重要的。商人投资主要是在存货方面，而不是在固定设备方面；并且在计算利润时可以不考虑折旧费、维修费和间接费；他更没有任何理由将利润同固定资产或总资本联系起来。他的计算所表明的利润是来自个别的交易、个别的商品和个别的航行，其主要目的是使利润能在一群变动着的冒险合伙人之间进行分配。

帕乔利1494年出版的著作，没有提及财务报表的提供，也没有认真尝试对一定期间所获利润进行确定。在他所处的年代里，商业是一系列不相关的冒险活动，那时对未完成的业务不太关心，也没有现代的理由将成本和收入分配给特定的年度。所有者经常自己直接参与他们的事务，对各项经营活动比较容易进行观察，因而利润的估算并不困难。绝大多数的财务信息可以直接取自总账。计算表一般只在一个主要项目结束后(如一次航海贸易)或一本总账所有的账页都记满时才加以编制。当时一般不需要会计报告期间，经营活动的进度决定着会计的进程。

但是，当企业的生命经过多次冒险活动而持续下来时，直到清算才编制财务报表就不太实际了。会计的定期性只是产业革命所带来的及时性这一新观念的一个侧面。采用定期的例行做法,可使管理人员对大量具体业务进行处理,并对范围大、难以直接监督的经营活动加以控制。[7]当一个公司的工厂分布在不同的地区,或者企业家正在外采购或推销时,定期会计报告也能够帮助解决这些由于距离远而出现的经营管理方面的问题。

三、资本和收益概念的变迁

如前所述,股份有限公司以其无限期的存在与固定资产的永久性投资对于保护生产力、维护资本负有法律和经济两方面的责任。在19世纪,人们公认股利的支付不能超过累计利润,计算可向股东分配的年度收益成为会计的主要任务。但是,收益计量的关键通常是资产的计价,而不是成本和收入的配比。"当时,会计的特殊目的,就是在资产负债表中真实地表明资本保持的完整性和清楚地反映利润"[8]。

虽然资产计价的实务方面具有多样性,而且又很不一致,但它们主要受两种观点的支配。制造业公司普遍将应计折旧资产像未售出的商品那样列账,也就是说,在每一个会计期末重估固定资产时,把这些资产的增减额直接记入损益账户。而铁路、公用事业和其他公共服务性公司则采用一种重置会计的形式。它们把原始投资资本化,而将资产重置费和维持费列为费用。资产只要处于良好工作状态下,便无需计提折旧。

盘存法

"盘存"技术是固定资产计价的一种传统方法。约翰·梅利斯(John Mellis)在他的《简明的指导》(1583年),斯蒂芬·蒙蒂基(Stephen Monteage)在《债权人和债务人必读》(1683年),约翰·梅尔(John Mair)在他的《簿记方法》第五版(1757年)中,分别叙述了折旧技术。尽管折旧在实际工作中存在各式各样的方法,但都必须在每一会计期末对资产进行计价,或至少进行重估。典型的做法是:新价值记入资产账户的借方,原有价值记入账户的贷方。这样,"盘存"部分被结转到下期,任何价值的损耗都带来了利润的减少。从这种意义上看,折旧完全是一个计价的概念,对大多数采用这种方法的企业而言，所谓利润，就是在两个连续的会计期间里资产净价值的变动。[9]

要将折旧估价法标准化通常是较为困难的，因为盘存技术多种多样，不存在一套公认的最佳惯例，甚至对于价值是什么这一问题，那时也没有一个明确的解答。固定资产的"计价"包括成本法、成本与市价孰低法以及存货会计所使用的其他计价方法。[10]当时，在两个资产负债表日期之间的资产的增值一般不予反映，而对资产价值的降低，通常需要进行减记。这一般不包括非经常性的变动。而且，在各会计期末对固定资产进行重估较之使用折旧率更不方便，也更费钱。所以，有的企业采用折中的办法，即每年使用平均折旧率来减记资产的价值，然后间或对它们进行部分重估。

对每种资产的价值变动都进行调整的方法有一个较大的缺陷（尽管价值变动是由于通货膨胀和商业循环的起伏），即许多变动的市场价值与资产的使用毫无关系，并且是企业无法控制的因素，因而它不反映企业使用该资产的经营效率。系统的折旧意味着固定资产直接构成产品价值，因而固定资产与材料费和人工费一样，也应被摊入产品成本中去。需要巨额固定资产投资的股份公司的增加，使得会计人员有必要直接处理资本的耗费问题。因为在工业竞争日益激烈的环境下，有必要尽可能准确地计算产品的成本。盘存法巧妙地回避了资产和企业计价上的争议，特别是划分资本支出和收益支出的必要性。

重置会计

铁路是最早反映一整套资产计价问题的工业企业。较之19世纪的大多数企业来说，铁路需要更多的资本投资和耐用设备，它们被迫将资产支出单独处理，并有条理地对它们进行计算。这种状况的必然结果是企业愈来愈关注通过折旧来保持资本。在19世纪40年代的繁荣时期，许多铁路公司从资本中支付大量的股利，靠牺牲长期投资者和债权人的利益，使短期投资者得到意外收获。为了应付由此带来的舞弊事件，一些铁路企业开始采用以成本为基础的折旧法。但是，当发现如此折旧的准备金对于重置固定资产显得很不充足时，大多数企业均放弃了使用这种方法，而采用某些重置会计的形式作为最常用的计价方法。

通常的做法是将折旧和资产的维持联系起来，所以，它是以通过维修和更新的支出使原始投资资本可以永久地保持良好工作状态的假设为依据的。于是,对于通过发行债券和股票的收入而购买的固定资产就按原始成本予以资本化,并永不计提折旧,而资产的重置,与修缮一样,都直接记入费用;只有扩建部分和改良工程的支出通常才予以资本化。铁路事业的经营之所以能促使重置会计向前发展,首先是因为大部分铁路资产如车站、火车、铁轨等都具有长期寿命,而且这些资产的维护是铁路运营中的首要问题。再者,在实务处理上还存在许多方法[11]:某些铁路公司认为如果修缮费包括折旧费,那么所有资本成本就应记入费用;有的公司按超过正常修缮费的年率另行设立"折旧基金";还有些其他公司只要修缮费足以补偿资产的磨损,就不考虑折旧问题。

重置会计同存货计价法一样,在实际工作中显得简单且具有灵活性,给管理人员以广泛的会计选择范围。重置会计可以避免预测长期资产的使用年限这一复杂的问题。更重要的是,由于原始的资本投资在重置以前并不把支出列为费用,所以,采用重置会计的方法可使铁路事业看起来是一项富有吸引力的投资。因为在铁路寿命周期的最初年代,当他们最需要资本的时候,采用这种方法可以使其年度报告中的利润最大化。乔治·奥·梅(George. O. May)认为,如果早就要求定期以成本为基础进行折旧的话,美国铁路事业的迅速发展或许是不可能的。他又补充说:"遵循上述会计方法的结果,是投资者们丧失了巨额的资本。这是毋庸置疑的事实。"[12]

重置会计带来了深刻的流动性问题。铁路公司的资产计价政策包含两个相抵触的目的:既要以高收益和高股利来吸引投资者,又要同时积累资金以重置设备。铁路公司在发展的初期,从膨胀的利润中支付大量的股利,而对于重置资产,只能期待从未来的收益中来获取现金。而且它们还要假定修缮费和维持费能够使铁路设备保持良好的工作状态。但这一假设未必正确,因为设备的使用和陈旧均会降低资产的价值。在修缮费、重置费和折旧费交积在一起的背后,有一个隐蔽的目的,即使管理人员有能力通过建立秘密准备来进行内部筹资。由于在资产被重置之前,不能确定折旧费,通常的做法是鼓励在改造设备上花钱,或者通过不重置已用坏的设备来维持高收益。

这种重置方法一直被称为是收付实现制会计中的一个内在的不稳定的分支。[13]在长期的商业不景气时代,维修费用和列作费用的金额有大幅度波动的倾向。准公共公司的内部及相互之间在编制会计报告方面缺乏一致性是司空见惯的;而且由于采用的资产计价方法具有多样性,因此对公布的经营成果进行比较是非常困难的。在1868年《铁道管理法案》颁布前,英国的法律没有对资本支出和收益支出进行详细规定的尝试。股东们经常对企业有无实际收益、未来盈利的潜在能力和经营效率等问题产生误解。但是,由于重置会计少报资本消耗的费用,因而产生误解的人还不止是股东们。在1900年以前,美国一半左右的铁路线的里程运费的制定,最终是由破产管理人估计的。[14]必须指出,在他们的抵御之下,19世纪的实业家们对折旧的主要功能表示了怀疑。计提折旧究竟是为了精确地计算收益,真实地反映资产的价值,为资产的重置而筹集资金,保持资本的完整性;还是为了稳定股利的支付?要想明确地解答这些疑问就需要等待折旧理论的发展。

成本基础折旧法的起源

路易斯·戈得堡(Louis Goldberg)叙述了会计中应用折旧的四种概念:(1)作为资产价格的下落;(2)作为资产价值的降低;(3)作为资产的物质损耗;(4)作为一项成本的分配。[15]虽然上述概念中有些早在产业革命以前就已经出现,但把他们全部应用于实际工作中的却是19世纪的工业企业。

降价观念大概是最古老的折旧理论。它是指把占有的一项资产变为旧货,降低它的价值,尽管它的效用并未减少。提出降价折旧概念的是建筑业方面的罗马律师维特鲁维斯(Vitruvius)。他把年度折旧描述为"每年消逝的价格"。维特鲁维斯制定了这样的规则,即对砖石墙估价时,应在它建好后每年减去其成本的1/80。[16]从这种意义上说,折旧就是指有限使用年限的资产价值的减少。维特鲁维斯的目的只是为了使资产计价能得到法律上的解决。他关心的也仅仅是材料的耐久性,以及从法律上和习惯上对特定类型的墙进行计价的方法,而不是针对现代意义上的资产使用。

对商人来说,折旧通常意味着资产价值的减少,它与灾害损失无甚区别。商人采用的折旧法是实地盘存固定资产,并考虑导致资产价值下降的所有因素,然后在账面上减少资产价值[17]。这种方法在实务中的局限性已如前述。从理论上说,每年对资产进行重估的实际做法是有缺陷的。因为它无视持续经营的概念。正是那些资产的使用,增加了持续经营概念的重要性。

最早尝试系统折旧的是用货币尺度来测定资产的物质损耗。众所周知,像哈特菲尔德(Hatfidd)提出的那样:"所有的资产都不可抗拒地向废料堆前进。"设备在生产中的使用意味着它正被磨损。物质磨损与这些资产所提供的经济服务紧密相关。对于这种观念的认识,当时还不够明确。

直到最近,折旧的本质问题才为人们所认识。这一点并不足为奇。产业革命以前,大多数企业的规模较小,固定资产相对来说不太重要,一般无需精确地计算收益。法庭没有要求企业对资产计提折旧,英国的税务部门直到1878年才考虑这个问题。一般来说,不仅是折旧,而且所有的应计项目均被粗糙地加以处理。此外,企业的各个利益集团对折旧数值的目的都不一样,债权人期望的是保持企业资本的完整性;管理当局需要现金储备为重置资产提供资金;股东们则希望得到一份具有准确性和连续性的用于股利分配的财务报表。于是,人们一致同意应将资产的成本分摊到资产完全报废前的各个期间。但是,这种分配是以实际成本为基础计算呢,还是以重置成本为基础进行计算?紧接着是一场在会计人员之间展开的争论。一部分人希望最重要的是改进收益的计量;另一部分人认为折旧乃是保持公司流动性的主要手段。

重置会计是以管理当局在企业中保留的现金应等于耗用掉的固定资产价值这一概念为基础的。大部分股份公司的高级职员认为折旧费只是为重置资产筹集资金的一种手段,所以把计提折旧当作一项供管理选择的事物是合乎逻辑的。如果管理人员不打算重置资产,或者如果没有利润可供支付股利,那么他们就没有任何理由计提折旧。由于折旧不涉及现金的支出,因此,企业只有在有利润的年度计提折旧,才能考虑在不危及其自身流动性的前提下,使收益稳定和股利平均。如果考虑资产会陈旧这个因素,那就需要采用加速折旧。唯一必要的是,企业若不能保证资产重置,那就无法确定可分配的利润。这种与资产更换有关的资金表观点的成果是把备抵折旧视作一种公积准备,是从利润中分离出来的专用于购置资产的部分。[18]某些公司实际上采用建立基金或留存收益准备为重置资产提供资金的办法作为计提折旧的备选方案。

19世纪末期,少数会计人员开始将折旧作为联合成本分配的一般问题的组成部分来考察,即作为成本分配制度而不是作为资产计价制度加以考察。O·G·拉迪尔(O·G·Ladelle)把一项资产的成本与该资产的使用期结合起来进行考察,他建议各个会计期间折旧费的分配应在对资产成本的未分配部分按约定利率进行调整后,以当期可望取得的净利益为基础来进行。[19]但是这还存在几个尚未解决的理论问题:绝大多数的会计人员因为缺少明确的成本概念而不将折旧费视为生产成本,也没有一般地理解成本与相关收入进行配比的观念,甚至没有将资产价值转化为费用的意识。[20]从粗糙的计量转变到成本与收入的配比,同从成本与收入配比发展到精确地测定资产的价值一样,都是质的重要的飞跃。

在19世纪形成的有关资产计价的一致意见是:原始成本通常应是资产的最大价值,而折旧费是收益计算的一个因素,即使将利润变成净损失也要予以记录。以成本为基础的折旧法由于收益表重要性的增强而得到发展。但是,在实践中实行这种计提折旧的做法是缓慢的,即使是工业的发展使它成为逻辑的必然以后,也是如此。直到20世纪,大多数的美国企业仍没有专门的折旧准备。它们直接将折旧转销,而没有使用备抵账户。在1900年,资产计价的盘存法,仍然被广泛使用着。折旧的簿记处理方法依然是多种多样的,其中许多显然是试验性的。但是,公开发表的报告的多样性已开始减少。按原始成本计价和采用百分率折旧法比以往所使用的定期重估资产价值的旧方法更易于达到标准化目标。它们也与这样一个会计结构更为一致,在这个会计结构中,可使用的程序是通过参照一般原则来决定的。

会计原则的出现

在产业革命时期,会计理论第一次变得非常重要。亨得里克森(Hendriksen)认为工业技术的间接影响主要有三:(1)人们更坚持以成本作为资产计价的基础;(2)划分资本和收益的重要性进一步增强;(3)持续经营概念得到发展。[21]绝大部分理论上的改进是围绕如何精确地计算利润而展开的。虽然,收益一般仍在资产负债表的资本部分进行计算,但资产计价开始逐渐处于从属于它的地位。而且,随着广大投资者和债权人更多地依赖会计资料,有必要对财务报表的结构制定各项规则,并引进账户的分类。谈到把会计原则的主要部分编制成册,也许会使人误解。更确切一点说,是一系列会计惯例在实践中得到了广泛的认可,其中持续性、定期性、历史成本和稳健主义被19世纪的制造商们采用以后就以现代的形式出现了。

连续的工业生产,与定期的商业交易一样要求在经营活动的中间时点编制会计报告。定期性反过来形成并影响其他的会计概念。为了使持续经营原则在技术上可行,就应明确地划分各不同会计期间的经济事项。通过将成本与相关的收入进行配比,当然就产生了计算定期收益的概念。通过应计和递延制度(这种制度考虑到在数个会计期间的经济业务的效果),就可以更精确地计算利润。

从一开始,持续经营假设和会计期间假设之间就存在着矛盾。前者认为应将企业的经营活动视为一个连续的"流";后者则要求将这一个"流"分割为可相互比较的时间部分。期间问题的核心是按时间间隔分配收益和费用,会计人员从事这项活动是绝对必要的,但同时又完全是人为的和十分武断的。

大多数股份公司的高级职员持这种观点,即只要他们的行为是诚实的,那么规定在财务报表中应揭示什么内容就是他们的责任。面对管理当局拥有广泛的会计选择的自由,股东们的主要防御手段是运用稳健主义原则。随着投资者宁愿放弃本期股利以确保更多的未来股利,早期有利于短期投机者的会计实务就逐渐被淘汰。例如,1850年以后,少报利润的倾向开始取代蓄意夸大利润的倾向,这种情况成为铁路投机开始的特征。除了反对过多支付股利以保护法定资本之外,这种少报的惯例还促进了成本与市价孰低的存货计价法和固定资产会计中历史成本法的广泛采用。

根据当时的会计文献和其他证据判断,面对管理当局要求使商业循环各阶段的收益平均化的要求,稳健主义便显得无能为力。[22]秘密准备的建立是这一理论独特的滥用。管理人员通过故意低估收益和资产就可以向社会传达一个财务收支状况比较稳定的信息,用来吸引潜在的投资者,同时也就歪曲了对经营效率和未来收益潜力的分析。其结果很可能导致会计出现大的不稳定的差错,从而影响资源的分配、价格的制订、产品的出产、商业循环和经济的全面增长。[23]

四、管 理 会 计

成本会计的起源

虽然某些成本计算方法的产生同复式簿记一样古老,但在产业革命开始时,几乎不存在系统的成本计算。工厂会计人员在计算经营收益时,不仅要计算产成品的价值,而且要计算产品处于不同阶段时的价值。与此同时,财务会计人员要合理地考虑将成本分配到特定会计期间,而工业会计人员则应采用某种方法使成本与生产的流程在时间上保持一致。在19世纪期间,公司迫切需要内部成本资料,当时,"公司的成本附属于产品,而会计期间则是次要的"。[24]

从文艺复兴时期至18世纪末,成本会计方法几乎没有得到发展。在这一时期,簿记教科书是为商人的使用而写的,一般不考虑企业内部的交易事项。但在产业革命前期也存在着少数实行低水平的成本核算的例外。在另外一些冒险事业中,例如,富格尔(Fugger)家族在奥地利蒂龙尔和卡林蒂埃地区经营着若干家铜矿、银矿和冶铁厂,早在1577年,他们就运用"矿山和铸造所账户"累积材料费和人工费,并汇总运费和其他费用。"冶炼厂账户"借记营业成本;贷记装运货物事项。而且,还计算总的生产成本以及各种矿石的销售利润。

16世纪在安特卫普的一位印刷商兼出版商克里斯托弗尔·普拉廷(Christopher Plantin)采用了相当于所谓的分批成本计算的方法并按出版的每本著作分别设立账户。在这些账户中他记录了每本书的用纸成本、人工成本和其他明确属于该书的印刷费。成本账户和财务账户是结合使用的,在一部书印完后,作一分录将该账户的余额转入所谓"库存书"的产成品账户。这个账户反映该书的库存数量和成本,并形成永续盘存记录。

詹姆斯·多德森(James Dodson)在《会计人员或簿记方法》一书中介绍了制鞋者账目中的分批成本计算,并表明了从一个生产阶段到下一个阶段的成本流动、在产品的增值和根据鞋的种类对成本进行的分配。

这些先驱式方法对现代成本会计没有任何可追溯的影响。绝大部分残存下来的前产业革命时代的成本记录有两个共同的特征:(1)在统驭账户中分解和累积成本;(2)通过比较产品的总成本及其销售价来决定利润。

家庭手工业生产制度

冒险事业会计和早期制造商所采用的家庭手工业生产制度是工业成本会计最直接的鼻祖。冒险事业簿记有助于商人能按每次经营活动、商品的种类、短期的合伙组织,或每次航海贸易在独立的总账中计算利润。工业企业的会计人员也采用这种方法将成本分配给企业内特定的各部门、各工序或各产品种类。

在14世纪的意大利,随着商业的发展和生产技术的改进,银行家和商人们纷纷建立产业分支机构,从而使家庭制造业开始变得重要起来。[25]中世纪意大利佛罗伦萨制造纺织品的美迪奇(Medici)家族,从事购买生羊毛和销售织物成品的经营活动,其中产品的生产是各个技工在自己家里进行的。由于每一个生产阶段由属于不同行会的技工来完成,因而需要分别记录成本。在美迪奇工业合伙组织里,加工工序的每个步骤都要记入辅助账簿,其中包括反映分发给不同家庭的羊毛数量、加工后返回的产品数量和应支付或已支付的工资。在一种所谓"织物制造和销售"的暂记账户中,各批材料的成本与其收入配比,反映了在一个经营期间所有织物销售利润余额。由于在企业外部进行加工的生产几乎不需要机械设备,因此,间接费用也可以忽略不计,他们可以按直接成本计算织物的销售价格。这些意大利的生产制造商可能并不是最先应用成本会计使生产趋于合理化的人,但在那个时代里没有谁能和他们的实践相媲美。例如,他们能从英国进口生羊毛进行加工,然后再用船把制成的纺织品运回英国,并以低于英国同类产品的价格出售。

许多18世纪的工业都要经历在企业外部进行生产的阶段,然后才采用在中枢工厂集中生产的方式。和意大利的美迪奇家族一样,英国的家庭制造商也需要应用簿记来检查拨付给在企业外部进行工作的人员的材料、设备租金、支付的工资,以及返回的完工产品的数量和质量。同商人一样,他也希望了解每一件商品的成本和不同种类商品的利润。在工厂主的第一代当中,大多数都是作为外部生产制造商起家的。这些人与其说精通突出成本计算的会计制度,毋宁说是重视内部控制的会计制度。典型的外部加工生产企业的规模都很小,其所有者能够亲自监督其业务经营,因而他们对系统的资产计价或定期利润的计算并不过分关心。由于他们几乎不使用重型机械设备,所以他们产品的单位成本并不随着产量的变化而变化。他们没有必要测定技术革新的效益,也不要求工厂主对生产进行必要的严密的协调。

会计和工厂管理的问题

"成本会计的萌芽……在于工厂的生产制度之中"。[26]现在回首往事,可以知道,当时,财务会计人员和成本会计人员所面临的主要的新的事实是,大量的资本集中在生产设备上。对于早期的工业管理者来说,他们并不理解集中投入资本的重要性,他们认为把资本放在固定资产上与购买存货并没有多大区别。它们的差别如孤立地加以处理,势将成为麻烦。当时,三个主要的主张是价格的制定、间接费用的分配和成本账户与财务账户的结合问题。

在产业革命时代,人们认为,将成本会计作为制定合理价格的工具,比把它作为控制手段更有价值。设备制造商和工程建造企业习惯于估计成本,并将自己的投标报价提供给预期的顾客。在按这些条件签订一项合同后,当然要分别编制批成本单,这不仅是为了计算利润,而且也是为了取得决定未来投标报价的有用知识。处于竞争环境下的制造商也应知道在季节性或周期性的萧条时期,价格降到什么程度仍能使其补偿产品的变动成本。有时,为检验定价政策而编制的成本数据,还有其他的用途。西德尼·布拉德(Sidney Pollard)在描述18世纪的某个企业时指出:"成本计算数据不仅用于定价,也用于确定工资,而且还是工作变动、支付方式变动和技术变动方法的出发点。"[27]

这种成本计算带来了间接费的分配问题,按现代的观点,间接费是产品成本的组成部分。而在18世纪,人们则认为间接费产生于非生产性劳动,而与原材料的加工无关,因而不能加到产成品的价值上。随着动力机械的使用,间接费比例的提高,这种观点变得愈来愈站不住脚。但取代的概念提出得较慢。不应忘记的是,进一步划分产品成本本身,就是一个革命的观念。

更明确而又令人头痛的是将成本记录和财务会计记录结合起来的必要性问题,即让成本账户适应复式簿记框架的问题。实业家们继承的是为商人而设计的会计制度。在这一会计制度中,存货被假定为全部是购进的。有些经营者考察了成本会计中完善配比过程和改善收益计量的方法。例如,费用分类的标准化、特定产品的附加成本和更严格地划分资本支出和收益支出等。这种欲将工业会计纳入商业会计框架的企图,是以这样的假设为基础的,即通过将商品账户作为统制账户使用,就可以在复式簿记系统内将工厂成本从一个账户结转到另一个账户。但是对于具体该怎么做,人们却没有取得一致的意见。直到20世纪,绝大部分成本记录与独自设计的复式记录账户都没有直接的联系。

几位富于开拓精神的作者开始着手解决财务账户与制造记录相协调的问题。罗伯特·汉密尔顿(Robent Hamilton)在他的著作《商品入门》(爱丁堡,1788)一书中专用了三页篇幅介绍"工匠和制造商"的账目。他叙述了一种包括在产品和产成品账户的制度,以及制造人的明细账簿。它们包括三种账簿,即记载材料购进和销售数量的材料账、工资账簿,以及"工作"账簿。在"工作"账簿的不同栏目中分别记载支付给工人的材料数量、收到工人交回产成品的数量,以及材料、工资和产成品的价值。每年末,在制造账户内借记材料和费用的余额,贷记制造产品的价值。该账户的余额在酌加或酌减在产品的价值后,所反映的即是所谓损益。[28]

第一次全面论述工业会计制度的人是安塞尔姆·佩恩(Anselme Payen,1817年)和F·W·克龙赫尔姆(F·W·Cronhelm,1818年)。[29]克龙赫尔姆以一个毛纺厂为例,该厂人工成本按纺织和制成品各工序划分,并为原料、在产品和产成品设立备忘账簿。尽管这些备忘账簿只反映数量而不反映货币价值,但它们或许就是最早的教科书中永续盘存法的范例。原料账户借记购入羊毛的数量,贷记投入生产过程中的羊毛数量。制造账户借记投入生产过程中羊毛的重量,贷记织物的匹数。产成品账户借记产成品的数量,贷记商品销售的数量。存货控制表应反映从上述二个账簿内转出的数量,并标上货币价额;对于在产品,按中等程度取平均数。克龙赫尔姆介绍的方法使存货和销售成本的计算成为可能,但它无法按步骤或按批量对物进行成本分析。而且,这些备忘账簿没有记录金额,这就意味着,它们的内部交易与购销记录之间缺乏严密的协调。

佩恩介绍了适用于车辆制造厂和胶水制造商的会计制度。在车辆制造的事例中,他建立了一种分批成本核算制度,即应用一套分录账和总账,以金额反映与外部有关单位的交易,以数量反映内部交易。在分录账中,为三辆车的每一辆都划分材料费和人工费,并对每辆车的总成本和售价进行比较,以得出损益作为最后余额。在胶水工作的例子中,他对应用分步成本计算法进行了介绍。另外,数量和金额均记入不同的账簿内,但其总成本(包括利息和折旧费在内)则在类似的制造账户中汇总。佩恩在上述两个例子中试图以汇总的总成本与售价或销售成本进行比较,这使他与克龙赫尔姆的最终将成本账户与财务账户相结合的观点更为接近。保罗·加纳(Garner)指出,唯一欠缺的环节是将存货的实物总账与现金总账中的制造账户联系起来的分录。他还指出:"这二位作者较之尔后50年内涌现的任何作者均优秀得多。"[30]

加纳接着强调,成本会计在1820—1880年之间的发展是极其缓慢的,成本会计理论远远落后于实践,新技术的推广也比较迟缓。佩恩和克龙赫尔姆曾说明了如何在账户之间转移成本,如何在统驭账户上汇总总成本,以及如何分离期末存货余额,并联系制造账户余额进入总分类账的合计方法。但是,直至19世纪中叶,几乎所有的企业均无法在总分类账中反映出制造成本从一个账户转到另一个账户的移动状态。几乎没有出现能够区分制造费用与营业费用的企业。至于间接费的分配和吸收的技术在当时也未能得到普遍理解。当时,缺乏成本改革和管理当局缺乏成本数据的需要这一现象,与工业生产技术的迅猛发展形成了鲜明的对照。

在产业革命后期,是竞争的压力为系统的成本会计的出现提供了重要的动力,这是一种值得考虑的解释。许多早期的资本家通过主要与非工厂的生产者进行竞争取得了暂时的垄断地位。由于产品的售价远远高于成本,加上成功的技术革新,使得他们认为巨额利润的产生与会计数据的利用与否或许没有多少联系。

此外,当时工业会计知识的传播是非常困难的。成本会计方法被视为工业机密。簿记仍然是以商业交易为主体。那时候,并没有探讨制造业会计的教科书。而且,很少有会计人员对这个主题进行综合的考察。绝大部分的"工厂会计人员"(works accountants)没有将他们的思想和方法记录下来,仅仅在雇员调动工作时才传播有关知识。

科学的成本计算产生的主要原因是由于增加使用重型机械带来的间接费确认的需要。但早期的实业家使用较为原始的机械设备,在存货计算时,由于间接费在总成本中的比例不大,故可忽略不计。而且,在19世纪以前,一个企业一般并不生产种类繁多的产品,所以,管理者可以将间接费通过心算摊入直接成本中去。

由于会计人员没有能力把成本数字与总利润的计算联系起来,因而制造商也无法了解经营活动的全貌。这就导致了这样一个结果,即可以对某种产品或某一生产部门进行有益分析的成本制度却往往无法适用于整个企业。第一代工业会计人员从来没有找到全面成本研究可以信赖的基础。"在大型煤矿主中间,没有谁知道将一吨原煤运到市场所需的成本"[31]。

工业会计人员知道如何以过去的经营活动为基础来分配成本,但不了解怎样利用这些成本资料来预测未来。这对于管理当局在那种不完整的成本预测情况下进行决策是非常不利的,而那种成本预测是从18世纪的工业企业里延续下来并得到进一步发展的会计记录。其中最成功的,是考虑到了预期成本和预期数量之间的变动,还包括折旧和利息(有时是复利)的详细计算,以及采用不同的方法、场所和某一特定机械的不同用途来计算发生的机会成本。[32]当然,这个时代的许多成本估算还缺乏精确性和现代性。当间接费是一项重要因素的时代更是如此。而且,那时许多正确预测成本所必需的辅助方法还没有被创造出来。对于存货周转率、市场规模、原煤或矿石的储存量等的粗糙的估算所造成的成本预测缺乏准确性的责任并不能完全归咎于会计人员。

对有效利用会计数据的另一个障碍来自当时对管理的流行的态度。那时候,管理技术正处于它的幼年时期,而且是以对产业革命本身大多无效的假设为基础的。传统的个人监督的管理方式在企业规模与日俱增的形势下要想长期坚持下去是不可能的。

技术上的低效率和缺少必要的计划与控制是许多企业破产的原因。因此,改善管理被认为是一剂良药。但是,当时人们并没有认识到管理质量与应用会计数据之间的明确关系。在技术革新迅猛发展的时代,管理职能很难与技术职能分离,从而出现了将管理能力与技术能力一视同仁的倾向。当时,人们将重点放在生产上,会计和管理人员严重不足,因而他们必须将其绝大部分时间放在应付日常工作上。

小结:成本与决策

20世纪之前,会计数据并没有广泛地运用于直接帮助工业企业作出决策。即使在利用会计数据的场合,这些数据也经常是不可靠的。企业家们与其说是在分析会计报告,毋宁说是在寻找它们的替代物。造成这种情况的部分原因就是会计人员在制定可以适用于工业企业管理者的全部成本计算的程序方面遭遇了失败。只有一些最初以帮助作出决策为目的建立起来的方法,如部门成本的分摊等,保留了下来。但导致这一失败的至少50%的原因是缺乏运用会计数据的管理能力。在产业革命以前,企业的规模由于它们的所有者没有能力解决大规模业务的经营管理问题而受到限制。[33]

1750年以后,由于技术和市场的发展,企业经营活动有必要扩大到少数合伙人无法直接照料自身的业务经营的规模。工业化对会计学的主要贡献是间接的,也就是说,工业化创造了需要和运用会计信息的管理技巧。

五、会计学与资本主义的发展

会计对产业革命产生了什么样的影响呢?社会学家马克思·韦伯(Max Weber)、历史学家沃纳·松巴特(Werner Sombart)和经济学家约瑟夫·休姆帕特(Joseph Schumpeter)都曾把复式簿记放在他们的资本主义发展理论的中心位置上。[34]松巴特在他所著的《现代资本主义》一书中对"科学"簿记的重要性提出了三个论据。第一是工业合理化。复式簿记中保持平衡的与固有的数据逻辑,连同产业资本主义一起,帮助企业对它的经济业务进行定量化、系统化和实施控制,并使资源分配达到新的合理性。第二是抽象化,复式簿记通过把资产和权益转换为数字抽象,并通过将经营活动的总成果表现为损益,把企业经营的目的明确为"对无限利润的合理追求"。第三是非拟人化。复式簿记通过用抽象的资本概念来替换个人所有权的观念,从而为企业所有权与管理权的分离提供了方便,并促进了大型公司的发展。迄今为止,松巴特会计学还具有深远的经济意义。它明确了企业家的经营目标,使他们的经营活动合理化,而且便于他们总结判断经营业务的成果。

这些观点的不足之处是它们几乎完全着眼于会计的影响,而忽视了会计的实践。三位会计史学家通过对复式簿记方法论的研究,得出了相反的结论。他们认为与复式簿记相结合的工业会计技术并不是十分有效的,它产生的动机与其说是追求合理性,毋宁说是出于方便和自私自利的目的。

巴兹尔·亚梅(Basil Yamey)指出松巴特关于复式簿记制度的主张与复式簿记在企业实际环境中的应用并不一致。[35]他指出,知道总资本或总收益对于那些面临着分配特定资源问题的人来说,用处并不太大。复式簿记不能帮助早期实业家在各种市场、生产技术或生产装配线之中进行选择,完全是由于缺乏稳定的历史资料作为预测未来的基础。事实上,复式簿记作为解决问题的手段,与以前庄园制度相比并没有多大改良。它既不能使资本家投资报酬最大化,也不能因缺乏总利润数字而阻止商人对利益的追求。

复式簿记提供了对公司日常的财务活动进行记录和分类的框架。当实业家对日常工作以外的业务进行决策时,则采用其他的标准。

松巴特强调数据的定量化和抽象化是复式簿记的优点,但亚梅认为,对于决策者而言,它们并不比确定作为总账余额基础的详细数值更为重要。松巴特的第三个观点,即复式簿记乃是企业所有权与管理权分离所必需的观点同样是站不住脚的。进入产业革命后,相当一段时间内,在复式簿记账户中个人和企业的资产是混在一起的。不能从一个特定企业应用复式簿记的事实得出结论。许多大公司在没有使用复式簿记的情况下进行经营活动,其业绩并不逊色于它们的竞争对手。亚梅断言:复式簿记的应用并没有产生重要的经济影响。

西德尼·布拉德为了反驳松巴特的观点,在 18 世纪的工业会计实务中找到了两个"异论"。[36] 其一,是资本与收益混淆的倾向;其二,是这样一个假设,即利润与资本投入额没有直接联系,因而不存在什么投资报酬。巨额固定资产的出现为早期的工业会计人员提出了无法解决的新问题。没有划分资本支出与收益支出,意味着资本变动对各种产权所有者之间的所有关系的影响并不清楚,而且"没有目的的资本会计,就不能合理地应用作为经营指导的会计。"[37]

与古典经济学家不同,18 世纪的企业家并没有明确地把资本作为换取利润的财富的概念以追求最大报酬。他们的会计人员并不计算具有现代意义的投资报酬。更糟糕的是他们竟没有发现资本能创造出收益这样一个事实。即便是大型工业企业,也通常采取合伙组织形式。而且,一般认为,利润是根据他们的投入资本将利息支付给合伙人以后的盈余。收益被视为是企业家承担风险、足智明谋、非常幸运的酬劳,而不认为是对投资行为本身的报酬。因此,资本对会计计量来说是次要的,而不是主要的。它只不过是以市场价格支付利息的一个生产要素而已。

理查德·布理夫(Richard Brief)研究 19 世纪英、美两国工业会计后得出如下结论[38]:当时没有系统地划分资本支出和收益支出,而且,没有将固定资产的成本定期地摊入费用。由此产生的差错经常被管理当局有意地加以鼓励。铁路公司使用的重置会计明显地少报了资本消耗的费用。工业会计人员并没有解决间接费的问题,也没能在最佳的折旧方法或资产计价技术上达成一致的意见。会计理论也缺乏逻辑上的连贯性或强大影响力。会计学得到了发展,但主要局限在惯例问题上。

六、归纳和结论

工业化对会计学影响的结果,是在复式簿记的原有结构上增加了一系列的补充事项。例如:资产计价、收益计量、向不在的业主进行报告的重要性的增加,以及一定程度的系统化。连续性、定期性和应计观念成为大型制造商实务处理中必不可少的部分。新发展和重新发现的事物包括:系统化的成本会计、观察审计和具有高度理论性的统计学上的资本概念。

技术进步大大快于会计学对工业问题的反映。面对这一问题的会计人员没有找到解决这些问题的明确的方案。他们没有对簿记的方法论进行理论考察。由于松巴特没有考虑簿记技术的演变就根据结果进行归纳,因此他所论述的,与其说是工业会计实践的本质,毋宁说是事物的形式。他的理论从本质上讲是忽视了这样一个"合理"的反论,即工业公司主要是在沿用文艺复兴时期的簿记方法。但是,在出现资本主义的地方,更为准确的会计实务很快就会随之而来。复式簿记毫无疑问会增强经营管理的计划性和管理者的决策能力。[39]

科学簿记的真正实力,与其说是直接给企业家带来方便,毋宁说是它对于企业环境的适应能力。而这种企业环境与复式簿记发明者当时所处的环境是截然不同的。

注 释

[1] T. S. Ashton, The Industrial Revolution, 1760—1830 (London: Oxford University Press, 1962), 7-22.

[2] Sidney Pollard, The Genesis of Modern Management: A Study of the Industrial Revolution in Great Britain (London: Edward Arnold, 1965), 198.

[3] Ibid., 209.

[4] Richard P. Brief, "The Origin and Evolution of Nineteenth Century Asset Accounting", Business History Review 40 (1966), 1-2.

[5] Pollard, op. cit., 211.

[6] Ibid., 213.

[7] Ibid., 215-217.
[8] D. A. Litherland, "Fixed Asset Replacement a Half Century Ago", Accounting Review 26 (October, 1951), 475.
[9] Brief, op. cit., 6-7.
[10] Ibid., 9-7, 22.
[11] A. C. Littleton, Accounting Evolution to 1900 (New York: American Institute Publishing Company, 1933), 227-236.
[12] George O. May, Twenty-Five Years of Accounting Responsibility, 1911—1936 (New York: American Institute Publishing Company, 1936), Vol. 2, 341.
[13] Richard P. Brief, "Nineteenth Century Accounting Error", Journal of Accounting Research 3 (Spring, 1965), 21.
[14] Ibid., 20.
[15] Louis Goldberg, "Concepts of Depreciation", in W. T. Baxter and S. Davidson, eds. Studies in Accounting Theory (Homewood, Ill.: Richard D Irwin, 1962), 239.
[16] Ibid., 240-241. See Vetruvius, On Architecture, translated by F. Granger (London: William Heinemann, 1931), vol. 2, chap. 8, 8-9.
[17] Goldberg, op. cit., 246-253.
[18] Brief, "Nineteenth Century Accounting Error", op. cit., 25.
[19] Richard P. Brief, "A Late Nineteenth Century Contribution to the Theory of Depreciation", Journal of Accounting Research 5 (Spring, 1967), 27-38.
[20] In the literature the words "expense" and "loss" were commonly used interchangeably.
[21] Eldon S. Hendriksen, Accounting Theory, rev. ed. (Homewood, Ill.: Richard D. Irwin, 1970), 33.
[22] Brief, "Nineteenth Century Accounting Error", op. cit., 29-31.
[23] Ibid.
[24] Littleton, op. cit., 321.
[25] S. Paul Garner, Evolution of Cost Accounting to 1925 (Alabama: University of Alabama Press, 1954), 7-21.
[26] Littleton, op. cit., 368.
[27] Pollard, op. cit., 247.
[28] Robert Hamiltion, Introduction to Merchandise, 2d ed (Edinburgh: Creech, 1820).
[29] Anselme Payen. Essai sur la tenue des Livers d'un Manufactures (Paris: 1817). F.

W. Cronhelm, Double Entry by Single (London: Longmans, Green, 1818).

[30] Garner, op. cit., 64.

[31] Pollard, op. cit., 225.

[32] Ibid., 219-221.

[33] Ibid., 23-24.

[34] Max Weber, General Economic History (New York: Collier Books, 1961). Joseph Schumpeter, Capitalism, Socialism and Democracy, 3d ed., The University Library (New York: Harper and Row, 1962). W. Sombart, Der Moderne Kapitalismus, 6th ed. (Munich and Leipzing, 1924).

[35] Basil S. Yamey, "Scientific Bookkeeping and the Rise of Capitalism", Economic History Review, Second Series, vol. 1(1949), 99-113. "Accounting and the Rise of Cap-italism: Further Notes on a Theme by Sombart", Journal of Accounting Research 2 (Autumn, 1964), 117-136.

[36] Sidney Pollard, "Capital Accounting in the Industrial Revolution", Yorkshire Bulletin of Economic and Social Research 15 (November, 1963), 75-91.

[37] Pollard, The Genesis of Modern Management, op. cit., 245.

[38] Brief, "Nineteenth Century Accounting Error", op. eit., 14.

[39] Kenneth S. Most, "Sombart's Propositions Reuisited", Accounting Review 67 (October, 1971), 722-734.

主要参考文献

Ashton, T. S. The Industrial Revolution, 1760—1830. London: Oxford University Press, 1962.

Boer, G. "Replacement Cost: A Historical Look". Accounting Review 41 (January, 1966), 92-97.

Brief, Richard. "A Late Nineteenth Century Contribution to the Theory of Depreciation". Journal of Accounting Research 5 (Spring, 1967), 27-38.

— " Depreciation Theory in Historical Perspective". Accountant 163 (November 26, 1970), 737-739.

— "Nineteenth Century Accounting Error". Journal of Accounting Research 3 (1965), 12-31.

— Nineteenth Century Capital Accounting and Business Investment. Ph. D. Dissertation, Columbia University, 1964. Reprinted by Arno Press, New York, 1976.

—— "The Origin and Evolution of Nineteenth Century Asset Accounting". Business History Review 40 (1966), 1-22.

Crossman, P. "The Genesis of Cost Control". Accounting Review 28 (October, 1953), 522-527.

De Roover, Florence Edler. "Cost Accounting in the Sixteenth Century". Accounting Review 12 (September, 1937), 226-237.

Edey, H. C., and Panitpakdi, Prot. "British Company Accounting and the Law 1844—1900". In A. C. Littleton and B. S. Yamey, eds. Studies in the History of Accounting. Homewood, Ill.: Richard D. Irwin, 1956, 356-379.

Edwards, R. S. "Some Notes on the Early Literature and Development of Cost Accounting in Great Britain". Accountant 97 (1937), 193-195, 225-231, 253-255, 283-287, 313-316, and 343-344.

Ereear, J. "Robert Loder, Jacobean Management Accountant". Abacus 6 (September, 1970), 25-38.

Frishkoff, Paul. "Capitalism and the Development of Bookkeeping: a Reconsideration". International Journal of Accounting 5 (Spring, 1970), 29-37.

Gambino, A. J., and Palmer, J. R. Management Accounting in Colonial America. National Association of Accountants Research Study. New York: National Association of Accountants, 1976.

Garner, S. Paul. Evolution of Cost Accounting to 1925. Alabama: University of Alabama Press, 1954, chaps. one and two.

—— "Highlights in the Development of Cost Accounting". In M. Chatfield, ed. Contemporary Studies in the Evolution of Accounting Thought. Belmont, Cal.: Dickenson Publishing Company, 1968, 201-221.

Golaberg, Louis. "Concepts of Depreciation". In W. T. Baxter and S. Davidson, eds. Studies in Accounting Theory. Homewood, Ill.: Richard D. Irwin, 1962, 236-258.

Hartwell, Ronald M. The Causes of the Industrial Revolution in England. London: Methuen, 1976.

Hendriksen, Eldon S. Accounting Theory, rev. ed. Homewood, Ill.: Richard D. Irwin, 1970, 28-41.

Hume, L. J. "The Development of Industrial Accounting: the Benthams' Contribution". Journal of Accounting Research 8 (Spring, 1970), 21-33.

Irish, R. A. "The Evolution of Corporate Accounting". In M. Chatfield, ed.

Contemporary Studies in the Evolution of Accounting Thought. Belmont, Cal.: Dickenson Publishing Company, 1968, 57-85.

Johnson, H. Thomas. "Early Cost Accounting for Internal Management Control: Lyman Mills in the 1850s". Business History Review 46 (Winter, 1972), 466-474.

Lee, Geoffrey A. "The Concept of Profit in British Accounting, 1760—1900". Business History Review 49 (Spring, 1975), 6-36.

Litherland, D. A., "Fixed Asset Replacement a Half Century Ago". In M. Chatfield, ed. Contemporary Studies in the Evolution of Accounting Thought. Belmont, Cal.: Dickenson Publishing Company, 1968, 167-175.

Littleton, A. C. Accounting Evolution to 1900. New York: American Institute Publishing Company, 1933. Reprinted by Russell and Russell, New York, 1966, chaps. fourteen and twenty.

Mckendrick, Neil. "Josiah Wedgewood and Cost Accounting in the Industrial Revolution". Economic History Review, 2nd Series, 23 (Apirl, 1970), 45-67.

Mantoux, Paul. The Industrial Revolution in the Eighteenth Century, rev. ed. New York: Macmillan Company, 1961.

Mason, Perry. "Illustrations of the Early Treatment of Depreciation". Accounting Review 8 (September, 1933), 209-218.

Mee, G. Aristocratic Enterprise. The Fitzwilliam Industrial Undertakings 1795—1857. Glascow: Blackie, 1975.

Most, Kenneth S. "Sombart's Propositions Revisited". Accounting Review 67 (October, 1972), 722-734.

Parker, R. H. Management Accounting: An Historical Perspective. New York: Augustus M. Kelly. 1969, chap. two.

Peragallo, Edward. Origin and Evolution of Double Entry Bookkeeping, A Study of Italian Practice from the Fourteenth Century. New York: American Institute Publishing Company, 1938. Reprinted by Nihon Shoseki, Osaka, 1974, 38-49.

Pollard, Sidney. "Capital Accounting in the Industrial Revolution". In M. Chatfield, ed. Contemporary Studies in the Evolution of Accounting Thought. Belmont, Cal: Dickenson Publishing Company, 1968, 113-134.

— "Fixed Capital in the Industrial Revolution in Britain". Journal of Economic History 24 (September, 1964), 299-314.

— The Genesis of Modern Management: A Study of the Industrial Revolution in Great Britain. London: Edward Arnold, 1965, especially chap. six.

Pollins, H. "Aspects of Railway Accounting Before 1868". In A. C. Littleton and B. S. Yamey, eds. Studies in the History of Accounting. Homewood, Ill.: Richard D. Irwin, 1956, 332-355.

Shenkir, W. G., Welsch, G. A., and Bear, J. A., Jr. "Thomas Jefferson: Management Accountant", Journal of Accountancy 133 (April, 1972), 33-47.

Solomons, David, "The Historical Development of Costing". In D. Solomons, ed., Studies in Costing. London: Sweet and Maxwell, 1952, 1-52.

Stacey, N. A. H. Englsih Accountancy: A Study in Social and Economic History, 1800—1954. London: Gee and Company, 1954.

Stone, William E. "An Early English Cotton Mill Cost Accounting System: Charlton Mills, 1810—1889". Accounting and Business Research 4 (1973), 71-78.

Ten Have, O. The History of Accountancy. Palo Alto: Bay Books, 1976, 79-93.

Winjum, James O. "Accounting and the Rise of Capitalism: An Accountant's View". Journal of Accounting Research 9 (Autumn, 1971), 333-350.

—— The Role of Accounting in the Economic Development of England: 1500—1750. Urbana: Center for International Education and Research in Accounting, 1972, especially 5-24.

Wren, Daniel A. The Evolution of Management Thought. New York: Ronald Press Company, 1972, chaps. three and four.

Yamey, B. S. "The case Law Relating to Company Dividends". In W. T. Baxter and S. Davidson, eds. Studies in Accounting Theory. Homewood, Ill.: Richard D. Irwin, 1962, 428-442.

—— "The Development of Company Accounting Conventions". Accountant's Magazine 65 (October, 1961), 753-763.

—— "Some Topics in the History of Financial Accounting in England 1500—1900". In W. T. Baxter and S. Davidson, eds. Studies in Accounting Theory. Homewood, Ill.: Richard D. Irwin, 1962, 14-43.

—— "Scientific Bookkeeping and the Rise of Capitalism". In W. T. Baxter, ed. Studies in Accounting, London: Sweet and Maxwell, 1950, 13-30.

—— "Accounting and the Rise of Capitalism: Further Notes on a Theme by Sombart". Journal of Accounting Research 2 (Autumn, 1964), 117-136.

(王骥 黄梅艳 译 李天民 校)

第九章　英国的会计规则和审计

凡是有会计行为的社会，都会有某种形式的会计检查。对于精明的人来说，如果他无法直接监督自己的财产，就自然会对受托管理财产的人的经济责任进行独立的检查。古埃及人通过让两个官吏同时对税收加以记录，来实施这样的控制。[1]在希腊，官吏卸任离职时，其账簿应接受审查。罗马人发展了这样一种精巧的会计制度，即相互核对批准支出的官吏的记录和实际处理金钱收支的官吏的记录。文艺复兴时期的意大利以贸易中心的姿态出现以后，商业冒险的审计开始普及开来。热那亚市政厅的总账被复制成2册，由城市审计官保管。威尼斯和热那亚的贸易商聘请审计人员，对负责实际贸易的船长的账簿进行检查。[2]

一、1844 年以前的英国审计

在封建时代的英国，审计是采用类似的形态发展起来的。[3]亨利一世统治时期(1100—1135年)，对王室岁入进行了审计。从13世纪开始，就保存有关于庄园审计的文字记录。在这样的时代里，已从对官吏和征税官进行调查，扩展到对管理公共资金的其他官吏的财务报告实施检查。但是，这样的检查是有其严格限制的目的的。"16世纪的审计是为验证承担财务责任的人的诚实性而实施的。"[4]换言之，早期审计是检查受托人个人的正直性，而不是检查他们的会计账簿的质量。只有在认为可能存在舞弊行为的情况下，才对簿记的正确性和公允性加以证明。

中世纪的审计应对每一笔经济业务进行详细的审核。当时，应检查的记录内容，一直追溯到原始凭证；应重新计算余额，并将手存金额与其他实物证据相比较。应详细审查财务报表。有时，在验证过程的最后阶段，还应在公众的面前，听取税收金额或征税官的收支计算书。而且，虽然要求掌握簿记技术，但不进行现代意义上的评价。庄园的审计人员也不与有利害关系的人保持独立，而只是作为任命的贵族的代理人四处活动。

但是，封建时代的基本审计程序作为一项可以信赖的制度，一直没有发生重大的变化[5]。人们一直存在着这样一种思想，即受托者应接受公众的检查。其必然结果是，希望通过审计工作的进行，使受托者更加诚实。而且，对附随的会计记录进行审计不仅有利于他服务的利害关系者，对本人同样有利。由此可见，审计工作由外部人士实施时，是最有效的，而且，公布审计结果可以提高一般公众对该组织的信任。正是凭着这样的信念，英国在19世纪创立法定审计，这样的审计后来成为世界各国审计的标准。

自1542年制定第一部破产法以来，英国政府直接对舞弊行为进行了干预，以保护债权人。在19世纪，企业相继倒闭，导致一系列新法规的颁布，并越来越需要熟悉簿记和资产计价的人。维多利亚时代的人们将破产视为道德上的缺陷。在假定资产被隐瞒的情况下，经常对借方账户进行检查，从而引进了在受托委托审计中不太常见的极端怀疑论因素。法院任命的会计师以第三者的身份介入管财人和破产审计之间，不仅可以保护债权人，还可以管理受审公司的业务，其结果，由公正的专家进行检查和报告的传统，又为检查过程增加了一个新因素。意义尤为深远的是，投资家对经营顺利的公司，也要求进行审计。

在这个时代之前，审计的目的2000年以来几乎没有发生变化。复式簿记的出现带来了技术的进步，但揭发舞弊行为仍然是审计的目标。大型工业生产与向一般大众筹集资金而组织起来的股份有限公司的联合，为审计工作创造了一个新的环境。比以前多得多的人被卷进企业业务之中。而且，随着经营管理权从各所有者的手中移至聘请的专家之手，向分散各地的所有者进行报告，就成为会计的主要任务。正如以上所考察的那样，企业会计的惯例经常受到正在变动的经营环境和管理政策的变更诸因素的影响。而且，在簿记上错误地反映利润的"差错"并不都是偶然的，有时是人为的结果。可见，发挥沟通股东和管理者作用的财务报表的可信性，由于进行了外部检查，而越来越高。在公司董事和投资家（所有主）之间聘请独立的专家，乃是善于将传统的方法适用于新的环境的英国人的杰出才能的又一例证。

1850年以前的审计工作仅仅是通常的会计师业务的一小部分。所谓"会计专家",就是簿记员、估价人、律师、保险统计员、破产审计人员、财产管理人或解散公司清算人。[6]这些会计师从整体上讲,都拥有审计工作所需要的全部技术,但他们一般又缺乏协调自己的才能的刺激。企业审计只是在特殊的情况下,如清算或在企业出售之前需要重新计价资产的时候才进行。由于缺乏有组织的会计职业,所以,对于审计调查应由什么样的手续组成,以及应由谁执行审计,并没有取得一致的意见。财务报表是由本企业的职员进行检查,并由本企业的负责人署名的,审计人员只是作为办事员,对总账的最终余额和凭证的正确性进行核对。由于审计人员没有正式的证明权,所以,他们只是揭发账簿上的差错,经常为人们所忽视。但是,在1844年的公司法颁布以前,从对企业外部人士的重要性观点看,对整个企业的会计记录进行全面审查和对报告进行分析已经取代了旨在解除每一位会计人员的责任的传统的中世纪审计。

二、公司法(1844—1862年)

公司法是出于管理股份公司的创办事宜,出于继续监督公司董事的管理活动这样的意图而颁布的[7]。为了达到这样的目的,公司法规定,要获得创建公司的权利,就必须承担报告义务。1844年至1900年的公司法主要试图确立最低限度的审计和报告标准。1900年以后,他们全力以赴,希望通过改进披露标准,来提高财务报表的质量。

1844年的股份公司注册法以无限责任为条件,第一次允许经过注册后可以设立股份公司。该法案不久又被修订,作为1845年公司条款总则再次公之于世。该法案规定:公司应登记会计账簿,应定期进行决算;董事应编制"详尽且公允的"年度资产负债表,并在上面署名;然后,由一名或若干名股东代表加以审查。其目的是,通过审计工作让股东了解公司的实际情况和董事的管理活动,考察董事所作所为的合法性,从而对董事以后的行为施加影响。这些作为股东代表的审计人员有权检查公司的账目并对董事和职员进行询证。他们的主要任务是检查资产负债表并向股东们报告资产负债表是不是真实、准确地反映了经营状况。董事应在股东大会前10天,将资产负债表的副本与审计报告一起送发给各位股东,并向股份公司注册登记官报送同样的资产负债表备案。

尽管动机很美,但这次针对审计法案的最早努力由于程序上还很脆弱,也没有执行的手段,故时机尚早。而且,审计的注意力受传统观念的束缚,只重视公司的偿债能力和管理人员的诚实性,而忽视与企业股东有关的收益计量和股金分红诸问题。该法案规定应任命审计人员,但尚未涉及他们的资格、审计期间、报酬和具体的义务,对法定资产负债表的格式和内容,以及应使用的资产计价方法也没有作出明确的规定。只要存在可以丰富"真实和正确"用语的内容和首尾一致的原理体系,哪怕是缺乏精密性的法律,也不会丧失其权威,但是,由于对实务缺乏专业控制,1844年和1845年的法律显然还是必要的。这些使会计规则非常必要的要素,也使制定的法律不适当。

法律是以股东自己组织委员会、检查账簿和向其他股东报告为前提的。在19世纪中叶,现实中还存在着这样的情况,投资家集团定期访问他们拥有股份的公司,将复制的资产负债表与总账余额进行核对,并调查每一笔现金支出是否与凭证相一致。这不是什么新花招,而是给传统的受托、委托审计披上了现代的衣裳。股东扮演庄园领主,公司的董事发挥着中世纪的管理人员的作用。某位著作者声称,1845年的公司法要求实施的审计是一场"彻头彻尾的滑稽剧",对于某些董事来说,提出引起误解或没有信息的财务报表仍然是一件非常容易的事。[8]议会无法创立实施机构,公司注册登记官也没有拒收报送上来的资产负债表的权限。该法案没有要求法定的资产负债表的编制日应与股东大会的召开日相一致,一些企业每年都提出完全相同的财务报表。在其他的场合下,公司股东大会匆促召集,不发通知,或者任命与管理者友好的股东担任审计人员。显然,只由专家执行检查,才能对法定董事进行有意义的检查。1844—1845年的法案规定,可以聘请技术熟练的会计师担任作为股东代表的审计人员的助手。这些助手最终承接了全部的审计工作。

1855年和1856年的公司法允许有限责任公司注册经营。这对于弥补1845年法案的缺陷,对于通过加强强制性审计的要求来制止对新的法案的滥用,在逻辑上是必然的。不过,议会也删掉了以前法案关于强制记账、报告和审计的条款,从而使绝大部分商业企业的会计事项完全处于法律控制之外。废除强制规定或许实际上提高了审计人员的重要性,但却削弱了股份公司披露财务状况的责任观念。逐渐返回到1844年议会认可的规定,则是1900年以后的事情了。

为了取代强制规定,1855年和1856年的有限责任法和公司法规定了资产负债表和公司章程的标准格式。但是,这些标准格式是随意的,任何选择采用自己的章程的注册公司,都可以不采用这些标准格式,它只是强制那些没有登记自己的章程的公司予以采用。资产负债表的格式是非常先进的,资产和负债按种类分类,并设有呆账科目,反映了工厂设备折旧和存货折旧两方面,而且,留存盈余分成"意外损失备用"和"分红备用"两部分。[9] 在章程的标准格式中,收纳了1845年公司条款总则中几乎全部的审计和会计条款,甚至增加了其他的新内容。[10] 它规定,应按复式记录形式记账;不准从资本中支付股金红利;不要求编制损益表,但应区分收益的不同来源;而且,通过规定审计人员不再必须由公司的股东担任,使章程的标准格式易于为外部专业所用。为了保证不滥用新法,该法案还规定,如果没有任命审计人员,根据20%股东的申请,商务局应任命检察官,对公司的事务进行调查。

1862年的公司只进行了一些重要的变更,再次提出了资产负债表和章程的标准格式。对审计人员的检查义务,规定得更加详细,而且第一次列示了审计证明书的标准格式。该法案明确规定,只能从收益中支付红利。通过该法案,英国公司法的基本框架得以建立。尔后,尽管追加和修订了许多程序,但其基本条款在100年当中几乎没有变更。

三、破产和舞弊事件

在1862—1900年之间,人们几次试图在公司法中重新增设强制性的会计条款,但都没有获得成功。[11] 然而,从详细规定转变到采用"自由放任主义"政策,不仅是由于1845年公司法案的软弱无力,而且由于当时人们普遍认为会计的披露只是股东和公司董事之间的私人问题。而且考虑到现实当中企业之间的多样性和法律压制技术革新的倾向,人们在不断地发出疑问:会计究竟到何时才能有效地达到统一。管理人员经常担心,披露将会使他们在竞争过程中处于不利的位置,许多股东担心,详细地规定审计程序,也许会将审计人员的工作仅仅限制在对资产负债表上的数值进行机械的核对上。有人甚至建议,强制审计的法令很容易使不讲道德的董事坠入法律的罗网,所以,投资人在法律的影响下,便可以放松对他们的警惕。[12]必须记住,在19世纪80年代,只有少数企业采用有限股份公司的形式,没有多少人认识到股份有限公司在英国实业界发挥了多么重要的作用。随着股份有限公司的重要性急速提高,人们宁愿接受政府对公司强制会计披露和统一报告方法的要求,以换取可资信赖的会计信息。

这样的公众舆论转变的原因之一,是1878年格拉斯哥市银行的大破产。若干年来,该行董事通过高估资产价值、低估负债、错误反映资产负债表项目来隐蔽自身虚弱的偿还能力,同时,却继续支付红利。对这一舞弊事件迅速作出的反应是:1879年,议会马上通过公司法案,要求所有注册的采用股份有限公司组织形式的银行,均要进行年度审计。而且,尽管议会对商业企业采取不干涉政策,但对于那些将会因破产使整个经济陷入混乱的企业,常常加以管理。1855年和1856年的公司法把银行和保险公司排除在有限责任的特权以外,数年后,当公司法将这一特权再赋予他们时,又附加了一项条件,即要求公布半年度资产负债表,并将副本提交商务局。由议会直接认可的特许公司,一直存在强制性的会计和审计规定,像铁道就是如此。铁道法案的条款(1868年)是先驱性的。尔后,又制定了相同的法案,这些法案对建筑协会、自来水厂、煤气厂和电气公司的会计方法和审计作了规定。[13]

审计的范围和审计人员的责任通过法庭对一系列划时代事件的判决而得到明确。最早的事件是利兹地产建筑投资公司对谢泼德(1887年)事件。利兹公司的章程规定,经理和董事有资格根据分红后的余利,领取一定的奖金。为了多拿奖金,他们高估资产价值,借以扩大虚假利润额。而审计人员未经深入检查,就对经理报送的财务报表的正确性进行了证明,这样,就使他们非法从资本中领取了奖金。该公司倒闭时,审计人员和董事均被控诉。审计人员辩护说,他虽然由股东选举产生,但只不过是管理部门的雇员而已。法官不同意这种辩护,认为审计人员的职责是检查管理者编制的资产负债表的"实质上的正确性",而不仅仅是检查算术上的正确性。[14]这一判决明确了两点:一是审计人员应对编制财务报表以前的会计记录进行检查;二是只有对公司资产的存在和价值的正确性表示满意时,才能签发审计证书。

在金斯顿棉纺公司事件(1896年)中,法庭作出判决,审计人员只要没有理由怀疑存在舞弊行为,就没有责任去查证已由公司职员自己证明的存货证明书的库存数值。通过伦敦大众银行事件(1895年),法院对审计责任作出了更严格的解释。该行是以向一批建筑公司贷款为目的而创建的,若干年来,它的大部分资金贷给4家建筑公司,但还款担保不够充分。该银行的审计人员已提醒董事们对本企业的软弱的财务状况予以注意,并在1891年度的审计报告中作出不应分发股金红利的结论。但是,董事们后来说服审计人员在审计报告中剔除了他的这条意见,而仍旧发放红利。这些股金红利实际上是从资本中抽出资金发放的。股东起诉审计人员,指控他滥用职权。但法院宣称,审计人员并不是资产负债表的"承保人"(an insurer),但他必须诚实、慎重,知道有不真实的事情时,不能签发证书,而且,在发表意见之前,必须行使"应有的关注和技巧"。以前,审计人员通常在审计报告中要么提出肯定的审计意见,要么不提意见,这一事件的判例确立了审计人员应提出自己的意见,即使是消极意见也应提出。[15]

利对纽查特尔沥青公司事件(1889年),导致了对分配红利不能将资本减少到股本以下的规定的修订。上诉法院作出判决,公司在计算利润、分配红利时,可以不考虑递耗价值。[16]该判决和其他类似的判决使会计师对固定资产和流动资产计价作出明确的划分,并强调后者更为重要。[17]而且,为了避免法律风险,防止从资本中分配红利,会计师们倾向于采用另一个极端的方法,即故意低估资产价值和利润。成本和市价孰低的原则更加受到尊重。法庭对资本维持的判决在资产计价和利润计量概念发展的早期阶段,从法律上支持了稳健性的原则。

进一步平衡低估财务的意见是由雷克斯对凯尔桑特事件(1931年)引起的。[18]皇家邮船公司的审计人员被告发在发表虚假的年度报告书事件中犯有同谋罪。该公司将在第一次世界大战中获得的价值200万英镑的财产作为纳税储备金使用,到19世纪20年代,又将这部分储备金记入损益账户的贷方,从而使经营损失变为表面上的利润。审计人员辩护说,管理人员有权平衡利润,而且,事实上,按稳健性惯例,也应稳定股利分红,以提高投资人的信赖。在公司的报告书中,只用一句"包括纳税准备金的调整"作了说明。问题在于,这句用语是否对报告书的读者提出了警告。审计人员被认为没有欺骗的意图而宣判无罪,但法庭也明确指出,稳健主义不再作为会计公开的替代物。

看来，法庭也经常对自己的权限感到担心。亚梅教授对构成利控诉纽查特尔事件判决的基本思想，作出了下述评论。他指出："企业家应是企业事务的审判官。"[19]这一评论同样适用于其他各种场合。但是，像公司法这样的判例法，乃是会计走向统一的重要因素。20世纪初叶，英国议会重申有权通过法规直接监督审计职业，于是通过了一系列旨在详细管理审计工作的新法案。

四、公司法(1900—1967年)

1895年，戴维委员会建议，所有的注册公司，都有义务接受年度审计，这项实行强制审计的提案，在1900年的公司法中体现了出来，它实际上恢复了1844年股份公司注册法的主要强制规定，因为，该法案要求各公司应编制年度资产负债表，以接受审计监督。该法案还规定，在新公司第一次股东大会上，应提出公司创建日以前发生的收支汇总表，其中包括：创办费的详细情况；签订的合同；已经发行的股票，所有这些均由审计人员对其正确性加以证明。但是，仍然没有规定资产负债表的法定格式，也没有关于任命审计人员的条款。

1907年的公司法要求公共公司提呈已经审查的年度资产负债表，还应披露已经支付的股息额、利率、股票发行费或公司债券发行费，以及债券折价。审计证明书和审计报告合为一个文件，但应附上资产负债表，并提及资产负债表。而且，一再强调审计报告书应明确指出：法律要求检查不应仅仅限于比较总账余额和资产负债表数值。为了加强审计人员的地位和独立性，该法案规定，如果要更换审计人员，必须在2周以内，将意图通知管理者、股东和审计人员本人。

1928年和1929年的公司法对会计和审计的条款作了重要的变更。第一，第一次要求企业向股东大会提出年度损益表，不但必须提呈给公司注册官，也没有必要在审计报告中作出特别的解释。第二，要求在资产负债表上划分流动资产和固定资产，并要求股份公司阐明固定资产价额的计价方法；应划分法定资本和已发行的资本；应将创办费、商誉、专利和商标作为个别专目分别予以表示；应公开对董事和职员的贷款、为支持雇员购买本公司股份而发放的贷款和发行股票折价；股份公司可以不再向公司注册官提呈过时的资产负债表。第三,在新法中,增设了控股公司的条款,没有要求编制合并财务报表,但要求公开分公司利润的处理方法;还要求控股公司的资产负债表应反映对分公司的投资和对分公司的债权与债务。第四,规定在新股发行的说明书中,应附上审计报告书;该审计报告书应论及公司过去发行债券的利润和过去从销售收益中获得的营业利润。

科希公司法修订委员会在它的1945年度的报告中,建议只有公认的会计职业团体的委员才能担任公司的审计人员,进行审计工作。按这个意见,在1947年的公司法中,增设了一项条款。尔后,该条款又被纳入1948年的公司法。该委员会还建议,审计人员应在审计报告中表明,按他的意见公司是不是适当地登记会计账簿,他是不是已将审计所需要的全部资料收集到手,资产负债表和收益表是否与账簿相一致,是不是应对公司的财务状况和经营成果表明"详细且公允的"意见,这些建议都在1947年和1948年的公司法中体现了出来。而且,第一次要求编制合并财务报表。此外,通过以下规定,强化了独立性的原则:审计人员的任期为股东大会结束日至下一届股东大会结束日;如果他接到通知,不再担任审计人员,他有权出席这样的股东大会,并在股东面前申明自己的立场。

在1967年的公司法中,以詹金斯(Jenkins)委员会的报告为基础,追加设立了公开要求事项。与美国注册会计师协会的会计原则委员会意见书第9号一样,它要求编制总括型收益表,并规定资产负债表应记载下列事项:(1)存货的计价标准;(2)本年度购置、处理和废弃的固定资户总额;(3)董事承认但未签订合同的资本支出;(4)在交易所开价的和没有开价的投资总额;(5)完全保有的土地、长期租借的土地和短期租借的土地的分类;(6)5年内无法偿还的银行借款和透支以外的借款总额,以及偿还期限和利率;(7)控股公司的各分公司的名称;(8)在存在分公司的情况下,应明确主要控股公司的法人名称和国籍。

五、审　计　技　术

尽管英国封建时代的经验和其他因素,影响了19世纪审计技术的发展[20],但公司法无疑有着决定性的影响。可以说,审计乃是股东监督管理者是否履行自己的受托义务的手段。所以,审计的首要目的,是验证管理责任的履行情况和揭发舞弊行为。

从这一途径看,调查工作包括两个方面。最重要的方面是对簿记工作进行仔细的全面的检查。这意味着应对每一笔经济业务都加以检查。原始凭证和其他文书与分录账核对;应检查从分录账过入总账的正确性;应重新合计总账,并与试算表和资产负债表进行核对。资产负债表是将详细的簿记记录加以汇总而成,所以,证明簿记详细记录的正确性,可以作为审计人员对财务报表发表意见的逻辑基础。尽管所有的经济业务均准确地作成分录并在分录账中反映,而且,资产负债表与总账也相一致,但在判断上出现差错的可能性还是经常存在的。这是指应计项目和递延项目的漏记、计算错误、会计科目表的混乱和资产的错误计价等。

19世纪80年代英国审计程序中的账户分析,是具有近代审计意义的一个方面。[21]审计人员应检查各种有价证券,辨别各种票据的真实性和回收可能性,调查应收账款的账龄,对呆账和可能出现的呆账设立准备金,通过信函对外部的所有应收账款进行确认。审计人员应审查盘存表和价目表是否由有关部门的负责人署名,金额是不是正确地记入总账,对于冷背货物和残损货物的价值是不是已在会计账簿上作了减记。审计人员应审查固定资产是否根据历史成本记账;资本项目是否与营业开支相混淆,是不是按一定的形式对固定资产进行折旧。审计人员应检查是否从资本中分发股金红利,董事是否超出授权范围借款,租借地和专利是否适当分摊,所有的直接负债和或有负债是否记入资产负债表。最后,审计人员还应将股票的购进、发售、公司外部股票的记录与公司的批准情况和股东名册相比较。

这一部分审计检查不是公司簿记员所做工作的重复,而是一项真正的专业审计技术。从19世纪90年代开始,审计的历史向着提高分析的质量而不是重视机械的检查这一方面迈进。这就要求在优先次序上来一次根本的变更。这种变更的主要障碍是股东们将聘请的审计人员作为侦探的心理。不过,面临的问题是应在调查受托管理责任时减少详细的核对工作,使更多的时间可以用在扩大审计分析的范围上。在1890年以前,人们对与现金以外的资产有关的内部控制制度并不关心,[22]而且,很少有人认为应以抽样方法取代详细核对全部账簿记录的方法。即便是在进行测试的场合下,与其说是为了尽可能地减少工作量,毋宁说是由于股东拒绝支付全部的审计费用而不得不部分地进行检查工作。但是,1900年以后,抽样已成为英国审计的一般方法。1901年的一本教科书指出,在检查的第一阶段,应"确定内部牵制制度"[23]。尽管验证仍然重要,但是,通过采用内部控制和抽样审计手续,审计的重点开始从揭发舞弊行为和工作差错,移位于更精确地审查报告的公允性。

职业团体和各自标准的出现,乃是审计质量提高的另一个原因。英国的会计职业是深受公司法的刺激而发展起来的,但审计成为一项重要的专业职能,则是在1875年以后。[24] 1880年,英格兰和威尔士地区的5个会计师协会得到英国政府的特许,联合成立了"英格兰和威尔士特许会计师协会"。从1882年开始,接收新会员都要经过考试,这些考试包括审计方面的问题,不久,审计成为会计职业考试的主要科目之一。

全国性组织和考试又促进了审计专著的发展。1874年,《会计师》(The Accountant)杂志创刊,但是,直到19世纪80年代,在特许会计师协会的影响下,才开始定期发表关于审计程序、审计责任和有关题目的文章。第一本重要的审计教科书是由F·W·皮克斯利编著的《审计人员——他们的义务和职责》[F·W·Pixley:Auditors, Their Duties and Responsibilities(1881年)]一书。该书第一版论述了公司法中关于会计和审计的条款、簿记和账户形式、财务报表的种类、审计的性质,以及审计人员的义务和职责。在后来的版本中增加了数章,对可以用于分红的利润和证明书进行了论述。在当时影响最大、持续时间最长的教科书当推劳伦斯·R·狄克西的《审计学》[Lawrence R·Dicksee:Auditing(1892年)]。该书与现代美国审计专著有着完全不同的内容,主要靠摘录公司法的精华和援引法庭判决编著而成。在以后的版本中,又增加了英国特许会计师协会关于会计程序的建议。该书的第18版(1969年),迄今仍然是世界上最著名的审计教科书之一。

六、作为理论家的审计人员

对于审计调查中产生的某些问题,是无法解答的。甚至被证实"真实且公允"的资产负债表,由于证明的事实易于被歪曲和隐蔽,也常常使读者得出错误的结论。这是显而易见的。在处理由工业企业和分散在各地的所有主创造的资本、利润和资产的使用问题时，审计人员不应仅仅采用凭经验办事的方法，还应掌握一定的理论知识，最终将他的适当处理的概念精心纳入会计原则。审计人员对财务报表进行仔细审查，充其量是为了使簿记工作本身合理化，这就要求不仅应运用内部控制手续，还应更直接地通过提炼经营业务分析、账户分类和财务报表披露规则来做到这一点。英国的社会环境产生了审计业务的必要性，也产生了比前人的技术高超得多的会计师。通过使以前习惯采用的方法附属于分析方法，这些审计人员第一次将会计理论应用于实践。为了使英国的实务标准化，议会通过公司法对这些理论要素进行了整理。下一阶段就是建立一系列广泛的判断会计行为的标准。不过，美国人在这方面作出了更大的贡献。

七、走向会计统一

公司法是为了满足产业界对统一的报告标准的需要而制订的。这样的标准对于英国维持资源分配的合理方式和稳定资本市场，均是必不可少的。英国的法定审计、美国通过使用公认会计原则来达到会计统一的尝试和西欧诸国对统一的会计科目表的依靠形成极为鲜明的对照。

法律规定由于要求太低，或者由于希望的标准太详细，或者由于立法机构对会计现状的无知，也有失败的可能。而且，如果难以修改现行法，该制度也会失去作用。或者，"由于不让投资者发生误解，是最为重要的事情，所以，尽管希望对投资者有所启发，但这一点仍然是模糊不清的"。有的人对公司法因步实践中的各种改良之后尘而丧失自身的效力的现象提出了批评。例如，绝大多数经营良好的公司在1900年承担法律责任以前就进行了年度审计。公司法设立了实务不能越界的下限，同时，它也可能是使会计师不能改变现状的上限。可以认为，美国人倡导会计原则途径的首要原因，就是为了躲避法定规则。但是，除英国的审计人员与其说是受聘于管理者，毋宁说是受聘于股东这一事实以外，英国和美国的制度带来了大致相同的结果，几乎同时，还进行了相同的改革。在以后的章节中，我们将论述英国的公司法对证券交易法和20世纪30年代初时美国公认会计师协会开发会计原则所产生的影响。

注 释

[1] Richard Brown, ed, A History of Accounting and Accountants (London: Jack, 1905, reprinted by B. Franklin, New York, 1966), pp. 21-30, 74.

[2] J. C. Ray, ed, Independent Auditing Standards (New York: Holt, Rinehart and Winston, 1964), p. 3.

[3] See Chapter Two.

[4] L. Fitzparick, "The Story of Bookkeeping, Accounting, and Auditing", Accountants Digest 4 (March 1939), 217.

[5] A. C. Littleton and V. K. Zimmerman, Accounting history: Continuity and Change (Englewood Cliffs, N. J. : Prentice-Hall, 1962), pp. 104-105.

[6] Brown, of. cit. , P. 201; A. C. Littleton, Accounting Evolution to 1900 (New York: American Institute Publishing Company, 1933; reprinted by Russell and Russell, New York, 1966), pp. 305, 306.

[7] Littleton, op. cit. , p. 293 ff.

[8] Ibid. , p. 290; H. C. Edey and Prot Panitpakdi, "British Company Accounting and the Law, 1844—1900", in A. C. Littleton and B. S. Yamey, eds. , Studies in the History of Accounting (Homewood, Ill. : Richard D. Irwin, 1956), pp. 360-361.

[9] See Chapter Six.

[10] Summarized in Edey and Panitpakdi, op. cit. , pp. 362-368.

[11] Ibid. , pp. 368-369.

[12] Ibid. , p. 367.

[13] Littleton, cit. , pp. 302-303.

[14] Wiley D. Rich, Legal Responsibilities and Rights of Public Accountants (New York: American Institute Publishing Co. , 1935), p. 327.

[15] Ibid. , p. 26.

[16] B. S. Yamey, "The Case Law Relating to Company Dividends", in W. T. Baxter and S. Davidson, edt. , Studies in Accounting Theory (Homewood, Ill. : Richard D. Irwin, 1962), pp. 429-432.

[17] Edey and Panitpakdi, op. cit. , pp. 378-379.

[18] Sir Patrick Hastings, "The Case of the Royal Mail", in W. T. Baxter and S. Davidson, eds. , op. pp. 452-461.

[19] Yamey, op. cit. , p. 432.

[20] See "the relativity of auditing" diagram, Littleton, op. cit. , p. 364.

[21] Ibid., pp. 312-313.

[22] E. D. McMillan, "Evaluation of Internal Control", The Internal Auditor 13 (December 1965), 39; R. Gene Brown, "Changing Audit Objectives and Techniques", Accounting Review 37 (October 1962), 698.

[23] E. V. Spicer and E. C. Pegler, Audit Programmes (London: H. Foulkes Lynch and Co., 1910), p.4.

[24] Littleton, op. cit., pp. 290, 306-307.

主要参考文献

Brown, R. Gene. "Changing Audit Objectives and Techniques". Accounting Review 37 (October, 1962), 696-703.

Brown, Richard, ed. A History of Accounting and Accountants. London: Jack, 1905. Reprinted by B. Franklin, New York, 1966, chap. four.

Davies, P. M., and Bourn, A. M. "Lord Kylsant and the Royal Mail". Business History 14 (July, 1972), 102-123.

Dicksee, Lawrence R. Auditing: A practical Manual for Auditors. London: Gee, 1892. Reprinted by Arno Press, New York, 1976.

Edey, H. C. "Company Accounting in the Nineteenth and Twentieth Centuries". in M. Chatfield, ed. Contemporary Studies in the Evolution of Accounting Thought. Belmont, Cal: Dickenson Publishing Company, 1968, 135-143.

Edey, H. C., and Panitpahdi, Prot. "British Company Accounting and the Law 1844—1900". In A. C. Littleton and B. S. Yamey, eds. Studies in the History of Accounting. Homewood, Ill.: Richard D. Irwin, 1956, 356-379.

Hastings, Sir Patrick. "The Case of the Royal Mail". In W T. Baxter and S. Davidson, eds., Studies in Accounting Theory. Homewood, Ill.: Richard D. Irwin, 1962, 452-461.

Hein, L. W. "The Auditor and the British Companies Acts". Accounting Review 38 (July, 1963), 508-520.

Lee, T. A. "The Historical Development of Internal Control from the Earliest Times to the End of the Seventeenth Century". Journal of Accounting Research 9 (Spring, 1971), 150-157.

——"A Brief History of Company Audits: 1840—1940". Accountant's Magazine 74 (August, 1970), 363-368.

Littleton, A. C. Accounting Evolution to 1900. New York: American Institute

Publishing Company, 1933. Reprinted by Russell and Russell, New York, 1966, chaps. sixteen, eighteen, and nineteen.

Littleton, A. C., and Zimmerman, V. K. Accounting Theory: Continuity and Change. Englewood Cliffs, N. J.: Prentice-Hall, 1962, chap. five.

McMillan, E. D. "Evaluation of Internal Control". The Internal 13 (December, 1965), 36-41.

Manly, P. S. "Clarence Hatry". Abacus 12 (June, 1976), 49-60.

— "Gerard Lee Beran and the City Equitable Companies". Abacus 9 (December, 1973), 107-115.

Murray, Alasdair, "A History of Internal Audit". Accountant 173 (November, 20, 1975) 585-586.

Pixley, F. W. Auditors: Their Duties and Responsibilities. London: Good, 1881. Reprinted by Arno Press, New York, 1976.

Rich, Wiley D. Legal Responsibilities and Rights of public Accountants. New York: American Institute Publishing Company, 1935.

TySon, R. E. "The Failure of the City of Glascow Bank and the Rise of Independent Audit-ing". Accountant's Nagazine 78 (April, 1974), 126-131.

Vamplew, Wray. "A Careful and Most Ingenious Fabrication of Imaginary Accounts: Scottish Railway Company Accounts before 1868". Accountant's Magazine 78 (August, 1974), 307-312.

Woolf, A. H. A Short History of Accountants and Accountancy. London: Gee, 1912. Reprinted by Nihon Shoseki, Osaka, 1974. Chapter Thirteen.

Yamey, B. S. "The Case Law Relating to Company Dividends". In W. T. Baxter and S. Davidson, eds. Studies in Accounting Theory. Homewood, Ill.: Richard D. Irwin, 1962, 428-442.

— "The Development of Company Accounting Conventions". Accountants, Magazine 65 (October, 1961), 753-763.

（文硕 译）

第十章　美国审计的发展

美国的审计与英国一样,也受到政府法规、法庭判决和会计团体制定的规则三个方面的影响。英国的审计深受公司法的推动。在缺乏这种法律要求的条件下,美国审计的权威性在发展的初级阶段,主要是依靠会计职业自身的努力和已审核的财务报表的利用者(管理者、债权人和股东)的认可而树立起来的。这意味着审计技术的改良通常反映了企业界对商业上的需求事项的判断,而不像英国那样强调保护一般公众。法规和法院的解释只是在美国审计的基础已经被奠定以后才成为重要因素的。

一、美国的英国会计传统

南北战争以后,急速工业化的美国经济吸引了大量的欧洲资本,尤其是英国的资本。在19世纪80年代,苏格兰和英国的特许会计师纷纷来到美国,对他们的委托人在美国投资的财产和企业的舞弊行为、价值和现状进行审计。[1]当时,美国已是世界上主要的产品制造国之一,但各地只有开业会计师,而没有组织起审计职业,其中一些人留在美国创办了普赖斯·沃特豪斯会计事务所美国办事处和其他几所会计公司,这些公司现在成为最大的注册会计师事务所。他们除审计知识以外,还带来了适合于职业人员的团结和责任观念。他们以有影响的实业家、金融家和律师为顾客,第一次真正地建立了全国性的会计师合作关系。

这些英国的审计人员没有过多地考虑美国法律、产业史和财务惯例的差别,便将英国的受托责任检查移植到了美国。正如他们所考察的,证明的职能主要依靠对簿记进行详细的验证。甚至连大型企业,也对所有的现金支出凭证进行检查,对每一笔合计金额和转账金额进行核对。对这样的"簿记员审计"的厌恶在早期美国会计师的回忆录中经常可见。沃尔特·斯托布(Walter Staub)回忆说:他在事务所进行审计的重点一般都放在处理现金的职员的诚实性上,而对其他事项几乎不顾。[2]罗伯特·蒙哥马利(Robert Montgomery)的经验表明,尽管由于无法说明现金收入和利润,致使 3/4 的舞弊没有得到揭露,而审计时间的 3/4 都花在合计和转账的检查上[3]。他们的同事认为,当时只是对簿记员们的工作进行检查,并标明"经过审计认为是正确的",而没有对资产负债表的质量进行任何分析。[4]蒙哥马利指出:19 世纪 90 年代的审计人员"由于他所审查的各种事项不太重要,因而没有被人们作为一个职业加以认识,而且,缺乏重要性又使自己处在与事务员平起平坐的位置"[5]。

　　详细审计方法的存在是有其正当原因的。当时,簿记错误相当普遍,要使数月甚至数年不一致的总账正确无误,就应经常进行详细检查。职员贪污也经常发生,早期企业的破产率之所以高,主要是因为创办人和管理者的舞弊行为所致。而英国的法定审计乃是投机的失败和限制公司创建的长期历史的产物,这是美国无法比拟的。在美国,联邦政府既没有创建公司,也没有控制会计。这些权力下放给各州,而各州几乎没有要求对公司会计实施审计。况且,美国的审计人员不是由股东选举产生的。各州的商法不同,使公司章程也各异,很难将投资者和审计人员之间的关系标准化。在美国这样一个幅员辽阔的国家,甚至让股东在年会上集中都是困难的。所以,美国的审计最初并不针对股东或政府,而是对资本家和公司董事的费用支出提出证明。对受托管理责任进行全面的检查与实际利益相比所花成本更大,于是乎,人们开始寻求取代详细审计的办法。

二、资产负债表审计

　　美国 19 世纪末的资本市场并不是全国性的,主要是地方性的、区域性的。而且,公司资金的周转主要依靠银行贷款,而不是通过发行股票。在通货膨胀和不景气相互交替的时期,批发商通过缩短信用期来应付不确定性,并对迅速回收的应收账款实行现金折扣。[6]地方银行家非常愿意根据期票,向个人关系不错的批发商提供短期贷款。零售商赊购商品,然后迅速出售,再以销售所得现金收入支付全部的赊购资金。批发商为了鼓励零售商迅速归还赊购欠款,就提供折扣,并用应收款项的回收金额支付他们的银行期票。美国审计发展的第二阶段,就是建立在银行家要求申请贷款者提供可靠的财务数据的基础上的。

随着短期贷款摆脱以个人了解借主及其企业详情为基础的地方性质,银行家们开始要求申请借款者报送已经署名的资产负债表。已署名的资产负债一览表不仅是了解商人流动性的线索,在不履行债务时,还可以作为证据向法院提出。申请者发现,如果报送经专家和没有利害关系的第三者加以证明的资产负债表,则更容易获得信用。在1900—1914年之间,对银行家使用的资产负债表加以证明,成为注册会计师业务的主要部分。[7]

银行家希望从商人们那里得到可以在期满时偿还贷款的保证。所以,他们认为,最能反映未来的流动性的,就是考察流动资产和流动负债的比例。周转资本的安全边际和2∶1的流动比率成为承认信用的标准。由于对周转资本进行的这种分析很少涉及公司的偿付能力、舞弊和管理责任,所以,英国式的"一般审计"(general audit)就不必要了。虚账户、长期资产和权益,以及簿记的正确性只须简单地加以审核,审计分析的中心移向资产负债表,人们注意力都用在流动资产和流动负债的验证上,而不再用在簿记的记账程序的细节上。其结果是开始实施以富有浓厚的保守主义倾向的未来为焦点的审计。对于银行家来说,他们只是预想损失(而不是利润)的可能性,喜欢按存货的成本与市价孰低法有意减低账面价值,鼓励设立折旧准备金和坏账准备金。亨德里克森(Hendriksen)认为,资产负债表审计很快将会计的重点移到损益表,从而对会计理论产生了影响。[8]

美国早期的几本审计教科书认识到了选择性检查的潜在优点。资产负债表审计是以一个账户比另一个账户更重要的设想为根据而实施的。所以,不对产生最终结果的每笔经济业务进行调查,就可以对公司的记录进行评价。换言之,对少数重要的账簿进行集中的、彻底的审查,成为取代仔细核对全年经济业务的有效方法。但是要使之成为可能,就有必要决定将应检查的重要性不大的部分减少到什么程度。绝大多数英国作者将注意力集中在详细审计程序上,而蒙哥马利、斯托布和其他美国作者却明确主张应将抽样审计的必要范围与评价委托人的内部控制系统联系起来。[9]内部控制组织愈健全,花在详细检查舞弊和差错上的时间就愈少,审计人员就可以将更多的时间用在对确实重要的账户进行实质性分析上。

但是,理论著作总是走在实践的前面。美国的审计人员与英国的不同,他们只能为委托人认为有价值之处提供服务。审计抽样之所以普及,并不是现有的较好的审计理论所致,而是考虑到对大型企业进行详细审计所耗费用太大。[10]为了降低费用,许多审计人员又简单地缩小了他们的检查范围,但不必改变他们的姿态和目标。R·吉恩·布朗(R. Gene Brown)指出:1905—1933年这一段时期是"详细检验和测试"与稍微认识到内部控制的重要性并举的时代。[11]在这一时期的早期,几乎还没有人认识到,对系统地选出的少数经济业务进行详细检查就可以完全反映出企业的会计记录的质量。直到20世纪20年代,审计人员才将内部控制的初步评价作为审计的基础,并将委托人作为实际审计过程中的伙伴。

统一会计(1917年)

第一次世界大战中累进所得税的出现,不仅使企业成倍地聘用外部审计人员进行审计业务,[12]而且促使政府关心报告的收益和公允性。联邦准备局要求申请商业票据贴现的工商企业,应向加盟银行报送经审查的财务报表。制定章程的机构和纽约证券交易所指出:有必要制订编制财务报表的指南。一批投资银行家主张,向一般大众公布的计算书应按政府标准接受审查。

尤其是会计职业内部,已深感缺少一套统一的和公认的标准可资遵循。每一个审计人员没有任何可以作为指南的先例可援,而是在各种审计情况下根据对环境的判断而各行其是。

美国第一个关于审计范围的权威性指南是应联邦贸易委员会的要求,由美国会计师协会于1917年制定出来的。它经该委员会和会计师协会承认并经联邦准备局暂时认可后,以《统一会计》为题发表在联邦准备局公告1917年4月号上。1918年,在上述各方面的一致认可下,经若干次修正,又以新的题目《编制资产负债表的公认方法》刊行。这份公告被散发给会计师协会的所有会员。它首先介绍了工商企业资产负债表的审计程序,接着是检查每个账户的具体说明,最后列示了资产负债表和比较收益表的格式。

1917年声明的内容仅仅限于建议,所以是美国审计自制规则的起源,是与英国法定审计经验相一致的第一阶段,而且在30年代审计标准的发展方面,对美国会计师协会和证券交易委员会采用的会计方法产生了直接的影响。

短文式审计报告与检查一样,也有标准化的必要。1917年的公报列举了以下格式:

我对 ABC 公司 1917 年 1 月 1 日至 1917 年 12 月 31 日的会计账簿进行了审查。可以证明,上述资产负债表和损益表是按照联邦准备局建议和劝告的方法编制的。依我之见,它反映了公司 1917 年 12 月 31 日的财务状态和本期间的经营成果。

它与1932年以前在美国使用的其他审计证书一样,深受英国的影响。[13]尽管对他进行了各种变更[14],审计人员均应就资产负债表是否真实且正确地反映了公司经济业务表明自己的观点,并作出证明。在英国审计证明的基础中,存在着法律和已被认可的程序,证明书的用语也具有精确的专业意义,而在美国却不存在这样的基础。美国的审计有着不同的目的。英国证明的根据主要在于簿记的正确性。对于美国的会计师来说,只为表明财务报表是否与总账正确一致而进行信用检查,是毫无意义的。美国的"真实且正确"的用语是不适当的,甚至是危险的。错误地传达正确性的含义,会使人们怀疑注册会计师的责任,并使会计师的法律责任变得不明确。审计证明应是简单地报告资产负债表和损益表,还是审计人员对委托人的整个企业状况进行判断?要想明确地告诉读者审计人员应进行什么工作,应在何种程度上相信经他审核的财务报表,就需要明确的用语。

股东和公司的披露

在一般公众开始首次购买公司有价证券的20世纪20年代,审计人员面临着这样一个问题,即对向很少或缺乏会计知识的投资者披露的财务数据进行公证。纽约证券交易所的 J·M·B·霍克斯赛(J·B·Hoxsey)相信,在小型企业和银行短期借款的时代还言之成理的过分的稳健主义和其他会计惯例,会使这些缺乏会计知识的读者对审计报告作出错误的判断。[15]他指出:许多企业对销售额保密;有的企业不进行折旧;有的企业不始终一贯地对营业外收益进行处理;还有的企业不区分留存盈余和实缴股本、没有披露任意提高资产账面价值的情况,所以他主张改进公司的披露制度。哈佛大学经济学教授威廉·Z·里普利(William Z·Ripley)通过分析20世纪20年代的年度报告,指出,隐瞒信息和骗人的报告方法具有相同的现象。他批评了缺少统一会计标准的现状,建议联邦商务委员会应强制公司披露他们的经济事项。[16]通过发行股票筹集资金的迅速普及,许多可疑的会计选择的存在,以及使实务标准化的专业能力的缺乏等,现在看来,就不可避免地要求联邦政府制定某种形式的法规。

1917年联邦准备局和美国会计师协会公告的修订版于1929年问世。《财务报表的检查》依然将重点放在寻求银行信用的企业资产负债表审计上,但是也详细地讨论了损益计算账户和报告手续。在1929年版的序言中还强调了内部控制系统的可靠性:

检查的范围应依各企业的状况而定。有时,审计人员根据必要、或检查在账簿上记录的重要部分、或检查在账簿上反映的所有的经济业务。有时,在内部牵制制度健全的企业,只要实施测试即可。决定审计范围的责任应由审计人员负担。[17]

继1929年公告发行之后,被许多会计师事务所采用的审计证明书发生了变化。新的证明书在措词上强调报告的公允性,没有提及会计账簿的检查和财务报表的"正确性":

我们对ABC 1929年1月1日至12月31日的会计账簿进行了检查。

依我们的意见,可以证明附上的资产负债表和损益表反映了公司1929年12月31日的财务状况和这一时期的经营成果。[18]

三、现代审计检查

对美国审计产生重大影响的最早的法庭判决发生在20世纪20年代。审计人员对委托人的责任是在克雷格(Craig)对安荣(Anyon)事件(1925年)上判决的。[19]巴罗(Barrow)、韦德(Wade)和格思里(Guthrie)会计师事务所在1913—1917年之间对作为经纪人的贝奇公司的会计账簿进行了审查,但是,该事务所没有发现,在五年多的时间里,贝奇公司的一位职员盗窃公司财产达100多万美元。审讯法庭认为注册会计师犯有过失罪,应赔偿原告的损失金额。起诉的结果,是认为审计人员负有粗心过失责任,应将审计费用2 000美元作为赔偿金退还公司。也就是说,通过建立健全的内部控制组织可以避免的那部分损失,贝奇公司不应得到赔偿金。克雷格判决重新肯定了英国以前的事件,并影响到将审计人员对委托人的法律责任应充分限定为:在履行职责时,只要他们行使"合理的关注"即可。

厄尔特拉马里斯事件

在厄尔特拉马里斯公司对塔奇·尼文公司事件(1931年)[20]以前,审计人员对第三者不负任何责任。在不成文法规中,有过失行为的职业会计师一般只能由委托人提出诉讼。由于与企业外部没有签订契约,审计人员只要不进行舞弊,就对第三者不负责任。1924年,塔奇·尼文审查橡胶进口商弗雷德·斯特恩公司以后,公布了无条件审计证明书,而没有发现管理者为了夸大应收账款窜改了账簿记录这一事实。审计人员明知他们会用它来获取信用,却给该公司提供了32张已审过的资产负债表的副本。代理商厄尔特拉马里斯公司根据这些审核过的资产负债表,向斯特恩公司提供了贷款。1925年,当斯特恩公司宣布倒闭时,厄尔特拉马里斯控告审计人员,要求赔偿斯特恩公司的负债金额,其理由是,如果审计人员仔细地进行了审计,就可以判断斯特恩公司在资产负债表编制日无偿债能力。预审判决应用当事人关系的原则,认为审计人员不对任何第三者负责,这次审计人员不构成欺诈罪而只有过失罪,中级法院驳回了舞弊罪状,但恢复了过失罪的裁决。后来,该事件移交纽约法院办理。

法官卡多佐(Cardozo)认为,第三者不能对审计人员追究一般过失责任,只能追究斯特恩公司舞弊的责任。他认为,在重大判决中,法庭可以从重大过失行为推知舞弊行为,这样做,还可以使审计人员对相信审计报告的被害者承担不知道委托人舞弊意图的责任。简单地说,审计人员的过失越大,追溯法律责任的范围愈广。直到今天,审计人员对一般大众的责任与对委托人一样,范围也是较大的。[21]

厄尔特拉马里斯事件使短文式审计报告发生了变化。法庭批评塔奇和尼文没有揭示他的检查范围,尤其没有将审计范围的表明与审计意见的表明区分开来,审计人员对此作出反应,提出了防卫方案。其结果是采用如下审计报告的形式:

我们对 ABC 公司截至 1931 年 12 月 31 日的年度会计账簿进行了检查。我们认为,附添的资产负债表和损益表反映了 1931 年 12 月 31 日该公司的财务状况和截至该日的年度经营成果。[22]

可见,"证明"(Certify)用语被剔除,美国会计师协会强调审计证明是一种意见,而不是一种保证。进一步说,它们是对委托行为的意见,而不是对审计人员行为的意见。会计账簿的检查不是为证明什么而进行的,而仅仅是注意公司的业务内容。审计人员运用审计方面的知识和技能,使他能对管理者编制的财务报表发表专业意见。[23]

会计师协会和证券交易所

松散的会计实务是 1929 年市场崩溃和萧条的原因之一,这种思想导致要求强制审计的热烈讨论。乔治·梅(Georgeo·May)主张,英国公司法中规定的审计人员的权力和责任可以用于弥补美国财务报告的不足。[24]执行的途径在纽约证券交易所。管理证券上市的交易所对美国绝大多数的主要股份公司拥有管理权。20 年代以来,纽约证券交易所要求股份上市公司均应提呈会计报表。这些报表虽然由公司的会计师编制,但促进了独立审计的兴起。从 1930 年开始,证券交易所和美国会计师协会之间,为了改进报告标准进行了讨论,并相互通信、交换意见,持续了三年之久。

以乔治·梅为首的美国会计协会与证券交易所合作的特别委员会(Institute's Special Committee on Co-Operation with Stock Exchanges)没有建立所有公司均应依据的统一会计程序,但以公司披露自己的会计方法,并在每一会计期间连续使用同一会计方法为条件,提出了公司在"认可的会计原则"框架内可以自由地选择自己的会计方法的方案。[25]1933 年 10 月,这些建议为纽约证券交易所认可。早在同年 1 月,该交易所就公告,申请证券上市的公司应提交经独立注册会计师证明的财务报表,而且,每年均必须提交同样的经审计的财务报表。

为了使会计原则成为测定报告公允性的准则,对审计报告进行了修正。新的审计报告书分成两个区段:第一区段是审计范围;第二区段是审计人员的意见。财务报表是管理当局的陈述书,审计人员只承担对它表明自己的判断的责任。为会计师协会推荐一种让所有的注册会计师都使用的报告书格式,这是第一次。所以,任何与认可的表达的偏离,都给读者以可能存在差错的警戒。

我们对ABC公司1933年12月31日的资产负债表和1933年度的损益和盈余计算书进行了检查。与此有关,我们还对公司的会计记录和其他证据进行了检查和测试,并从公司职员和雇员那里,获得了信息和说明。我们也对会计方法和本年度的经营账户和收入账户进行了一般性的审核,但是没有对所有的经济业务进行详细审计。

通过检查我们认为,附上的资产负债表和有关的损益和盈余计算书在本年度中都依据认可的会计原则,适当地反映了1933年12月31日该公司的状况和本年度的经营成果。[26]

证券交易委员会

1933年的证券法(Securities Act)规定,各企业在向各州发行有价证券之前,应向联邦商务委员会进行证券发行登记。而且,在登记之时,应提交并公开经独立的注册会计师证明的财务报表。1934年的证券交易法(Securities Exchange Act)规定,证券在全国性证券交易所上市之前,应进行发行登记,并向为管理法案而设立的行政机构"证券交易委员会"(the Securities and Exchange Commission)提交已审查过的年度财务报表。为了强化厄尔特拉马里斯事件的判决,1934年法案的其他条款规定,由于相信已审查过的财务报表而蒙受损失的投资人拥有起诉该审计人员的权利。审计人员受诉的理由包括重要事实漏记,或不真实的、使人曲解的说明,或审计检查不全面,或在证据不充分情况下表达了意见。与英国的公司法一样,这些新的法案均是政府应对管理者滥用报告职能所采取的对策。但是,美国的法律要求公布更详细的财务数据,其规制效力大得多。证券交易委员会不仅规定了提出的财务报表的形式和内容,而且拥有命令被管理的公司运用簿记方法的权限。

但是,证券交易委员会在执行保护投资者的任务时,有节制地行使着自己的权限,旨在提高独立审计人员的地位。美国会计师协会被允许率先开发会计原则和改善报告手续。比会计职业团体更强有力的管理机关——证券交易委员会确定了他们的地位。证券交易委员会对审计的影响是渐进的。它促使公允性检查、要求披露、重视损益表、促使资产负债表审计的范围扩展到新的领域。审计的注意从银行家转移到股东、从寻求信用的中小企业转移到国家的大型企业。证券交易法只适用于向证券交易委员会登记的公司,然而,其他公司的审计报告和财务报告书除非符合证券交易委员会的标准,否则,将被视为不符合要求。

会计师协会的方法和证券交易委员会的方法在对于审计人员独立性的姿态方面明显地表现出差异。会计师协会将独立性作为心理状态和人格问题加以考察。独立性应在客观、公平的决策上反映出来。美国的注册会计师从不使自己的判断服从于他的委托人的意志。

证券交易委员会不仅关心审计人员的行为,也关心公众对他们的意见。股东的信用在证券市场上是重要的,而且,股东自己往往缺乏解释财务报表的能力,所以,审计人员外表形象与他们的精神状态一样,也是重要的。这些股东不得不信赖审计人员的解释,这就要求审计人员应值得信任。审计人员的许多业务,甚至连任命,都是由公司的董事会决定的,因而难以保持独立性的外观。证券交易委员会规定:如果审计人员与作为委托人的公司存在实质上的利害关系,或者与公司的职员和董事、或者是管理者存在可能无意识地损害自己的客观性的其他关系,则不能认为审计人员具有独立性。一些《会计系列公告》记载了审计人员与他的委托者存在实质上的利害关系的事件和他们的特定关系被认为有可能损害其独立性的模棱两可的事件。[27] 1941 年,会计师协会勉强在道德规范的一般原则中增加了独立性内容。20 年后,在证券交易委员会的压力下,这条规则改写成:审计人员与自己审查的企业不得存在任何财务关系。

1936 年的意见书

美国会计师协会于 1936 年出版了 1917 年关于审计手续的公告的第二次修订版。《由独立的会计师执行的财务报表检查》(Examination of Financial Statements by Independent public Accountants)主要是会计师协会根据与纽约证券交易所交往的信函编著而成的,深受证券交易委员会的影响。现在,财务报表是"为信用目的或作为对股东的年度报告而编制的",废除了资产负债表审计的事项,将损益表和资产负债表摆在相同的地位。[28] 应该认识到与审计程序一样,审计"标准"也是必要的。1936 年的意见书第一次尝试将审计与近代会计理论发展结合起来。A·C·利特尔顿将持续经营概念、一致性、成本基础计价往损益表转移成本比留在资产负债表上的剩余更为重要之类的概念的出现称为建立审计理论的"适当途径"。

但是,1936年的意见书对于后来起决定作用的两个审计程序上的问题,采取了折中的态度。对于审计人员检查存货和应收账款的责任,多年来,一直未取得一致的意见。一部分注册会计师认为,应对应收账款余额,采用直接对有关债务人进行询证的方法;另外一部分会计师认为,如果内部控制健全的话,此举实无必要。同样,许多审计人员主张,应对存货数量进行证明和测试。但是,按英国和美国的传统惯例,应对经管理者签名的存货盘点表给予信誉。其论据是,会计师不是熟练的鉴证人;他们对存货进行实地检查不应留下对存货计价承担责任这样的印象。其结果,1936年的公告建议:不要求对存货进行实地检查;不要求通过信函,对应收账款直接进行询证。

麦克森·罗宾斯事件

1938年初,麦克森·罗宾斯药材公司(Mckesson & Robbins drug company)的债权人米利安·汤普森(Julian Thompson)发现,尽管该公司的制药原料部门是最有盈利性的经营部门,但却对这些盈利部门重新投资,甚至是在没有现金累积的情况下。令人难以理解的,还有账面制药原料存货的保险金额较少。以前的公司董事会决定减少存货额,并要求现任经理菲利普·科斯特(President Philip Coster)也这样做。然而,到1938年来,存货却增加100万美元。满怀疑虑的汤普森在管理者提出表明制药原料存货实际存在的证据之前,拒绝承认300万美元的债券。接着,证券交易委员会开始了调查。

证券交易委员会的检察官发现,菲利普·科斯特是一位有犯罪前科的化名者,协助他的三位兄弟也使用化名,并在公司窃据着业务执行董事的地位。[28]麦克森·罗宾斯公司在国内进行的药品交易是合法的,但与国外进行的制药原料交易则仅仅是书面上的东西。科斯特自称使用公司的资金,从加拿大的5家卖主那里,购进了制药原料,这5家公司在金库里为麦克森·罗宾斯公司保管并不存在的"商品"。然后,科斯特对外国商人进行虚构销售,收取虚构的债务人支付的虚构的应收账款。通过巧妙地伪造会计记录,这种舞弊行为被掩盖起来,发票、订购单、收入传票、发运通知书、提货单、借项贷项通知单、发货计算书、署名的汇总表、银行寄来的计算书、外部供应厂商的询证书、合同、保证书和信用级别等,都是伪造的。在12年时间内,科斯特和他的兄弟从麦克森·罗宾斯公司贪污了290万美元左右的款项。

1939年1月,证券交易委员会就该事件在纽约市召开公众意见听证会。鉴定人证明,审查麦克森·罗宾斯公司的普赖斯·沃特豪斯会计师事务所忠实地依据了会计师协会1936年的声明中论述的审计程序。在1935年以前的检查中,审计人员收集了经公司职员署名的盘存表,1934年以后,他们又收集了由加拿大的供应厂商保管的盘存数量询证表,并对它和订购单进行了测试核对。每年,两名或两名以上的公司职员正式对资产负债表反映的存货状况和数量进行证明。尽管没有通过信函对应收账款进行询证,但对客户账户的贷方记录与现金收入账的记录内容进行了比较,并对制药原料销售的记录和永续盘存记录与给客户的发货单、运输通知单(均是伪造的)进行了测试核查。所以,普赖斯·沃特豪斯会计师事务所也辩护说,审计是依据了当时通行的职业标准。[30]众所周知,管理者串通作弊是难以被发现的,不能期望通过进行资产负债表审计就能把它们揭露出来。无论如何,更广泛的测试本来完全可以发现伪造的追加凭证。

证券交易委员会有保留地表示同意。美国最大的会计事务所在年度检查中按各标准程序进行了审计。一般认为,即便是不适用于揭露舞弊的审计计划,对于记载着900万美元的虚构应收账款和1 000万美元的虚构存货的合并资产负债表,多少应发现一些不正常之处。所以,证券交易委员会得出结论,不仅现存的审计标准不适当,美国会计师的审计方法甚至不能达到表面上的目的。审计人员应把检查范围扩大到会计账簿以外,对资产负债表反映的资产和负债的实际存在情况进行审查。审计人员如果对麦克森·罗宾斯公司的存货进行实地检查,就能发现其舞弊行为。通过直接通信,对应收账款进行询证,必要时对存货数量进行实地观察(包括实地测试)都应成为强制审计程序。当存货在国外时,当地的客户企业可以进行这种实地观察。该委员会建议改变审计报告的形式,提出审计意见书应直接寄给股东,甚至建议应由股东选举产生审计人员。

麦克森·罗宾斯公司的舞弊事件促成了早该进行的关于优先审计事项的讨论。50年间,美国会计师对这一问题从一个极端走到另一个极端,不断改变意见。开始时,试图对受托责任进行详细审计,因不适合地区情况和费用过大而流产。在以后30年间,大部分美国审计一直是危险的、表面化的信用调查。普赖斯·沃特豪斯会计师事务所自愿将50多万美元的审计报酬退回麦克森·罗宾斯公司。这件事明确了没能检查出重大舞弊行为的审计人员所面临的潜在责任的范围。其结果,是导致资产负债表审计和不审查经营活动、而审查会计记录的旧的英国式方法的最终崩溃。希望实际接触公司业务的新倾向是审计责任普遍扩大到流动资产、固定资产、资产负债表和损益表之类的因素。一方面是详细审计,另一方面是资产负债表审计,人们在寻求能使二者达到平衡的新方针,在探索足以向大众提供信息,并保护会计师的全面调查方法,以及不使委托人费用负担过重的经济方法。

1939年1月30日,也就是证券交易委员会就麦克森·罗宾斯事件召开第一次公众意见听证会3周以后,美国会计师协会成立了审计程序特别委员会,其报告书"审计程序的扩展"(Expansion of Auditing procedures)建议,应将实际观察存货数量和直接询证应收账数作为正规的审计技术。如果省略这些检查中的任何一个,应作为例外事项记入审计意见书,该委员会还建议改变标准的审计报告、强调报告的一致性,并根据内部控制系统的检查情况进行审计业务。

我们检查了ABC公司1939年12月31日的资产负债表和该日末会计年度的损益和盈余计算书、检查该公司的内部控制系统和会计程序,没有对每笔经济业务进行详细审计。但按我们认为必要的方法在合适的范围内对公司的会计记录和其他证据进行了检查测试。

依我们的意见,附上的资产负债表和有关的损益和盈余金计算书是按与上年度一致的标准,并依据公认会计原则,公允地反映了1939年12月31日ABC的现状和本会计年度的经营成果。[31]

美国会计师协会理事会承认这些建议以后,审计程序委员会与会计程序委员会平行,作为常设的委员会继续工作。"审计程序的扩展"按相同于会计研究公报的形式,作为40多份的"审计程序说明"第一辑再版,共发行40多万份。

审计标准

1941年,证券交易委员会发表了"会计系列公告第21辑",作为调查麦克森·罗宾斯公司的最终结果,并对财务报表规则S—X作了如下修正:"会计师的审计证明书应表明,是否根据情况,依据可能适用的公认审计标准进

行审计……"[32]美国会计师协会在短文式审计报告的范围区段,增加了下列语句:

> 我们检查是根据公认审计标准进行的,其中包括根据情况,实施了我们认为必要的所有审计程序。

与1933年的审计报告中出现的"认可会计原则"用语一样,这里引用的"审计标准"从本质上看,是虚张声势的。1941年,对于审计标准,并没有取得一致的意见。而且,即便是第二次世界大战以后,也没有对这种标准的确切涵义进行过认真的研究。但是,显然有必要将审计人员的检查标准化,并将财务报表的证明确定为最低限度的业务。

1947年,审计程序委员会发表了题为《审计标准草案——其公认的意义和范围》(Tentative Statement of Auditing Standards—Their Generally Accepted Significance and Scope)的专题报告。它在序言中将审计程序作为"应执行的审计行为",并指出,审计标准就是测量这些应执行的审计行为的质量的尺度,就是在进行审计程序时应达到的目标。[33]该报告为制订审计实施计划、评价内部控制系统,以及在审计人员表明意见以前对审计证据进行批判性评价提供了指南。

1949年,为了满足职业界采用审计标准的要求,审计程序委员会再次对审计报告作了修正:

> 我们检查了ABC公司1949年12月31日的资产负债表和该日结束时会计年度的损益和盈余计算书。我们的检查是根据公认审计标准进行的,其中包括根据情况认为必要的会计记录的测试和其他的审计程序。
>
> 我们认为,附上的资产负债表和损益与盈余计算书是按与上年度一致的标准,并根据公认会计原则,公允地反映了ABC公司1949年12月31日的财务状况和该会计年度的经营成果。

这种格式后来只发生了一点变化,即以用语"留存盈余"(retained earnings)代替了用语"盈余金"(surplus)。[34]

麦克森·罗宾斯事件以来,美国审计发展的一些趋势日趋明朗。对内部控制进行检查现在通常成为审计的出发点,然后以这种检查的结果为基础,决定必要的测试范围。如果抽样表明内部控制系统是可以信赖的,那么,几乎可以省略详细检查。同时,审计人员对内部控制的观念也扩展到企业及其经营活动的全部,以及管理政策的诸问题。审计人员通过选择对会计制度有着直接影响的内部控制进行评估,发现自己处在诊断和建议委托公司解决经营问题的极好地位。为管理服务的现代概念就是在这样的环境中问世的。R·吉恩布朗认为,从这种大的意义上评价内部控制,将是判断财务报表公允性的主要手段。[35]未来的审计人员将重视系统控制技术,进一步减少花在检查历史会计记录上的时间。

过去30年间的审计历史与财务会计一样,是以探索可以使审计程序合理化的诸多原则为特征的。[36]不应惊奇的是,对会计理论的批评同样适用于审计标准。经审查的财务报表在企业内部或公司之间仍然是无法比较的。选择不必要的、甚至矛盾的会计方法被过多地容忍了。批评家们对许多审计理论是为方便审计人员而设计的这一事实提出了指责。审计理论的稀少性使审计人员难以吸收新技术,其结果,是诸如电子数据处理和统计抽样之类的革命性发展,几年间主要用在执行传统的审计项目上。麦克森·罗宾斯公司的舞弊事件,将审计人员的作用及其证明职能的范围告诉给了审计报告的读者,从而促进了审计标准的发展。对"诉讼爆发"的研究表明,一般大众最近对审计的义务和责任的意识急速增强,而审计人员却继续将自己的职能限定在与老一辈同样的范围内。[37]

四、法律责任的危机

由于时间的约束和舞弊与公允性的矛盾性,审计人员主张,他们固然有责任进行测试,以发现舞弊行为,但如果没能把它们揭发出来,也不承担法律责任。[38]过去,法庭基本上同意这一观点。但是,在检察官的争论和最近陪审团的判决中看到的公众的意见是,揭露舞弊行为是聘请审计人员的主要原因,因而是审计人员的首要责任。[39]

厄里特拉马里斯案判决以后数年,审计人员承认对委托人承担过失责任,但只有在存在重大过失或舞弊行为时才对第三者负责。但最近发生的一系列事件使会计师对当事人关系的辩解,蒙上了阴影。在巴·克里斯(Bar Chris)事件、韦斯特克(Westec)事件和耶尔·埃克斯普雷斯(Yale Express)事件中,与审计人员没有契约关系的第三者就站在原告方。在证券交易委员会的听证会和法庭上,第三者提出的过失诉讼大获全胜。

在不成文法下,职业人员当然要遵守人们所希望的行为标准。20世纪60年代以前,任何被证明依据了美国注册会计师协会的标准的审计人员都一直得到法律的有力保护。[40]但最近发生的事件确立了这样一种思想,即:即便会计师根据全部的公认审计标准和审计程序进行审计,如果股东和其他人对他提出的财务报表产生了误解,那么,股东和其他人照样可以对会计师提起诉讼。

由于会计职业的标准高于不成文法的标准,所以,传统的辩护也是有效的。应制订规则让会计师职业经常遵守。在最近的判决中,法庭指出,审计人员负有比自己表达的标准更高的社会责任,而且,审计人员除委托人的财务资料以外,还应注意到一般公众(投资人和债权人)的利害状况。由外行组成的法官和陪审员不仅看到了审计人员检查账簿的方法的缺陷,并且还承担了制订审计标准的领导任务。他们甚至一直在解释会计准则并对其合法性作出裁决。

在早期大多数事件中,一般公众都是指控会计师没有发现滥用职权或舞弊行为。在最近的事件中,又经常指控他们没有公布已被他们发现的全部事项。

大陆自动售货机公司案件

在判决中最为人知的是将大陆自动售货机公司的审计人员卷进去的、70年来最早判决大型会计师事务所有罪的事件。[41]大陆自动售货机公司的经理哈罗德·罗恩(Harold Roth)拥有公司25%的股票。在1958—1962年之间,他从大陆自动售货机公司贷款给名为"瓦利商业公司"的子公司,然后,他又借用该子公司的资金,用于他个人的市场交易。在1962年对大陆自动售货机公司进行审计时,罗恩经理通知审计人员,称由于自己无力偿还瓦利公司的借款。瓦利公司也无法归还大陆自动售货机公司的借款。他同意将自己的所有证券移作瓦利公司对大陆公司350万美元负债的附属担保品。审计人员遂决定,如果这样做的话,就没有必要再对瓦利公司的会计账簿进行审查,因为这些会计账簿已由其他会计事务所定期进行了审查。对瓦利公司的贷款,用附注在大陆自动售货机公司资产负债表上作了表示,但是,该附注没有表明,用于保证瓦利公司债务的附属担保品80%是由大陆公司自己的有价证券构成的,而且,在审计报告编制日,它们的价值只有290万美元。可见,附注实际上表明,对瓦利公司的担保债权是按比瓦利公司对大陆公司的纯负债额要大的市价,对所有有价证券进行背书的(大陆公司对瓦利公司还有大约100万美元的负债)。对该财务报表加以证明后不久,大陆自动售货机公司提出了破产的申请。

联邦政府指控审计人员与经理同谋,提出虚假的财务报表,并利用邮件进行欺骗。审计人员的主要辩护理由是,他们依据了公认会计原则和审计标准,其中并没有包括公开贷款附属担保品的性质和检查已聘请其他审计人员的分公司的账簿这样的特定义务。检察官认为,审计人员应调查瓦利商业公司的业务内容;没有这样做,是大陆公司伪造1962年度资产负债表的原因。人们对审计人员是根据职业标准进行审计的这一点没有争议,只是认为他们根据的并不充分。"公认审计标准说明的只是审计工作最低限度的要求,而不能推断即是审计人员在各具体审计工作环境下必须做到的一切。"[42]法官曼斯菲尔德(Mansfield)指出:即使证明审计工作是依据审计标准进行的,"也不能确认被告具有善良的信念和意图,而且,即使被告的审计行为是依据这样的标准和原则进行的,也不是必然地或自动地就构成辩护的全部理由"。[43]在审理的最后,该法官又发言指出:"会计职业应很好地修订会计原则和审计标准。"[44]1968年6月,也就是第一次审理以后,1名审计经理和2名合伙人被判有罪,并课以罚款。上诉到最高法院,但被拒绝复审。

大陆自动售货机公司的判决造成了应扩展审计检查范围的压力,这也许就是政府追究舞弊罪的动机。事实上,这一判决表明,会计职业被控告没有修订各项规则,以满足变化着的一般公众的需要。美国注册会计师协会将这一审计标准视为对自己权威的挑战,从而提出了"代表全体会计职业的备忘录《法庭建议人》"(译者注:协助法庭解释某些法律问题的人)(amicus Curiae)。[45]它的主题是,审计标准是公众揭示、争论和证明在实务中有益的并经审计人员广泛接受的诸概念的结晶。标准的存在是由于职业实践的支持。它们不是逻辑上必须履行的规则和自然法,也不是可以在陪审室里制订出来的。只有由会计团体集大成,才能秩序井然地得到实施。

五、结 论

对责任危机的一个可能反应,是审计人员到历史成本、客观性、一致性和稳健性的传统框架里去寻求出路。法庭和证券交易委员会的诉讼可以视为想使这一解决办法难以实行。另一种方法是扩大证明的职能,去满足有关要求。从最近的法庭判决可见,注册会计师并没有充分地发挥作为历史财务报表的证明者的作用。只有充分地认识到这一点,会计职业才能周而复始,从十九世纪的会计多面手,经过集中的审计专业化阶段,进入以经营审计和辅助管理业务为中心的新时代,会计师又重新回到了同时办理多种业务的职业概念。但是,审计较之它帮助创造出来的作用,其重要性可能要小一些。

注 释

[1] James Don Edwards, History of Public Accounting in the United States (East Lansing: Michigan State University, 1961), pp. 48-51.

[2] Walter A. Staub, Auditing Developments During the Present Century (Cambridge, Mass.: Harvard University Press, 1942), pp. 9-10.

[3] Robert H. Montgomery, Auditing Theory and Practice, 1st ed. (New York: Ronald Press Company, 1912), P. 258.

[4] Robert H. Montgomery, Fifty Years of Accountancy (Privately Printed by the Ronald Press Company, 1939), p. 18.

[5] Ibid., p. 316.

[6] A. C. Litteton and V. K. Zimmerman, Accounting Theory: Continuity and Change (Englewood Cliffs, N. J.: Prentice-Hall, 1962), pp. 110-111.

[7] Ibid., p. 115.

[8] Eldon S. Hendriksen, Accounting Theory, rev. ed (Homewood, Ill.: Rich and D. Irwin, 1970), p. 62.

[9] C. A. Moyer, "Early Developments in American Auditing", Accounting Review 26 (January 1951), 3-8.

[10] R. Gene Brown, "Changing Audit Objectives and Techniques", Accounting Review 37 (October 1962), 699-700.

[11] Ibid., p. 696.

[12] M. E. Peloubet,"The Historical Development of Accounting", in Morton Backer, ed., The Handbook of Modern Accounting Theory (Englewood Cliffs, N. J.: Prentice-Hall, 1955), p. 19.

[13] G. Cochrane,"The Auditor's Report. Its Evolution in the U. S. A"., Accountant 123 (November 4, 1950), 449-450.

[14] For example, see Edwards, op. cit., pp. 90-92; John L. Carey, The Rise of the Accounting Profession, vol. 1 (New York: American Institute of cp As, 1969), pp. 28-29.

[15] J. M. B. Hoxsey, "Accounting for Investors", Journal of Accountancy 50 (October 1930), 251-284.

[16] William Z. Ripley, "Stop, Look, Listen!" t Atlantic Monthly 180 (September 1926), 380.

[17] Verification of Financial Statements (Washington, D. C. U. S. Government Printing Office, 1929). Reprinted in The Journal of Accountancy 47 (May 1929), 323-324.

[18] Cochrane, op. cit., p. 450.

[19] Craig v. Anyon, 212 App. Div. 55, 208 N. Y. Supp. 259 aff'd 242 N. Y. 569, 152 N. E. 431 (1926).

[20] Ultramares Corporation v. Touche, Niven & Company, 255 N. Y. 170; 174 N. E. 441 (1931).

[21] Wayne A. Label, "The Accountant's Legal Liability: Its Impact Upon the Profession", (Unpublished Ph. D. Dissertation, University of California, Los Angeles, 1971), p. 123.

[22] Cochcane, op. cit., p. 451.

[23] Littleton and Zimmerman, op. cit. p. 119.

[24] George O. May,"Corporate Publicity and the Auditor", Journal of Accountancy 42 (November 1926), 321-326.

[25] See George O. May, Twenty-Five Years of Accounting Responsibility, 1911—1936 (New York: American Institute of Accountants, 1936), pp. 11-20.

[26] Cochrane, op. cit., p. 453.

[27] SEC Accounting Series Release No. 2 (1937); SEC Accounting Series No. 47 (1944).

[28] Examination of Financial Statements by Independant Public Accountants (New York: American Institute of Accountants, 1936), p. 4.

[29] Philip Coster (Philip N. Musica), who had previously been convicted of commercial fraud carried out in collusion with his brothers, committed suicide during the investigation.

[30] C. W. DeMond, Price, Waterhouse and company in America (New York: Comet Press, 1951), p. 273; quoted in Edwardt, op. cit. , pp. 166-167.

[31] Cochrane, op. cit. , pp. 455-456.

[32] SEC Accounting Series Release No. 21 (1941), p. 39.

[33] Tentative Statements of Auditing Standards-Their Generally Accepted Significance and Scope (New York: American Institute of Accountants, 1947), p. 9.

[34] Cochrane, op. cit. , p. 456.

[35] Brown, op, cit, , p. 703.

[36] See R. K. Mautz and Hussein A. Sharaf, the Philosophy of Auditing, American Accounting Association Monograph No. 6 (Menasha, Wisconsin: American Accounting Association, 1961).

[37] Label, op. cit. , p. 39.

[38] American Institute of CPAs, Codification of Statements on Auditing procedure (New York: AICPA, 1951), pp. 11-12.

[39] Lalel, op. cit. , p. 39.

[40] Ibid. , p. 69.

[41] The United States of America v. Carl Simon, et. al. , U. S. Dist. Ct. S. D. N. Y. Docket No. 66, Crim. 831(1968).

[42] Charge of the Court, United States of America v. Carl Simon, et. al. , New York, June 20, 1968, p. 39.

[43] Ibid. , p. 15.

[44] The Wall Street Journal, Friday, September 27, 1968, p. 5.

[45] Memorandum of American Institute of Cretified Public Accountants, Amlcus Curice, in USA V. Simon, et. al. , August 23, 1968. Reprinted in The Journal of Accountancy 126 (November 1968), 54-64.

主要参考文献

Boutell, W. S. Auditing with the Computer. Berkeley and Los Angeles: University of Califormia Press, 1965, 46-59.

Brown, R. Gene. "Changing Andit Objectives and Techniques". Accounting Review 37 (October, 1962), 696-703.

Carey, John L. The Rise of the Accounting Profession (2 vols.). New York: AICPA, 1969-1970.

Cochrane, George. "The Auditor's. Report. Its Evolution in the U. S. A". Accountant 123 (November 4, 1950), 448-60.

DeMond, C. W. Price, Waterhouse and Company in America. New York: Comet Press, 1951.

Dicksee, Lawrence R. Auditing. R. H. Montgomery, ed. Authorized American edition. New; 1905. Reprinted by Arno Press, New York,1976.

Earl, Victor M. "The Litigation Explosion". Journal of Accountancy 129 (Marc2, 1970), 65-67.

Edwards, James Don. History of Public Accounting in the United State. East Lansing: Michigan State University, 1961.

Gassmann, Rosa-Elizabeth. "Survey of the Development of Auditing in Germany". Academy of Accounting Historians Working Paper No. 4. University, Alabama: Academy of Accounting Historians, 1974.

Johnson, J. T., and Brasseaux, J. H., eds. Readings in Auditing, 2nd ed. Cincinnati: Southwestern Publishing Company, 1965.

Levy, Saul. Accuntants' Legal responsibility. New York: American Institute of Accountants, 1954.

Littleton, A. C., and Zimmerman, V. K. Accounting Theory. Continuity and Change. Englewood Cliffs, N. J.: Prentice-Hall, 1962, chap. five..

Mautz, R. K., and Sharaf, Hussein A. The Philosophy of Auditing. American Accounting Association Monograph Number 6. Menasha, Wisc: American Accounting Association, 1961.

May, George O. Financial Accounting-A Distillation of Experience. New York: Macmillan, 1946. Reprinted by Scholars Book Company, Houston.

— George Oliver May: Twenty-Five Years of Accounting Responsibility, 1911-1936. Bishop Carcton Hunt, ed. New York: Price, Waterhouse, 1936. Reprinted by Scholars Book Company, Lawrence, Kansas, 1971.

Montgomery, Robert H. Auditing Theory and Practice. New York: Ronald Press Company, 1912. Reprinted by Arno Press, New York, 1976.

— Fifty Years of Accountancy. Privately Printed by the Ronald Press Company, 1939. Chapters one and two.

Moyer, C. A. "Early Developments in American Auditing". Accounting Review 26

(January, 1951), 3-8.

Rappaport, Louis H. SEC. Accounting Practice and Procedure, 2d ed. New York: Ronald Press Company, 1963.

Rich, Wiley D. Legal Responsibilities and Rights of Public Accountants. New York: American Institute Publishing Company, 1935.

Staub, Walter A. Auditing Developments During the Present Century. Cambridge, Mass.: Harvard University Press, 1942.

（许刚 译 文硕 校）

第十一章　会计职业的发展

意大利是现代簿记的发祥地,也是第一个职业会计师协会的诞生地。最早的会计团体是 1581 年创立的威尼斯会计师协会(Collegio dei Rexonati, College of accountants)。会员申请者首先应从市长那里获取资格证书。然后,要求他在会计师事务所从事实务补习 6 年,通常,年龄为18~24 岁,24 岁是加入协会的最低年龄。在取得参加入会考试的资格之前,志愿者应从市长那里再取得一张证明自己已符合法律要求的证书,并从接受他补习实务的会计师那里取得一张能力证书。接着,由 45 名主考人(其中包括 30 名会计师)组成的考试委员会对他进行面试。如果 2/3 的主考委员认为他有资格参加考试,他就要口头解答由抽签决定的两个问题。要通过考试,则需要得到 2/3 的主考委员的认可。尔后,志愿者应接受由会计主管和 5 名有学问的商人举行的类似的考试。只有得到 3/4 赞同票,他才会取得加入会计师协会的证书,事实上,这张证书就是挂牌开业的许可证。到 1669 年,该协会成为一个相当有权威的机构,威尼斯人如果不是该协会的会员,就不得从事与公众事务和法律有关的会计业务。[1]

1739 年,米兰的职业会计师创立了一个类似的组织。入会的必要条件包括:精通商业,经济学和公务;拥有拉丁语和算术方面的知识;5 年的实务补习期;年龄达到 25 岁;正式的会计考试及格。米兰的会计协会不同于受政府支持的威尼斯协会,它纯粹是民间团体,所以,该协会会员从来没有垄断过会计业务。1742 年,市政府对会计工作制订了统一的收费标准。如果会计师的收费标准高于或低于该法定标准,他就要被剥夺从事会计业务的资格。在意大利各地涌现了与威尼斯和米兰一样的会计协会,在 19 世纪以前,意大利各城市均通过法律规定不是经认可的协会的会员,不得作为会计师挂牌营业。[2]

这些早期的会计协会对英国和美国会计职业的发展几乎没有影响,它们只是作为会计团体的愿望而被人们关注。它们后来之所以被称为专业化的榜样,是始自人们认识到会计数据的必要性,其结果,是使政府对某些会计职能进行规定,并试图通过法律,鼓励创立职业会计师团体。会计职业对其社会责任的承认,就是授予特许证、通过制定入会标准去区分合格者和不合格者、制定旨在提高专业水平的培训计划、制定维持会员间内聚力的道德准则等。其他职业几乎同时也得到发展,[3]但会计职业没有获得医学行业和法律行业那样的地位。美国和英国的会计协会能够将统一的标准强加给所有的职业会计师,没能对会员加强教育,也没能排除未得到特许证者的竞争。他们的地位在职业团体中是不稳定的,所以,尽管他们进行各种努力,但在以公众的理解和信任为重要因素的社会里,其效果还是有限的。

一、英格兰和苏格兰

18世纪的会计师与巴比伦的记录官一样,拥有许多职能。事实上,他们的任务的多样性和各方面技能的复杂性,乃是会计工作成为一门职业的主要障碍。任何一个登记会计记录的人都被认为是会计师,都可以认为自己是会计师。"商人兼会计师"和"会计师兼代理商"是普通使用的头衔。大多数会计业务是法律业务的副业,是在律师事务所里进行的。还有一些自称是会计师的人在政府和法庭任职。在这样的情况下,其公正无私和个人的诚实性比簿记技术更加重要。会计师的公众业务呈现出与企业生存方面的特殊事项有关的倾向。所以,他们是评价人、财产管理人、保险统计人、破产管财人和解散公司的清算人。在1773年爱丁堡市职业名录里记载着7名会计师的姓名,第二年增至17名。1776年,伦敦第一次出现了会计师的名称。1800年以前,在英格兰和苏格兰大约有600名会计师,其中绝大多数是将会计业务作为更具盈利性行业(如拍卖商、租金收集人和代客买卖证券业务)的副业加以实施的。[4] A·C·利特尔顿教授曾断言,在当时的英国并不存在会计职业。[5]

19世纪工商业的急速发展是会计职业出现的必要条件,但不是充分条件。职业的一致性也要求少数需要技能的工作专业化并受到承认。这样的工作是重要的,它不仅包括为各企业家办理传统的记账业务,也包括公认的为公众服务的职能。既幸运又不幸的是,当时经济的动乱成为充分满足这一要求的原因。英国的会计职业是"通过破产诞生,由疏忽和舞弊哺育,与清算共同成长,然后通过审计而确立的"[6]。

审计和清算

会计调查成为对财务灾难的传统反应。1720年的南海泡沫事件导致查尔斯·斯内尔对索布里奇公司进行审计。1777年,当美国独立战争将格拉斯哥的商人们抛进破产的波涛中时,会计师们被任命为债权人的破产管财人。[7]接着,1793年经济危机的来临,导致20多家银行破产,会计师又被授权去收拾这些事务。对公司发起人和董事的舞弊行为采取防卫措施的必要性使公司法增设了有关审计的条款。在19世纪40年代的"铁道狂"期间,《公司条款联合法案》(Companies' lauses Consolidations Act)规定:铁路公司应任命股东担任审计人员,并详细指出,他们可以聘请职业会计师协助执行审计业务。这些会计师是股东的代表,他们独立于管理者,被认为处于准司法官的地位。

1862年的公司法以"会计师的支持者"而闻名。[8]由于要求红利只能从收益中支付,这就使熟练的会计师的服务绝对必要。审计人员不再必须是股东,他们检查和报告的义务被明确公布出来。而且,1862年的公司法确定了负责整理破产公司的法定清算人的地位,这项工作通常由职业会计师办理。在该公司法下第一次重要的清算是奥弗伦·格尼股份有限公司破产后的清算。该公司是由于1866年的经济危机,与四家大银行一起倒闭的。1878年格拉斯哥市银行的破产,使人们对会计师关心起来,当时,拉格斯哥的主要职业会计师在其他人为检查方或被告方证明之时,便挑起了清算的重担。1879年通过的公司法要求对金融机构进行年度审计,并将它作为享受建立股份有限公司特权的交换条件。

破产法

据H·A·香农(H·A·Shannon)估计,在1856—1883年之间设立的所有的英国公司中,30%多已宣告破产,其中大部分是创立以后不到六年时间就倒闭的。[9]经营不景气像机器一样一次又一次地定期发生。英国政府通过制订一系列的破产法,对这些经济危机和随之而来的企业倒闭高潮作出了反应。[10]19世纪制订的法案,甚至包括公司法,好像还没有像破产法那样,为会计师规定了这么多的工作。这些法案中关于委托管理的条款虽被多次修改,但都要求:为了保护破产人的利益,为了使资产不被隐瞒和贪污,以保护债权人,应任命负责管理倒闭财产的管财人。

1825年的破产法规定,为了管理破产人的财产,应任命破产管财人。1831年的破产法设置了破产法庭,并授予大法官挑选30名以内的法定管财者的权限。这些法定管财人包括商人、金融家、会计师或贸易商。这是英国政府第一次重视会计师。其原因是:只有对债务人的会计账簿进行追踪调查,一直查到他尚有支付能力时才能发现破产原因,而会计师正好特别适合担任这项工作。1849年的破产法通过要求所有的破产人应向法定管财人提出会计账簿,并帮助法定管财人编制财务状况报告书,授予会计师一项特有的任务。破产人还应按法院的指示,提出资产负债表和会计账簿,并就它们的真实性进行宣誓。能否在破产法庭上通过最终审理,应依法定管财人关于账簿正确性的报告令人满意的程度如何而定。希望解除责任的债务人为了使自己的资产负债表和不足金计算书通过检查,一般都聘请会计师进行证明。债权人反对破产处理,因而聘请自己的会计师对破产人向法庭提出的计算书进行调查,这种做法也是精明的。[10]

1861年的破产法废除了官方选定的管财人的地位,将债务人的财产交托给债权人选出的管财人管理。这些管财人通常愿意对破产程序进行彻底的清算,现在,他们拥有不受法庭调停,经妥协就可以分配倒闭资产的权限。在1869年的破产法下,会计师不仅估价和管理倒闭的财产,而且代表债权人,对破产企业进行清算。这样,许多不称职者开始自称会计师去承担这项工作,致使"在该法律公布后数年内,会计师人数增加了两倍"。[12]所以,为了帮助公众从这些投机者中识别出可以胜任的职业会计师,有必要创立经政府批准的全国性的会计职业组织。

会计职业团体

苏格兰会计职业的发展早于英格兰。部分原因是,苏格兰有允许会计师处理某些受托业务的传统,而这些业务在英格兰则是由法庭任命的官吏去完成的。英国的第一个会计师组织是创立于1853年的爱丁堡会计师协会。1854年，该协会被授予皇家特许证，允许它的会员号称"特许会计师"。1855年，格拉斯哥会计师和保险统计员协会获得同样的特许证。1867年，阿伯丁会计师协会创立，同年被授予特许证。地域性会计师协会在伦敦（伦敦会计师协会，1870年）、利物浦（利物浦会计师联合会，1870年）、曼彻斯特（曼彻斯特会计师协会，1871年）和谢菲尔德（谢菲尔德会计师协会，1877年）等地相继设立。数年内，伦敦会计师协会的会员可以在联合王国所有地方挂牌开业，遂将"伦敦会计师协会"改为"会计师协会"。1880年3月，英国五大会计师协会联合组成"英格兰和威尔士特许会计师协会"。该新协会最初只有会员527名，至1881年2月，会员增至1025名。[13]

使职业团体处于进退两难境地的是，如果不让每个开业者都加入协会，一些人就会创建自己的团体，与会计师协会竞争；如果接受所有的人成为会员，创立协会的主要目的，就将落空。所以，英格兰和威尔士特许会计师协会作为英国唯一的会计师协会而存在的时间是短暂的。仅仅在19世纪80年代，就有4个新的会计师团体在英国相继创立，由于每一个协会的发起人不经考试，就可成为会员，那些被特许会计师协会拒绝入会或忽略的人当然试图通过建立自己的组织，来保护他们的竞争地位。而且，对会计业务的不断需求，也为许多没有加入协会的人，提供了谋生之路，从而产生了许多实际上只有秘书技能的特别的"会计师"。

从1879年1月1日起已连续5年从事会计业务的会计，才能被特许会计师协会授予"正式特许会计"（简称FCA）的称号，而对没有获得特许证，但公开执业已3年或受聘担任公共会计员已5年的人，则成为协会的"非正式特许会计"（简称ACA）。最初注册以后，会计师协会会员的申请者还必须通过一系列的考试，并在特许会计师的事务所里，接受5年专职的事务培训。这些"实务补习者"没有薪水。实际上，特许会计师都会收到实务补习者250～2 500美元的谢礼，这些谢礼是对特许会计师给他们在事务所工作的特权的报答。[14]

从1882年7月开始，会计师协会会员的申请者需要通过三次考试，其考试科目是：

第一次考试——
书写，短小的英语作文，算术，代数，欧几里得几何学，地理，英国史，初级拉丁语。选修科目：任选下列中的两个科目——拉丁语，希腊语，法语，德语，物理，化学，动物生理学，电气学，磁学，地质学，高等数学。

第二次考试——

簿记,会计学,审计学,合伙会计和遗产管理会计的调整,受托管理者的权利和义务,清算和破产管财人。

最终考试——

除对第二次考试中的各科目进一步提问以外,还应考试:破产法原理,股份公司,商业实务,仲裁和判决。[15]

苏格兰的会计师协会的考试包括大体相同的内容。但考试科目的范围要广一些。[16]

要准备这样的考试,显然要求应不满足于在会计师事务所接受培训。不过,英国大多数会计师协会都位于没有大学的商业中心,所以,对实务补习者的专业教育只能依靠会计职业自身的努力。[17]这些最早反映在会计期刊的增加上,尤其是对审的兴趣不断增加。[18]1874年创刊的《会计师》(The Accountant)杂志成为英国特许会计师的代言,苏格兰三个会计师协会于1897年创办了《会计师杂志》(The Accountants' Maqazin)。皮克斯利和狄克西编著的审计教科书,为审计方法奠定了学术的和概念的基础。1883年,《会计师学生杂志》(Accountant Student's Journal)创刊。在爱丁堡(1886年)和伦敦(1890年)创立的学生协会倡导为实务补习生授课和辩论。1893年,该会计师协会在伦敦建造了自己的图书馆。

英国会计师人数在1840—1870年之间几乎增加了四倍,[19]会计师业务也愈来愈多样化,到1990年,职业会计师逐渐专业化到对特定的业务形态进行审计,甚至专业化到审查特种公司。这一时期会计职业的发展,在西欧各地有着基本相同的发展过程[20]。政府关于公司与投资人和债权人关系的法案要求会计师之间应有职业的一致性,这是因为它要求会计师应以社会的责任感去实现其为公众服务的职能。随着英国进入各种重要技术获得职业地位的最后阶段,会计的重要性开始为人们所认识,但还没有声望。看来那些选择从事古老的职业的人,对会计职业还是不太感兴趣的。[21]

二、美 国

19世纪末,英国的会计师频繁地访问美国,对那里的铁路、酿酒厂的会计账簿和自己客户投资的其他财产进行调查,这些会计师的到来与美国财政的主要发展是同时进行的,企业开始合并,并向公众出售有价证券。合并运动的不断扩大,导致对审计人员的需求。联邦政府开始关注经济法规,所得税成为不可避免的了。现在的八大会计师事务所中有四家是由移居美国的英团的特许会计师创办的。普赖斯沃特豪斯会计公司的成员早在1873年就在美国开始活动,1890年,该公司在美国开设了第一个事务所。苏格兰的会计师,如詹姆斯·马威克(James Marwick)、约翰·B·尼文(John B. Niven)和亚瑟·杨(Arthur Young)也在美国创办了自己的事务所。美国在许多方面正重复着英国的经验这一事实,使英国的会计师在与仍然忙于簿记工作和低水平的辅助管理业务的美国职业会计师的竞争中,处于非常有利的地位。[22]英国的会计师在美国创建了最早的全国性的会计师事务所,他们积极推进职业团体的概念。在美国几乎没有会计文献的时代,他们用英国的综合审计技术,培训美国的职员。可以说,美国的会计职业主要是建立在英国人的基础之上的。

职业团体

第一个追求全国影响的职业会计师团体,是创办于1886年的美国公共会计师协会。尽管该协会采用了与英国会计师协会一样的章程,并提倡按最快变现的顺序排列资产负债表的规则,但仍然没有跳出低级模仿英国会计师协会的圈子。其部分原因是缺乏像英国那样能促进公共会计发展,并使之成为中心的关于审计和破产的联邦法案。英国会计师协会成立时会员超过500人,而该协会创立时才31人。10年后,仅增至45人,绝大部分都居住在纽约市区。[23]在这样的状况下,人们要衡量严格的入会标准的优点和与竞争团体争取基本会员的必要性,所以,该协会不要求一定要经过考试才能成为会员,从来没有制订过关于实务补习或教育的实施计划,会员甚至没有可以证明其地位的专用称号。美国的会计职业还没有强大到足以确定自己的垄断地位。

1896年,纽约州通过了第一个公共会计师法,该法规定,对有资格的会计师,应授予注册会计师(CPA)称号。以后25年间,用这种形式授予执业证的方法被推广到全国。这样就从法律方面承认了使用称号的权利,但注册会计师证书既不是经过一定的学习而得到的地位,也不是授予会计师以垄断会计业务所有领域的权利。显然各州的州法对会计师职业进行认可致使不可能制订统一的联邦法案,而且,实务的标准化与会计师协会自己可以向会员授予特许证的英国比较起来显然要困难一些。美国48个州的立法机关还遇到一个棘手的问题。也就是说,各州为了执业证和相互的利益,各自制订了规定。美国注册会计师协会的创立者们希望创办一个可以管理会计职业的全国性组织。但是,注册会计师法案通过以后,该协会实际上成为各自治州的协会的联合,这就表明,不可能强制实施道德标准和技术标准。

1916年,美国公共会计师协会成为美国会计师协会。这一新组织并不希望替代各州的会计师协会,或提出优于注册会计师执业证的资格认定格式。但是,通过制定一致的入会标准和行动标准,并摆脱法规的影响,就可以提高全国的会计师作为同一职业从事者的意识。正式会员应作为执业会计师或合伙人连续从事会计业务5年以上,并通过笔试和口试。没有投票权的准会员只要就自己的教育、培训和会计经验提出"满意的"证据,并通过考试即可。美国会计师协会创办年的年末,已拥有正式会员1 100名、准会员120名。在当时的美国,注册会计师只有3 300名左右,[24]在该协会注册的,并不限于注册会计师。这个新团体的目的之一,是将那些达不到各州注册会计师协会资格条款要求的公共会计师组织起来。由于对该协会和其他协会的方针不满,1921年美国注册会计师公会建立,直到16年后,美国会计师协会限定它的会员只能是注册会计师时,两大职业会计师团体才最终团结起来。

1917年,美国会计师协会的考试委员会开始实施"统一的"注册会计师考试,数年内,几乎所有的州都采用了这样的考试制度。限制公共会计业务的努力,是不太成功的。1924年,俄克拉何马会计法(1917年)(Oklahoma Accountancy Act)限制注册会计业务的条款被判决为是违反宪法的。绝大多数州只将使用"注册会计师"称号的人限定在领有执照的人身上,但又制订了无论谁均可行使注册会计师职能的"容忍"法。一系列的法庭审议确定了各州限制注册会计师和未经认可的法册会计师办理公共会计业务的权限,许多这样的"规制"法在20世纪相继问世。无法判断这些法规是否提高了专业水平,但其明显的结果是创造了不同的和相互敌对的会计师阶层,即通过考试取得执业证的注册会计师、公共会计师、特许公共会计师和其他的会计师。一般而言,这一时代的会计法规要落后于会计职业自身在提高新的会计师的合格性和改善公众对其会员的印象方面的努力。[25]

美国是最早将会计学作为有价值的学问纳入大学课程的国家。[26]1883年,宾夕法尼亚大学的沃顿学院率先开设了会计学课程。1900年以前,美国12所大学在课程表中增设了会计学课程,1910年增至52所,1916年增至116所。1920年以前,绝大多数大型大学为专修会计学的学生授予了经营管理学学位。[27]随着大学教育成为准备考试的正规手段,许多被认为没有经过长期实务补习的人也可以容易地进入会计职业。更重要的是,在会计职业的形成阶段,职业会计师与大学建立了有力的联系。大学产生了一批志同道合的会计理论家,这些在其他国家看不到的理论确定了会计实务的概念基础。1916年,会计学家们创立了美国大学会计教师协会,后来改称为美国会计学会,1926年创办了《会计评论》杂志。

行为标准

自我制约是所有的职业团体的特征之一,所以,通过职业团体行为规则的演进,也可以追溯美国会计职业的发展。根据会计原则确定技术标准,以缩小实务上的差别的尝试,如果事先不对行为标准取得一致的意见,恐怕就会失败。会计职业内权限的分工,意味着存在不同的会计道德的来源。这些来源是:美国会计师协会、各州的注册会计师协会会计委员会和后来的证券交易委员会。有的会计师受其中的一个约束,有的同时受几个的约束,有的则不受任何一个的约束。人们经常抱怨的是领有执照和属于会计团体的会计师自己将自己推向不利的竞争地位。但是,这些规则都很相似,所以,只将美国会计师协会作为代表即可。

最早的行为规则强调职业的同一性和已建立的会计职业的团体意识的创造。美国注册会计师协会的章程(1889年)禁止会员平分审计报酬,禁止本协会会员以外的人打着它们的招牌从事会计业务。1905年《会计杂志》创刊以后,人们对那些使一般公众将会计师误认作门外汉的会计实践表示了担心。1907年,美国会计师协会通过了三个附加的规则,即:(1)会员不得从事与公共会计师不相容的业务;(2)会员不得对不是会计师的人进行的业务进行证明;(3)会员如果没有取得州授予的执业证,不得使用"注册会计师"(CPA)称号。[28]

但是,外国观察家认为,根本不存在针对美国会计业务的限制。[29]会计师们在报纸上刊登广告,为相互竞争工作而投标,提出报酬的估计数。1916年创立美国会计师协会的原因是:以各州会计师协会会员为会员的美国公共会计师协会以代理人的身份将会规强加给各州的尝试以失败而告终。1917年,美国会计师协会的理事会通过了下列八项规则:

1. 保证会计师事务所如果其所有的合伙人不是协会会员,就不得称自己是"美国会计师协会会员";

2. 会员不得故意对反映事实严重失实的财务报表或严重漏记的财务报表进行证明;

3. 会员不得让其他的非合伙人、雇员或协会会员以自己名义进行会计业务;

4. 会员不得与外行分享佣金,不得接受要托佣金;

5. 会员不得从事与自己的会计业务相矛盾或不一致的任何活动;

6. 会员除非在自己的监督下,或者由自己的合伙人、雇员、协会会员进行了审计,或者由外国的相同的协会会员进行了审计,不得对财务报表表明意见;

7. 会员不得不通知协会,就努力参与制定和修改将对会计实务产生影响的法律;

8. 会员不得恳求委托人,或侵犯其他协会会员的业务。[30]

这些规则和仿照它们的其他规则反映了对职业特性的关心,也反映了职业会计师对专业行为、委托人和一般公众的责任的关心。1917年以前,讨论得最热烈的道德问题是会计师应不应做广告。尔后,尤其是1933年以后,审计人员的独立性又成为争论的热点。[31]最初的独立性的"心理状态"的学说,只是意味着:委托人和会计师之间的关系应该是会计师的调查结果只受事实的影响。后来的"外观"概念则反映了通过强调利害关系(而不是强调行为),使会计工作作为一门职业,已愈来愈成熟了。对于那些信赖已审财务报表的人来说,公证会计师所表示的意见的价值,不仅依会计记录的检查而定,而且依他们的独立性和诚实性而定。换言之,现在,注册师不是为提高自己的职业地位,而是为提高自己的工作的重要性而争取一般公众的信赖。

现按采纳的顺序,将后来通过的重要规则列举如下:

9. 会员没有事先通知其他会员,不得诱惑该会员的雇员(1919年);

10. 会员不得从事公司的公共会计业务(1919年);

11. 会员不得按工作成果多少决定报酬额(1919年);

12. 会员不得登广告(1922年);

13. 会员不得保证未来收益预测的正确性(1932年);

14. 会员不得为签订合同而竞争投标(1934年);

15. 会员不得与他审计的公司有实际财务上的利害关系(1941年);

16. 会员不得破坏与委托人的信赖关系(1941年);

17. 会员在作为公共会计师进行各种业务时,必须遵守协会的道德规则(1948年);

18. 在经推荐签订契约之前,会员应与未来委托人的前任会计师商谈(1958年);

19. 会员不得允许雇员去办理不允许自己办理的业务(1958年);

20. 会员不得有侵犯其他会计师的行为(1962年);

21. 会员不得与他审查的公司有财务上的利害关系(1964年)。

违反道德规范从来就不是重要的问题。尽管协会会员人数已经增加,但受到告诫、停职、开除处分的会员人数每年都停留在同一个数字上。[32]职业会计师之间公开竞争的方式逐渐缓和。[33]会计师应该是独立的,不应该刊登广告或招揽业务,而且应该根据一定的技术标准工作,这样的信念与会计职业一样古老。会员明确这些不成文的规则的意志,乃是会计职业自信和成长的证据。

小结

在1924年美国会计师协会的年会演讲中,亨利·兰德·哈特菲尔德(Henry Rand Hatfield)教授对会计职业的地位,作了既讽刺又客观的评价。他指出:

> 但是,可悲的会计学只是一门假科学。……它的研究成果既不能在沙龙发表,也不能在国立院校发表;无论是现实主义者、理想主义者或是现象论者,都认为会计学无法讨论。人道主义者将我们视为玩弄美元和分币的下贱人,而不是一直在追求无数的难以捉摸的事务之魂。科学家和技术工作者轻视我们,认为我们只有记录的能力,而没有执行行为的能力。

对会计学的轻视不限于大学领域,几乎人人如此。这就是对学问无知的证据,就是从事会计学研究者的虚心态度的证明,就是被高傲的学问排挤的证据[34]。

显而易见,会计职业的地位与它的业绩相比是不相称的。1917年,美国会计师协会为会计师发表了美国第一个全面的道德准则,同年,第一次实施了统一的注册会计师考试,并在联邦准备局公告上,为审计和财务报告,发表了一系列的技术标准。美国的成本会计在世界上也许是最优秀的。蒙哥马利(Montgomery)、科尔(Cole)、斯普拉格(Sprague)和哈特菲尔德分别出版了一些有理论内容的会计教科书。会计师已从为各个企业主办理会计业务转移到为大企业办理会计业务和向他们的投资者进行报告,但是,成功与否则依靠一般公众的理解,会计工作在社会上的重要性只是逐渐才为人们所认识。20世纪30年代发生的各种事件,尤其是证券交易委员会将会计的缺点公诸于众,向职业会计师表明:他们被忽视并不是最糟糕的事情,最糟糕的事情是由于忽视他们所造成的后果。

注 释

[1] Richard Brown, ed., A History of Accounting and Accountants (Edinburgh, Jack, 1905; reprinted by. B. Franklin, New York, 1966), p. 177.

[2] Ibid., p. 178-180.

[3] K. L. Milne, The Accountant in Public Practice (London: Butterwoth, 1959), pp. 251-258.

[4] N. A. H. Stacey, English Accountancy: A study in Social and Economic History, r800—1954 (London: Gee and Company, 1954), p. 17.

[5] A. C. Littleton, Accounting Evolution to r900 (New York: American Institute Publishing Company, 1933; reprinted by Russell and Russell, New York, 1966), p. 268.

[6] H. W. Robinson, A History of Accountants in Ireland (Dublin: Institute of Chartered Accountants in Ireland, 1964), p. 30.

[7] James Don Edwards, History of Public Accounting in United States (East Lansing: Michigan State University, 1961), pp. 6-12.

[8] Brown, op. cit., p. 318.

[9] H. A. Shannon, "The First Five Thousand Limited Companies and their Duration",

Economic History: vol. 2 (1932).
[10] See Littleton, op. cit., p. 277.
[11] A. H. Woolf, A Short History of Accountants and Accountancy (London: Gee and Company, 1912), p. 174.
[12] Quoted in Littleton, op. cit., p. 282.
[13] Ibid., p. 316.
[14] Edwards, op. cit., p. 24.
[15] Littleton, op. cit., pp. 316-317.
[16] Ibid., p. 317.
[17] R. H. Parker, "Lower of Cost or Market in Britain and the United States: An Historical Survey", Abacus 1(December 1965), 163.
[18] Littleton, op. cit., pp. 317-318.
[19] A. C. Littleton, Essays in Accountancy (Urbana: University of Illinois Press, 1961), p. 98.
[20] See Brown, op. cit., pp. 281-301; E. van Dien, "The Development of Professional Accounting in Continental Europe", Accountant 81 (1929), 409-417, 439-448.
[21] Stacey, op. cit., p. 50.
[22] M. E. Peloubet, "The Historical Development of Accounting", in Morton Backer, ed., Modern Accounting Theory (Englewood Cliffs, N. J.: Prentice-Hall, 1966), p. 5.
[23] Edwards, op. cit., p. 84.
[24] John L. Carey, The Rise of the Accounting Profession, 2 vols. (New York: AICPA, 1969—1970), vol, p. 317.
[25] Edwards, op. cit., pp. 101-147.
[26] Ibid., pp. 60-61.
[27] C. E. Allen, "The Growth of Accounting Instruction Since 1900", Accounting Review2 (June 1927), 160.
[28] Carey, op. cit., pp. 85-86.
[29] Brown, op. cit., p. 279.
[30] Quoted in Edwards, op. cit., pp. 255-256.
[31] Carey, op. cit., pp. 88-90.
[32] Darwin J. Casler, The Evolution of C. P. A. Ethics: A Profile of Professionalization (East Lansing: Bureau of Business and Economic Research, Michigan State University, 1964). p. 117.

[33] Ibid., p. 116.

[34] Henry Rand Hatfield, "An Historical Defense of Bookkeeping", Journal of Accountancy 37 (April 1924), 241.

主要参考文献

Allen, C. E. "The Growth of Accounting Instruction Since 1900". Accounting Review 2 (June, 1927), 150-166.

Anyon, James T. Recollections of The Early Days of American Accountancy, 1883—1893. New York: 1925. Reprinted by Nihon Shoseki, Osaka, 1974.

Brief, Richard P. "The Accouniani's Responsibility in Historical Perspectiue". Accounting Review 50 (April, 1975), 285-297.

Brown, Richard, ed. A History of Accounting and Accountants. Edinburgh: Jack, 1905. Reprinted by B. Franklin, New York, 1966, 173-452.

Carey, John L. The Rise of the Accounting Profession, 2 vols. New York: AICPA, 1969-1970.

— "The C. P. A.'s Professional Heritage". Academy of Accounting Historians Working Papers I and 5. University, Alabama: Academy of Accounting Historianis, 1974.

Carey, John L., and Doherty, William O. Ethical Standards of the Accounting Profession. New York: AICPA, 1966, chap. one.

Casler, Darwin J. The Evolution of C. P. A. Ethics: A Profile of Professionalization. East Lansing: Bureau of Business and Economic Research, Michigan State University, 1964.

Dickenson, Arthur Lowes. Accounting Practice and Procedure. London: 1914. Reprinted by Scholars Book Company, Houston, 1975. Chapter ten.

Dien, E. van. "The Development of Professional Accounting in Continental Europe". Accountant 81 (1929), 409-417, 439-448.

Edwards, James Don. History of Public Accounting in the United States. East Lansing: Michigan State University, 1961.

— "The Antecedents of American Public Accounting". In M. Chatfield, ed. Contemporary Studies in the Evolution of Accounting Thought. Belmont, Cal.: Dickenson Publishing Company, 1968, 144-166.

Grady, Paul, ed. Memoirs and Accounting Thought of GeorgeO. May. New York: Ronald Press Company, 1962.

Green, Wilmer. History and Survey of Accountancy. Brooklyn: Standard Text Press,

1930. Reprinted by Nihon Shoseki, Osaka, 1974, 95-122.

Hunthausen, John M. "The Evolution of Accountancy Education and Certification Standards". Colorado CPA Report (Spring, 1975), 15-24.

Johnson, T. J. , and Caygill, M. "The Development of Accountancy Links in the Commonwealth". Accounting and Business Research 1 (1971), 155-173.

Knight, C. L. , Previts, G. J. , and Ratcliffe, T. A. A Reference Chronology of Events Significant to the Development of Accountancy in the United States. University, Alabama: Academy of Accounting Historians, 1976.

Littleton, A. C. Accounting Evolution to 1900. New York: American Institute Publishing Company, 1933. Reprinted by Russell and Russell. New York, 1966, 265-287.

—Essays on Accountancy. Urbana: University of Illionis Press, 1961, 93-99, 115-141, 445-470.

Lockwood, J. "Early University Education in Accountancy". Accounting Review 13 (June,1938), 131-144.

Mendes, H. E. ,"The Development of Uniform Examinations". Accounting Review 19 (April, 1944). 139-142.

Merinoo, Barbara D. The Professionalization of Public Accounting in America; A Comparative Analysis of the Contributions of Selected Practitioners 1900—1925. Unpuublished Ph. D. dissertation, University of Alabama, 1975. University Microfilms, Ann Arbor, Michigan.

Murphy, Mary E. Advanced Public Accounting Practice. Homewood, Ill. : Richard D. Irwin, 1966, chaps. one and two.

— "The British Accounting Tradition in America". Journal of Accountancy 111 (April, 1961), 54-63.

— "The Rise of the Profession in England". Accounting Review 15 (March, 1940), 62-71.

Murray, David. Chapters in the History of Bookkeeping, Accountancy, and Commerical Arithmetic. Glascow: Jackson, Wylie, 1930, 52-122.

Prake, R. H. Management Accounting: an Historical Perspective. New York: Augustus M. Kelley, 1969, chap. six.

Peloubet, M. E. ,"The Historical Development of Accounting". In Morton Backer, ed. Modern Accounting Theory. Englwood Cliffs, N. J. : Prentice-Hall, 1966, pp. 5-27.

Simpson, R. J. "American Accounting Education, Textbooks, and Public Practice Prior to 1900". Business History Review 34 (1960), 459-466.

Stacey, N. A. H. English Accountancy: A Study in Social and Economic History, 1800—1954. London: Gee, 1954, chap. one:

"Steps in the Evolution of the Profession in the United Kingdom". Accountant 137, (November 9, 1957), 544-45.

Stewart, J. C. "Qualification for Membership a Hundred Years Ago". Accountant's Magazine 78 (July, 1974), 263-265.

— "The Emergent Professionals". Account's Magazioe 79 (March, 1975), 113-116.

Sullivan, John P. "The Accountant as Consultant: a Historical Review". Journal of Accountancy 138 (November, 1974), 92-95.

Woolf, A. H. A Short History of Accountants and Accountancy. London: Gee, 1912. Reprinted by Nihon Shoseki. Osaka, 1974. Chapters fourteen, fifteen, and sixteen.

（文硕　潘林　译）

第十二章　现代成本会计的起源

在以前的章节里,我们已经看到,早期的产业公司已经对最初在文艺复兴时期的意大利形成的主要成本制度的形式进行了充分的探索。在1885年以前,无论是会计师或实业家,对从理论上总结工厂会计均不感兴趣。工厂主将自己的成本核算法作为工业的秘密。簿记教科书一般都忽视这一问题,而且,论及该问题的屈指可数的教科书对后世的实务几乎没有影响。英国和美国在19世纪70年代的成本核算只是勉强比400年以前的梅迪奇的方法好一些。[1]

工厂会计的发展之所以这样缓慢,部分原因是成本数据的用途非常有限。通常,使用成本数据的动机只是计算完成财务会计记录和报告所必要的期末存货。[2]要达到该目的,应在总账中开设生产账户,并借记投入生产工程的材料和劳务费,贷记销售收入,账户余额反映利润和存贷即可。还应认识到,在通常以投标来竞争业务的企业,为了更好地估价,也应准确地记录过去的成本。所罗门斯(Solomoons)认为,使人们对成本核算感兴趣的最重要的因素是工程行业定价越来越困难。[3]随着工程企业的成长和竞争的激烈化,要在没有按合同工作和没有市场价格标准的情况下投标,就有必要正确地进行估价。即便在这样的场合,将会计数据作为管理控制和决算的直接助手来使用,在初期阶段也实属罕见。

19世纪最后25年的物价下跌、产业活动的复杂和规模的扩大,促进了成本管理的发展。当时,人们不得不去组织复杂的生产工程和调整成千上万人的工作,产业公司开设分公司的风潮导致了集中管理广为分散的业务活动的必要性。铁、煤矿和纺织行业对重力机械的引进,使间接费愈来愈重要,而且,产品种类的增多,又使间接费的计算和分配变得复杂起来。19世纪70年代的美国仍然以农业经济为主导。大多数企业是小型的，经济业务通常是地方性的。但是，到1900年，大多数重要产业已由少数面向全国市场生产的企业支配，现在，在决定消费品销售价格的时候，生产成本较之企业间的竞争更具重要性。

在这样的新的企业环境下，产生了许多按通常的主要成本制度根本无法解决的问题。在1885年以前，业界已经从理论上理解间接费，但由于尚未将成本记录和复式记录账簿结合起来，所以，在将间接费用分配于产品时，就非常棘手。当时，只能计算过去成本，而且这个成本计算过程通常是一个简单的数据积累过程，并不能反映生产过程中发生的价值转移。当时，并不存在会计技术的统一性或最佳会计实务的意识，没有明确地区分工厂成本和管理成本，甚至没有区分费用和损失。一般地说，产量变动对成本的影响，也没有为人们所理解，几乎不存在分离固定成本因素和变动成本因素的思想。成本核算负责人在系统地选择经营方法和生产方法时，没有任何发言权。而且，不存在通过比较实际成本和标准成本，让每个人对自己的绩效承担责任的想法。

1885—1920年之间的成本会计已从采用与中世纪簿记一样古老的方式的阶段，发展到可以与今天的教科书中论述的许多内容相媲美的优秀的会计实务的阶段。大型企业的经济发展迫切要求这种转变，也许还使这种转变成为必然。但不能认为这些企业自身直接大幅度地推进了成本会计的发展。尽管有许多会计师和工程师对"成本会计的复兴"作出了贡献，但通过10位名人的著作，就可以追溯成本会计发展的主要轨迹。梅特卡夫(Metcalfe)、加克(Garck)和费尔斯(Fells)、诺顿(Norton)、刘易斯(Lewis)和丘奇(Church)都是从根本上引进新的成本概念的先驱者。阿诺德(Arnold)和尼科尔森(Nicholson)综合了这些思想，并在会计实务上发展了它们。惠特莫尔(Whitmore)和埃默森(Emerson)以标准成本核算程序的形式增添了新的一面。

一、基本的革新

亨利·梅特卡夫

第一本现代成本会计著作是出自亨利·梅特卡夫(Henry Metcalfe)上

尉之手的《工厂成本》(The Cost of Manufacture,1885年版)一书。[4]梅特卡夫是美国陆军的军需官,他根据兵工厂生产的经验,通过与作业工长进行交谈,坚信要将原料费和人工费分配于作业,就需要一种更好的方法。通常的生产记录都是工长携带的非正式的备忘录,所以,在订货单上记录的只是一些最粗略的资料,而且,这些订货单经常是口头上认可的,有时甚至不留任何记录。所以,工长的简洁笔记和正式的工作总账都不能认为是当场记录车间经济业务的合适手段。

梅特卡夫提倡:原料每出库或转移,都应该在"车间订单卡"上加以记录,这些卡片上设置了用于定价和登记生产订单号码的空白栏。同样地,发给每个工人一本卡片合订本,当完成一项工作去做另一项工作时,他应在1/4日内,反映花费在各项工作上的时间。这样,成本记录就从文字方面反映了工厂各部门的工作情况。每日都应收集这些卡片,并编制反映投入各项工作的原料费和人工费的成本表。在完成订货数的生产前,应按工作号码将卡片归档,然后应汇总这些工作卡,并记入车间订货簿。梅特卡夫的这一制度,为主要成本的归集问题,提供了一个新的和实际的解决办法,有证据表明它在当时曾被广泛运用。

1885年,间接费尚未成为重要的问题,所以,梅特卡夫对间接费并没有给予太多的关注。他提出了四种间接费分配法,即:任意分配法、总费用百分率法、人工费百分率法和根据生产所花费的时间分配的方法。他根据间接费主要是为提高劳动者的效率而发生的这一情况,推荐作为直接劳动时间法的先驱的最后一种方法。他指出,间接费用在年度结束之前,不可能得到正确的确认,所以倡导用该期间的总作业时间去除下一年度的总间接费(或过去数年间的平均数),得出预定间接费率。这种预定间接费用率通过他的卡片制度,可以运用到工作中去,但是,他没有明确说明如何才能做到这些,或者如何调整预定分配间接费和实际支出额。

至少,梅特卡夫对间接费的直觉是正确的。他将成本账户与财务会计制度结合起来的尝试并没有付诸实施,显然以失败而告终。他已经部分成功地使主要成本与总账余额达到一致,但没能使间接费与总账余额相协调,或者说,他认为太困难,无法为之而努力。他感到"为了结算余额的缘故,基本的真实性也会被忽略"[5]。

尽管希望他的专著能被人们广为利用,但梅特卡夫的直接经验看来只能运用于陆军兵工厂里的兵器生产。他周围的环境实际上需要昂贵的资本设备、专业化的劳动工人和有浪费可能性的复杂的生产技术的大型机械工厂。他的专著论及了不断评价各种复杂的状况的必要性,但是,他没有必要为销售产成品和投入资本、追求利润而苦恼。当时,大多数的私营企业处在简单的成本环境中,却面临着范围广泛的难题。如果梅特卡夫经历了这样的环境,他的书中可能会有不同的范围和重点。

加克和费尔斯

梅特卡夫的专著出版2年后,英国的电力工程师埃米尔·加克(Emile Garcke)和特许会计师约翰·曼杰·费尔斯(John Manger Fells)的《工厂会计》(Factory Account)[6]一书问世。该书实为19世纪最著名、最有影响的成本会计专著(该书到1922年以前共再版七次)。[7]加克和费尔斯对从原材料到产成品的一系列总账的主要成本的程序的论述是平凡的,实际上迄今尚未被改进。原料费和人工费应该从原材料账户和工资账户过入总账中的"生产"(Manufacture,在产品)账户,并在该账户的借方记录在现金出纳账中直接用于生产过程的支出。产成品的主要成本应定期从"生产"账户过入"产品"(产成品)账户,在产品留在"生产"账户,产品成本累积在"产品"账户。销售时应作成两笔记录:一笔是将销售品的成本记在"产品"账户的贷方和"营业"账户的借方;另一笔是将售价记在客户账户的借方和"营业"账户的贷方。原材料账户、生产账户和产品账户的余额反映的是期末库存。营业账户表示对销售总成本的总销售收入,其余额为毛利。[8]

加克和费尔斯都属于最早主张按复式簿记法记录所有的成本账户,并将该账户与财务会计记录完全结合起来的人。[9]通过结合这两项制度,人们更易于从会计上对工厂的原料和工人进行管理。从理论上讲,原材料账户至少应经常与原材料总账余额相一致,生产账户应与主要成本总账余额相一致,产品账户应与产品总账余额相一致。这样,就在分批成本制度的优点中,增加了首尾一致的永续盘存法的优点。

正如上述,成本记录和财务记录有效地结合以后,成本核算便成为会计上的主要任务。保罗·加纳(Paul Garner)指出:"所以,有把握地说,成本会计这一职业是由于早期工业工程师对该问题感兴趣而发展起来的。"[10]许多工程师认为,为记录与外界交换产品的行为而发明的复式簿记,很不适用于计划和管理那些物量单位经常比金额标准更有用、及时估计比准确计量更好的工厂活动。

成本会计记录和财务会计记录的结合,提高了作为管理手段的复式簿记的地位,从而对会计理论也产生了影响。[11]资产负债表的数值不仅由总账,也由辅助记录支撑这一事实,在计价法变动很大的时期,使人们愈来愈相信当时的历史成本原则。按同一尺度可以计量内部和外部价值转换的能力,使权责发生制的概念更加重要,并促进了变现和配比原则的出现。以前经常作为费用处理的对未来劳务的投资,也开始作为递延费用加以分类。

加克和费尔斯从概念上对间接费作出了解释。他们认识到,应划分工厂成本和管理费用,前者应分配于各项作业,后者应直接分配于损益。他们认为,固定费由于不随产量的变动而变动,所以成为经营分析的障碍,应排斥在间接费分配以外。这表明他们已走在时代前面。但是,由于他们推论所有的"车间经费"变动,而车间以外的费用不变动,所以,他们对固定费和变动费的划分也感到茫然不知所措。他们通过假定间接费用是为协助劳动而产生的,倡导用总直接劳动时间去除间接费,得出分配率。但是,他必须在全年的总费用已经确定以后才能决定,而且,与梅特卡夫一样,他们也没有发现将间接费汇入存货账户的实际手续。

乔治·诺顿

另一本重要的成本会计著作是英国特许会计师 G·P·诺顿编著的《纺织品生产者的簿记》(Textile Manufacturer's Bookkeeping,1889 年版)[12]。正如题目所示,诺顿以纺织品行业为例,没有对按各作业分配的成本进行分析,而是按部门对成本进行了分析。他对分步成本核算进行的分析是围绕着"生产账户"这一中心进行的,这一账户不是总账,而是按部门对作业进行的详细汇总。[13]第一部分包括作为借方的所用材料的实际成本和应发生的加工成本(如果全部加工是在厂内完成而不是分发给外部转包者完成的话)。然后,将销售额和未售产品的成本减去材料成本和假定的加工成本,算出应由传统的转包纺织品制造者"赚得的"毛利。在第二部分,将各部门的实际毛利与第一部分的假定值进行对比,二者的差额就是由在自己的工场里进行所有工作的企业主决定的利润和损失。这些各部门利润和损失的合计加上第一部分的毛利,扣除管理费,就是整个企业的营业净收益。

诺顿比较实际费用和被转嫁的费用的方法是19世纪最接近标准成本核算的方法。从不是强调计算成本,而是将重点放在对使用成本的经济效益进行测试这一意义上讲,这一方法是现代的。诺顿的方法可以帮助管理者很容易地判断工厂的生产是不是经济、哪些部分进行了核算、售价是否现实。诺顿介绍的出包价格不可能马上与复式记录总账的金额结合起来,这是事实。诺顿主张应与商业账户分开,记录自己的成本记录,将二者结合起来是不现实的和无希望的。他还将各部门作为独立的成本核算对象加以处理。还不存在按生产程序积累成本,并将它们从一个作业移到另一个作业的方法。尽管如此,他介绍的生产账户在英国和美国的纺织品工场采用,而且历经10年未得到改良。[14]

J·斯莱特·刘易斯

20世纪初的会计师们对成本中的间接费因素倾注了极大的兴趣。间接费因素不仅是它自身的问题,也是阻碍解决其他问题的原因。早期的著作家们对于与作业有关的间接费应包括什么样的费用,或采用什么样的分配标准,其意见并不统一。加克和费尔斯对如何才能将主要成本与复式记录制度结合起来作了论述,但谁也没有提出通过总账将间接费分配于在产品的实际方法。

英国的工厂会计师斯莱特·刘易斯(Slater Lewis)[15]早就提倡将成本账户和财务账户结合起来,但他提出的间接费用的处理办法只是在会计期末才将间接费和主要成本联系起来,1896年,他提议,应像通常的费用一样,把反映间接费用项目的账户结转到损益账户。同时,他倡导应将分别分配的间接费记入在产品和产成品账户的借方,并记入总账中的暂记账户的贷方。在下一期开始时,再在暂记账户的借方和损益账户的贷方作相反的记录。这样,通过再次借记暂记账户,贷记产成品账户和在产品账户,使存货账户又还原为主要成本基础,并使间接费作为未决算余额挂起来。在这一期间,该余额应逐渐摊入销售产品的成本,但刘易斯没有明确地提出应如何实施。尽管他的方法是复杂的,但其结果却被认为是正确的。按他的方法,可以将间接费作为一个单位处理,并避开通过存货账户暂记间接费的问题,从而使人们相信已分配到各个作业的余额和实际支出额是完全一致的。

似乎认识到这种解决法回避了根本的问题,刘易斯提出了另一个选择的方法。根据这种方法,应将某种间接费换算成比率,再直接分配于产品。为了记录实际支出,应借记间接费用账户,然后,根据用于不同项目的直接人工的类型,贷记各工作的分配额。当然,从本质上说这是现代方法。刘易斯并不认为这种方法是有把握的。他认为,在大多数场合,按比率进行间接费分配不值得这般麻烦。而且,根据不适当的分配率过多地分配实际的间接费,从而"产生虚假的资产"的危险也是经常存在的。与暂记账户的分配法相比较,他对程序的论述却是不明确的。

亚历山大·哈密尔顿·丘奇

哈密尔顿·丘奇(Hamilton Church)生于英国,受聘担任工厂组织的专家。曾在一段时间里担任斯莱特·刘易斯的助手。1898年,他移居美国,在那里,"由于羞涩和腼腆的缘故,他像隐士一样渡过了许多岁月"。[16]丘奇是第一个将成本核算放到整个生产企业的关系上去考察的重要作者。他的中心课题不仅仅是成本会计的改良,而且是工厂经营的合理化组织。他发现,后者使人们经常产生"将簿记与组织混同起来"的谬误。他的特殊兴趣放在间接费上,他不把它视为浪费或非生产性成本,而是视之为值得加以控制的正当支出和管理者技能的衡量器。他在《工程杂志》(1901年)上发表的关于"间接费的适当分配"的六篇论文,被评价为"解决最困难的成本核算问题的一份标准参考资料"。[17]

丘奇相信,以前的间接费分配法可以满足历史的报告目的,但无法帮助管理者进行决策。生产者需要了解产品的成本,是在产品售出之前,而不是在数月以后,当本期间所有的间接费均已汇总并分配的时候。而且,对作业分配间接费常受到外来事件的歪曲。丘奇注意到,在企业闲置设备增加的不景气时期,间接费分配额中的固定费要素导致单位成本与产量呈反比例变动,其结果,是当低价格的必要性最大时,单位成本却最高。他感到,这一问题部分是由通常采用的分配手续引起的。劳动效率、劳动时间和主要成本百分比之类的方法主要是为了存货计价目的而得到开发的,并不能充分适应工资率和机械工作率的变动。这些方法实际上是平均化的方法,在稳定的状况下可能带来合适的结果,但在不稳定的情况下则不尽如此。

广泛采用的机器小时率法也是粗糙的方法,但它考虑了各种设备进行工作的成本差异。丘奇主张,如果有可能按每种机械或一组同类机械分配间接费,机械小时率法就可以成为准确的分配法。他主张,应将工厂分成许多小型车间,或生产中心,然后,按预定时间率法将各间接费分配到作业上去。这样,过去平均分配到工厂的各批作业的大部分成本,就可以根据这样的逻辑基础,如场地面积和设备价值分配到这些生产中心去,任意分配只能限于剩余部分。管理者只需划出若干重要因素,如电力费、折旧费、租金和保险费即可。这样,根据用来分配这些因素的使用率,间接费应分配到各部门,从各部门再分配到生产中心。最后,根据充分营业的假设,使用"科学机器率"进行在产品分配。

还有一个闲置生产能力的问题。丘奇发现,按时期记录增大的产品成本是错误的,因为产量比间接费的支出下降更为迅速。他通过继续类推他的小型车间,指出如果所有的生产中心充分发挥了它的能力,如果实际间接费按他介绍的科学机器率法进行分配,那么,间接费账户中的余额就应只包括没有合乎逻辑的分配标准(如管理人员薪水)的剩余项目。如果车间只有一半时间开工,那么,未分配间接费用也应包括可能或应分配到特定的生产中心的费用。丘奇主张,应通过使用追加分配率来分配这样的费用,并列举了两项优点。第一,科学机器率和追加分配率之间的比率可以作为本期工厂生产能量的指标;第二,由于间接费的分配不依工厂利用情况如何而定,所以,管理者可以对不同会计期间的工作或产品成本作出更正确的比较。

将丘奇的方法运用到英国的工厂时,这种方法被证明过分精致,很难经常使用。[18]他的理论存在几方面的不足。他介绍的追加分配率不是关于车间效率的纯粹指标。因为通货膨胀和需求变动引起的间接费的增长都会提高这一比率,即使在所有的机器都充分利用的情况下亦是如此。而且,该追加分配率呈现出使正常生产量与最优效率相等的倾向。丘奇的追加分配率很快就停止了使用,他在他后来的专著中基本上放弃了它。但是,尽管他介绍的科学机器率要求对成本进行事先估算,但他坚决反对以预期生产量为根据的预定率和标准率。在尝试划分正常成本和非常成本、明确对间接费分配不足额的责任的时候,丘奇试图在拒绝使用标准成本的同时,达到标准成本制度所带来的效果。

尽管他的理论的若干部分在以后 20 年间不断受到质疑,但丘奇的关于间接费内容及其分配的基本假设,却成为美国后世研究者们的出发点。从惠特莫尔(Whitmore,1908 年)、尼科尔松(Nicholson,1909 年)、韦伯纳

(Webner,1911年)、莫克塞伊(Moxey,1913年)和斯科维尔(Scovell,1916年),以及乔丹(Jordan)和哈里斯(Harris,1920年)的著作中,都可以看到丘奇的专著的直接影响。正如成本和工厂会计师协会前任会长所指出的那样,丘奇"也许由于改进了思想方法,在直接和间接推动成本会计发展方面,作出了比当代任何著名人物都要大的贡献"。[19]

二、结 合 期

应该记住,这些先驱著作的读者仅是少数企业。成本教科书在促进实务的标准化和思想的相互影响方面,发挥了重要的作用。但他们对工业实务的影响在最初却不是显著的。直到1900年,正式的成本会计制度在英国和美国还是罕见的。[20]大多数生产者已有一些可以估算投入特定工作的人工成本和原料成本的非正式的程序。间接费通常被忽视。少数分配间接费的人在正确性和简便性之间通常更喜欢后者,他们以劳动时间和劳动率为基础进行分配。在这一点上需要的与其说是新思想,毋宁说是在更广范围内传播已经进行的工作。

H·L·阿诺德

在20世纪的转折点上,H·L·阿诺德(H·L·Arnold)发表了一系列集当时正在美国实施的成本核算制度之大成的著作。这些专著在全国会计师协会的赞助下,迄今仍由一些学者在进行研究,但在当时,这些专著却出自一位没受过多少教育的男子之手。阿诺德在成为监督员和普拉特·惠特尼公司的设计员之前,是一位熟练工人。现在人们感兴趣之处在于他的著作反映了激进时代人们思想的演进,以及教科书中的理论与现实中的实务之间的相互影响。他在《健全的成本核算员》(The Complete Cost-keeper,1899年版)[21]一书中,论述了他认为在当时能代表最优秀的会计的15家工业公司的成本核算制度。间接费的摊配经常是根据过去的经验进行的。在大多数情况下,制造费用和管理费用均应摊派到各项作业中。与财务会计记录完全分开来登记成本账簿,这在当时是普遍的做法。阿诺德知道一些把二者部分地结合起来的企业,但他仍然感到不能将二者分开来进行核算,即便在结合的制度中,也无济于事。

在《工厂管理者和会计师》(The Factory Manager and Accountant, 1903 年版)[22]一书中,他介绍了美国最新会计实务的实例,并就成本会计问题提出了自己的观点。他的观点的本质是:由于工厂的过去是不可能变更的,除作为更好地管理未来成本的指针以外,不存在其他记录成本的原因。工厂会计师希望通过计算过去生产的成本,预测和管理未来类似生产的成本。阿诺德采用了结合成本账户和财务账户这一在美国著作者之间已经流行的观点,而它被英国采用,大约是 1910 年的事了。[23]

J·李·尼科尔森

李·尼科尔森(J. Lee Nicholson)是工业管理顾问大学讲师,创办了全国成本会计师协会,并担任第一任主席。他的专著《工厂组织和成本》(Factory Organization and Costs,1909 年版)[24]总结并改善了在当时流行的成本核算理论与实务。例如,他不仅论述了订单和分步成本计算的方法,而且论述了适合运用它们的环境。他是最早论述归集部门成本的方法和从一个作业向另一个作业结转部门成本的方法的人之一。他也倡导编制调拨单以便登记仓库总账和成本记录,并发明了几种废料的会计方法,还建议改进永续盘存制。

应注意的是,尼科尔森知道数百家公司采用的间接费会计是不合适的。他用许多篇幅对七种普遍采用的摊配法进行了讨论。他主张,销售费和管理费不增加在工厂生产的产品的价值,所以应把它们剔除在间接费之外。他论述的"新机械率"比丘奇的科学机器率更加精密。所有的人工费和间接费均按部门汇总,然后,根据在各机器工序消耗的时间,在产品单位之间进行摊配。这种"新支付率"通过结合人工费和间接费创造了一种将成本摊配到产品的联合分配率。

尼科尔森的第二部专著[25]于 1913 年出版,深受他在纽约大学和哥伦比亚大学的教学经验的影响。本书最主要的贡献就是引进了可以将分别记账、分别结账的成本总账和财务总账结合起来的对应账户制度。他明确地划分了与间接费摊配有关的经营部门和服务部门,并介绍了在将间接费摊配于生产之前在控制账户上汇总间接费的技术。而且,他还推荐一种按现行价估价销售产品成本的方法,这种方法是后进先出法的先兆。

尼科尔森在后来的著作中,预见了1920年以后管理者利用成本数据的发展和成本控制心理学的发展。[26]工厂会计师作为处理生产(专业)人员的参谋人员,应该有外交手腕,同时有能力充分利用可以使成本计算成为可能的管理的优点。尼科尔森强调了向各层次的管理者提供合适信息的重要性,以及作为控制间接费的第一步而向领班和部门主任进行间接费教育的必要性。他还主张应向最高管理者提供比较数据,为销售部门和生产部门编制的报告书应反映产量变动对成本的影响。

三、标准成本计算的起源

传统的成本制度所依靠的是反映原材料调拨额的仓库记录和领班对于工人花费在各批工作上的时间的记录。如果考虑间接费,一般就要按本年或前年度的人工费或主要成本的一定百分比进行分摊。原料费、人工费和间接费之和就是作业或产品的实际成本数。人们慢慢才明白,这种"真实"成本在定价和控制效益方面,并不是很有用的。人们对如何将按不同的价格购进的原料汇入作业成本、如何分配加班费、间接费中应包括什么样的费用,以及如何分配它们,都没有取得一致的意见。为了确定和维持实际成本,也要求许多反复的详细工作,而且,由于实际成本受到许多随机因素的影响,其最终结果几乎是不确定的。缺乏成本标准,导致普遍对企业经营费用的无知。

在加克和费尔斯、丘奇和其他作者的著作中,已经暗示了比较实际成本的"理想"成本的可能性。对间接费分配法的改良就是摆脱粗糙地决定实际成本的局限性的一种尝试。建立分离和用数量表示产量变动和其他歪曲因素对单位成本的影响的方法,也是这样一种尝试。但是,这实际上是要求那些接受过编制历史资料报告培训的会计师,在信念上有一个观念的转变,也就是说,他们应在产品生产出来之前就开始估价产品成本。早期作者都热衷于追随引导他们思考事先成本的推理方向,但他们当时拒绝接受这种想法。

工程师和效率专家们没有这样的抑制。他们努力提高产量、节约费用,发现事前的信息比历史数据要有用得多。标准成本是由弗雷德里克·泰勒

(Fredrick Taylor)及其追随者开发的生产标准和作业规范化的自然结果。科学管理的出现加速了重点的转移,即由以前的成本汇集转移到通过比较实际经营成果和事先设立的标准值来进行成本管理。

早期最著名的关于标准成本核算的文献是美国的工程师珀西·朗迈尔(Percy Longmuir)的专著和英国会计师J·斯坦利·加里(J·Stanley Garry)的专著。朗迈尔在1902年发表的关于铸造厂成本的论文[27]中,倡导赋予每种劳动以标准因素,每一种作业的人工成本应与产量联系起来,只有这样,才能及时为管理者决策提供成本数据。1903年,加里在化学工业协会上宣读了关于"工厂成本"的论文,[28]他在论文中主张对原材料采用"正常标准价格",并引进了量差和价差的概念。但是,无论是他的倡导还是朗迈尔的倡导,都没有从技术上提出详细的方案,而且,对现代实务没有留下任何引人注目的影响。

约翰·惠特莫尔

第一个详细论述标准成本制度的人,是美国会计师约翰·惠特莫尔(John Whitmore)。丘奇的门徒惠特莫尔在1906年发表了一系列介绍在工厂里运用丘奇制度所必要的总账、科目和记录的文章。[29]惠特莫尔大量采用了丘奇的关于间接费分配的科学机器率,但不赞成丘奇对于闲置生产能力成本的处理法。他认为闲置时间实质上是浪费,而不是生产的"正当成本",并批评了丘奇的将闲置生产能力成本摊进在产品的追加分配率。惠特莫尔没有在应不应该将闲置生产能力成本作为期间费用进行转销这一问题上得出明确的结论。但是,他强烈主张应该用一个称为"闲置工厂设备"的总账将闲置设备成本与正常生产成本相分离。

两年后[30],惠特莫尔在论述实际成本不必包括在生产产品时产生的所有费用时,详细地提出了自己的观点。如果闲置生产能力费实际上不构成产品成本的一部分,是否也存在应除外的由浪费和事故所产生的其他的成本?他主张,应根据人工效率标准和原材料消耗量标准,去提前计算何为"正当成本",然后,表明它与实际费用的差额,这样做是切实可行的。他知道由于有许多生产订单,为各订单分别设置成本账户是不可能的,但有些产业完全可以按每种商品计算标准成本。惠特莫尔以一个制鞋工厂为例,介绍了如何才能按"合适的价格"估价皮革的各等级,以及在原材料的价格和质量与其标准发生差异时,差异是如何发生的。而且,他还论述了运用标准分摊率将直接人工费摊配到产品上去的方法。尽管他承认没有按同样的方法分配间接费,但他相信可以做到这一点。不管怎样,他没有从科学效率的观点论述标准成本。他并不反对将设计的标准成本用于内部目的,但提出只应将"估计成本"记入财务记录。

哈林顿·埃默森

美国的效率工程师哈林顿·埃默森(Harrington Emerson)在题为"作为经营和工资基础的效率"(Efficiency as a Basis for Operations and Wages, 1909年版)的一系列论文中,对标准成本进行了更务实的研究。[31]他划分了标准成本制度和实际成本制度,并在论及后者时几乎带着一种轻蔑的语气:

要计算成本,有两种截然不同的方法。第一种方法是在工作完成后计算成本的方法;第二种方法是在工作开始前计算成本的方法。前者是旧方法,现在仍然在大多数制造公司和维修公司采用;后者是新方法,已开始在一些大型工厂采用,其可行性和实际价值已被证明。[32]

埃默森指出,根据实际成本制度得到的数据不仅是过时的,而且缺乏正确性,混淆了合理成本和可避免损失,而这些可避免损失与最终产品毫无关系,把它们与合理成本混淆只能妨碍废除那些无效和落后的方法。认识在通常状况下什么才是成本,就会使超额量马上明显可见,并使管理者对低于标准的绩效给予关注。真正的问题是用最有效的方法分配管理者的时间的问题。"标准成本是经营企业的航海罗盘,它反映出企业这只船每月的适当航程"。[33]

尽管埃默森不是一位会计师,也没有提出在总账上处理标准成本的方法,但他强调了将标准成本与通常的会计记录结合起来的必要性,指出这样做不仅可以系统地比较标准成本和实际上的支出,而且可以向经营责任者提供现行方法取得预期成果的证据。他比惠特莫尔更关心标准的设立。尽管埃默森在理想标准和可达到标准之间举棋不定,但他提倡将时间作为"实际标准成本单位"来采用。一个人的小时报酬率和工作速度可以被科学预测,这些较小的时间单位使正确设立成本标准成为可能。他由于没有对实际结果和标准结果之间的综合差异进行更详细的分析,所以,无法把握效率不高的准确原因。与惠特莫尔一样,他也许一直在描述并解释他在工作当中看到的方法。

四、以后的发展

预定成本比实际数额的计算更有用这样的思想,在 1910—1920 年之间发表的文献中已充分确立。这一期间的标准成本分析在实务中不仅用于控制支出、消除浪费,在编制预算时还用于预测新产品的成本。1911 年,埃默森的同事 G·查特·哈里森(G·Charter Harrison)设计了第一套有名的健全的标准成本制度。[34]他在 1918 年发表的一系列论文中详细地阐述了这种方法,[35]并在 1920 年,发表了第一组成本差异分析的公式。[36]他对会计账簿、总账和成本分析表的论述详细到可以用于食谱。此乃基本成本会计发展到完善程度的标志。

对一定的复杂水平的不断探索,暗示了高水平的改良的必要性。按项目来比较实际成本和标准成本通常会因为在产量波动时固定成本要素和变动成本要素的不同性态而被歪曲。早在 1913 年,C·H·斯科维尔(C·H·Scovell)[37]就建议,应像分解浪费时间和停工时间的费用那样分解固定成本,使差异分析更有意义。完全成本核算或全部成本核算的引进,带来了按间接费分配率计算固定工厂成本的后果,最终导致了量—本—利分析、弹性预算和直接成本核算的出现。

五、归纳和结论

也许由于成本会计的发展落后于其他会计领域,甚至落后于工业的成长,所以,它一起步,就取得了引人注目的进步。从 1885—1920 年,不仅形成了现代方法论的精髓,实务也在某种程度上得到标准化提升。在这一期间,发明了易于管理的间接费分配程序,开发了将成本记录和财务记录结合起来的技术,并发展了标准成本程序。在该时代以前,人们对此几乎没有做什么;在该时代以后,除对现存技术进行细致的改进和新的运用以外,人们同样也做得不多。实际上,工厂会计的大部分问题在这样的时代不是很容易就能得到解决的,有些迄今为止仍未解决。

保罗·加纳(Paul Garner)博士在他的专著《1925年以前成本会计的演变》(Evolution of Cost Accounting to 1925)中,以下列九点结论结束全书[38]:

1. 在1885年以前,已经有一些人对成本理论和实务开始关心,但很少有专家认为值得对这一问题全神贯注。

2. 在1900年以前,英国成本会计师为最初的思想和程序作出了大部分贡献。1900年以后,美国的理论家和实干家加快步伐,走到了英国专家的前头,这一地位一直保持到现在。

3. 主要成本制度较之更健全的工厂成本核算法,使用得要早一些。

4. 成本的第三要素(工厂间接费)在1900年以前,比较容易被人忽视;1900年以后,人们对这一问题比对其他二个成本要素更加关心。

5. 尽管存在一些限制条件和意见,根据可以利用的证据来看,产业活动的所谓萧条期可以说是引进和发展成本技术和程序的硕果累累的时期。

6. 工业工程师在美国成本核算问题的初期发展阶段,与成本核算员和一般会计师们相比,对成本核算问题表现出更积极的关心。

7. 工厂存货计价的理论和方法在早期美国对于成本的议论中,没有像英国那样引人注目。

8. 工厂记录和财务记录的结合在进入本世纪以前,是以相当缓慢的速度发展着的,直到1920年,才创立了全部具体的结合方法。

9. 成本理论和技术是作为产业环境的产物而发展起来的,其迅速发展是与生产工艺不断复杂化的要求相适应的。

注 释

[1] S. Paul Garner, Evolution of Cost Accounting to 1925 (Alabama: University of Alabama Press, 1954), pp. 9, 27.

[2] A. C. Littleton, Accounting Evolution to 1900 (New York: American Institute Publishing Company, 1933; reprinted by Russell and Russell, New York, 1966), pp. 355-358.

[3] David Solomons, "The Historical Development of Costing", in David Solomons, ed., Studies in Costing (London: Sweet and Maxwell, 1952), p. 19.

[4] Henry Metcalfe, The Cost of Manufactures (New York: John Wiley and Son, 1885).

[5] Ibid., p. 289.

[6] Emile Garcke and John Manger Fells, Factory Accounts, Their Principles and Practice (London: Crosby, Lockwood and Son, 1887).

[7] S. Paul Garner,"Highlights in the Development of Cost Accounting", The National Public Accountant (March 1950), p. 10.

[8] For a diagrammatic description, see Littleton, op. cit., p. 349.

[9] Garner, Evolution of Cost Accounting to 1925, op. cit., p. 257.

[10] Ibid., p. 346.

[11] Eldon S. Hendriksen, Accounting Theory, rev. ed. (Homewood, Ill.: Richard D. Irwin, 1970), p. 36.

[12] George P. Norton, Textile Manufacturers' Bookkeeping (London: Simpkin, 1889).

[13] Norton's manufacturing account is illustrated in Littleton, op. cit., pp. 346-347, and in Garner, Evolution of Cost Accounting to 1925, op. cit., pp. 278-279.

[14] Garner, Evolution of Cost Accounting to 1925 op. cit., p. 246.

[15] J. Slater Lewis, The Commercial Organization of Factories (London: E. and F. N. Spon, 1896).

[16] Joseph A. Litterer,"Alexander Hamilton Church and the Development of Modern Management", Business History Review 33 (Summer 1961), 225.

[17] Quoted in Solomons, op. cit., p. 26.

[18] Ibid., p. 29.

[19] Roland Dunkerley, in a paper titled "A Historical Review of the Institute and the Profession" read to the eighteenth National Cost Conference of the I. C. W. A. on May 10, 1946.

[20] Solomons, op. cit., pp. 17-18.

[21] H. L. Arnold. The Complete Cost-Keeper (New York: The Engineering Magazine Press, 1899).

[22] H. L. Arnold. The Factory Manager and Accountant (New York: The Engineering Magazine Press, 1903.

[23] Garner, Evolution of Cost Accounting to 1925, op. cit., p. 258.

[24] J. Lee Nicholson, Factory Organization and Costs (New York: Kohl Technical Publishing Company, 1909).

[25] J. Lee Nicholson, Cost Accounting—Theory and Practices (New York: Ronald

Press Company, 1913).
[26] L. W. Hein, "J. Lee Nicholson: Pioneer Cost Accountant", Accounting Review 34 (January 1959), 110.
[27] Percy Longmuir, "Recording and Interpreting Foundry Costs", The Engineering Magazine (September 1902).
[28] H. Stanley Garry, "Factory Costs", The Accountant (July 25 and September 12, 1903).
[29] John Whitmore, "Factory Accounting As Applied to Machine Shops", Journal of Accountancy (August, 1906—January, 1907).
[30] John Whitmore, "Shoe Factory Cost Accounts", Journal of Accountancy 6 (1908).
[31] Harrington Emerson, "Efficiency as a Basis for Operation and Wages", The Engineering Magazine (July, 1908—March, 1909).
[32] Ibid., vol. 36, p. 336.
[33] Loc. cit.
[34] Solomons, op. cit., p. 50.
[35] G. Charter Harrison, "Cost Accounting to Aid Production". Industrial Management (October, 1918—June, 1919).
[36] G. Charter Harrison, "Scientific Basis for Cost Accounting", Industrial Management (December 1918), p. 459.
[37] C. H. Scovell, "Cost Accounting Practice, With Special Reference to Machine Hour Rate", Journal of Accountancy 17 (1914).
[38] Garner, Evolution of Cost Accounting to 1925, op. cit., pp. 341-342.

主要参考文献

Brummet, R. Lee, "Brief History of Overhead Costing since 1875". 1-13 of his Overhead Costing, Ann Arbor. Michigan Business Studies, 1957.

Chatfield, Michael. "The Origins of Cost Accounting". Management Accounting 52 (June, 1971), 11-14.

Church, Alexander Hamilton. Production Factors in Cost Accounting and Works Management. New York: Engineering Magazine press, 1910. Reprinted by Arno Press. New York, 1976.

Crossman, P. "The Genesis of Cost Control". Accounting Review 28 (October, 1953), 522-527.

Edwards, R. S. "Some Notes on the Early Literature and Development of Cost

Accounting in Great Britain". Accountant 97 (1937), 193-195, 225-231, 253-255, 283-287, 313-316, 343-344.

Epstein, Marc Jay. "The Effects of Scientific Management on the Development of the Standard Cost System". Unpublished Ph. D. dissertation, University of Oregon, 1973. University Microfilms, Ann Arbor, Michigan.

Epstein, Marc J. , and Epstein, Joanne B. "An Annotated Bibliography of Scientific Management and Standard Costing to 1920". Abacus 10 (1974), 165-174.

Feller, R. E. "Early Contributions to Cost Accounting". Management Accounting 55 (December, 1973). 12-26,27.

Garcke, Emile, and Fells, John Manger. Factory Accounts, Their Principles and Practice. London: Crosby, Lockwood and Son, 1887. Reprinted by Arno Press, New York, 1976.

Garner S. Paul. Evolution of Cost Accounting to 1915. Alabama: University of Alabama Press, 1954, chaps. three to twelve.

— "Highlights in the Development of Cost Accounting". In M. . Chatfield, ed. Contemporary Studies in the Evolution of Accounting Thought. Belmont, Cal. : Dickenson Publishing Company, 1968, 210-221.

— "Historical Development of Cost Accounting". Accounting Review 12 (October, 1947), 385-389.

Hein, L. W. "J. Lee Nicholson: Pioneer Cost Accountant". Accounting Review 34 (January, 1959), 106-111.

Horn, C. A. "How Victorian Industrial Advances Brought Cost Accountancy to the Fore". Management Accounting (England) 52 (January, 1974), 7-10.

Jackson, J. Hugh. "A Half Century of Cost Accounting Progress". In M. Chatfield, ed. Contemporary Studies in the Evolution of Accounting Thought. Belmont, Cal. : Dickenson Publishing Company, 1968, 222-236.

Jones, D. M. C. "The Development of Accounting Commerce and Industry". Accountant's Review (March, 1975), 7-23.

Littleton, A. C. Accounting Evolution to 1900. New York: American Institute Publishing Company, 1933 Reprinted by Russell and Russell, New York, 1966. Chapter twenty-one.

Litterer, Joseph A. "Alexander Hamilton Church and the Development of Modern Management". Business History Review 33 (Summer, 1961), 211-225.

Norton, George P. Textile Manufacturers' Bookkeeping for the Counting House, Mill and Warehouse. London: Simpkin, 1889. Reprinted by Arno Press, New York, 1976.

Schoenfeld, Hanns-Martin. Cost Terminology and Cost Theory: A Study of its Development and Present State in Central Europe. Urbana: Center for International Education and Research in Accounting, 1974.

—— "Development and Present State of Cost Theory in Germany". International Journal of Accounting 8 (Fall, 1972), 43-65.

Solomons, David. "The Historical Development of Costing". In David Solomons, ed., Studies in Costing. London: Sweet and Maxwell, 1952, 1-52.

Sowell, Ellis Mast. The Evolution of the Theories and Techniques of Standard Costs. University, Alabama: University of Alabama Press, 1973.

Weber, Charles. The Evolution of Direct Costing. Urbana: Center for International Education and Research in Accounting, 1966.

Weber, Karl. Amerikanische Standardkostenrechung: Ein Uberlick. Winterthur: Verlag P. G. Keller, 1960.

（林耀耀　潘林　译）

第十三章 决策的成本分析

到了1920年,有关工业会计的主要技术问题都得到了解决。会计开始向工厂管理者提供过去的制造成本表,并越来越多地使用标准成本制度。在以后的10年中,制造费用分配、成本控制和成本差异分析、对销售费用的成本计算方法的开拓,以及成本汇总表和报告书的设计等方面,都有了一系列的改进。不过,19世纪20年代以后最显著的变化是成本会计的价值不仅在减少工厂费用开支方面,而且在制定政策和决策方面都得到了管理界的承认。承担起这样广泛的使命,成本会计不仅要取得成本资料,更需要确定什么资料重要和这些资料有什么用途。

促进政策合理化的成本会计的发展,主要体现在经济理论和工程技术的应用上[1],其中包括成本—产量—利润分析法(保本图、弹性预算和直接成本计算法)、资本预算和试行统一成本会计标准等方面。

一、相关成本概念

用于决策的相关成本,是指那些因取舍某一特定行动而发生变动的成本。对企业家来说,考虑这些成本是理所当然的,而且早期的创业者就曾计算过播种不同品种的谷物和使用不同的照明设备会给利润带来什么样的结果。[2]最早正式对差异成本进行分析的是19世纪末的新古典经济学家。1871年W·S·杰文斯(W·S·Jevons)指出:"在商业中,过去的已永久过去。"[3]主张资产的价值取决于它的未来效用而不是历史成本。奥地利经济学家弗里德里希·冯·维泽尔(Friedrich von Wieser)在1876年首次发表这样的观点,即任何商品的成本均是生产力的价值,这种生产力本可用于其他方面,但它被消耗在给定的商品上了。[4]美国经济学家 D·I·格林(D·I·Green)推断说:"由于好的机会通常是有限的,取得一种机会又常常意味着放弃其他机会,所以那些被舍弃的实际上就是选择这个机会的成本。"[5]P·H·威克斯蒂德(P·H·Wicksteed)认为,一个人为获取某物的成本可以这样确定,即将他认为拥有该物(与不拥有该物)对他产生的差异与他取得该物或该物的替代物必须付出的代价(与不取得该物因而不必付出代价)所造成的差异进行比较。他还认为,企业家的才干在于把材料费、劳务费和间接费开支的增减幅度控制在它们差额重要性和市价相适应的水平上。[6]

但是,经济学家们并不是为实际的会计人员和实业家而著书立说的,而实际会计人员和实业家也极少阅览他们的大作。[7]大多数会计师对按未来替代成本考虑问题既没有经过培训又缺乏一定的经验。另外还存在这样一个实际问题,即在间接费账户中相关变动成本与可控程度较低的固定成本混为一体,似乎谁也没能将它们辨别或分离开来。自18世纪开始,人们就已认识到总成本并不总是随产量成比例变动的,但是单位成本会随产量而变化。特戈特(Turgot)和马尔萨斯(Malthus)就曾经利用这种原理解释收益递减的问题。在19世纪30年代,查尔斯·巴贝奇理解了这一原理与机器成本的联系。[8]1850年以后,经济学家、工程师甚至会计师们普遍认识到了固定费用和变动费用的成本习性。加克和费尔斯等一些人强调这种区别的重要意义,然而,甚至在人们认识了如何和为什么工厂成本受产品数量变化的影响之后,分离可控成本的技术仍然是使会计人员感到棘手的问题。

二、量本利分析

最早应用量本利分析的几个实例见于铁路运输经济学中。1850年,爱尔兰数学家迪奥尼修斯·拉德纳(Dionysius Lardner)认为有必要预测铁路运价变化对铁路运输流量的影响。运费提高得过快会导致运营衰减,甚至使总收入降低。由于从定义上看固定成本不受运量变动的影响,从而可以忽略不计。因此,要确定能获取最大利润的货运价格,就要对可变成本和固定成本加以分离。[9]1887年美国土木工程师 A·M·韦林顿(A. M.

Wellington)在论述铁路投资的获利能力时,曾系统说明了成本和运量变化对利润水平的影响。他指出铁路建设中固定成本很高,意味着运量的小幅度下降也会对收入和利润产生重大的影响。尔后,他用图表说明了不同成本组合的结果,并初步进行了盈亏平衡的分析。但是他没有明确区分固定和变动经营成本,也没有能依据案例推论出一套能表明每一业务水平上的盈亏临界点和边际收益的数学公式。[10]

盈亏临界图

最初发表文章说明盈亏临界图的人是美国工程师亨利·赫斯(Henry Hess)(1930年)[11]和苏格兰会计师约翰·曼(Sir John Mann)(1940年)[12]。赫斯用纵坐标表示金额,横坐标表示产量和时间,在表中绘出一系列直线,以表现数量变动对总收入、总成本、总变动成本、直接费用、间接费用和固定成本的影响。总收入与总成本的交叉点自然就是企业实际的盈亏临界点。交点的上方是边际收益,它随产量的增加而增加。赫斯认为,这个图不仅可用于利润计划而且可用于利润控制,通过用图表比较预算值和实际值,还可以形象地表现两者的差异,并有利于迅速采取改正措施。

据内德·蔡平(Ned Chapin)[13]所说,人们从赫斯的模式中可推演出两种不同的盈亏临界图,它们都说明了成本和收入随产量变化而变化的情况,其差别在于成本的表示法和根据最终数据进行的分析法不同。由 C·E·内佩尔(C. E. Knoeppel)和弗雷德·V·加德纳(Fred V. Gardner)发明的那种盈亏临界图是按账户分类(如销售费、材料费和人工费等)来表示成本,但不太为人所知。它能使人通过直线的斜率和截距推测各项成本是固定成本还是变动成本。这种表特别适用于弹性预算。内佩尔在后来的著作中指出,这种"利润图表""实际上可以作为一年或更短时间内的图表总预算"。[14]

美国工程师沃尔特·劳滕施特劳赫(Walter Rautenstrauch)是"盈亏临界图"一词和今天使用的盈亏临界图的发明者。他认为这个图是"预算图表的基础"。该表是根据支出和销售(不同于赫斯的支出和收入)两者的关系绘制而成,并按成本的变化程度画出成本。[15] 1922年,约翰·H·威廉斯(John H. Williams)说明了可用固定成本除以贡献毛利计算求得盈亏临界点。[16]劳滕施特劳赫在1930年、阿瑟·J·迈纳(Arthur J. Minor)在1933年先后提出了盈亏临界点的计算公式。会计文献中也开始出现了有关利润——产量图表的论述。

弹性预算

盈亏临界图的发明者曾警告说,盈亏临界图是在假设产量和支出呈线性关系的基础上提出来的,因此它使成本、销量和利润分析过于简单化。也就是说,这种把成本截然分成固定成本和变动成本的方法忽视了大部分成本兼有固定和变动性质的客观事实。1922年,约翰·H·威廉斯[17]首次提出半变动成本的会计处理方法。他认为,通过在适合于企业最小产量和最大产量的两种半变动费用数之间进行插值分析,能够准确预测在各种产品数量状态下个别成本的大小。这样,就提高了根据不同产量水平来编制详细预算的可行性。

弹性预算首先被用于按销量变动调整间接费的分配比率。出乎意料的产量波动使得间接费用计划数和实际结果难以比较,从而难以准确评价经营者的工作业绩,妨碍明确浪费和超支的责任。1928年,西屋公司的一些工程师和会计师设计出了一种称为"弹性预算"的方法,以求解决这个问题。这种方法通过缓和产量变动影响的量差账户,把各项开支备抵纳入公司的标准成本制度。这种方法得到了广泛推广。随着其他制造厂商也把标准成本制度与弹性预算结合使用,会计师们开始认识到,只要这种标准成本与实际原始成本平均数十分相近,就应将这些数据用于对外部的报告书。

在以后的10年间,弹性预算作为一种节约经费的手段而被普遍推行。然而在受到经济萧条打击的许多企业中,即使把经费控制在预算界限之内,如果产量和销量急剧下降,经费也仍然会变得过高。采用弹性预算的动机与其说是控制短期成本,还不如说是评价经营效率,但在两种情况下其作用都是减少预算过程的主观性并使差异分析更具意义。弹性预算的普及成功是引人注目的,所以雷蒙德·P·马普尔(Raymond P. Marple)在1946年指出:30年代企业会计中唯一的、最大的进步就是弹性预算的广泛采用。[18]

直接成本计算法

最早论述直接成本计算法的学术论文是由乔纳森·N·哈里斯(Jonathan N. Harris)撰写的,该文发表于1936年1月15日《美国全国会计师协会公报》。[19]这篇文章描绘了促使他于1934年在蒂韦·阿尔梅化工公司采用"直接标准成本制造计划"的原因。几乎没有处在萌发阶段的会计革新像这样被详细地阐述过,这篇论文至今仍值得一读。

哈里斯的文章在写作上富有戏剧效果。他以自相矛盾的事例起笔:销量增加但利润减少是因为本月销售的产品只有一半是本月生产的,这就使得转销的未分配间接费用超过了增加的销售利润。这个问题的根源是完全成本计算法,它把变动间接费和固定间接费一次性全部分配到产品中去。每月的标准成本分配额是以当年计划平均生产水平为基础的。但是,在季节性经营企业中应根据高峰期的销量需要安排库存,故其月产量和月销量都不会与标准数量一致。这就必然发生间接费用分配过多或不足的现象。在生产全力进行但销售下降的情况下,利润甚至将虚增到超过销售额的地步(哈里斯补充说,这个结果很难准确地予以解释)。在相反的情况下,则会发生虚假的月份亏损。将少分配的间接费用摊入损益账户,而将分配的间接费用在存货和销售成本之间分摊的做法不仅缺乏连贯性,而且导致存货计价的不合理和成本与收入配比的不恰当,从而使正常生产能力概念的目的得不到体现。这样做也就是允许生产率对利润产生影响,本期销售负担今后才销售的产品的成本。

哈里斯于是问道:如果能够分离出固定成本,那么,在核定工厂存货价值时是否可以对固定成本不予考虑呢?他认为,这种费用是时间的函数而不是产量的函数,这些费用,即使产品没有生产出来,也同样会发生,所以应当记作成本。只将变动费分配到产品,就是通过排除估计"正常"生产能力的必要性,使标准成本的计算简单化,并排除了产量差异造成的所有问题或扭曲现象。固定间接费常常是高层管理人员决策的结果,如果将这些固定间接成本按产品分配,就意味着各部门的领导应承担一部分他们自身难以控制的费用责任,而这是不公平的。编制将变动成本项目分离的,并将边际收益单独列出的直接成本计算收益表,将有利于定价、控制和决策等活动。

哈里斯承认引入直接成本计算法将造成营运资本余额的减少,存货计价低会诱使销售经理降低售价,而且,在税收报告和受审财务报表中是不允许采用这种新的方法的。他建议,出现在年度财务报表中的这种问题,可以通过把相当于工厂间接费的数额追加到直接成本存货中加以解决。一般来说,直接成本法利大弊小,哈里斯利用蒂或·阿尔梅公司的假设数字对按新旧两种方法编制的报表格式及反映的经营成果进行比较后作出了结论。

直接成本计算法是盈亏平衡分析和弹性预算的自然发展。哈里斯的论文的发表披露了较早时期所做的大量探索。G·查特·哈里森(G. Charter Harrison)曾使用过一种不同形式的直接成本计算法,帮助一家农业设备公司的经理了解公司变动成本边际总额,该总额等于为保证获利产品销售量而增加的营业费。[20] 盖兹橡胶公司的主计长克莱姆·科尔(Clem Kohl)指出他的公司在1919年就使用过直接成本计算法,这种取消将固定间接成本分配到产品的做法,使当时的经理避免了一家收入能抵销变动成本并实际上还能补偿固定成本的工厂关闭。[21]

在1936—1937年发表了先驱者的作品之后,直接成本法的研究进入了一段较长的偃旗息鼓时期。直接成本法的出现是不合时宜的。正当会计职业界竭力将收入和全部成本配比的概念加以标准化并使它得到公认的时候,直接成本法却要取其位而代之。1947年,西屋公司中的成员C·罗伯特·费伊(C. Robert Fay)发展了弹性预算,并在匹兹堡厚玻璃板公司玻璃部采用了直接标准成本制度,使之成为第一个采用这种制度的大公司。这一制度的成功使直接成本法赢得了更多人的支持。业务经理仍然持反对意见,但是会计师、国内税收署和证券交易委员会(SEC)都同意经营者采用这种方法,只要把公开发表的数据调整到包括固定间接费用在内即可。在1951—1960年的10年间,美国会计师商会的论文索引上列示的关于直接成本计算法的论文达44篇之多,另外还有一些较短的论文,相比之下,40年代仅有两篇论文。[22]

三、资本预算

对投资决策作出准确的评价不仅要求预测观念的流入量和流出量,还应掌握复利知识和现金贴现价值的计算方法。早在巴比伦时代,人们就懂得了复利,利率概念的使用也已有悠久的历史。[23] 法国里昂市的简·特伦查特(Jan Trenchant)于1558年、比利时安特卫普市的西蒙·斯蒂文(Simon Stevin)于1582年最早发表了复利表。史蒂文还第一个把净现值方法应用于财务投资,他认为,按给定的利率计算出来的两项或多项预定贷款的现值之间的差额可以说明一项贷款的获利比其他贷款项目究竟大多少。复利知识是 17 和 18 世纪科学的人寿保险发展的基础。后来它的使用又扩大到计算公债收益和租赁设备的租金计算方面,在决定资本预算中考虑观念问题是比较困难的,因为预想的收支不易于准确预测。直到 19 世纪末,经济学家和工程学家才开始研究这一课题。

A·M·韦林顿在 1887 年版的关于铁路选址的著作中,首次提出了现代的资本预算问题,并提供了若干尝试性的解决方案。[24]铁路建设的特点是在获取收入以前需要投入大量的资金,而且,在承担这类项目之前,管理人员应判断是否有对新线的足够需求,以确保合理的投资报偿。究竟要不要修造新铁路路线? 这一基本问题,应该在系统地考虑估计成本、预计收入、建设资金和预期投资利润等基础上作出决定。韦林顿指出,资本成本随投资金额的增长而增加,利润率的尺度要优于总收入尺度。他建议开展现金流入和流出量的现值分析,并在书中再次列出了相应的复利表。他强调,预测期愈长,结果会愈不准确;当铁路运输量呈增长趋势时,为了确定本期资本支出而以未来的 5 年为预测期来预测货运量的增长,一般而言是不合适的;甚至是危险的。

艾尔弗雷德·马歇尔(Alfred Marshall)1890 年发表的《经济学原理》为资本预算法奠定了理论基础。他认为,投资报酬必须超过支出额这样一个数目,即随投资回收期的时间推移按复利比例增加的金额。投资回收期越长,损失的风险就越大,所以投资家最终应得到的补偿就应该越多,货币一般购买力的变化是一个使投资预算复杂化的因素,机敏的经营者总是持续采取一种特殊投机方式,直至增加投资后获取的边际收益不能补偿他的出资额为止。[25]

欧文·费希尔(Irvig Fisher)[26]论述过四种选择投资方案的方法,并且认为每种方法得到的结果是一致的。在所有适宜的投资机会中,应该:(1)选择按市场利率计算得出最高现值的方案;(2)在收入和成本都采用市场利率贴现的前提下,选择收入现值大于成本现值的最大数额方案;(3)选择收入与成本的比率超过利率最多的方案;(4)当可供选择的方案是连续系列的方案时,应选择这样的方案,该方案与最接近的方案的差异在于它能产生与利率相当的成本收益率。

可以预想,在实际中最早应用资本预算方法的尝试比以上方法简单得多。工程师约翰·T·范迪万特(John T. Van Deventer)虽然没有采用贴现现金流量法的程序,但在 1915 年的文章[27]中也提供了适用于机器生产车间选择投资方案的一种系统方法:(1)估计新装置可能带来的节约额;(2)确定新装置的生命周期;(3)预测它的费用开支;(4)确定可以接受的最低报酬率。

20 世纪 30 年代,约翰·梅纳德·凯恩斯(John Maynard Keynes)、肯尼恩·博尔丁(Kenneth Boulding)、保罗·塞缪尔森(Paul Samuelson)和其他经济学家也都考虑了资本收益问题。[28]在这段时期,资本预算的计算加进了残余价值和偿债基金贬值等修正因素。但是,会计期刊文献很少提及投资决策问题。美国的成本与财务会计教科书中也未很好地论述这一问题。第二次世界大战以前,货币的时间价值在扩大或压缩经营规模的管理决策中似乎从未被当作一项重要的因素来考虑。[29]

战争期间,资本支出不是根据预期货币收入,而是按其他原因加以确定的。战争一结束,对生产能量的需求猛增,即使不慎重考虑选择投资方案,也可以获得满意的利润。只是到了 50 年代,企业才普遍关心资本预算。当时,管理经济学家乔尔·迪安(Joel Dean)对五十家有"卓越管理"之称的公司的投资方案进行了研究。他发现,这些公司的"决策缺乏明确的标准,所根据的仅仅是直观的分析判断"。[30]管理者没有对计划进行分析,不能从逻辑上说明选择的理由,也没有理解有关的经济学概念。最常用的决策规则似乎就是项目的必要性和可延缓性。迪安承认对关键的预测因素的说明和判断是重要的,但他也看到有必要建立分析的一般模式以便管理者选择对企业长期发展最有意义的方案。他赞赏以现金流量贴现为基础的报酬率分析法。他的目标是把所有相关数据描述在一个图表中,而这个图表能应用于各种类型的资本预算方案,并为评价这些方案提供一整套标准。

50 年代的研究结果表明,更多的企业采用了现金流量贴现方法[31]。那时,虽然在会计实践中采用的权责发生制和收付实现制等诸种方法还没有改进到符合资本预算的地步,但是,以财务会计技术为基础的"回收期"和"报酬率"方法的应用仍更为普遍。普遍的情况是,作为专门财务专家的会计师们常常接受对资本预算决策的咨询工作,尽管 50 年代以前资本预算方面的著作几乎全都不是出自会计师之手。这些表面上的矛盾现象只能从会计师对历史的和外部的报告的偏爱中找到部分答案。这也是会计师所接受的高层次、专门化教育中缺乏经济学理论知识的结果。会计对现金流量贴现方法的重视可追溯到会计人员对经济和统计理论极为关注的时候。不管怎样,资本预算的发展史至少提供了交叉学科研究势在必行的有力佐证。

四、统一成本制度

在进行财务会计原则研究的同时,人们还试图建立适用于各行业的成本标准。早在 1889 年,全美火炉制造商会(the National Association of stove Manufacturers)就设立了一种计算该行业产品成本的标准"公式"。对此,印刷业和其他许多行业纷纷效仿。[32]根据美国会计师协会研究部的报告,到 1920 年已形成 69 种类似的统一制度。尽管这些制度有益于生产的合理化,但其基本目的却是通过以成本为依据作出彼此满意的定价,以提高竞争能力。然而,反垄断法的实施严重阻碍了这类统一成本制度的出现。在以后的岁月里,许多行业的同业协会敦促各成员按统一的会计科目表报告经营状况,再根据这些实际数据计算求得平均数,以此作为各个制造企业比较的标准,判断本单位的相对效率。近些年来,联邦政府一直试图将与之有关的民间承包商和分包商所使用的成本核算方法予以标准化。

海军大将海曼·里科弗(Hyman Kickover)于 1963 年在对参议院和金融委员会的证词中呼吁,没有统一的成本制度是政府定购活动中的最大缺陷。每年联邦政府需订购价值数十亿美元的军用器械,而通常这些军械是根据概算的产品成本(有时也以成本加固定费)为基础确定的零售价格。但是,由于各类签约企业使用的会计制度千差万别,难以比较合同、确定合适的价格、制订国防设备的成本和估计军工产业的利润。里科弗补充说,企业对改变这种状况并没有多大兴趣,会计职业界是有充裕的时间和机会在这方面有所作为的,但却口惠而实不至。他认为,如果要推行统一的成本标准,政府必须主动带头,1920 年,国会成立了成本会计标准委员会,用来建立统一的成本程序,以便核算金额超过 10 万美元的防御设备订货。从此以后,相继又设立了有关折旧、间接费用分摊,以及成本的可追溯性、可分摊性和可审核性的标准。[33]美国行政事务管理总局、国家航空和宇宙航行局和原子能协会都在他们的合同中采用了类似的标准。

五、成本会计原则

人们普遍有这样一种看法,即虽然成本标准与公认会计原则应该具有一致性,但是公认会计原则是作为签订合同时成本计算和制订管理决策的基础发挥作用的,其定义过于狭窄。[34]美国会计学会管理会计委员会(the American Accounting Association's Management Accounting Committee)[35]在1962年的报告中列举了财务会计与管理会计概念的矛盾之处,并指出两种报告在目的上的差别说明在内部确定一套单独的报告原则是得当的。

但是,美国注册会计师协会认为,会计原则委员会的提议应当是建立政府合同谈判的成本标准的依据。[36]该协会认为管理会计和财务会计主要涉及的是成本归集和配比问题。有了统一的会计原则,可以使不同领域中相同的问题能够依据统一的基础加以解决。在"成本核算复兴"的时期,内部会计程序是复式簿记法的补充发展,而成本会计则向来以援引的理论为基础。由于财务会计概念的制约,成本核算中产生了许多问题并且日趋严重。如果收益是在价值附加基础上实现的,那么,对存货成本的分摊就没有多大的必要。相反,决定资产计价方法、配比观念和收益实现惯例的财务会计原则是否站得住脚,取决于构成资产价值计算基础的成本理论。直接成本计算法、有关库存流量的假设,以及成本与市价孰低法都是对这些问题的回答。如果从这一广泛意义上来考察成本核算程序,那么,对工厂经费管理的目的问题就会更加重要,更没有多少理由可以不把闲置生产能力的成本和相似的"损失"分配到产品上去了。成本会计理论和财务会计理论的结合将改变朝着直接成本法发展的趋势,导致把许多应由本期收入负担的费用分配到产品上去。

六、归纳和结论

现代财务会计是在根据收付实现制进行交易的古老传统发展起来的。

将成本作为观念支出的想法让位于权责发生制会计、会计期间和收益实现，但是，财务会计师从来没有深入理解这些会计信条的含义，他们还不断反对采用附加成本法、现金流量贴现法和现行市价计价法。正如我们所知，成本会计形成较晚，所以，它从来就没有个人或金钱的偏见。相反，成本会计极力提倡在仍然带有现金支付概念的财务会计体系中采用权责发生制和收付实现制这样进步的概念。杭伯格（Homburger）和登特（Dent）相信："使用公开财务报表的人最关心的实际上是与经营者为满足自身需要而搜集的相同的信息。"[37]并且，他们认为，用于管理决策的相关成本应当比采用公认会计原则得出的数据对投资者更有用处。比较预算结果与实际结果，直接成本法，分解产品利润以确定每一产品、每一部门、每一附属组织的边际贡献，使用资本预算方法以引导出资产重置成本，以及根据流动资产的市价进行评估，均是提高财务报表可信程度的技术。从许多方面看，管理会计的概念体现出了财务会计人员的努力方向。

注　释

[1] R. H. Parker, Managment Accounting: an Historical, Perspective (New York: Augustus M. Kelly, 1969), p. 12.

[2] Ibid., pp. 15-16.

[3] W. S. Jevons, The Theory of Political Economy (London: Macmillan, 1871), p. 159.

[4] Friedrich von Wieser, Natural Value, C. A. Malloch, trans. (London: Macmillan, 1893), p. 175.

[5] D. I. Green, "Pain-Cost and Opportunity-Cost", Quarterly Journal of Economics 8 (1893—1894), 228.

[6] P. H. Wicksteed, The Commons Sense of Political Economy and Selected Papers and Reviews of Economic Theory, Lionel Robbins, ed. (London: Routledge, 1934), vol. 2. pp. 772-800.

[7] J. M. Clark's Studies in the Economics of Overhead Costs (Chicago: University of Chicago Press, 1923,)

[8] Charles Babbage, On the Economy of Machinery and Manufactures (London: Charles Knight, 1832).

[9] Dionysius Lardner, Railway Economy (London: Taylor, Walton and Maberly, (1850).

[10] A. M. Wellington, The Economic Theory of the Location of Railways, 2d ed. (New York: Wiley, 1887). For a summary, see R. J. Stephens, "A Note on Early Reference to Cost-Volume-Profit Relationships", Abacus 2 (September 1966) 78-83.

[11] Henry Hess, "Manufacturing: Capital, Costs, Profits and Dividends", Engineering Magazine 26 (1903), 367-379.

[12] Sir John Mann, "On cost or Expenses", in Encyclopaedia of Accounting, G. Lisle, ed. (Edinburgh: William Green & Sons, 1903—1907), vol. 5, pp. 199-225.

[13] Ned Chapin, "The Development of the Break-Even Chart: A Bibliographical Note", Journal of Business 28 (1955), 148-149.

[14] C. E. Knoeppel, Profit Engineering (New York: McGraw-Hill, 1933), p. 91.

[15] The break-even charts of Hess, Mann, Knoeppel, and Rautenstrauch are illustrated in Parker, op. cit., pp. 63-69.

[16] John H. Williams, "A Technique for the Chief Executive", Bulletin of the Taylor Society 7 (1922), 51.

[17] Ibid., pp. 47-68.

[18] Raymond P. Marple, "Combining the Forecast and Flexible Budgets", Accounting Review 21 (April 1946), 140.

[19] Jonathan N. Harris, "What Did We Earn Last Month?" N. A. A. Bulletin 18 (January 15, 1936), 501-527.

[20] G. Charter Harrison, New Wine in Old Bottles (New York: privately printed, 1937).

[21] Clem Kohl, "What is Wrong With Most Profit and Loss Statements?" N. A. A. Bulletin 19 (July 1, 1937), 1207-1219.

[22] Raymond P. Marple, "Historical Background", pp. 3-14 of his National Association of Accountants on Direct Costing: Selected Papers (New York: Ronald Press, 1965), p. 12.

[23] Parker, op. cit., p. 34.

[24] Wellington, op. cit., pp. 13-80.

[25] Alfred Marshall, Principles of Economics, 8th ed. (London: Macmillan Company, 1920), pp. 352-356.

[26] Irving Fisher, The Rate of Interest (New York: Macmillan Company, 1907), chap. eight.

[27] John Van Deventer, "Jigs and Fixtures in a Small Shop", American Machinist 42

(1915), 807-809. Summarized by George A. Wing, "Capital Budgeting, Circa 1915", Journal of Finance 20 (1965), 472-479.

[28] Parker, op. cit., pp. 45-48.

[29] Ibid., p.49.

[30] Joel Dean, Capital Budgeting (New York: Columbia University Press, 1951), Preface.

[31] Parker, op. cit., pp. 55-56.

[32] David Solomons, "The Historcal Development of Costing", in David Solomons, ed. Studies in Costing (London: Sweet and Maxwell, 1952), pp. 50-51.

[33] Cost Accounting Standards Board. Standards, Rules, and Regulations as of June 30, 1975. pp. 7,8,10,12.

[34] "Uniform Cost Accounting Standards", four commentaries in The Federal Accountant (September 1969), pp. 63-94; William J. Vatter, "Excerpts from 'Standards for Cost Analysis,'" The Federal Accountant (September 1970), pp. 65-87.

[35] American Accounting Association, "Report of the Management Accounting Committee", Accounting Review 37 (July 1962), 523-537.

[36] "Institute Offers Assistance in Setting Cost Standards", Journal of Accountancy 129 (May 1970), 9,10,12,14,16.

[37] Richard H. Homburger and William C. Dent, "Management Accounting Concepts and the Principles Dilemma", Management Accounting 50 (April 1969), 14-15.

主要参考文献

American Accounting Association. "Report of the Management Accounting Committee". Accounting Review 37 (July, 1962), 523-537.

Amey, Lloyd. "On Opportunity Costs and Decision Making". Accountancy 72 (July, 1961), 442-451.

Barton, A. D. "The Break-Even Chart". Australian Accountant 26 (September, 1956), 375-388.

Benninger, L. J. "Accounting Theory and Cost Accounting". Accounting Review 40 (July,1965),547-557.

Chandra, Gyan, and Paperman, Jacob B. "Direct Costing vs. Absorption Costing: a Historical Review". Accounting Historian 3 (Winter, 1975), 1, 9, 10.

Channon, Geoffrey. "A Nineteenth Century Investment Decision: the Midland Railway's

London Extension". Economic History Review 25 (August, 1972), 448-470.

Chapin, Ned. "The Development of the Break-Even Chart: A Bibliographical Note". Journal of Business (1955), 148-149.

Clark, J. Maurice. Studies in the Economics of Overhead Costs. Chicago: University of Chicago Press, 1923.

Elnicki, R. A. "The Genesis of Management Accounting". Management Accounting 52 (April, 1971), 15-17.

Garner, S. Paul. Evolution of Cost Accounting to 1925. Alabama: University of Alabama Press, 1954.

Gould, J. R. "Opportunity Costs: The London Tradition". In Harold Edey and B. S. Yamey, eds. Debits, Credits. Finance, and Profits. London: Sweet and Maxwell, 1974, 91-107.

Homburger, Richard H. , and Dent, William C. "Management Accounting Concepts and the Principles D: lemma". Management Accounting 50 (April, 1969), 14-15.

Jackson, J. Hugh. "A Half Century of Cost Accounting Progress". In M. Chatfield, ed. Contemporary Studies in the Evolution of Accounting Thought. Belmont, Cal. : Dichenson Publishing Company, 1968, 222-236.

Johnson, H. T. "The Role of Accounting History in the Study of Modern Business Enterprise". Accounting Review 50 (July, 1975), 444-450.

— "Management Accounting in an Early Integrated Industrial Firm: E. J. du Pont de Nemours Powder Company, 1903—1913". Business History Review 49 (Summer, 1975), 184-204.

Julius, M. J. "Historical Development of Uniform Accounting". Journal of Business 16 (1943), 219-229.

Marple, Raymond P. "Historical Background", 3-14 of his National Association of Accountants on Direct Costing: Selected Papers. New York: Ronald Press, 1965. This book also includes the Pioneering articles on direct costing by Harris, Kohl, Kramer, and Clark.

Most, Kenneth S. "The History of Uniform Cost Accounting". 40-48 of his Uniform Cost Accounting. London: Gee, 1961.

National Association of Accountants. "Current Applications of Direct Costing". N A A Research Report 33 (New York). National Association of Accountants, 1961.

Nielson, Oswald. "A Predecessor of Direct Costing". Journal of Accounting Research 4 (Spring, 1966), 119-120.

Parker, R. H. Management Accounting: an Historical Perspective. New York: Augustus M. Kelley, 1969.

— "Early History of Cost Concepts for Decision-Making". Accountancy 79 (September, 1968), 621-624.

— "Discounted Cash Flow in Historical Perspective". Journal of Accounting Research 6 (1968), 58-71.

Raymond, Robert H. "History of the Flexible Budget". Management Accounting 47 (August, 1966), 9-15.

Schoenfeld Hanns-Martin. Cost Terminology and Cost Theory: A Study of its Development and Present State in Central Europe. Urbana: Center for International Education and Research in Accounting, 1974.

— Development and Present State of Cost Theory in Germany. International Journal of Accounting 8 (Fall, 1972), 43-65.

Scorgie, M. B. "Rate of Return". Abacus 1 (September, 1965), 85-91.

Sizer, J. "The Development of Marginal Costing". Accountants' Magazine 72 (January, 1968), 23-30.

Solomons, David. "The Historical Development of Costing". In David Solomons, ed. Studies in Costing. London: Sweet and Maxwell, 1952, 1-52.

Stephens, R. J. "A Note on an Early Reference to Cost-Volume-Profit Relationships". Abacus 2 (September, 1966), 78-83.

Villers, Raymond. "The Origin of the Break-Even Chart". Journal of Business 28 (1955), 296-297.

Weber, Charles. The Evolution of Direct Costing. Urbana: Center for International Education and Research in Accounting, 1966.

Wing, G. A. "Capital Budgeting, Circa 1915". Journal of Finance 20 (1965), 472-479.

（汤谷良　杜建军　译　文硕　校）

第十四章　政府预算与企业预算

许多文明古国都试图编制国家计划。但在人类活动很大程度上依赖于自然状态的时代，他们的努力又常常是无计划的。种植、收割、建筑项目、狩猎甚至战争都是季节性事业，无法支配自己所处环境的人们只能在自然界容许的情况下编制预算。

产业的发展扩大了人类对经济未来的影响范围。现代预算包括了关于未来事件的两方面的意见，即应该做什么和需要花费什么。有位作者称之为"复式簿记在计划编制中的应用"[1]。当然，会计的控制职能是以过去的规划职能为前提的，而且每种会计制度都潜在地包含着将实际业绩与期望的预算进行比较的内容。此外，在本世纪，会计已经成为促进政府预算和企业预算方法和原理相互交流的媒介。

一、英国和法国的政府预算

将英国预算的起源作为长期争取税制民主化斗争的一部分来考察，是容易理解的。英国《大宪章》第十二条限制了约翰国王对贵族的征税权。在1689年颁布的《权力法案》中，规定未经议会许可，不得向任何人征税。为了进一步加强人民对"资金的控制"，立法机关的权力从批准国王的开支逐渐扩大到对支出计划的详细情况和支出的效果进行管理。威廉国王和玛丽女王在位时随即将公共使用的资金和国王使用的资金区别开来，并将后者限制到一定金额，同时建立王室的年俸。

在18世纪，议会更进一步抑制国王的权力，要求国王制订下一年度的支出预算,这种情况和要求各政府部门编制开支预算相类似。作为国王代言人的财政大臣,在各财政年度年初按惯例都应向议会提出由三部分内容组成的国家财政报告。[2]它包括:上年度政府支出的正式会计报告;下年度政府支出的概算和为满足资金需要而征税的建议。然后,议会对财政大臣提出的预算建议进行辩论,有时加以修正。尔后开始征税,并把已通过的拨款作为下年度开支的限度。

议会取代国王获得征税权和开支权以后,面临着控制各级官员使用公共资金的责任问题。在这种情况下就有必要建立正式的责任会计制度。现在采用的预算程序大部分只是试图进一步完善会计控制。1785年通过《更好地检查和审计联合王国账目的法案》,从而取消了政府公务款的联合审计人员,建立了五人审计委员会。该委员会拥有"审查各部门公共账目最大且最有权威的权力"[3]。1787年《合并资金法案》的通过,为建立全部政府收支均需经过它的总基金借以明确会计责任提供了重要的基础。从1802年起,政府开始公布全面的年度财政报告,1822年以后这些报告还包括收支的详细情况,并显示出预期的结余和方绌数额。

英国预算的编制过程,很好地将人民主权的优点和中央集权的优点结合起来了,一方面削弱了王室的特权,但同时又保持了统一的行政权力的概念。议会可以否决和修改提出的岁出数字,但预算仍然属于执行性文件。国王的根本责任就是详细说明申请预算的目的、协调岁入岁出的建议,以及征收和使用公共资金。在1800年,当编制财政计划的责任授予以几种身份行动的内阁时,这种制度进一步向中央集权的方向发展,内阁是一个中央的执行机构,它编制下一财政年度政府需要的报表,并提供关于公共基金管理的说明。内阁作为下议院的一个委员会,需在下议院为其计划进行答辩和解释,并要求批准它的计划。预算批准后,内阁再以执行的身份管理预算,并控制王室各大臣的开支。

这种立法权和行政权的集中使预算不可避免地反映了多数党的优势。从19世纪40年代皮尔—格拉德斯通(Peel—Gladstone)时代开始,便形成了这样一句格言,即"岁出依靠政策"。格拉德斯通在制订社会经济改革计划时推理说:

> 编制预算不仅仅是算术上的问题,更是从各种途径寻求个人致富、阶级关系以及王国实力的根源。[4]

英国的预算一直是说明国家目标的主要手段,议会对政府政策的辩论大多集中在岁出问题上。

法国

欧洲大陆上预算编制的发展,也依赖于民主制度的产生。1789年以前的法国,人民只是偶尔争取过民众控制"预算权",或建立责任会计。政府各部部长原则上都对自己的公共基金的开支承担经济责任,但是,原来的议会很少过问补助费的用途,实际上:

各部门的开支由国王陛下掌握和决定,国民均相信国王陛下对于经济问题的规定。[5]

诺曼顿(Normanton)认为,18世纪经济责任的危机,乃是法国革命的重大诱因。[6]

1789年6月17日的法令颁布以来,"未经国民允许不得开征任何税种"[7]已成为法国宪法上的基本原则。这条禁令在1814年的宪法中得到重申。法国政府模仿英国的做法,每年向国民议会递交年度预算议案,一经通过,该议案就成为当年的财政法令。1817年,国民议会规定应设立总基金,每位部长的支出不能超过拨给他使用的基金总额。1831年起,议会要对申请支出的详细项目进行审查。但是,由财政大臣所代表的集中化的行政责任从未在法国的制度中充分地重现过。国民议会作为一个团体始终保持和行使增减或取消岁出和征税的某些个别项目的权力。

二、1780—1929年的美国政府预算

美国预算是在对专断课税的不满声中建立起来的。在美国,"控制资金"的权利是依据1788年3月11日的英国议会的法令确定的。该法案废除了对茶叶征税,宣布今后也不开征类似的税种。美国宪法第一条第九段规定:

除由于法律规定的缘故以外,不得从国库提取任何货币,而且应经常发表公共资金收支的定期报表和账目。

按 1789 年 9 月 2 日的一项法案规定,美国建立了财政部,并命令财政部长编制和报告政府的收入和支出的概算书。亚历山大·汉密尔顿不仅主动地编制了预算的估计数,而且以财政部长的身份与国会建立了直接的和个人的交往。他的这种努力得到 1800 年颁布的法律的支持,该法律命令财政部长在每次会议开始前"为国会整理、编制和提供包括政府收支预算在内的财政报告和改善或增加收入的计划"。

没有证据表明财政部按照这要求做了。从 1789 年到 1921 年,联邦政府的各个机关都编制各自的财政预算,规定自身的资金需要量。然后这些预算由财政部的雇员加以汇总,并在不加评论或修订的情况下就呈交给国会。直到 1865 年,众议院的方式方法委员会才作为一个计划机构至少在许可各部门的申请款项方面进行全面的审查。当时,下议院的拨款委员会成立了,从此以后这种通过国会的预算审查得到的协调性开始消散。到 1885 年,有 8 个下议院的委员会有权建议预算拨款,而后具有这种权力的委员会增至 10 个,参议院把拨款权委托给该院的 8 个常设委员会。美国预算编制的提出几乎比西欧迟缓近一个世纪,这不仅是因为美国的行政权不像欧洲那样集中,而且也由于第一次世界大战以前的政府资金相对来源不是很重要的缘故。在 1790—1900 年之间联邦政府的总收入仅为 150 亿美元,其中绝大部分来自关税;而支出总额却是 160 亿美元多一点,[8]这使包括四次战争的经费在内的每年平均支出 1.5 亿美元。

国家预算的必要性

只要财政的主要问题是如何处理年度内的大量结余,那么国会就很少有严格控制政府各部门支出的积极性。但是,西班牙—美国战争结束而美国成为世界超级大国以后,联邦支出的迅速增加,超过了收入的增长速度。国会各委员会由于有支持特别的求情者的倾向而声名狼藉,政府的浪费和腐败,使民众的不满情绪日益增长,其结果是专门报道丑闻的新闻记者甚至国会委员们都鼓励对预算进行改革。行政部门考虑到没有国家预算,总统的经济政策就将难以付诸实施,因此也支持国家预算。

1911 年塔夫脱总统任命了一个经济和效率委员会,该委员会首次对联邦政府的组织结构和支出模型进行了详细研究,它的报告经总统签署同意后于 1912 年 6 月递交国会。该报告在"国家预算的必要性"一段中建议:总统应对财政计划的编制和财政管理承担责任,他的职责还包括在每年年初的例行会议上向国会提出预算。在这份行政预算中应包括政策的说明、收支预算的概况、上年度财政活动的历史回顾、法律变更的概况,等等。财政部长应为国会编制详细报告以支持总统行政上的结论和建议。每个政府部门和机构也应依次向财政部和国会呈送年度报告。

1912年,塔夫脱在竞选中失败,他失去了作为共和党领袖的影响力,于是民主党重新控制了国会。尽管塔夫脱已向国会提出1913年的预算,但由于党派的反对和对国会的特权的维护,塔夫脱便将它转到了下院的拨款委员会,而在那里这份预算就被认为已经夭折了。同年3月份就任新总统的伍德罗·威尔逊没有推动上述预算制度的发布。当时的经济情况是好的,财政部没有紧迫的财政问题。随着第16号修正案的通过,联邦政府得到了一项新的收入来源。

州预算和自治体预算

尽管联邦政府没有采取行动,但是编制预算是一种想法,它的时机是一定会到来的。城市、州、企业、社会组织以及各类公共机构都被迅速地安置在预算的基础上。为了明确行政上的责任,人们深感预算的必要性,对"经济和效率"的呼吁把缺乏共同性的各种社会因素也统一起来了。市政改革者懂得预算是控制支出、约束政治家和对人民负责的一种方法。企业界也认为编制预算是减轻税务、更系统地处理与政府单位之间交易的一种手段,因为在承包合同上的竞争性的投标和其他改革都有了引进预算上的程序的趋势。

经济上的需要往往是编制预算的主要动机,尽管政府单位的收入并没有成比例地增加,但人们仍然要求政府单位扩大活动。19世纪90年代,许多大城市的行政机关都感到建立预算制度是十分必要的,以后30年间几乎所有的美国市政机关都随之采用了预算制度。各个州也面临着日益增加的财政压力,1910年至1920年之间,44个州都制定了预算法。[9]预算编制被认为是保护市民、反对专制政府的办法,这使许多预算编制的倡议者对这一努力的结果大感吃惊。在财政责任集中化的过程中,政府,特别是行政部门的权力不断扩大。编制预算只是摆脱自由放任、小型政府以及立法与行政权限严格分开的总动向的一个方面。在其他一些工业国家中也发生过类似的事情。但是,美国是唯一一个在低水平基础上最早建立这种预算制度,然后又将它发展为全国规模的国家。

国家预算的采用

民众对国家预算的兴趣伴随着塔夫脱的议案受挫和美国参加第一次世界大战以后联邦活动的扩张而增长。三大主要政党在1916年的竞选宣言中都包括了预算的政策要点。1919年,国会两院均任命委员会研究这个问题。国会的辩论集中在预算采取什么类型最为合适,尤其是总统的权力应如何行使。在取得一致意见以后,沃伦·G·哈定总统于1921年6月10日签署了"国家预算编制与会计法案"。

此法案规定,总统应负责在各财政年度开始时向国会提交一份联邦的全部收支预算,立法机关可以对这些行政建议加以否决或修订。但与英国的情况一样,预算意味着是下年度政府政策和政府计划在财政上的反映。成立中央预算局不仅是为了编制预算概算,而且也是为了重新调整某些建议,以减少政府机构内部和机构之间的重复、浪费和低效率的现象。

中央预算局虽然也有权利提出政策性的建议,但在20世纪20年代它的实际工作重点还是对支出控制的改进。其首任局长提出:

> 预算局只关心政府中比较低级的和日常的事务,它与内阁官员不同,除了经济性和效率性以外,它不涉及任何政策问题。[10]

在1919年联邦政府发生赤字以后的11年都是结余,这段时期企业兴旺、行政俭朴,政策的唯一明确目标是平衡预算、减少国债。这种对预算编制的消极重视表明:一种现代财政手段被掌握在那些还不愿充分尽其所用的人们之手。

三、政府和企业的相互作用

从理论上说,政府单位至少应该能决定自己所希望做的活动、估算活动的成本以及征收满足这些活动所需的税金。但是,作为企业必须首先预测其收入,尔后在预测限定的基础上认真考虑各种可供选择的方案。政府编制预算的动机主要在于提高工作效率,而企业的它的动机则通常在于增加利润。

最初的企业预算是为了限制支出而采用的。[11]许多公司是从广告、研究和固定资产扩建部分等被认为可自由选定的方面开始编制费用预算的。当时,不存在衡量支出效率的尝试,其目的只是为了将支出控制在固定的范围之内。

科学管理

系统的企业预算的编制有两个主要源泉:一是工业工程学;二是成本会计。20世纪之前的工业计划的编制绝大部分是凭直觉,几乎没有必要考虑精确地计算生产成本。但伴随着拥有装配式生产线的重工业的发展和劳动的分工,工厂编制计划的问题复杂化了,从而为引进预算上的程序创造了良好的条件。弗雷德里克·泰罗认识到有必要对生产的计划和控制进行细心的准备,他试图把科学方法应用于"作业管理"的问题上,从而促使工业生产的业务标准化。亨利·法约尔认为编制计划和预测是整个经营管理过程中的第一步,并论述了在计划和领导中"方向一致"的必要性。亨利·甘特研制了编制计划和进行控制的直观教具,强调在编制计划过程中时间作为不可缺少的要素的重要性。[12]

对于这些人来说,编制预算与其说仅仅是一种限制开支的方法,毋宁说是一种确定责任和衡量业绩的手段。泰罗和其他人都曾对时间和动作进行研究,并对每一工厂的业务操作进行测试,因而产品成本才能正确地计算出来,"工艺科学"才得以发展。生产标准的实施结果不仅方便了计划的编制和工人奖励方案的产生,而且进一步提高了对工厂生产率和未来业务的预算估计的准确性。企业业绩标准和作业计量技术的制定,后来被引入到林业部门、联邦调查局和开垦局等政府机关。[13]

会计的贡献

成本会计人员通过建立一套能制订标准成本,并经常将它与实际结果进行比较的记录制度,促进了预算编制的系统化。他们早期以活动的估计为基础将间接费分配于产品的努力自然地形成了用预算形式估计预期成本的思想,后来他们率先为销售费和财务费确定了标准。我们已经介绍了卡克和费尔斯等先驱者对固定制造成本和变动制造成本的区分,最终产生编制弹性预算和在意外情况下由于产量变动进行有意义的差异分析的可能性。直接成本计算和改进的编制资本预算方法是在政府预算编制中得到了应用的另外的工业会计技术。

但是,为政府需要服务的财务会计技术的发展直至第二次世界大战以后才开始。当时,商业会计和非营利会计都没有必要专业化,政府会计人员主要关心政府的现金收支和拨款的法律地位。对于多数正统的财务会计人员来说,编制预算是一种全新的手段,它包含预测、比较和对未来情况作出主观估计,以及由于公司外部事件而必须作出的部分推断。利特尔顿和齐默尔曼认为,决策技术由政府会计制度给予了较好的支持,但是,以会计资料为基础的决策技术则是在商业企业中得到了更好的发展。[14]

四、1929—1949 年美国政府预算的编制

1931 年财政年度的收入减少,支出增加,成为以后 16 年联邦政府财政赤字的绪端。凯恩斯和其他计划资本主义的倡导者均认为,在那种商业循环中编制预算是维持经济稳定的必须,政府方面如果采用这样的政策就可以抑制本世纪 20 年代经济的过度增长,并防止随之而来的经济萎缩。私营部门崩溃的状态,严重地影响了政府的运行,所以,有效的预算编制必须包括对整个经济的规划。这一点在国民收入会计中再次引起了重视。[15]

纽迪尔(New Deal)经济复兴计划,要求大幅度扩充预算局。1936 年,要求预算局协助总统编写执行命令和公告。翌年,该局被授权检查非财政的法规与政府的总规划协调一致的情况。然而,总统的行政管理委员会在 1937 年的报告中批评了预算局一些常规化的、以控制为重心的方法。1937 年的改组法案把预算局从财政部移交给总统的行政办公室,直接对总统负责,而且有权对行政部门的管理政策和程序提出改进意见,并为各政府机构和部门改编计划。

为美国战争准备的事前计划是很不充分的,军队指挥官不可能:

即使是大概地估计在全世界范围内进行一场总体战所必需的预期供应量。……陆海军部门编制的计划和方案没有多大用途。行政计划……很不合适。战争不是计划编制者所想象的,也不会按他们幻想的那样来到。[16]

由于不存在全面的优先制度,当军队和老百姓对重要的生产要素的需求量超过了可供给数时,对某种商品进行控制显然是不可能的。在 1941 年

的产品需求计划中证实了全军的需求量与现有库存量和工业的生产能力有关。1943—1945年的生产和产品的分配,根据"控制材料计划"纳入了预算。诺维克(Novick)之所以认为这是联邦政府最早执行的预算,是因为它包括了以下内容:(1)确定了主要目标、计划对象和计划要素;(2)按同一基础来评价陆、海军以及非军事请求的供给和需求的系统分析;(3)延长了长期项目的时间范围。[17]

战后的革新

战争结束后不久,正当威廉·瓦特(Willian Vatter)提出商业股份公司方面的资金会计理论时,[18]联邦政府开始大规模地采用商业会计实务。1945年的政府股份公司控制法要求政府所有的股份公司均应采用权责发生制会计,并区分资本支出和收益支出。公司预算必须有提供成本信息的账目的支持。总主计长的审计与其只评价支出的合法性和适当性,不如评价公司的绩效。

"冷战"使美国历史上出现了一种独特的财政状况,国家防务开支长年持续处于高水平,但是也没有为浪费和泛用进行辩护的特殊意外事故。这种预算结构上的高额社会成本证明了如何设法将军事上的支出与实际结果联系起来十分必要。这就要求对过去曾被认为是严肃的政治或军事问题需要进行"经济"分析。自1921年以来,联邦政府编制预算是由行政部门及其下属各机关处理。只要各部门完成了规定的职责,其支出总额的变动就可以与其努力程度的变动大致相等。但在比较复杂的战后环境中,一个政府单位经常要完成几个方面的任务,职员人数或开支金额对业务的质量或政府的政策意图来说都不能成为可靠的指南,[19]而且,传统的一年期的预算无法反映资本支出的重要性,因为它的效用往往会持续很长的时期。

五、业绩预算

赫伯特·胡佛(Herbert Hoover)主持的行政部门组织委员会取代了单纯列示支出对象(人事费和旅费等)的预算,并提出如下建议:

> 联邦政府的全部预算的基本观念应该是通过采用以职能、活动和项目

为基础重新改造原来的预算,这就是我们设计的"业绩预算"。

1949年,修改后的国家安全法要求在国防部实施业绩预算。该法的其他修订是授权国防部建立营运资本基金和确定主计长的地位,并授权总主计长按照会计的原则与标准确定会计的必要条件。1950年的预算编制和会计程序法没有对业绩预算进行专门的介绍,但要求预算应说明"政府的职能和活动"。在1951年的联邦预算中补充说明了活动和计划,使读者看到了申请基金的组织单位所做工作的一般情况。但是,无论是这些说明的还是修订的国防预算,均不能对政府支出的有效性作出客观的评价。

预算局满足于自身财政管理的作用,不愿意到要求有新的专门技能的领域去冒险。甚至美国注册会计师协会(AICPA)都将业绩预算描述成既是会计,又不是会计的这样一种东西。[20] 传统一致意见是:

> 20世纪50年代的预算局的几个局长的职业背景和哲学上的倾向性,引起了对会计各方面、消极的管理以及常规的处理方法的重视,但在促进长期的计划编制方面未作多大努力。[21]

预算局鼓励政府机构采用固定资产和存货会计的商业方法。1955年,第二届胡佛委员会重申继续使用"项目预算"并提出应根据应计支出的估计数安排年度预算拨款。1956年的法律规定,每个政府机构应把所属固定资产的记录作为会计制度的一部分。财务报表扩大到反映财务状况、经营成果和完成预定任务的成本。美国会计总署(GAO)承担了进行管理审计的计划,旨在对各机构履行其责任的有效性进行评价。

规划——计划编制——预算制度(PPBS)

业绩预算在开支不稳定模式的政府机构中,特别难以实施。1861年以前,国防预算以及战略和兵力的计划是:

> 由不同的人,在不同的时间,授予不同的职权范围,并且没有协调他们活动的任何方法,进行几乎完全单独的活动。兵力和战略由军事计划者制定,预算则由文职秘书和审计员组织编制。[22]

这种预算与计划的分离无论是原因还是结果,都没有充分利用关于可供选择的军事战略的成本和不同预算水平的效果的信息。规划仍然是在特定的部门中确定它们的责任,并不考虑对其他领域的影响。国防预算的最高限度以行政预算可能获得的收入为基础,并不查询军队的要求,也就是说,军事部门和联合参谋部不提及成本。矛盾通过协商过程来解决,其结果很难根据经验加以防止。由于预算的时间范围只是一年,所以对军事建设项目和新武器系统的不断发展的有效性就很难加以评价。

1961年,罗伯特·麦克纳马拉就任国防部长,他将规划的能力引入国防部当时实行的业绩预算之中,创造了"规划——计划编制——预算制度"。国防部的计划员提供了众多可供选择的行动方案,规划者应更明确地决定在执行九项军事"任务"时的优先顺序。不规定预算的最高限度,而各项支出方案应按其必要性、对提高军事效率的贡献和国家资源的耗费程度等特征来评价。那些海、陆、空三军经常要求拨款的"一揽子计划",应在未来五年中得到合理规划,而且每年的预算应与这些长期计划结合起来。国防部认识到对正在实施的计划进行连续的检查比每年一次的检查更为必要。1964年,国防部采用了计划变更提案制度,允许立即修正已批准了的五年的兵力结构和财政计划。

由于PPBS在国防部取得了令人满意的效果,因此约翰逊总统要求整个联邦政府都采用这种制度。总统在1968年的预算咨文中总结了在政府中采用这项制度的优点:

(1) 在连续的基础上精确地确定我们国家的目标;
(2) 在众多的目标中选择最紧急的目标;
(3) 寻求可以达到那些目标的效果最佳、成本最低的可供选择的方案;
(4) 不仅能告诉我们下一年的成本,也能了解第二年、第三年以及以后各年计划的成本;
(5) 计量我们计划的执行情况,保证货币的使用价值。

其他21个政府机构采用PPBS的结果是多种多样的,国防部在采用这种制度以前,已有10年实行业绩预算方面的经验。没有这些经验的部门有时会误解甚至会误用这一新制度。当组织只具有短期计划或不很复杂的计划,它们未必需要如此复杂的预算程序。PPBS的成功也依赖于长时期的努力。并不是每个政府机构都采用"麦克纳马拉方法"。

对军队计划者来说,成本的有效性可能意味着提高报复能力。但对企业家来说,则可能是增加市场占有率或提高投资报酬率。无论哪种情况的管理任务都包括平衡需求与资源、以最少的费用支出实现预定目标。国防计划的经验和企业预算的近况都表明:要最有效地完成一项任务必须协调年度计划和长期计划,按规定的分析手段依次确定目标、编制计划和进行项目分析。

注 释

[1] Frederick C. Mosher, Program Budgeting: Theory and Practice (New York: Stratford Press, 1954), p. 48.

[2] "预算"一词(来自拉丁语"Bulga",意为运送食物的皮袋)原来指作为国家岁入容器使用的钱袋。后来,预算指收集财政部长在议会上宣读的预算演说稿的公事包。最后它包括皮包中的文件和预算演说稿。

[3] Edwin L. Theiss, "The Beginnings of Business Budgeting", Accounting Review 12 (January 1937), 44.

[4] Quoted in Jesse Burkhead. Government Budgeting (New York: John Wiley and Sons, 1959), p. 6.

[5] Quoted in Rene Stourm, The Budget (New York: D. Appleton and Company, 1917), pp. 41-42.

[6] E. L. Normanton, The Accountability and Audit of Governments (New York: Praeger, 1966), p. 17.

[7] Stourm, op. cit., p. 39.

[8] Percival Flack Brundage, The Bureau of the Budget (New York: Praeger, 1970), p. 6.

[9] Frederick A. Cleveland and Arthur E. Buck, The Budget and Responsible Government (New York: Macmillan, 1920), p. 124.

[10] Quoted in Charles G. Dawes, The First Year of the Budget of the United States (New York: Harper and Brothers, 1923), p. xi.

[11] Theiss, op. cit., 49.

[12] See Daniel A. Wren, The Evolution of Management Thought (New York: Ronald Press, 1972), 495.

[13] Fremont Lyden and Ernest G. Miller, eds., Planning Programming Budgeting: A Systems Approach to Management (Chicago: Markham Publishing Company, 1968), 37.

[14] A. C. Littleton and V. K. Zimmerman, Accounting Theory: Continuity and Change (Englewood Cliffs, N. J.: Prentice-Hall, 1962), 244.

[15] For a detailed history from the seventeenth century, see P. Studenski. The Income

of Nations (New York: University Press, 1958).

[16] Mosher, op. cit., 54.

[17] David Novick, Origin and History of Program Budgeting (Santa Monica. Cai.: RAND Corporation, 1966), 5.

[18] See William J. Vatter, The Fund Theory of Accounting and its Implications for Financial Reports (Chicago: University of Chicago Press, 1947).

[19] David Novick, ed. Program Budgeting (Camdridge, Mass.: Harvard University Press, 1965), 29.

[20] "Budgeting a la McNamara", Journal of Accountancy 121 (February, 1966), 16.

[21] "Budgeting for National Objectives—Three Cheers and One Criticism", Journal of Accountancy 121 (May, 1966), 34.

[22] Planning-Programming-Budgeting, Hearings, Subcommittee on National Security and International Operations, Committee on Government Operations, United States Senate, 90th Congress, 1st Session (Washington, D. C.: U. S. Government Printing Office, 1967), part 2, 67.

主要参考文献

Brundage, Percival Flack. The Bureau of the Budget. New York: Praeger, 1970, chaps. one and two.

Burkhead, Jesse. Government Budgeting. New York: John Wiley and Sons, 1959, chap. one.

Cleveland, Frederick A., and Buck, Arthur E. The Budget and Responsible Government. New York: Macmillan, 1920.

Harrill, E. Reese. "Performance Budgeting and Accounting". The Federal Accountant, 14 (Spring, 1965), 35-58.

Harris, R. D. "Necker's Compte Rendu of 1781: A Reconsideration". Journal of Modern History 42 (June, 1970), 161-183.

Herbert, L. "A Perspective of Accounting". Accounting Review 46 (July, 1971), 433-440.

Jennings, R. M., and Trout, A. P. "Internal Control-Public Finance in 17th Century France". Journal of European Economic History (1972), 647-660.

Kendrick, J. W. Economic Accounts and their Uses. New York: McGraw-Hill, 1972, 10-20.

—— "The Historical Development of National-Income Accounts". History of Political

Economy 2 (Fall, 1970), 284-315.

Lyden, Fremont, and Miller, Ernest G., eds. Planning Programming Budgeting: A Systems Approach to Management. Chicago: Markham Publishing Company, 1968.

Mattessich, Richard. "On the Evolution of Budgeting and Budget Simulation". Chap. 2, pp. 5-10 of his Simulation of the Firm Through a Budget Computer Program. Homewood, Ill.: Richard D. Irwin, 1984.

Morse, Ellsworth, H., Jr. "The Accounting and Auditing Act of 1950 — Its Current Significance to GAO". GAO Review (Summer, 1975), 23-31.

Mosher, Frederick C. Program Budgeting: Theory and Practice. New York: Stratford Press, 1954.

Normanton, E. L. The Accountability and Audit of Governments. New York: Praeger, 1966, chaps. one and two.

Novick, David. Origin and History of Program Budgeting. Santa Monica, Cal.: RAND Corporation, 1966.

—— ed. Program Budgeting. Cambridge, Mass.: Harvard University Press, 1965, especially chap. one.

Raymond, Robert H. "History of the Flexible Budget". Management Accounting 47 (August, 1966), 9-15.

Rogers, D. M. "Development of the Modern Business Budget". Journal of Accountancy 53 (1932), 186-205.

Staats, Elmer B. "Government Auditing — Yesterday, Today, and Tomorrow". GAO Review (Spring, 1976), 1-9.

Stourm, Rene, The Budget. New York: D. Appleton and Company, 1917.

Studenski, P. The Income of Nations. New York: University Press, 1958.

Theiss, Edwin L. "The Beginnings of Business Budgeting". Accounting Review 12 (January, 1937), 43-45.

（汤谷良 译 李天民 校）

第十五章　会计在所得税中的作用

一、先驱者的法律

所得税与人类文明的历史同样悠久。旧约全书和古印度史书都提到过个人所得税。在罗马帝国建立后不久,罗马市民就开始定期直接交纳所得税。中世纪时许多王国也对个人所得征税。在 15 世纪,佛罗伦萨共和国开始征收所得税。在路易十六世统治初期,法国君主政体也开征个人所得税。

诚然,在前工业社会没有一个国家的收入主要是靠征收所得税形成的。因为所得税需要有一个明确的不同于资本的收入概念,而这一概念在中世纪是严重缺乏的。此外,所得税的征收比产品(销售)税和财产税更为困难,它要求建立比较完善的管理机构。它的成功在某种程度上依赖于工商业的繁荣、文化的普及、大量的资本和储蓄、生活都市化,以及社会成熟到能把所得税制看作是社会自我施加的约束的地步。准确无误地记账、算账也是成功征收所得税的先决条件。采用自己计算税金的方法本身就说明了会计具有相当的复杂性。

虽然 17 世纪以后几个欧洲国家一直在向所得税迈进[1],现代所得税却始于拿破仑战争之后。1793 年,法国采用战时财政措施,实行综合所得税。1799 年,英国也实行了同样的措施。不列颠的征收程序值得注意,部分原因是它后来对美国的税法产生了重要影响。尽管还不是正统的累进税制,但它允许对有子女的家庭免税,也对生命保险费开支和能产生收益的建筑成本减免所得税。1816年该税被废止,此后一直没有制定出与此相类似的税法,只是到了1842年,长期有效的不列颠所得税法才付诸实施。澳地利于1849年、德国于1850年、意大利于1864年先后采用了和平时期的所得税法。

二、美国 1646—1913 年的所得税法

17世纪,英属北美的若干殖民地[2]开征苛刻的财产税,即按"资产和能力"(指"劳动者,技术工人和纺织工人"的特殊才能)征税。能力税是按估计数而不是按实际收入计算的,因此难以实施,经常夭折。独立战争之前,许多殖民地恢复了能力税,战争期间,1/3以上的殖民地对利润课税。殖民地独立以后,这些法规一律废止。19世纪初,美国的6个州试行所得税征收制,但其结果仅限于创立了许可证制度。[3]

美国政府在1812年战争期间就计划开征联邦所得税,但1780—1860年期间,政府岁入的主要来源仍是关税。于1861年开征的第一项联邦所得税其实是一种战时措施。这种税制存在许多弊端,根本无法实施,到第二年就被议会制定的较为可行的法规取而代之。1862年的法案规定对收入超过800美元的实行3%累进税率,对收入超过5 000美元的按10%比例课税。到1865年,对所得额介于600~5 000美元之间的按税率5%征税,对5 000美元以上的则按税率10%征纳。纳税人有义务报送年度收益表和应纳税财产表,税务员就根据这些表计算应纳税额。南北战争期间的这项税法尽管只影响到1%的人口,但它确定了不少课税原则和先例,成为继宪法第16次修正案以后通过的国家税收法的一部分。应税净收入的概念出现了。租金股息和利息都是应纳税的收入,但遗产和人寿保险收入却不作为课税对象。股票损失和其他财产损失只有在这些资产被处理时才能视为损失。意外损失可冲减应税所得额,资产修理与永久性改造应区别对待。对政府职员的工资和公司证券利息也可免税。最为重要的是,所得税是个人向国家缴税能力的最公正尺度这一观念已为人们所接受。

尽管没有完善的税法实施机构(与南北联盟的所得税比较),但其成果是十分可观的。11年间获得了34 700万美元所得税收入,占南北战争期间

全联邦国内收入的1/5。不过,其中绝大部分收入来自东部各州,而使用却归其他各州。东部金融界因此反对这一税制,他们的观点支配着当时执政的共和党,于是国会在1873年废止了此项税制。

在19世纪的最后30多年里,关税仍然是美国岁入的主要源泉。但是关税的多寡很大程度上受企业状况的制约,而与政府对收入的需求关系不大。加之1873年、1884年和1893年的萧条导致了经济的波动,提倡所得税的人认为征收所得税是联邦政府有能力控制商业周期和调节大型企业的重要途径。有关所得税的第二种看法是贫富者之间纳税不均。农场主和小商业主既要支付州税,还要支付地方税,而富翁们则常常几乎完全逃避各种纳税。劳农组织把所得税列作其政纲的主要项目。国会内部两派的政治斗争也十分激烈。南部和西部民主党认为关税是种负担,但东部议员支持保护性关税,认为它可抑制欧洲的竞争。1892年,格罗弗·克利夫兰以关税作为收入的竞选纲领当选为总统,他论述了联邦政府增添这样一种收入来源的必要性。1894年,国会依照南北战争时期的法规制定了所得税法,它既适用于对个人所得收入征税,又适用于对公司所得额征税。资本收益、馈赠和遗产都是课税对象,其中对个人纳税者来说,除有4 000美元的免税额外,税率均为2%。塞利格曼(Seligman)认为这项法律制定得非常草率,幸运的是,后来最高法院判决它是违反宪法的。[4]

宪法授予国会课税权限,但为了防止把不适当的负担转嫁到人口稀少的以农业为主的州,宪法要求直接税应按各州人口数进行征收。虽然谁也没有确切理解直接税的含义,但所有法案都支持这种新的所得税。[5]在审理波拉克与农场主信贷公司这个划时代的诉讼案件中,最高法院于1875年判决它违背宪法,理由是:①联邦政府没有对州债务征收所得税的权力;②所得税实际上是对某项收益的来源开征的一种税。所以,对租金的征税是对取得租金的土地开征的直接税,而这在法律上是无效的。因为宪法不允许不均等地分配收入。在根据双方要求开办的复审法庭上,法院最后判决,由于该法案的部分条款严重违法,整项法案必须废除。这意味着只有修正宪法或者最高法院取消这个决议,联邦政府才能征收个人所得税。

西班牙与美国战争期间因开征了交易税,财政收入大大增加。但进入20世纪以后,联邦政府再次认识到有必要开辟新的税源,而且再次出现了按纳税能力征税的新要求。1908年,西奥多·罗斯福提议开征所得税,在布赖恩领导下的民主党联合共和党的反对派积极支持这种主张。1909年,保守的共和党被迫妥协,与塔夫脱总统一起提出修改宪法案,批准征收所得税,并且不允许用分摊的做法妨碍它:

> 国会有权对各类所得额征收所得税,但不得在州与州之间进行分摊,也不考虑人口调查的结果。

在等待宪法第16项修正案认可期间,国会于1909年通过了"特别交易税"这种公司所得税法案,它对5 000美元以上的净收益收缴1%的税款。这是对利用公司这种特权形式进行经营的企业所征收的税。这项法规仓促而且行文很差,但它符合宪法,因而在审理弗林特对斯通·特雷西公司的案件中得到承认。不过,它忽视了当时采用的商业会计方法,因此激起了会计职业界的反对。这种反对预示着即将发生什么事变。

会计师很少对1862年与1894年制定的法规作出评价。当时,美国会计还处在刚刚起步的阶段。但是到了1909年,相当数量的、规模可观的公共会计事务所相继建立,那些深受新税制影响的大型和中型公司提出了现代意义上的所得额计算法。权责发生制会计被广泛应用。大多数公司都对设备资产计提折旧,而且为坏账和意外债务特设了备抵资金。许多企业还采用了日历财政年度。公司交易税法的颁布招致执业会计师的不满,表示愤慨的信件和文章纷纷涌来。1909年7月,12家著名会计师事务所发表公开信,指出所提法案中存在"错误",认为它是"绝对不宜采用的",它"违背了所有正确的会计原则"。[6]另外一些文章质问为什么国会不征询会计团体的意见,为什么该项法律没有损失移后扣减的规定或持续信贷免税5 000美元的条款。[7]一位注册会计师指出,由于采用现金收付制会计和日历财政年度,将出现"纯所得应税额有时大大超过所得纯利润数"[8]的现象,这就给纳税者造成了困难。因此,会计界质问:为什么仅当公司直接产生成本时,才允许计提折旧,而不能更为普遍地通过使用备抵账户呢?[9]

税务当局犯了一个错误。他们多次在缺乏会计理论知识的情况下作出理论上的决策。财政部对这些批评是敏感的,在它受命执行一个不可能实施的法律时更是如此。1909年12月,财政部长发布正式的文件,允许根据权责发生制确定收益,还允许公司估算财务年度的期末库存。会计人员终于成功地动摇了所得税法。但这仅仅是税法用语和左右其实施的会计说明之间连续不断的互相冲突的序幕,其结果是这种差异导致了延续至今的混乱。

三、1913年以后的美国税收法

继"宪法第16项修正案"通过以后,1913年税收法,其中包括长达15页的所得税条目,于当年10月3日正式颁布生效。它规定的税率是适中的:独身者的个人所得3 000美元以上的正常税率和已婚夫妇所得4 000美元以上的正常税率均为1%;对于所得额超过20 000美元的课以1%~6%的附加税;公司的一切收益均不免税,按1%征收。1913年税法的基本思想绝大部分沿用至今。股息、资本收益以及未分配的利润都属课税范围,但馈赠物品、遗产、国债利息可以免税,而且对经营费用、税金、利息、事故损失、坏账及折旧等也可做相应扣减。这项法律与1909年的法律一样,把计算应税所得额的责任加在纳税者身上,但是它忽视了纳税人通常采取的会计制度和已确立的会计期间。这样,法规也难以实施,因为由没有会计知识的法官作出的书面或口头的法庭裁决常常进一步把税收会计实务与财务会计实务引向分离。实际中还时常发生不顾收入是累计所得的观念而作出判决的事件。然而,1913年的法律并未招致像1909年法律那样多的批评。当所得税反对者根据宪法第五项修正案正当诉讼程序条款(关于免税和累进税率)再度提出起诉时,这一税法在1916年的布鲁斯·哈百对太平洋铁路联合公司诉讼一案中得到了法庭的肯定。

税法规定,纳税所得额的确定必须以会计记录为基础,从而使得会计业务变得不可缺少,而且扩大了执业会计师业务。当时,执业会计师所面临的问题是,要帮助成千上万过去从未认识到编制财务报表的必要性,而现在刚刚开始应用统计观念分析整个经营活动的企业家们编制纳税申报单。这一义务使会计人员有机会显示出在其他方面所能起到的作用。于是,对于会计专家之外的许多人来说,会计决策和会计理论第一次变得重要起来了。

1916年的联邦岁入法允许采用权责发生制记账的纳税人采用同样的办法编制纳税申报单,这改善了收益的计量。美国卷入第一次世界大战之后,各种税率大幅度提高,免税额下降,而且开征了超利润税。这样,所得税本身已无可争辩,它已成为一种必不可少的政府收入。

经过会计师、律师和经济学家的共同努力,1918年的联邦岁入法第一次以商业会计实践为基础,确立了纳税准则。这些准则自此以后实质上一直保持了下来。1918年以后的各项法律都有类似这样的说明:"根据采用的标准会计方法,一般都能够明确地反映所得收入。"所得收入应该"依据记账时通用的会计方法"计算。这些法规都说明了准许采用的会计方法的基本内容、特别允许采用的有权责发生制和会计年度。必要时,还可以进行库存盘点。法院的判决也开始倾向于支持确定所得收入的会计方法。例如,1918年,在审理道格尔对米切尔兄弟公司诉讼案件中,法庭认为从收入中作各种扣除以算出总利润是正确的,并不取决于税法具体条款的规定。

在20世纪20年代,所得税仍然只影响到富裕阶层,但是,许多高等学府开设了税收课程,获准的会计人员可以在税务法庭中开展业务。公共会计师考试中首次出现了税务问题。税法条款也不断吸收会计方法和会计概念。1921年,联邦岁入法允许使用坏账备抵、净损失移后扣减,以及合并收益的做法。它还第一次给出了资本收益的优先处理方法,并通过确认通货膨胀会抵销所得收益的部分价值而明确了收入与资本的划分。最为重要的是,课税对推广收益实现原则的影响。根据测算应税所得额的具体处理方法和法庭的判决,[10] 人们萌发了收益实现必须发生在收益获得之前的思想。而且,既然以销售时间作为衡量实现的标准是最客观的,那么,这个时刻也应是收入确认的时间。这种新方法取代了以前在年初年末进行盘存以确定收入的做法。这种变化在30年代早期基本完成,[11] 它带来的结果是:会计的重点逐渐由资产负债表向损益表转移。

1939年,交纳所得税的人数仅500万,金额不到国民收入的20%[12]。第二次世界大战使纳税人增至5 000万,所得税成为最早的大众性税种,同时也使会计工作量空前增加。尽管还有其他因素的影响,20世纪40年代美国税收的增长与美国会计师协会会员的显著增多之间存在着密切的联系。[13] 高税率和累进课税也使税务会计处理和财务会计处理的差别更为明显,财务报表数字严重扭曲,从而引起了战后对税收分配问题的争议。本世纪20年代,税法与商业会计实务并行发展,但到30年代初,税法在折旧和存货计价方面的发展超过了商业会计实务,并为会计理论上的革新提供了新内容,而会计行业本来是不可能或不愿意进行这种变革的。

1938年,只有少数纳税阶层获准采用后入先出法对存货进行估价。翌年,这种方法被普遍采用。因此,存货计价法向后入先出法的转变,是和日后30年通货膨胀的开始一起发生的。使用它的基本理由也许是由于会计职业界不按物价水平调整会计记录。但在1939年,有人认为,这种方法只适用于把大量资金投在原材料上的企业。为了限制它的使用,批准使用后入先出法的规定说明,只有当它被用来编制财务报表时才能用于计算税收。在它之前的基本存货法就没被这样广泛地推广运用,而假如后入先出法在价格上涨时期不能使纳税人延期纳税,这种方法在财务会计中也许就不会那样受到重视。但是,税金方面的动力是巨大的,以至于可以不顾理论的妥当性,为实现会计的目的而广泛使用这种方法。这种方法成为税务处理的一个典型案例,它为自己制造了理论依据,进而修正了现有的会计概念。

会计教科书中关于加速折旧法论述已有很长时间。但是,直到1954年,税务报告和财务报告中仍普遍采用直线法。[14] 采用直线法进行折旧在理论上已难以立足,因为它忽视了资产的精神磨损和在其寿命初期使用较频繁的可能性。它之所以得到普遍采用,只是因为它的计算方法简便易行。正如第二次世界大战以后修改了税务上的折旧条例的所有国家一样,美国在1954年允许自由选择折旧方法,目的不是改进收入的计量,而是通过鼓励资本投资促进经济的发展。快速折旧满足了提高设备成本和降低重置成本的要求。1954年以后,因快速折旧而形成的税收结余,成为产业资金的主要来源,并为发展中的企业创立了几乎完全是资助性的政府无息贷款。[15] 和后进先出法的情况一样,这种方法刚刚获得批准,就出现了支持它的理论依据。由于加速折旧倾向于少报收入,这就给调整税务结果和财务结果带来了不少麻烦。有趣的是,1954年的国内岁入法试图缩小税务会计和财务会计的差别,但结果却适得其反,差别更为明显,分配问题更加严重。

四、税收与会计的相互作用

我们知道,早在1913年,会计技术已远远优越于早期的税法,而且,税收法对会计概念的依存关系很快为大家所承认。最初的岁入法只是由于借用了会计技术才得以实施,而以后的税法因采取了其他的会计方法才愈来愈趋向成熟。所以,当代关于税收的会计文献反映了在这样的历史情况下人们对所得税制的种种看法。这些看法可简单地归纳为以下几点:(1)由于期间利润计算是会计的本质问题,因此计算税金的程序理所当然要模拟会计方法;(2)通过促进税收法则和商业会计实务的一致性,将二者的矛盾减少到最低限度。这些观点与税法本身一样既具有刺激性,也具有惰性,是不断激发协调税务会计和财务会计的内在动力。

至于税收对会计理论的影响,是很难评价的。如果要说有什么原因,那么原因就是这种影响的普遍性。亨德里克森认为,这种影响主要是间接的。[16]税收规则的制定引起了人们对一些被忽视的会计问题的热烈讨论。税收问题是促进会计的重心由计算资产盘存转向计算收入的主要动力。对税法的承认是保证选择出来的会计方法被迅速广泛采用的一种手段。毫无疑问,税收有助于提高和改善通常的会计实务的连贯性。

使会计原则规范化的首要目的是减少会计实务中的可供选择的方法。税法无视会计理论的要求增加了会计选择机会。据一位权威人士估计,税法准则使日历财政年度的广泛使用延误了30年的时间。[17]有关利润和损失的税务规则,以及不许按物价水平调整会计数据的官方理由,都在阻碍着会计摆脱历史成本的束缚。税务当局不顾会计方面的影响只处理单个问题的倾向,鼓励了会计团体零打碎敲地建设会计理论的做法。从某种意义上讲,美国税法规则相当于法国、德国、瑞典等国家调节会计业务的法规,与这些税法一样,法律表现出代替会计职业判断的倾向。

现实的收益理论没有成为税收理论的基础。税收制度只是借用了会计理论才得以成立,并认识到广泛采用会计原则是十分便利的。税法坚持历史成本,不考虑货币价值的变动,并且重视会计主体的分离。对会计的一贯性和公开性的强调,部分地是受税务政策的影响。与财务会计相比,税法更重视可预计的事件,强调统一性、客观性和稳健性。

税法规则和会计原则的最大差别在于收益实现的时间和费用的可扣减性。税收制度是收付实现制和权责发生制的混合物,因为计算应税收益是要确定纳税人立即支付现金的能力。管理上的方便性和征收当期税收的必要性是与会计上的持续经营的假设相矛盾的。这使税务年度自身存在独立的倾向。关于收益的税收概念的中心问题是会计期间,而不是配比,从而使利润逐渐与获利有关的支出相分离。一般来说,会计上的收益实现概念似乎正从曾经有助于它形成的税收前提中分离出来。

如果像霍尔姆斯(Holmes)大法官所说,"税收是我们为文明支付的代价",那么,税收就应该既有利于经济又有利于社会。税务会计与财务会计在程序上的主要差别表现在税务法中包括了修正一般收益概念的社会福利、公共政策和权益条款。税务管理必须公正地对待不具备同等支付能力的人。除此之外,还应制定详细的规则,以使官员只要稍加判断就可以决策。这种发展趋势取决于法律上的先例,而不是寻求数据资料在经济业务中的含义。所以,律师与会计师之间关于税务的争议不仅限于简单的司法问题,而且涉及收益计量的法律方法和经济方法之间的根本差异问题。

协调税务会计与财务会计的另一个障碍是会计师不能准确定义会计原则,也不能减少处理相同业务可采用的会计方法。税收制度包括了把争议问题交由法庭做出最终裁决的程序。美国会计界则缺乏类似的解决会计实务中差别问题的裁决组织。由于会计权威机构不止一个,因此妨碍了会计与税法的协调统一,而两者出于管理上的需要又必须尽可能的正确和统一。在税收中,每一个认可的方法都同样可以接受,而在财务会计中,一些方法比起另一些方法要更优越。由于会计师和政府机关为使这两个领域的做法尽可能一致而做出了坚持不懈的努力,所有上述差别正在大幅度减少。投资信贷受挫和税收分配的长期争议,都说明强行统一税务和会计的收入计量方法是危险的。

有关投资信贷的真实情况是众所周知的。1952年的国内岁入法要求按税收目的将信贷总额作为所获财产基数的扣减额加以处理。会计原则委员会意见书第2号也支持这种"降低成本"的方法。1964年的国内岁入法允许将全部信贷用作抵减税金支出。美国会计师协会认为这样做的理由是充分的,因此于1964年改变态度,承认这种"一贯到底"(Flowthrough)的方法。对于一些人来说,这种态度的变化仅仅说明财务会计屈从于税收规则。对另外一些人来说,美国会计师协会因忽视了纳税人的意见而失去了立足之地,不得已那样做也是合乎情理的。包括莫里斯·穆尼兹(Maurice Moonitz)在内的另一些人则认为,投资信贷的问题说明了会计理论不能应付没有先例的情况。[18]不过,也可以把这一问题看作是滥用历史经验趋势的一部分,也许是争取税法承认会计原则的斗争获得了过于辉煌的胜利,所获得的和谐一致超出了正当的需要和愿望。因此,可以说,承认税务会计与商业会计的内在差异还是明智的。

按美国注册会计师协会的看法,税收上的收益概念和会计上的收益概念应该具有更大的一致性。达到一致的主要方法是分期摊销税金,以消除时间差异的影响。1944年会计研究公报第23辑明确地指出所得税也是一种费用,因而应与其他费用一样按收益进行分摊。1945年,证券交易委员会的《会计系列公告》第53辑反对这种分摊。1957年,美国会计学会会计原则和标准委员会在公告中也反对按时间分配税金。1954年,《会计研究公报》第44辑认为,加速折旧不要求对递延所得税进行分配,但到1958年,该公报修订本中又自我否定,宣称当加速折旧法仅用于税收而不用于会计报告时,会出现未来税金债务。1966年《会计研究论文》第9辑《分期摊销公司所得税》假定税金分配是被"普遍采用"和"广泛承认"的,只是它的范围和使用方法还有争议,1967年《会计原则委员会意见书》第11辑"所得税会计"进而要求在各个期间分摊税金。

税金分配的支持者们认为,全面分配税金有利于促进税务会计和财务会计的统一。他们认为,商业会计是测算收益的较好基础,因此分期摊销税金有利于实现收入与成本的恰当配比,并有助于按税收目的较好地计量实际收益。从某种程度上来说,账面收益和应税收益是不同的,后者还包括补助金或罚款。因此,承认税务会计与财务会计的区别,实际上是认为政府有权对非营业收益征税。如果不分摊税金,就会把非免税收益作为免税收益,使财务报表的读者产生将来股息收益颇好的误解。如果不进行分配,经营者实际上就必须采用两套账目,这是一种繁琐的防止漏税的方法。

全面分配税金的反对者也重视税收规则和会计理论的相互影响。但是,他们认为,税金分配问题是一个怎样理解未来的问题。要接受税金分配有赖于这种假设,即应消除企业的生命周期中应税收益和账面收益之间的差异;递延收益也终将要纳税。即使保持正常增长水平的企业,也可能永远不会对当年减税作冲销记录。于是,税金分配就成了一项偶然债务或一种可能永远也变现不了的资产。税金分配过程还假设时间差异能够单独予以体现,税收的作用正是由于这种差异才得以存在。如果时间上的差异是永久的,而不是临时的,配比原则就不是税金分配的问题——分摊未来也许根本不支付的税金是不合逻辑的。分配问题使税务会计和财务会计协调一致尤为困难,其程度甚至不亚于投资信贷造成的困难。只有税务收益和账面收益基本上相同时,税金分配才是合乎逻辑的;反之,就难以证明其妥当性了。

五、归　纳

50 年来,会计人员为了实现税收规则与商业会计实务的和谐一致作出了不懈的努力。在税收的初期这样做是十分必要的,也是十分有益的。它促使税法借鉴了会计中可行的方法和合理的思想内核,采取了更先进的会计方法,刺激了对现有理论的深入探讨。但是,在税务规则和会计方法之间存在着本质的差别,而且,许多证据都表明协调两者关系的尝试带来了少报收益的结果。所以,简化税法和协调税务会计与财务会计的努力都失败了。会计接受税收观念造成了会计理论的不一致,并在实务上衍生了各种毫无意义的可替代的方法。会计师们认为,问题不是税务会计和财务会计究竟存在多大差别,而是税收办法在多大程度上影响公开的财务报表。如果以会计概念为基础制定税收政策,那么,对所有的有关人士来说,这些概念应该反映企业经营业务的实际状况,而不应单纯地加以调整,让其符合税收的结果。显而易见,二者都应该停止相互仿效不适用的方法。会计职业界似乎应该反对那些试图规定会计方法的税法规则。会计应当超脱历史局限的束缚,针对诸如税金分配一类的问题,朝着减少税务对会计理论的影响的方向努力。

注　释

[1] Carl Sumner Shoup, Ricardo on Taxation (New York: Columbia University press, 1960), 220.

[2] New Plymouth, 1643; Massachusetts Bay, 1646; New Haven, 1649; Connecticut, 1650.

[3] M. K. McKay, "The Background of the Income Tax". Taxes-The Tax Magazine 27 (June, 1949), 568-574.

[4] Edwin R. A. Seligman, The Income Tax (New York: Macmillan, 1914), 522.

[5] The Supreme Court in Collector v. Hubbard and Springer v. United States had upheld the Civil War income tax. Later in Hylton v. United States it had ruled that a tax on pleasure carraiges was not a direct tax but an excise or "use tax" which did not have to be apportioned.

[6] Open letter reprinted in The Journal of Accountancy 9 (July, 1909), 212-213.
[7] W. S. Pangborn, "The Injustice of the Law", Journal of Accountancy 9 (Septembcer, 1909), 351-355.
[8] R. P. Marsh, "The Corporation Tax Act and Interest", Journal of Accountancy 9 (December, 1909), 141-142.
[9] "The Corporation Tax Act and Depreciation", editorial, Journal of Accountancy 14 (March, 1912), 218-222.
[10] The Supreme Court in Eisner v. Macomber supported the realization at sale doctrine by holding that stock dividends were not realized income to the recipient.
[11] See Audits of Corporate Accounts: Correspondence with New York Stock Exchange (New York: American Institute of Accountants, 1934), 5-7, 14, 25-26.
[12] Encyclopedia Amerciana, vol. 14 (New York: American Corporation, 1961), 743.
[13] M. E. Peloubet, "The Historical Development of Accounting", in Morton Backer, ed., Modern Accounting Theory (Englewood Cliffs, N. J.: Prentice-Hall, 1966). 22.
[14] Dan Throop Smith, Tax Factors in Business Decisions (Englewood Cliffs, N. J.: Prentice-Hall. 1968). 174
[15] Sidney Davidson, "Accelerated Depreciation and the Allocation of Income Taxes". Accounting Review 33 (April, 1958). 173-180.
[16] Eldon S. Hendriksen, Accounting Theory, rev. ed. (Homewood, Ill.: Richard D. Irwin, 1970), 47.
[17] James M. Van Tattenhove, "The Natural Business Year and its use as a Fiscal Year by Trades and Industries in the State of Washington" (unpublished M. B. A. thesis, Graduate School of Business, University of Washington, 1956), 5-11.
[18] Maurice Moonitz, "Some Reflections on the Investment Credit Experience", Journal of Accounting Research 4 (Spring, 1966), 47-61.

主要参考文献

American Accounting Association, Committee on Concepts and Standards. "Accounting principles and Taxable Income". Accounting Review 27 (October, 1952), 427-430.

American Institute of CPAs, Accounting Principles Broad. "Accounting for Income Taxes". Opinion No. 11. New York: AICPA, 1967.

Black, Homer A. "Interperiod Allocation of Corporate Income Taxes". Accounting Research Study No. 9. New York, AICPA, 1966.

Cannon, Arthur M. "Tax Pressures on Accounting Principles and Accountants' Independence". Accounting Review 27 (October, 1952), 419-426.

Davidson, Sidney, "Accelerated Depreciation and the Allocation of Income Taxes". Accounting Review 33 (April, 1958), 173-180.

Drinkwater, David, and Edwards, James Don. "The Nature of Taxes and the Matching Principles". Accounting Review 40 (July, 1965), 579-582.

Dwight, Drake. "The Feasibility of Adjusting for Inflation in Computing Taxable Income". Washington Law Review (May, 1974), 874-920.

Hawkins, David F. "Controversial Accounting Changes". Harvard Business Review (March—April 1968), 20-41.

Hendriksen, Eldon S. Accounting Theory, rev. ed. Homewood, Ill.: Richard D. Irwin, 1970, 44-47, 467-477.

Keller, Thomas F. Accounting for Corporate Income Taxes. Ann Arbor: University of Michigan Press, 1961.

May, George O. "Accounting and the Accountant in the Administration of Income Taxation". Columbia Law Review 67 (April, 1947).

"Historical Foreward". In Dan Throop Smith and J. Keith Butters, Taxable and Business Income. New York: National Bureau of Economic Research, 1949.

"Taxable Income and Accounting Bases for Determining It". Journal of Accountancy 41 (October, 1925). 248-266.

McAnly, H. T. "How Lifo Began". Management Accounting 56 (May, 1975), 24-26.

McKay, M. K. "The Background of the Income Tax". Taxes-The Tax Magazine 27 (June, 1949), 568-574.

Moonitz, Maurice. "Some Reflections on the Investment Credit Experience". Journal of Accounting Research 4 (Spring, 1966), 47-61.

Norgaard, Corine T. "Financial Implications of Comprehensive Income Tax Allocation". Financial Analysts Journal (January—February, 1969), 81-85.

Penndorf, B. "The Relation of Taxation to the History of the Balance Sheet". Accounting Review 5 (December, 1930), 243-251.

Perry Raymond E. "Comprehensive Income Tax Allocation". Journal of Accountancy 122 (February, 1966), 23-32.

Revsine, Lawrence. "Some Controversy Concerning 'Controversial Accounting Changes.'" Accounting Review 44 (April, 1969), 354-358.

Smith, Dan Throop. Tax Factors in Business Decisions. Englewood Cliffs, N. J.:

Prentice-Hall, 1968.

Waas, R. W. "Trends in Taxation". The Accounting 171 (October 3, 1974), 449-453.

Winbourne, Marilynn G., and Kleepsie, Dee L. "Tax Allocation in Perspective". Accounting Review 41 (October, 1966), 737-744.

（汤谷良　杜建军 译　文硕 校）

第三编

会计理论史

第十六章　会计理论：企业的观点

会计，尽管是因为它的实用性而产生和发展起来的，但它是建立在概念结构的基础之上的。也就是说，会计过程的形成有其思想体系依据，它们为会计特定方法的最终出现奠定了合理的基础。经验可以为理论提供原动力，并最终决定着理论的有效性，然而，经验本身也是一种解释，其中包括按照一定的标准对客观现实所作的分析。[1]从这个意义上讲，所有的会计准则都有一个理论基础。本章将阐述指导会计实务和现代会计特征的理论构架的产生和发展过程。

一、生搬硬套

业主权益概念是创立复式记账法的重要特征之一。资本的概念在解决私人债务记录的简单理论和将虚账户和实账户结合起来的威尼斯方法之间发挥着桥梁的作用。[2]按照帕乔利及其后继者的观点，簿记循环的最终结果是在资本账户和损益账户中汇总反映的经营总成果。

然而，帕乔利没有给出簿记的数学规则，几乎也没有使用特定的图解，而这正是使会计成为学校一门课程所必需的。早期的大多数复式记账法的著作都致力于实务上推广这种新方法。他们没有从理论上加以探讨，没有解释应当如何处理交易事项或者为什么对某一账户要借记而对另一账户要贷记。[3]后来编写教科书的大多数人是簿记教师。尽管他们的著作是我们获得早期会计理论发展资料的主要来源，但他们都有相互模仿的倾向，仅有少数几个人曾试图解释隐匿在会计程序背后的推理过程。

最初300年簿记教育的实质内容，首先是强调分类账的作用，其次是应用登记分录的规则，再次是账户的拟人化。这主要是历史原因造成的：分录账一直占据着意大利三种账簿体系的主要地位。但是15世纪的分录能表现一个完整的内容,而17世纪的分录是按照改过的速记方式编制的,这就使得分类账不适合作为一种教学手段。使用它传授会计学知识的教师和作者都无法从广泛的视野展示会计这个课题,只是将每笔经济业务作为单个问题加以处理。几乎所有19世纪以前的教材,基本上都由论述各项具体业务的会计分录是否适当的内容组成。[4]

由于经济业务的种类成千上万,所以,大多数作者都使用记账规则表,并背诵下来,在编制各种分录时使用。[5]威廉·韦斯顿引述了45种这样的规则;詹姆斯·皮尔的方法是列举44种范例,对分录记录方法进行了介绍;达伐纳给出了15种"备忘规则",试图包括各种经济业务;爱德华·哈顿例举了29种国内贸易事例,18个对外贸易事例,6个国内代理商事例,5个外贸代理商事例和16个合伙企业的案例;查尔斯·期内尔的《簿记规则》(Rules for Bookkeeping)以11页的篇幅介绍了70种规则,而且他的《商人簿记要纲》一书论述了69条规则;皮尔、达伐纳、曼佐尼和凯利博士还将他们的分录规则写成诗体的形式,以便于初学者加深记忆。另外,还有其他一些作者也曾试图探索一种能运用到所有业务和账户中的通用规则,然而这仅仅是徒劳。

当时,教授的主要手法是背诵和模仿规则、案例以及标准记账法,所以,教学是通过例举范例进行的。著作者试图找出适用于每一笔业务事项的分录记录法,但是,只对每笔业务及其分录进行详尽复述,而不对企业经济业务进行推理分析。当遇到一笔业务事项时,学生首先从课本中查找适合于这种业务的范例和规则,然后查阅日记账的过账参考说明表,再将这笔经济业务记入分录账和总账。[6]尽管连续经营可能导致相同的分录形式一再出现,但生搬硬套的教学法显然只局限于熟悉的情况。然而,几乎无人对使用的规则提出过疑问。这种方法在其他学科的教学中,也是普遍采用的。即便是那些曾批评依葫芦画瓢学习方法的17和18世纪的著作者们,其目的也仅仅是想使这些规则的使用合乎逻辑。

二、账户的人格化

合理安排簿记教育的愿望和对更通俗的借贷规则的探求导致了账户的

拟人化。最早的系统化账户反映的是人与人之间的借贷关系。不动产会计还涉及土地管理人,他把受托的财产和收入记在自己名下账户的借方,并把支出记入贷方。复式记账法首先把"债权人、债务人"的用语用于现金和商品之类的物名账户中,之后再扩展到抽象的损益账户。[7]帕乔利用拟人的方法描绘了所有主同他的资本之间的关系。[8]尽管"经济责任"一词在15世纪的意大利分类账中仅仅指各项目的统计数表,但账户的拟人化可以追溯到很早以前的复式簿记著作,这些著作已有意识地包括了每笔经济业务的虚设资本主。

在将意大利教科书翻译成英文的过程中,账户的拟人化被强化了。由于缺乏严格的对应用语,英国人把意大利语"debito"和"Credo"翻译成更加人格化的"oweth"("欠人")和"trusts"("人欠"),[9]而奥尔德卡斯尔(Oldcastle)把"cassa"(现金)译成了"chest"(钱框)或者"storage receptacle"(收支硬币的储钱库)。把帕乔利的"Per cash, a capital"(借现金作资本)译成"Money Oweth to Thomas lee"(欠汤姆斯·李钱款)。赋予无生命的事物以人格特性有助于解释非人名账户的价值运动。例如,机器设备就难以被理解为总资产的未分配部分,而应把它理解为业主权益的一部分。这种方法的不自然性对那些使用它的人来说根本就不明显。从17世纪—20世纪初,拟人化一直是讲授簿记的一般规则的公认方法。

拟人化有三种主要形式,它们同时发展着,而且有时还混杂在同一课本中。[10]第一种形式是将账户作为有生命的人来对待。第二种形式的账户仅仅代表企业的业主。例如,埃德蒙·德哥朗杰(Edmond Degrange, Sr)在他的《五账制度》(Five Account System, 1793年)一书中,是以下述概念为基础的,即现金、商品、应收票据、应付票据和损益,这些都是资本的附属物,商人们通过将它们及其详细情况作借记或贷记,实际上就是将自己作借记或贷记。[11]

随着账户被看作与业主分离但对业主负责的个体,最高一级的拟人化账户形式出现了。奥古斯塔斯·德摩根(Augustus de Morgan)在1831年曾以"职员阵势"代表各种各样的账户。在他的《算术》(Arithmic)(伦敦1846年)第5版的附录中,他重申了这种观点。J. G. C 杰克逊(J. G. C. Jackson)声称:"就对簿记教授法的影响而言,本书可能是19世纪出版的专著中最有影响的著作。"[12]其他的作者很快采用德摩根按照职员之间的价值运动进行交易分析的新观点。科利尔(Collier)在1884年指出：

> 我们假设企业的全部活动都由"职员"完成,而且,假设职员"资本"或者"股票"代表业主……假设有一个称作"现金"的职员负责钱款,称作"银行"的职员代表企业的银行主。称作"应收票据"的职员负责应支付给职员的票据……我们再为与企业有信贷业务往来的每一个个人和企业各设单独职业。……再假设有一位称作"损益"的职员……
>
> 注——这些职员只关心他们自己的活动而不干涉其他部门。因此,假如"商品"收到一笔钱,他会立刻交给"现金",因为他本身的业务与钱无关。[13]

拟人化之所以产生在十七、十八世纪,是因为当时人们对教育的态度和会计理论的欠缺。这两个因素使人难以把非人名账户作为抽象的概念加以解释,因而人们只按较为易解的方式对它加以讨论。作为1850年以后普遍反对机械教学方法运动的一个组成部分,拟人化的方法在某些方面是值得注意的,它通过资本这个焦点,为全国分析会计结构开辟了道路,而且促使教学重点从分录账向总账转移。但是,拟人化制度在实际使用中是一种基于主观假设的没有多大效果的技术,它不能解释账户的真正目的和交易的真实成果。因此,改进会计技术的重任几乎全部留给了实际工作者,这些人有描述企业的实际情况的优势,至少不得不正视实际问题。正如杰克逊(Jackson)指出的那样："教师讲授的簿记方法和教学方法最终满足的只是教师的而非他人的需要。"[14]

三、业主权理论

在18世纪初叶,一些教材的作者发现了簿记规则和账户拟人化的局限性,因而试图以讲授会计程序的逻辑原理来取代之。他们对复式记账法基本原理的论述标志着会计理论的开端。复式记账法是一种围绕企业的目的、资本的属性,特别是从业主立场看待账户意义的理论。这种对业主权益的关心导致了业主权和会计主体学说的产生,这个学说至今还是簿记方法的合理成分和会计理论的统一结构。

帕乔利的交易分析集中在业主关系上。300年后,他介绍的复式记账法演化的动因在不同的条件下和由于不同的原因为人们再度关注。与最初的会计理论家同时代的英国古典经济学家,也强调财富存量(资本)和财富流量(收益)的差异。而同一时期对企业会计人员的要求是计算用来分红的保留盈余,并确保固定资产价值余额全部转化为支出之前,投资资本处于完整无缺的状态。由于这样或那样的原因,"资本"与所有权有关,而不再简单地被看作是一种残余价值了。人们重新设计了会计方程式,并在记账过程中采取了更有战略性的观点,而且更为注意经营业务对平衡表两边产生的影响,而不再过多地考虑账户之间的价值转移。这个理论允许将账户作为统计分类看待。从此,用语有了特殊的专业意义,后来,符号又取代了用语,最终又以排列的位置取代了符号。至此,总账较分类账更为重要了,但二者仍然只是分析性倾向加强、拟人化色彩淡漠的记录过程的一部分。

1718年,亚历山大·马尔科姆(Alexander Malcomb)在区别商人的总资本及其需要时,触及了业主权理论的本质。[15]同时,他也注意到利润可以使业主权益增加,一些交易只是引起资本和负债从一个账户转移到另一个账户,而另一些交易则增加或减少权益总额,在改变业主净资产的同时,也改变着业主的财富。赫斯特克拉夫特·斯蒂芬斯(Hustcraft Stephens)在1735年提出了另一个区别业主总资本和构成它的个别资本的类似方法。[16]他认为,簿记的目的在于确定"人们财产的状况和价值"。这位非凡的人物是最早背离传统教学方法的人之一。他的构想是:"除非可以证明规则是从不言而喻的原则中推演出来的结论的必然结果,否则不提出任何原则。"他在著作的开始部分,用很长的篇幅解释了用进行借贷记账方法的训练就可以记录资本、负债和权益关系的做法。他的做法是通过把账户当作统计分类的工具,并根据业务是否仅影响资产,或仅影响债务,还是同时影响资产和债务三种情况,把业务分成三大类。他对复式记账法进行抽象的方法完全离背了以前的账户拟人化的一般解释。尽管他的工作很少直接影响以后拟人化理论的支持者,但他从僵硬教授法中解脱出来的教学方法比当时的同仁要先进100年。

1800年,印度孟拉加税务局的会计员詹姆斯·富尔顿(James Fulton)编写了一本解释复式记账法内部平衡的通俗读物。[17]他注意到迅速评价公司的财务状况是相当困难的,因此试图探索一种能立即说明全部业务对资本影响程度的方法。通过采用这样的途径,他抓住了业主权理论的基本概念。

业主权益是所有其他账户的综合表示,而其他账户"仅仅构成业主权益的详细情况。复式记录的主要目的是核证资本账户的真实状况"。他还指出,资本余额不仅是资本和债务的差额,而且也是公司设立以来原始投资加减经营损益的差额。为了解释这一观点,富尔顿编制了一份可以称为留存盈余表前身的报表,用以说明所有业务对资本的影响,并用资本和债务账户的纯变动额调整资本余额。

F. W. 克朗赫尔姆(F. W. Cronhelm)的《独特的复式簿记》(1818 年)[18]一书完成了对业主权理论的解说。他以富尔顿的著作为出发点,重视总资本与其各组成部分之间的平衡性,认为簿记的目的"是经常向业主表明他的总资本及其每一构成部分的价值"。在他对业务分析所采用的代数方法中,通过推导出一个与资产对立的贷方项目,资本账户变成了一种数学上的平衡工具。经济业务的发生引起资产、债务或者资本的增减变化,从而影响会计方程式。他假设,伴随企业的业务循环,将产生一系列的转移,使企业的收益作为业主权益的净增加额而转作资本。为了避免记录资本单个变化的不便,他设置了包括损益账户在内的关于费用和收益的诸账户,并把它们作为业主权益的分支来对待。

纽约的会计师兼教师汤姆斯·琼斯(Homes Jones)把业主权理论更加完善化。他的《簿记原理与实务》(1841 年)被称作最早的现代会计教科书。[19]他认为,簿记循环的最终结果不是总账余额而是财务报表。账簿包括有关所有者业务的两份报表:一份是资产负债表,另一份是损益表。它们都可以单独地计算出相同的收益数字。而且,虚账户和实账户之间的相互关系的存在,意味着两份财务报表处于平等地位。也就是说,费用和收益不仅调整资本,而且反映有其自身意义的利润额,因为这个利润额比资产重估和资产负债表中权益的变化所揭示的状况更为详尽。所有这些都直接否定了账户的拟人化和具有同样意义的所有方面。正如琼斯所论述的那样,会计主要是对数据进行统计分类,而与涉及的个人没有什么关系。

19 世纪中期,欧洲大陆出现了类似的观点。与英国一样,这是试图将簿记实务上升为理论的结果,是从会计方程式和资本概念中产生出来的。维也纳的弗朗茨·豪施希尔(Franz Hautschl)1840 年在一本教科书中提到,应将资本账户中最初投资与损益账户结合起来,并将损益账户看作是增减业主权益之前的临时憩息地,否则,资本账户反映的内容会过多。瑞士政府会计员弗里德里克·赫格里(Friedrich Hugli)是业主权理论的主要倡导者,他在自己的专著中总结并论述了两位早期德国会计著作者的研究成果,一位作者是 G. D. 奥格斯玻格(G. D. Angspurg,不来梅,1852 年);另一位是乔治·库尔茨鲍尔(George Kurzbauer,维也纳,1850)库尔茨鲍尔认为,账户分类应当派生于簿记的两个主要目的:确定利润和清点资产。这就产生了实账户和虚账户,从而导致两个实际独立的会计系统的并存。复式记账法将企业的"财产簿记"和"成果簿记"结合成一个系统。奥格斯玻格主张复式记账法同时保持两套账户——一套说明业主的净资产,另一套说明各个资产项目。代表全部投资额的资本与各个资产是相对的。双方的合计是一致的,这种合计额的一致有助于验证账目的计算准确与否。赫格里和约翰·弗里德里克·沙(Johann Friedrich Schar)(1889 年)从数学的角度探讨了业主权理论,他们通过使用方程式和代数符号,证明了如何保持会计的平衡和经济业务对资本的影响。赫格里进一步指出:企业拥有商业资产,从企业欠第三者债务这个意义上讲,企业资产不仅仅是属于业主的。

把业务简单地当作要素的增减进行分析,是查尔斯·E·斯普拉格(Charles E, Sprague)一系列文章的主要特征。他将会计学当作数学的一个分支,设想通过始终保持平衡的代数方程式"资产=负债+资本"来反映经营成果。斯普拉格在 1907 年的《账户原理》[20]一书中,哈特菲尔德(Hatfield)在 1909 年的《近代会计学》[21]一书中都提出了完整的业主权理论。尽管他们谁也没有脱离早期作者阐述体系,但毕竟都提出了一种适时而生的学说,它的基本假设迅速影响了美国的会计教材的内容。业主是会计关注的焦点。从业主的角度看,登记会计账簿、编制会计报表,最终的目的在于计算和分析业主的资产净值。资产代表业主拥有的财产或他取得的利润,负债是业主的债务。资本表明企业对业主的价值,收益直接增加业主权益,而费用则直接减少所有权,净利润直接记作业主的财富。各种收入都可以用相同的方法进行处理,因为它们都是增加业主权益,其效果也相同。同样,对亏损和费用加以区分也没有多大的必要。税金和利息都是费用,红利表示资本的提取。尽管业主权理论在产生时的经济环境不是现实的,比起以前的理论要优越得多,并取代了以前的理论,但是在它刚刚被普遍接受之时,就已经陈旧过时了。

四、企业主体理论

业主权理论假设只存在少数几个利益相关者,商人与自己企业的业务有着密切的联系,归集的数据只供所有者和债权人使用,并假定这些所有者和债权人具有关于企业的专业知识。例如,账户反映的是市场价格还是原始成本是次要的,因为这些企业内部人员能对账户进行必要的心算和笔算调整。但是股份公司从法律上讲,某业主与经理是截然分离的,公司的"业主权益"伴随的是一批经常变换的股东。资产不能想当然地属于业主和经理,因为法律规定在清算时,债权人和优先股股东有优先索偿权。由于公司只负有限责任,投资者个人对公司债务也不承担。收入分配不再伴随着业主退股进行的非正式决策的结果。财务报表是管理部门与实际上不能接触账簿且对营业详情不熟悉的外部人员进行沟通的工具。

A·C·利特尔顿认为,中世纪的代理人会计是企业主体理论的先驱,尽管二者没有直接关系,从这种意义上讲,企业主体理论的产生先于股价公司。[22]合营企业的投资者和委托业务的当事人也被认为与会计实体是互相独立的。利昂·冈伯格(Leon Gomberg)引用的参考文献说明,早在19世纪中期出版的教科书中就介绍过企业主体理论的基本原理。[23] 1882年,荷兰的I·N·布伦克曼(I. N. Brenkman)在他的专著中认为:复式记账法的实质不在于借贷双方的平衡,而在于能用来对企业资产进行核算的经济统计记录。五年之后,德国的曼弗雷德·伯利纳(Manfred Berliner)也独自发表了与此相似的观点。与布伦克曼一样,他也注意到了现代企业与业主的分离问题,并认为:簿记反映的主要是企业内部的价值运动,而不是业主个人的经济活动。企业资产是企业对其业主的债务。负债是企业对其业主的债权。利润和亏损是对业主所供服务的价值的衡量。从簿记意义上讲,当公司与它的业主集团进行清算时,利润或亏损就产生了。[24]

威廉·A·佩顿(William A Paton)是美国最著名的企业主体理论的倡导者。他的《会计理论》(1922年)是最早尝试将权益持有者学说运用到大公司占主导地位的经济现实中的专著。尽管他从普拉格和哈特菲尔德观点出发,但是,他抱怨簿记教材中"充斥"了业主权理论。一方面,会计技术正在不断发展,以满足企业的需要;另一方面,会计理论却仍然假定反映业主的资本是会计的主要业务。佩顿的著作坚持:"无论在什么情况下,企业都是一个独立的实体或法人的概念。"[25]如果公司在职能上与业主、债权人分离,那么,会计关注的中心应该是公司而不是业主和债权人。这不仅对企业而且对一般会计活动也是一种比较全面的看法。资本是由业主或债权人提供的在企业中发挥作用的财产的总和。因此,资产负债表的右方表示对资产的权益,左方表示资产的市场价格而不是成本,因为市场价格代表着在很大程度上决定企业收入的资产价值的变化。资产和负债是会计主体的资产和负债。企业主体应该向它的业主进行报告,就像受托者报告受托管理资产的责任一样。由于债权人和股东处于与权益所有者相同的地位,所以,企业就应在一视同仁地向他们提交财务报表。

佩顿指出,业主权理论最坏之处是把收入和费用定义为"只是业主权的派生物"。从各种渠道取得的净利润都直接归业主的观点,不要求从本质上区别经营收入和其他收益,这就致使"所有对损益表的差量分析成为不必要",并使得损益表上的分类不合逻辑。[26]业主权理论主要与资产负债表和法律上的资本概念有关,而企业主体理论强调的是企业利润和更接近于经济新思想的收益计量。收益和费用不再是对股东权益的简单增减。收益是对企业提供的服务的补偿,费用所测定的是那些为获取这些权益而耗费的劳务的成本。利润是对公司发生的,而不是对业主或债权人发生的。利润应由企业主体处理,收益分配与收益结果是截然不同的。支付利息、所得税、分配股息是利润的分配而不是业主资本的提取。留存盈余表示未来股东分配的收益。

佩顿将资产和费用都归入"服务"范畴。它们的区别只是与收益的分配比时间不同。他认为,资产是用于未来转移的递延成本,而不是用于满足债权人的清算目的。因此,资产的价值与财产的物质存在或它的交换价值没有直接联系。相反,它代表着一种成本,一种花费在将来转移和推销上的服务成本。因此,资产计价应反映企业获得好处的价值。这些观点是佩顿在1940年的专著《企业会计标准导论》[27]一书中提出的基本思想。这本书可以称为介绍企业主体理论的最权威著作。

五、资 金 理 论

威廉·瓦特（William Vatter）编写的《会计资金理论》（The Fund Theory of Accounting）(1947年)从现代股份公司之间的关系出发，批评了两种传统的权益概念。按照业主权理论的解释，业主的利润只是按资产价值的变化求得初期、期末净值的差额。但是，由于股份公司的权益产生于不同时期的各种投资，而且，与企业资产价值无关的各种因素会引起股票价格的变动，所以，要确定净值或测算每个股东——业主的利润是不现实的。瓦特认为，由于不可能随着股票市场价格的变化相应调整资产计价，因而不可能将业主权理论应用于股份公司。[28]

业主权理论与企业主体理论的主要差别在于是按实际业主还是按虚拟业主进行记账。在企业主体理论中，法人代替了业主。瓦特认为，两种概念对现实的描述都有欠缺。所假设的虚拟主体与实际的财产所有者之间的委托关系，太不现实，难以统驭实务。实际上，会计所面临的主体是产生于法律形态的公司，而是从实际权益所有者之间的关系中产生的。"这种人格化会计的弱点是会计报告的内容受人格类推法的影响，而且，处理问题不是从考虑问题性质出发而通过人格的某种延伸而定。"[29]例如，实体的人格化被用于证明在资产计价中的成本的重要性。瓦特认为，这种人格化与18世纪的账户拟人化一样，对于学校教学很有帮助，但不能成为统一会计思想的十分有效的构架。

瓦特提出上述一般性批评以后，又补充了三点评论：(1)会计已发展到无法将其活动建立在具有单一价值的理论的基础上。大型股份公司是各种人员、资源、环境和各种关系的统一体。会计资料的应用领域和利益集团的数量都是多种多样的，任何单一的人格化都难以平衡所有相关的利益。单一人格化的方法必然要么顾此失彼，要么放弃人的利益观念。(2)无论是业主权理论还是企业主体理论都无法付诸实施，都不能满足现代企业的需要，所以，教科书把两者混淆起来，而且只要符合自身的目的，就从一种理论转向另一种理论。(3)业主权理论和企业主体理论在应用于具体情况时是无能为力的，如二者都没有明确指出成本、费用和收入分配的实际差别。[30]

瓦特提倡扩展企业主体理论,采用一套人格化程度较低的概念。他认为,会计所关心的领域应该"排除掉人格的各种意义",应该具有能够适应各类组织和各种经营活动需要的明确的意义,同时,从期望会计产生的结果来看,应该是现实可行的。[31]他在资金概念中发现了这种会计应当关心的领域——一个能分离和控制各项特定经营活动和管理要素的主体。会计的基础构成了一个活动领域,它包括一组代表对资金的未来服务的资产、负债抵销和一系列关于资产使用的其他限制。这样,会计不再束缚于任何特定的资产计价方法。收益概念也已非人格化,与会计程序的解说一样,其重要性减弱。正如瓦特所说,资金理论在某种程度上也暴露出缺陷。由于资金难以准确计算利润,会计师希望用工作和成果的预算方法取而代之。资金理论未被企业界所接受,也许是由于它不能回答财务报告的读者们提出的各种问题。

六、剩余权益理论

乔治·斯托布斯(George Staubus)提出的剩余权益理论[32],把普通股股东作为会计关注的中心。在持续经营企业中普通股的市价很大程度上取决于未来的利润和预期的股份。假如能够鉴别普通股股东的资产、收入、资金和股东权益,那么,财务报表就可以披露较多的普通股票预期出售价格的信息。剩余权益方面的信息在预测普通股股利大小方面也是有用的。因此,在资产负债表上普通股股东权益应该单独显示出来,以区别于优先股股东权益和其他股东权益。在损益表上,应该反映所有优先求索权都得到满足后,不仅付给了债券利息,而且支付优先股股东股利,普通股股东可得的收入。在资金表上应该单独列示用以支付普通股股利的资金。

七、指挥者理论

路易斯·戈德堡(Louis Goldberg)[33]认为,可以把企业主体看作是一个能代替真实决策者的虚构人。他同意瓦特的观点,即强调所有权对业主权理论和企业主体理论都不利。但也指出,资金理论不能说明资产的规模和组成的变化。戈德堡认为,股东人数如此之多,使他们不可能左右公司的政策,因而很少成为现代公司的主导力量。他认为,企业活动中最具战略观点的是那些每天进行决策并指导着组织方向的。最高层的经理或"指挥"者会计的重点应该放在促使管理者如何有效地应用公司的资源上,而不应放在各业主或其他群体的特殊权益上。

指挥者理论使用财务报表报告受托管理责任。资产负债表反映企业管理人员对受托资源的经济责任。损益表反映管理活动的效果和使用各种资源取得这些成果的途径,资金表反映管理者如何取得和使用各种资源。

指挥者理论不能明确指定会计信息的接受者,也不考虑企业外部的政治和社会因素对决策的影响。经理们确实直接掌握企业的经营,但企业也必须同环境发生相互作用。由于指挥者理论致全力于企业内部的政策,因而它不能全面地说明企业的经营活动,也不能成为评价一系列会计概念和方法的基础。

八、企业理论

埃尔登·赫德瑞克森(Eldon Hendriksen)认为,各种业主权理论均强调两个方面:(1)谁是净收入的受益者?(2)如何在财务报表中反映权益关系。[34]企业理论由彼德·德鲁克(Peter Drucker)[35]和其他人提出,他们认为,大型企业是对整个社会产生影响的社会组织,它们是为了许多利益集团的利益而经营的,并且有向受这种活动影响的重要集团报告的义务。企业理论要求,财务报表不仅应报送给投资者和债权人,而且应报送给雇员、顾客、税务当局和制定规章制度的政府机构,以及一般的公众。企业提供的商品和劳务的市场价值,扣除从其他企业取得的商品和劳务的价值,就是企业收益。各方面对总资产的求索权应该不偏不倚地予以对待。支付给股东的股利、偿还给债权人的利息、上缴给政府的税金、支付给被雇佣者的工资,都是企业收益的分配。[36]由于企业理论意味着公司对社会的责任大于或超过对业主的责任,它与过去40年间的规章政策是相吻合的。这些规章政策将服务公司看作是协调国家目标[37]和企业经营活动的更大系统的组成部分。

或许可以说,会计理论正在从利己主义变成促使现代企业增强社会意识的重要手段。

九、会计统一理论的趋势

虽然广泛使用的借贷规则已经成为一种通用的语言,然而,仍没有一种账户理论成为企业普通接受的记账理论。因此,对于复式记账技术,各种账户的基本性质和运用它们或使这一制度的各要素不相互矛盾的根据,并不存在明确的解释。有效的会计理论"应该不仅能回答上述的全部问题,还应能根据一个或几个一般性原则推演出这些问题的答案"[38]。这个理想的理论应该是一种单一的一般规则,即能够普遍运用到所有经济业务中去的绝对法则。或者说,这种理论至少是根据一个基本的前提,如以企业主体居于绝对重要地位发展起来的,而且它应该合乎逻辑且具有实用价值。它的应用应该适当地改善会计工作。

最初的会计理论的目的仅仅在于制定合理的复式记账规则,并帮助学生和实际工作者在遇到生搬硬套的教学方法无法应付的困难和意外情况下去理解和运用这种规则。简单的原理最适合于这种教学工作。人们尝试将记账过程简化成一套特有的业务,然后用这些模拟的业务或状况来代替真实的业务或状况。某些作者完全从人的角度看待会计,因而完全忽略了商品的运动。另一些人把企业描述成一个具有自身的利益和动机的实体,或把留存盈余转作企业对业主的债务。但是,企业的经营是复杂的,不可能用这种简单的方式加以反映,而且,这些理论也缺乏充分的应用范围。总体来讲,它们当初都不能有效地适应企业经营环境的变化。

对会计在企业中的作用的各种解释,实质上仍然是实用主义的,它们迎合的是一时的经济现实,而不是以基本的真理为依据。两个关于资本和企业的最著名的理论早在教材明确论述以前就已在会计实务中有所体现。为计量净值的变化而对资产和负债进行清算是业主权学说的预兆,正如从收益中减去费用得到净收入是企业主体理论的预兆一样。尽管有这样和那样的局限性,这些理论提供了有助于复式记账法适应工业发展的前进方向。之后四章将详细论述从企业的总体观念推演出来的理论特性,即资产计价、收益计量、财务报表的披露和会计原则。

注　释

[1] William J. Vatter. The Fund Theory of Accounting and its Implications for Financial Reports(Chicago:University of Chicago Press，1947),p. 1.

[2] A. C. Littleton，Accounting Evolution to 1990 (New York: American Institute Publishing Company，1933) pp. 156-157.

[3] Ibid.，p. 41.

[4] J. G. C. Jackson,"The History of Methods of Exposition of Double Entry Bookkeeping in England", in A. C. Littleton and B. S. Yamey，eds.，Studies in the History of Accounting(Homewood, Ill.，Richard D. Irwin, 1956), p. 288.

[5] Ibid.，pp. 289-292.

[6] Ibid.，p. 293.

[7] Ibid.，p. 295.

[8] Edward Peragallo，Origin and Evolution of Double Entry Bookkeeping，A Study of Italian Practice fron the Fourteenth Century (New York: American Institute Publishing Company，1938),pp. 98-99.

[9] Jackson，op. cit.，p. 296.

[10] Ibid.

[11] Peragallo，op. cit.，pp. 109-111.

[12] Jackson，op. cit.，p. 298.

[13] J. Collier，Book-Keeping by Douole-Entry(London-1884),preface.

[14] Jackson op. cit.，p. 304.

[15] Alexander Malcomb, A New Treatise of Arithmetick and Bookkeeping，Etc. (Edinburgh，1718), pp. 132-133.

[16] Hustcraft Stephens，Italian Book-Keeping Reduced Into an Art(London，1735).

[17] James Williamson Fulton，British-Indian Book-Keeping(London，1800).

[18] F. W. Cronhelm，Double Entry by Single(London，1818).

[19] Thomas Jones，Principles and Practices of Bookkeeping(New York，1841).

[20] Charles E. Sprague，The Philosophy of Accounts(New York，1907).

[21] Henry Rand Hatfeld，Modern Accounting(New York D. Appleton and Company，1909), pp. 1-9.

[22] Littleton，op. cit.，pp. 193-194.

[23] Leon Gomberg，Histoire Critique de La Theorie Des Comptes (Geneva/Berlin,

1929), pp. 68-71.

[24] Manfred Berliner, Schwierige Falle und Allegemeine Lehrsätze der kaufmä nnischen Buchhaltung(Leipzig, 1893).

[25] William A. Paton, Accounting Theory(New York: Ronald Press Company, 1922; reprinted dy Accounting Studies Press, Chicago, 1962), preface p. iv.

[26] Ibid., p. 53.

[27] W. A. Paton and A. C. Littleton, An Introduction to Corporate Accounting Standards, American Accounting Association Monograph No. 3 (New York: American Accounting Association, 1940), pp. 1-8.

[28] Vatter, op. cit., pp. 3-4.

[29] Ibid., p. 7.

[30] Ibid., pp. 7-9.

[31] Ibid., p. 10.

[32] George Staubus, A Theory of Accounting to Investors(Berkeley and Los Angeles: University of California Press, 1961).

[33] Louis Goldberg, An Inquiry into the Nature of Accounting, American Accounting Association Monograph No. 7 (New York: American Accounting Association, 1965),162-174.

[34] Eldon S. Hendriksen, Accounting Theory, rev. ed. (Homewood, Ill. Richard D. Irwin, 1970), 507.

[35] Peter F. Drucker, Concept of the Corporation(New York: John Day Company, 1946).

[36] Hendriksen, op. cit., 503.

[37] Gerhard G. Mueller, International Accounting(New York: Macmillan, 1967), 26.

[38] Karl Käfer, Theory of Accounts in Double-Entry Bookkeeping(Urdana, Ill.: Center for International Education and Research in Accounting, Monograph 2, 1966), 5.

主要参考文献

American Accounting Association, 1964 Concepts and Standards Research committee-The Business Entity, "The Entity Concept". Accounting Review 40 (April, 1965), 358-367.

Chen, Rosita. "Social and Financial Stewardship". Accounting Review 50(July, 1975), 533-543.

Drucker, Peter F. Concept of the Corporation. New York: John Day Company. 1946.

Goldberg, Louis. An Inquiry into the Nature of Accounting American Accounting Association Monograph No. 7. American Accounting Association, 1965, 162-174.

Gynther, Reginald S. "Accounting Concepts and Behavioral Hypotheses". Accounting Review 42(April, 1967), 274-290.

Hendriksen, Eldon S. Accounting Theory' rev. ed. Honewood Ill. : Richard D. Irwin, 1970, 29-32, 495-507.

Jackson' J. G. C. "The History of Methods of Exposition of Double Entry Bookkeeping in England' " in A. C. Littleton and B. S. Yamey, eds. Studies in the History of Accounting(Homewood, Ill. : Richard D. Irwin, 1956), 288-312.

Käfer, Karl. Theory of Accounts in Double-Entry Bookkeeping. Urbana, Ill. : Genter for International Education and Research in Accounting, Monograph 2, 1966, 1-38'69-72.

Ladd. Dwight. Contemporary Corporate Accounting and the Public. Homewood, Ill. : Richard D. Irwin, 1963, chaps. two and three.

Li, David H. "The Nature of Corporate Residual Equity Concept' " Accounting Review 35(April, 1960), 258-263.

Linowes, David F. The Corporate Conscience. New York: Hawthorn Books, 1974.

Littleton, A. C. Accounting Evolution to 1990. New York: American Institute Publishing Company' 1933. Reprinted by Russell and Russell, New York, 1966, chaps. four, eleven, and twelve.

—. Essays in Accountancy. Urbana: University of Illinois Press, 1961, 22-92.

—. The Structure of Accounting Theory. Iowa City: American Accounting Association, 1953.

Littleton, A. C. and Zimmerman, V. K. Accounting Theory: Continuity and Change. Englewood Cliffs, N. J. : Prentice-Hall, 1962, chap. two.

Mattessich, Richard. Accounting and Analytical Methods. Homewood, Ill. : Richard D. Irwin, 1964, chap. four.

Meyer, Philip E. "The Accounting Entity". Abacus 9(December, 1973), 116-126.

Paton, William A. Accounting Theory. New York: Ronald Press Company. 1922. Reprinted by Accounting Studies Press, Chicago, 1962, and by Scholars Book Company' Lawrence, Kansas, 1973.

Peragallo, Edward. Origin and Evolution of Double Entry Bookkeeping, A Study of Italian Practice from the Fourteenth Century. New York: American Institute Publishing Company, 1938. Reprinted by Nihon Shoseki, Osaka, 1974.

Schoenfeld, Hanns-Martin. Review of Kie Kapitaltheoretische Bilanz und die Entwicklung der Bilanztheorien. Accounting Review 46(October, 1971), 831-835.

Sprague, Charles E. The Philosophy of Accounts. New York 1907. Reprinted by Scholars Book Company Lawrence, Kanas, 1972.

Sprouse, Robert T. The Effect of the Concept of the Corporation on Accounting. Ph. D. Dissertation, University of Minnesota, 1956. Reprinted by Arno Press, New York, 1976.

Staubus, George. A Theory of Accounting to Investors. Berkeley and Los Angeles: University of California Press' 1961. Reprinted by Scholars Book Company, Houston, 1975.

Ten Have, O. The History of Accountancy. Palo Alto: Bay Books, 1976, 99-106.

Vatter, William J. The Fund Theory of Accounting and its. Implictions for Financial Reports. Chicago: University of Chicago Press, 1947, esp. chap. one.

——. "Corporate Stock Equities". In Morton Backer, ed. Modern Accounting Theory. New York: Prentice-Hall, 1966, 250-257.

Yamey, B. S. "Pious Inscriptions; Confused Accounts; Classification of Accounts: Three Historcal Notes". In Harold Edey and B. S. Yamey, eds. Debits, Credits, Finance and Profits. London: Sweet and Maxwell, 1974, 143-160.

(汤谷良 杜建军 王兴学 译)

第十七章　资产计价概念的变迁

　　让我们假设一位现代会计理论家能被派送回 1900 年,去制定那时的公认会计原则。如果他有过在美国从事会计实务的经验,那么他就不会惊奇于那时所采用的资产计价方法的多样性,而且所有这些资产计价方法都是公认的。但是,他或许会因会计权威机构间缺乏协调而大感不解。由于英国 1900 年的公司法要求提供审定的资产负债表,因此,系统的资产计价已成为英国公司一项十分紧迫的任务。但是,管制会计行为的有效法规仍然寥寥无几,而且,在英国和美国,法律对会计的约束与某些欧洲国家相比是微不足道的。[1]尽管几本早期的会计学教科书充斥了法律条文,会计职业界也曾要求对一些争论进行仲裁,但是在那自由放任的年代,法庭并不愿制定有关会计的法规。有关资产计价的判例法很少,有时还充满了矛盾,而且经常不能明确一项特定的判决有多大的适用范围。上述会计理论家或许被告知,法官们不懂会计方法。不管这是真还是假,如同立法机关一样,法庭确实无助于资产计价计法的标准化,也无助于会计理论与实践的结合。

　　到 1900 年,美国和英国的审计人员已经为自己建立了资产计价规则。但是还在形成之中的会计职业力单势弱,只有有限的力量来推行会计的标准化,并无力抵制企业主管人员的压力。各个企业都可以根据自己的需要和目的自行确立会计原则。当然,制定这些原则的意图,是为了保护投资者和企业管理人员的权益。其结果是,"会计的一般特性就因行业的不同、公司的不同、甚至于地方的不同而不同"[2]。在英国,公司的董事被视为公司资产的经管人,所以,会计缺乏统一性的部分原因是对于企业资产经营责任有不同的理解。在自由地使用计价资产方法时,有的管理人员极端保守,有的则过于大胆。两种做法都倾向于修匀年度收益和均衡股利的支付。

1900年,稳健主义是一项占支配地位的会计原则,其他原则与它相冲突时都要服从于它。蓄意少报资产价值是想抵制管理人员虚报业绩和维护股东的权益。当然,这也给了公司董事保管已投资本以广泛的伸缩余地。会计职业是在"破产、倒闭、舞弊和争议"的企业环境中成长起来的,这个环境使会计人员充满了"强烈的灾难意识",并与他们喜好簿记上的低估有着极大的关系。[3]在英国,稳健主义与收付实现制和以清算价值估价的传统是一致的。在美国,稳健主义则更加根深蒂固。银行家是一群最有影响的会计报表使用者,稳健主义为他们对付虚增抵押品价值提供了保证。作为稳健主义的实施方法,成本与市价孰低法在1900年实际上为所有的英国会计权威和许多美国会计学权威所推崇。[4]价格下跌助长了稳健主义,因为它使得资产的更新更容易,并能与资产负债表的低估价值相符。1900年标志着为期30年的物价下跌的结束和现在仍在继续的通货膨胀趋势的开始。这意味着19世纪资产会计据以发展的这个前提将被运用到一个迥然不同的环境中去。

有几条必然产生的会计原则并不是直接地从稳健主义派生出来的,但是受稳健主义支配和支持。在价格下跌的时期中,意味着在公司无限存在期间要承担维护工厂设备责任的持续经营概念,与稳健主义是不矛盾的。这一概念仅仅要求在股利支付前做好重置资产准备。经营的持续性赋予它这样一层含义,即除非重新计价反映了持续经营价值,否则不应对固定资产价值加以变动。这使得按历史成本计价"既稳健又方便"。但是,这些概念虽然与现在的非常相似,却产生于不同的推理。正如里德·斯托里(Reed Storey)所指出的那样:

> 维护按成本计价或按成本与市价孰低法计价,其根据与其说是客观证据的必要性和收入与成本的配比过程,毋宁说是会计的历史特性或稳健主义的必要性。实质上,资产计价和收益计量都是经过稳健主义调整的持续经营惯例的不完全运用为基础。[5]

追溯历史的会计理论家会毫不惊奇地发现,许多会计惯例虽被广泛认识,但在实务中却很少被遵循。区分资本和收益具有重大意义,然而,不能或故意不对资本支出和收益支出系统加以区别仍然是产生会计误差的一个重要原因。[6]尽管早在1838年,英国法院就认定折旧为成本,但由于不存在明确的成本概念,即便到了1900年,仍然很少有会计师认为折旧是一个成本分配问题。由于采用的会计方法如此繁杂,实际上妨碍了保持会计数据的客观性、一致性和可比性。从亚当·斯密和其他古典经济学家的时代开始,就有了利润仅从商品的实际交换中产生的概念。但是实现却仍然没有成为一项会计原则,人们对成本与相关收入配比,甚至对资产价值转化为费用的观念,也还缺乏深刻的理解。

无论如何,上述会计理论家几乎不可能建立一整套可以使会计理论与会计实务相一致的会计原则。这是因为,会计实务与理论间的差异实在太大。在依据企业管理人员的需要而记账的时代,资产会计的真正目的与其说是为了资产负债表的正确计价,毋宁说是为资产更新准备基金。到1900年,大部分制造企业还在使用单账户制或盘存法对资产进行计价,固定资产是当作未销售的产品来定价的。在每个会计期末都要对资产进行评价或重新估价。对于大多数采用这种方法的企业来说,利润乃是所有资产价值由于各种原因而变动的结果。而对于资本支出和收益支出、固定资产和流动资产、折旧和增值、虚增收益和实际收益,也未加以区分。

英国铁路和其他公用服务公司根据法律的要求,均采用双账制对资产进行估价。长期固定资产的历史成本在资本支出账户中反映,不予折旧。[7]由于公司有必要长久地保持这些资产,因此,只要它们处于良好工作状态,其价值就被认为是不变的,这样自然地会将资产扩建和改良工程支出资本化,却将资产重置费和修理费直接列作费用。由于资产更新时间的选择是一项管理决策,所以,折旧费也是这样计列的,即折旧不是作为一项经营费用,而是作为重置已耗资产价值而收回的收入。在实务中,做法多种多样,不一而足,资产可以直接列为费用,也可以资本化;修理费、维护费和更新费也可以根据管理人员的决定作为资本支出。然而,双账制是比较复杂的。它适应了与清算价值相对立的持续经营价值的确定的需要。在双账制下,资本业务和收入业务被分开;资产被划分成固定资产和流动资产两部分;物价水平的上升和下降都不允许影响收益,因为收益被看作收入超出支出的剩余。

大部分现行的计价方法和作为其基础的理论在1900年的会计实务中至少有过预兆。当时所缺乏的是两者之间的密切结合。随后的理论进展可以看作这样一种尝试,即建立一套明确的会计原则来约束会计实务,使各种会计方法与作为会计方法基础的概念相互一致起来。

一、1892—1929 年:持续经营计价

以稳健主义为基础的会计实务在理论上是站不住脚的。首先对这一会计实务提出尖锐批评的,是劳伦斯·R·迪克西。迪克西是一家特许会计师事务所的高级合伙人,也是伯明翰大学的会计学教授(1902—1926 年)和伦敦经济学院的讲师。他于 1892 年出版的《审计学》一书,被乔治·O·梅称为"或许是现代会计学的第一本著作"[8]。迪克西的直接批评目标是双账制。他批评它不要求计提折旧,批评它的资本耗费不应超过资产重置率的假定。他指出,大多数企业的主要目的是持续经营,因而资产计价应该反映这一事实。即使是不计提折旧的公司,当资产出售时或企业转手时,也不可避免地面临着资产重估价的问题。销售时点是反映资产实际价值的真实的时点,因此,不仅现时销售价格(即清算价格)很重要,而且未来价值也很重要。要尽可能准确地预测它们,资产就应该按"持续经营资产"进行估价。这意味着,"如果适当地计提了折旧,那么,资产在账簿上应反映折余价值"。[9]迪克西还发现了对流动资产和固定资产不严加区分所引起的原则性错误。他认为,固定资产应该按历史成本减去折旧进行计价。之所以不考虑不是由"时间和磨损"引起的价值变动,是因为固定资产无需考虑变现。因为这些资产是购来使用的而不是为获取一定的盈利而出售的。流动资产的情形则与此截然不同。持续经营的逻辑推理要求按可变现净值对流动资产进行计价。流动资产的购进或制造是用来销售的,因此,对其价值变动应该敏感,任何耗损都应作为已发生的损失进行记账。根据相同的逻辑推理,资产增值应贷记收入项目,但是迪克西并非如此大胆。因为在销售之前,"能否变现总是一个疑问。在确实实现利润之前暂时不贷记利润是谨慎的"。[10]

70 年以前,这些思想是具有革命性的。这些思想现在看来已是保守的,这是它们得到成功运用的证据。迪克西在把持续经营假定发展为一个富有意义的会计概念方面比其他人作出了更大的努力。在这个过程中,他把会计职业界的注意力从按稳健主义进行计价的狭隘的历史观点转向资产价值取决于未来经营活动的观点。而且,他为围绕持续经营原则综合有关的理论概念奠定了基础。在 20 世纪 20 年代末,收益实现原则成为支配原则之

前,持续经营原则一直是资产计价的最重要基准。[11]

美国的会计理论家

亨利·兰德·哈特菲尔德(Henry Rand Hatfield)和迪克西一样,认为"所谓资产的适当价值是对资产持有者而言的,而不是对其他人而言的"[12]。他提出了三条一般的计价规则:(1)存货价格应是持续经营价值;(2)必须坚持计提折旧;(3)根据稳健主义的要求,固定资产的市价变化应予忽略。他认为除非企业的产业价值有望等于或超过成本,否则,就不会购置任何资产。因而,如果企业经营能延续到足以收到资产服务提供的效益,那么,清算价格就是不相关的。哈特菲尔德对稳健主义的抨击比迪克西更为直接,尤其表现在他对成本与市价孰低规则的斥责上。在他看来,低估有时或许比高估要好些,但是,将它当作一项政策却是不适当的。他在阐述观点时,正值通货膨胀已很明显的时代,所以,他一开始就不认为历史成本是绝对必要的。他主张在资产负债表中使用重置成本,并在1927年的教科书中支持加速折旧法而不是直线折旧法,认为加速折旧法能更好地符合经营现实。[13]

迪克西和哈特菲尔德对持续经营概念进行了全面的剖析,得出了这一概念的逻辑结论:流动资产价值的减少或增加应作为损益处理。他们都认为,如果持续经营价值是资产估价的关键;如果由于固定资产不是为了销售而购进的,因而销售价格就是不相关的,那么与此相反,存货的销售价格则应该在资产负债表上加以反映,因为它们之所以存在,是为了销售。但是实际上,稳健主义——它既是会计信条又是会计师的政治本能——却阻止这样做,因此,由实现原则替代了持续经营原则所包含的较广义的利润观念。[14]

威廉·A·佩顿(William A. Paton)也许是这个时代最重实效的理论家,他不仅是持续经营概念的追随者,而且还发展了它的含义。他认为会计是受权宜和方便假设所支配的,因此,对会计期间概念、应计概念和持续经营概念等,最好是按其有用性而不是其字义上的真实性来加以判断。他指出了历史成本主义中的矛盾,并指出"……即使实际成本,也仅仅是一个不确定的数据……会计面临的主要是判断和估计,而不是肯定。价值总是或多或少地包含了推测和不稳定因素"[15]。早在1918年,他就主张应按资产的市场价值而不按资产的成本进行记录。1922年,他重申自己坚持使用市场价格的观点。他认为流动资产的成本应与变现价值相联系,产品的价值实际上是销售价格,而不管销售是否已发生。以后,当通货膨胀问题尖锐时,佩顿都是"美国最顽固而又最雄辩的按一般物价水平进行调整的主张者"[16]。

约翰·坎宁(John Canning)在其《会计经济学》(The Economics of Auountancy,1929年出版)中,从讨论资产的性质出发,指出:"对于一个想在会计教科书中寻找正式的资产定义的人来说,他会惊奇地发现,大多数作者根本就没有对资产下过定义。"[17]他还补充说,那些给资产下过定义的人,也没有将自己的主张付诸实施。坎宁通过调查会计实务以图从会计人员实际应用的方法中获取资产的定义,发现会计师排除了许多经济学家所称的资产和收益。他作出了这样的结论:在会计实务中重视法律,而不重视经济理论,当会计人员在进行资产计价时,却并不依据价值理论。

坎宁首次给予资产负债表项目以全面的定义,并建议采用从经济学中移植过来的计价理论。这就是:对任何资产进行恰当的计价都应依据于使用它们所期望的收入。"对于存货计价来说,除非以其产出的资金作为标志,否则就会毫无意义"。[18]这种"直接计价法"应用于资产,就能对资产的未来现金流量可靠地加以预测,对所有资产直接进行计价当然最好,但当它们能予提供的资金无法直接估计时,就必须运用"间接计价法"。在两种情况下,资产价值的变动都会产生收益,一旦能对未来的交换价值作出可靠的估计,就应当立即将这些收益入账。

这些观点被一些人认为是极端的。历史成本计价的拥护者所推崇的是在20世纪20年代曾经相当适用的制度。A·C·利特尔顿就是其中最有力的辩护者。他认为,原始购置成本的使用与复式簿记的演变有着非常密切的联系,任何过激地偏离它的做法。例如,用现时价值和按物价水平调整的数据来代替它,都会威胁到实账户和虚账户的整体性。而这种整体性远比个别资产和负债的金额数字重要。会计记录从其实质来看不可能反映价值,因为具体的价格经常变化,在通货膨胀期间,它们会很快就失去意义。而且,物价变动自身是不能产生收益的。例如,成本的增加不一定总是导致销售价格的提高。[19]物价水准指数不具有历史成本那样的客观性,它会将"资产负债表和损益表分离开来"[20]。资产负债表可能因此而成为重估价值的一览表,损益表则成为经济收益来源表而不是实现收益表。这样的计算当然也有其用处,但反映企业经济业务的会计毕竟是与收集和解释数据的统计大不相同的工作。

1929 年的小结

如果考察它们对资产价值和整体经济产生的影响,20 世纪 20 年代的这些辩论似乎是学术性的。但事实上,这些辩论为第二次世界大战后所形成的基本概念的变革奠定了基础。至少,它们表明原始购置成本并不是唯一可行的资产计价基准。就像乔治·O·梅所指出的那样,历史成本的"传统"仅仅可追溯到 70 或 80 年以前。[21]它的使用一直是由于它"方便和容易",即使在 19 世纪,其他的计价基准也曾被更广泛地运用过。

即使许多早期的会计理论家不赞同传统会计,但他们并无能力快速地改变它。几乎所有的会计理论家都是大学教授,他们对实务的影响是间接的,而且,这种影响一般只通过概念的缓慢传播来实现。20 世纪 20 年代,使会计计价实务发生巨大变化的是所得税法,而不是会计理论的进步。系统的折旧、坏账备抵、历史成本计价的广泛使用、配比原则、实现原则等,更多地归功于第 16 条税收法修正案的通过。

所得税给了企业家以财务低估的既得利益。到 1929 年,实现原则已成为"收益确定和资产计价方面最为重要的惯例……"[22]。持续经营原则仅仅排斥了清算价格,它要求按使用目的进行资产计价。这意味着对固定资产应按历史成本计价,而对流动资产则应按变现净值计价。但是实现原则为按成本对固定资产和流动资产进行计价提供了理论上的依据,因为,任何较高的计价都会产生未实现的收益。总而言之,税法强化了保守的资产计价观点,尽管激进的会计理论家反对这一观点。

二、20 世纪 30 年代:集大成的计价理论

1929 年股票市场暴跌以后,会计环境发生了巨大的变化。(1)20 世纪 30 年代初期价格急剧下跌引起了会计师和企业家的关注。前者是因为资产负债表价值引起误解;后者是因为过去 10 年根据较高的历史成本产生了高额折旧费。(2)20 世纪 30 年代,人们试图系统整理会计理论,更确切地说,是要使会计理论与会计师使用的会计方法一致起来,其结果是资产计价实务进一步标准化了。(3)市场暴跌的第三个影响,是人们普遍认识到股份公

司的股票市价更多地取决于它的盈利能力而不是其资产的价值。准确的资产计价与资产负债表结转到损益表的费用计算相比,其重要性大为降低。

上述事项削弱了稳健主义对会计理论的影响。罗伯特·斯特林(Robert Sterling)称稳健主义是"最古老的、也是最普及的会计计价原则"[23]。万斯(Uance)和利特尔顿也指明成本与市价孰低概念是稳健主义必然产生的原则,是在帕乔利的《算术、几何和比例概要》编著之前就使用多年的古老概念。[24]但是,它的年代是不确定的。成本与市价孰低概念在不同时代被用于不同的目的,它从不同的方面为庄园管家、偷税商人以及现代公司的经理们大开方便之门。稳健主义在1900年至1930年之间仍然是由于各种特殊理由而采用的一般法则。这种优越地位,在很大程度上是取决于资产负债表是报送给债权人的报表。[25]随着重点向损益表转移,资产和利润都必须稳健地加以反映,而这是一个并不大协调的过程。当市场价格下跌到成本以下时,减少存货价值就会相应减少当期收益,但通常虚增未来利润。这种形态的稳健主义为坚持历史成本估价而不是背离它提供了更多的理由。

可是,本质上的变化要比这更加深刻。它表现在会计对大型公司的经营活动的现实的适应。在大多数企业的经营活动仅具有短期性质和主要的会计责任是保护资产的时代,受托责任是会计记账的主要动机。在这种情况下,稳健主义是自然的和合理的,而经营人提高今后经济业务不一定达到的期望值是不明智的。只要所有者的权益未发生变动,就不会使任何人产生误解。但是,在大规模的持续经营企业中,为盈利而使用资产比从物质上保护资产更为重要。公司的经济寿命是不确定的,它的股份常常易手,因此,要求提供有关该公司数据的财务报表应尽可能公正和客观,而不是采用稳健主义的原则来反映收益和资产价值。稳健主义向来具有随意性和内在的不一致性。随着从经营责任报告转向为投资决策提供经济数据,稳健主义不再适用。

由于这一原因,尽管20世纪30年代物价向下波动,系统整理会计理论的最初尝试,所强调的是会计数据的客观性、一致性、可比性和配比概念,以及历史成本原则,因为它们是收益计量的可靠基准。1932年9月,G·O·梅写给美国会计师协会的正与纽约证券交易所合作建立会计原则的委员会成员的一封信中强调了下述必要性:

使公众更好地认识到这样的事实,即不能也不能指望一个大型现代股份公司的资产负债表去反映本公司资产和负债的现时价值……[26]

该委员会的主席 G·O·梅提出了三个相当矛盾的会计"假设",即持续经营假设、销售时点实现假设以及货币计量假设,[27]并认为资产价值中未实现的变动可不予考虑。但他又作以下补充:"任何大型企业的资产的真实价值主要取决于该企业的盈利能力。"[28]

美国会计师协会会计术语委员在它的最早的公告中指出:"由于会计主要以成本为基础,所以会计中'价值'一词的恰当使用就在很大程度上局限于按成本计价或按修正成本计价项目的报告。"[29]在 1938 年的《论会计原则》(A Statement of Accounting Principles)中桑德斯(Sanders)、哈特菲尔德和穆尔(Moore)不加批判地接受了历史成本主义和实现信条。[30]美国会计学会在 1936 年、1941 年和 1948 年的公报中都赞同按历史成本进行资产计价。它们的中心论题是:

会计从本质上讲不是一个计价的过程,而是历史成本和收入在当期和以后的会计期间进行分配的过程。[31]

佩顿和利特尔顿 1940 年出版的专著《公司会计标准导论》(An Introduction to Corporate Accounting Standards)从理论上支持了美国会计学会 1936 年的公告。如同前述,两位作者开始是持完全不同的观点的,该书则是他们合作的结晶。他们一致认为:"正是盈利能力(而不是成本价格,不是重置价格,也不是销售或清算价格)才是企业价值的重要基准,"[32]会计人员的主要任务是通过成本和相关收入的配比确定收益。这就使得资产计价与将资产负债表项目转为费用两者相比,降低了前者的重要性。他们在"成本"一章中对资产进行了论述,把资产看作剩余成本或未耗成本。"存货和工厂设备不是'价值',而是处于尚待转化为费用的积累成本"。[33]他们将资产的原始购置价格作为合适的期初余额,对以后如何估价的问题却几乎未予考虑。他们假定价值等同于成本,因为他们认为其他的问题更为重要。于是作者回避了什么样的成本与收入相配比的问题。[34]

三、物价水平的困境

在美国,最初关于历史成本与重置成本选择问题的辩论不是在会计理论家之间,而是在铁路公司与州际商务委员会之间展开。[35]州际商务委员会和类似的费率制定机构所担负的任务是确定公用事业收费标准,使被管制的公司能获得合理的投资报酬。委员会有义务制定收费标准,公用事业应获得收益总额可以按收费标准的一定百分比计算确定。这样就产生了一个问题,即该收费标准是按资产的历史成本,还是按资产的重置成本来确定?

这种选择之所以成为问题,是因为内战结束后,兴建了许多铁路,当时正是以后物价长期下跌的开端。结果到1900年,这些铁路资产的历史成本远远超过了它们的重置价格。铁路公司为了争取高额的运费收入,要求用购置成本作为确定费率的依据。而州际商务委员会为了保护公众利益、防止过高的铁路收费,则持反对意见,认为重置成本更为合适。对于这个问题,1898年最高法庭在史密斯对艾米斯(Smyth V. Ames, 1898)案件中仅仅指出,要确定合理的费率,在任何情形下,两种类型的成本都应予考虑。1900以后,尽管物价水平上升了,但州际商务委员会与铁路公司间的争端却未结束,不过,这时双方互易了主张。不久,物价很快涨到铁路公司使用重置成本反倒有利可图的地步。这时,州际商务委员会的委员们也一改初衷,成为比现在更保守的历史成本的倡导者。

在20世纪20年代,由于州际商务委员会没有考虑重置成本,最高法院宣布许多费率判决无效。但是,就像早期的案件一样,对于能否用重置成本来应付物价的波动,会计职业从法院那里未得到任何明确的裁决。1927年,《会计杂志》在其评论中批评州际商务委员会主张使用1916年的成本来确定费率,并指出资产的重置价格比1961年几乎要高2倍。[36]不过,当时,这一问题仍然被看作公平制定费率的实际问题,而重置成本本身是否适当却未成为争论的焦点。

第一次世界大战后,大部分中欧国家经受了通货膨胀的冲击,其程度之严重使得过去的购置成本完全失去了意义。在德国,一种被称作"资产负债表稳定化"的方法被用来调整资产价值以适应一般物价水平的变动。而在美国,对通货膨胀的会计处理与其说主要是从资产计价上表现出来的,毋宁说是从资产更新上表现出来的。企业家都懂得在物价上涨时期,以成本为基础计提的折旧费是积累不了足够的资金来更新工厂和设备的。一些人赞成建立产权准备金,以便把现金留在企业内;一些人则主张加速折旧。虽然资产常被企业管理人员任意增记账面价值,又常不将此公开,只是贷记诸如"重估盈余"之类的账户,但是大多数企业家仍然期望物价降到战前的水平,并且认为这样增记价值仅仅反映了价值的暂时增加。当时,管理人员和会计师之间对于资产估价不存在根本的分歧,因为,双方都预见到了物价水平继续看涨的趋势。

1929年以后,以前10年的高额历史成本和用于重估许多生产设备的更高的重置成本,与当时的物价水平已不适应。就像约翰·O'哈拉(John O'Hara)指出的那样,不仅货物不再值购买它时所花费的钱,而且人们怀疑它们从来就没有值过那么多钱。更坏的情况是,以这些高抬的原始成本为基础计提的折旧费,正在把各公司置于净亏损的处境中,这削弱了他们公布股利和支撑其股票市场价格的能力。回溯历史,20世纪20年代大幅度地增记资产价值不仅仅是通货膨胀的结果,也是经济不稳定的一个原因。这些大量增记的资产价值或许可以通过随意减记价值得到纠正,由于早些时候未对增记资产价值提出异议,如今会计人员发现自己已处于无力反对冲减资产价值的地位。所罗门·法布里克恩特(Solomon Fabricant)对纽约证券交易所上市企业中随机选取的208家公司进行了调查,其结果表明,1931年,40家公司冲减了约9 600万美元的固定资产净值;1932年64家公司冲减了23 600万美元;以后每隔两年约有6 000万美元被冲销。[37]大多数公司报告,由于历史成本和现时价格之间的差异,它们不得不对资产重估价值。美国全国成本会计师联合会就冲减资产价值问题对其会员进行调查时,117名被调查者中有75%赞同这种做法。[38]1938年,美国会计师协会发表一份对500家公司的资产负债表所进行的分析报告,它表明在486个财产项目中有135个项目是以"估价额或修正价值"反映的,有253个项目是按成本反映的,有101个项目则并无计价基准。[39]

在这种情况下,亨利·斯威尼(Henry Sweeney)于1936年出版了《稳定币值会计》(Stbcilized Accounting)一书。他认为,在会计报表中应对价格变动作出全面的反映。他参考了欧洲对付失控的通货膨胀的经验,提出应按照具有一定购买力的"共同美元"来对资产计价。而且,他最早论证了平常的会计是如何出现误差的。他指出:(1)平常的会计不能维护资本和购买力;(2)它将不同计量单位所得到的数字混合在一起;(3)它不反映货币价值的变动所引起的利润和损失。[40]由于货币性资产已被固定在现行物价水平上,因此,他将自己的方法的重点放在如何按年度末的购买力来重新反映固定资产和资本上。斯威尼认为生活费用指数是一个理想的价格折算指数,因为人们手中持有的现金代表了维持购买商品和劳务的基本能力。他建议应将这一指数应用于历史成本,然后用估价数值或适当的重置成本指数对结果数据进行调整,以反映资产负债表编制日期的土地、建筑物、机器和存货的重置成本的变动。他的方法还区分了每一期间由价格水平变动引起的已实现收益和未实现收益,留存盈余被划分成已实现和未实现两部分,并作为反映物价水平变动的一个结平项目。

当时,斯威尼的著作并不引人注目。1936年,尚未开始现在这样的通货膨胀,但会计人员却已在使用账面改组以及其他传统方法来对付通货紧缩对历史成本所产生的影响。然而,斯威尼的著作显然是一部开拓性的稀有之作。美国公证会计师协会于1963年发表的《会计研究论文集》第6辑《物价水平变动对账务的影响的报告》(Reporting the Financial Effects of Price-Level Changes)实际上采用了斯威尼提出的方法,他本人因此评论道:"评价这本研究论文集中的主要思想,使我处于一种异常的地位,因为我实际上是在评价我自己的研究。"[41]斯威尼在会计原则委员会第3号公告《按一般物价水平变动修正财务报表》(Financial Statements Restated for General Price-Level Changes, 1969年)发表之前就去世了,该公告也遵循了斯威尼在《稳定币值会计》中所论述的基本方法。

肯尼恩·麦克尼尔(Kenneth MacNeal)在1939年出版的《会计的真实性》(Truth in Accounting)一书中指出:"财务报表旨在反映现在的经济价值,它只有在这样的情况下才有用。"[42]他认为会计观念落后于经济的发展是会计报表不健全的原因,并用值得称道的历史分析来支持其论点。他的历史分析把资产计价的实践划分为三个阶段。在第一阶段,会计师仅仅关心如何为自己的雇主提供数据;在第二阶段,公证会计师职业随着债权人对可靠的会计信息的需要应运而生;在第三阶段,从1900年以后,业主被许多股东所取代,从而出现了三个利益相关者,即企业管理人员、债权人和投资者。尽管期间环境发生了变化,但在这三个时期中,会计原则却一直沿用下来了。例如,历史成本原则、经管责任原则和稳健主义产生于第一阶段,依据它们向股东提供报告是不适宜的,因为当这些原则问世时,作为主要的利益相关者的股东甚至尚不存在。其结果,是作为对股东最为有用的报表、资产负债表和损益表,忽视了流动资产的未实现的增值、排斥了固定资产的资本收益,而且,一般都把低估当作稳健主义的做法加以赞许,而把高估看作是不诚实的。麦克尼尔于是提出了这样的问题,即以这些原则为基础得到的数据究竟有多大的真实性呢?他得出的结论是:会计师应成为估价员而不是成本核算员。从会计的目的来看,资产的市场价格是合适的价值。坎宁评论说:"真理可能既是昂贵的,又是无用的。"不过,麦克尼尔只是从概念的高度探讨了斯威尼已经探讨过的资产重估价的实际问题。麦克尼尔的批评是过于简单化了,但他的诊断却是正确的,他的论述在第二次世界大战后为人们所熟悉。

四、1945—1960 年:寻求替代法

1945—1948 年间消费品价格指数上升了 30%,使人们第一次对按物价水平调整、重置成本和其他相似方法产生了普遍兴趣。这种大幅度通货膨胀损害了股东们的权益,助长了秘密准备金的设置,也使稳健主义的实务全部得以保持下来。物价水平变动还使资产负债表和损益表发生矛盾,迫使会计师经常在它们之间进行抉择。它们还是人们对已审定报表中不实际的会计数据提出批评的原因。不过,一开始,会计职业界是拒绝采用激进方法来替代历史成本法的,他们希望采用一种既能减少压力而又不致于破坏传统的计价理论的方法。

然而,对企业管理者来说,这个问题全然不同,它要尖锐得多。价值等于成本的学说无助于那些面临以高出 2 倍的价格来更新 20 世纪 30 年代所购资产的公司。对这些资产计提的折旧,不足以弥补 1947 年物价水平上的重置成本。这使得产品销售价格过低,以致不能补偿在用设备的实际成本。以低估的资产价值为基础计提折旧费同时虚增了报告收益。因此必须支付较高的薪金、股利和税金,可是当时正是更新资产急需现金的时候。据估计,1947 年美国工业的 170 亿美元报告收益中,几乎有一半是通货膨胀所致,而不是经营的成果。[43]

这一异常的情况迫使主要的企业超越现有的会计规则。1947 年第一季度,美国钢铁股份有限公司以物价指数和对设备重置成本的技术估算为依据,从收益中冲减了比正常折旧费用高 30%的费用(约 2 630 美元),并称之为"设施磨损和消耗"。同年,E·I·杜邦·德·尼莫尔斯公司在使用之前

就对部分新工厂的建设成本进行了转销,这些成本被认为是由于高价格而超支的。还是1947年,克莱斯勒股份有限公司开始按加速折旧率对其资产的历史成本计提折旧,其理由是:公司购买的新资产的价格高到只能用以后数年预计特别可观的销售才能予以补偿。[44]

审查美国钢铁股份有限公司的审计师对它的补充折旧费提出异议,因为这些折旧费总额基本上超过了资产的历史成本。杜邦公司同样收到了附保留意见的审计报告,因为它在新资产使用前就转销了大部分成本,这违反了配比规则。证券交易委员会发布了一份否定使用重置成本的公报,由于税收的目的,上述两种做法当然也没有得到它的许可。由于没有得到制度上的支持,这两个公司于1948年先后放弃了它们的方法。但是,"克莱斯勒的方法",虽然其作用与前两种相同,但在理论上其是可推崇的,因为它限于按历史成本和以经济使用寿命为推销期计提折旧。所以,它最终导致1954年的税法作出了加速折旧的规定。

1947年,美国会计师协会在两份公报中重申其坚持历史成本的主张。《会计研究公告》第33号《折旧和高额成本》(Depreciation and High costs)是对美国钢铁股份有限公司的答复,它劝说企业主管人员应通过设立盈余准备金来为资产更新提供资金,而不要通过增加折旧费来达到这一目的,而且,通过投票一致同意仍然保持历史成本原则。《会计研究公司》第29辑《存货计价》(Inventory Pricing)被里德·斯托里描述为"迎奉每一个人的典型实例",其中指出,存货计价的主要基准应是购置或生产成本,但它实际上也不反对每一种偏离成本的传统做法。按成本与市价孰低原则减记账面价值尤其得到了鼓励,但是它认为仅在特殊情况下,存货才能被估价得高于成本。[45]

1948年,对企业、劳工组织、会计师、经济师的一次调查表明,人们似乎对协会反对重置成本的主张表示赞同。同年10月,一封写给协会会员的信重新肯定了第33号公告的主张,同时建议公司试行按物价水平变动调整的辅助性附表。1948年末,会计程序委员会再一次表示支持现行做法。1953年,第29辑和第33辑公告经过修订,合编成《会计研究公告》第43辑。它重申1947年的决定,即成本数值是现实的,历史成本会计没有发生根本的变化。[46]该委员会站在成本与市价孰低的立场上对这一概念精雕细琢,同时重述了它以前的主张,即提高折旧率并不是解决物价问题的恰当方法。研究

第十七章 资产计价概念的变迁

公报接着探讨了既不违反会计原则又能抵销通货膨胀影响的方法。

后进先出法(LIFO)和加速折旧法可以认为是两种有限的抵销通货膨胀影响的措施或者缓冲手段，它们延缓了20世纪50年代轻微通货膨胀期间物价水平问题的真正解决。两种方法把资产负债表稳健主义的古老传统强化到如此程度，以致纳税人仍然不允许一起使用后进先出法与成本与市价孰低存货计价法。后进行出法和加速折旧法都优先满足了企业管理者对现金留存和资产更新的需要，而不惜牺牲会计师更准确地估价资产的愿望。但两种方法不是用来应付持续的物价上涨是正常的经营前景这样一种环境的，而且亦均无法有效地达到这一目的。两种方法都成了在部分地进行物价水平调整的幌子下递延所得税的手段。[47]

1938—1939年的税法经过修改，允许在原材料易受周期性变化影响的行业实行后进先出存货计价方法。其目的是避免对未实现的收益课税。像穆尼茨所说的那样，后进先出法原来是为了弥补20世纪30年代税法中缺乏收益平均条款的缺陷的。[48] 在战后岁月中，当物价的持续上涨代替了周期性的物价上下波动时，后进先出法不再服务于它最初的目的。它的新招牌是应付物价水平变动，但其被广泛使用的真实原因却是它在物价上涨期间长期起到的拖延纳税的作用。

加速折旧在理论上较后进先出法更能站得住脚。早在20世纪20年代它就得到了佩顿和哈特菲尔德的支持。如果资产是未来的经济效益，那么折旧政策的目的之一就应该是每期收回足够的金额，使之与按原来的币值计算的资本耗费相等。当物价上涨时，用以历史成本为根据的直线折旧法计提折旧不能做到这一点，加速折旧额则更接近资产经济价值的损失。尽管加速折旧在资产有用寿命期间可能不能调整通货膨胀的压力，但它可以通过改善公司的流动性来增加内部资金。它还可以从税收方面对工厂设备的更新和扩充起到刺激作用。最后，像使用后进先出法对存货一样，它能在通货膨胀对厂场设备的账面价值产生影响之前，就把大量的资产成本转记到损益表上去。

在20世纪50年代，有100多篇关于物价水平问题的文章见之于主要的会计刊物上。现在，通货膨胀已经成为不可磨灭的事实，对此，不得不不确定一些会计应对策略。美国会计学会1951年的《补充公告》第2辑(Supplementary Statement No.2)建议应通过编制根据一般物价水平变动进行调整的补充报告,来补充按历史成本编制的财务报表,并提出至少在使用这种补充报告的头一年,不需要签具审计师意见书。[49]在《公司财务报表的会计和报告标准——1957 年修订本》(Accounting and Reporting Standards for Corporate Financial Statements—1957 Revision)中,该学会进一步扩充了它以前的建议,指出期末存货和销售成本应按现行购买力反映,还应区别反映因价格变动而产生的利得和损失。[50]

美国注册会计师协会创建的企业收益研究组(Study Group on Business Income),把其大部分精力放在物价水平变动对收益的影响方面。该研究组在 1952 年的报告中指出,暂时,报告的重点仍然应该是历史成本,但是,历史成本数据应该逐渐被按物价水平调整的数值取而代之。同时,它建议采用补充报告来反映物价水平变化的影响。

《会计研究论文集》第 6 辑《物价水平变动对财务的影响的报告》(Reporting the Financial Effects of Price-Level Changes,1963)也提议应在辅助财务报表中或者在传统的财务报表的额外栏目中补充反映按物价水平调整的数值。[51]

但是,接受这些建议的企业管理者极其有限。对大多数管理者来说,歪曲的资产负债表计价主要不是由通货膨胀所引起的。甚至从会计师的观点来看,补充财务报表的使用也并不意味着理论上的立场起了变化,他们仍然认为成本与收入配比比资产重置更为重要,资产负债表计价是从收益计量过程中得出的剩余数额。然而,如果持续经营企业拥有无限的寿命——比现有资产寿命更长——那么,从理论上看,计提足够的折旧以保证设备资产的更新就是必不可少的。如果报告收益不能反映这种重置成本,资本就会被耗减,持续经营就会遭到破坏。

塞缪尔·李(Samuel Lee)指出:1957 年,一家朝鲜纺织厂的一码尼龙布的价格等于战后三英亩工业用地的成本。[52]在这种情况下,按物价水平调整财务报表是绝对不可缺少的,工厂通常根据政府确定的价格折算指数来编制这种报告。美国的困境更为微妙,在那里,通货膨胀水平足以歪曲已公布的经营成果,但绝不足以引起根本性的变革。即使如此,如果会计职业要求在公布报表中采用按物价水平调整过的数值,那么政府管理机构和国内税务局是会接受这些数值的。[53]为使历史成本适用,会计人员已通过一些需要或允许主观判断,尤其是管理人员的主观判断的方式对它们进行了调整。

在 20 世纪 60 年代,两个主要的会计团体都赞成系统地重估资产。1969 年,会计原则委员会发布的第 3 号公告建议各公司报告一般物价水平变动的影响。为此,还提供了具体的表格和程序。1974 年 12 月,财务会计标准委员会发出一个征求意见稿《以一般购买力为单位的财务报告》(Financial Reporting in Units of General Purchasing Power),提倡在审定财务报表中按物价水平作强制性调整。不过,1976 年 7 月,财务会计标准委员会宣布它已推迟对按物价水平进行调整问题的进一步考虑。但是,争论仍然在继续,一些人支持按物价水平进行调整,另一些人则赞成现值会计的某种形式。

五、重置成本还是市场销售价格?

如果根据最近的文献中所表现出来的倾向来作结论并不为时过早,那么,结论似乎是:(1)提倡在资产负债表中使用现行重置成本和销售价格的呼声日增;(2)人们试图将资产计价问题的解决办法纳入会计理论的全面重新建设中去。

斯普劳斯(R. T. Sprouse)和穆尼茨(M. Moonitz)在《经营企业暂订主要会计原则》(A Tentative set of Broad Accounting Principles for Business Enterprises,1962 年版)中,采用了美国会计学会的观点,认为"资产反映未来的经济效益,是企业所获得的权利,是本期或过去经济业务的成果"[54]。如果资产价值等于它能产生的预期未来收益,那么,资产负债表价格就应通过对资产服务潜力的折现来加以确定。为此,两位作者提出,正常的可销存货应按可变现净值计价,不管它是高于或是低于成本。他们最后并未详细论述物价水平调整问题,他们提出的资产计价主张,除将资产计价的论述纳入一般会计理论以外,与坎宁和其他早期作者的主张并没有多大差别。与斯威尼一样,斯普劳斯和穆尼茨主张同时使用物价水平指数和以重置成本的变动为基础的固定资产重估价方法:

> 在对外报表中,每当发生重大事项时,如企业单位改组、与其他单位合并或成为某母公司的下属单位等,厂场设备都应按现时重置成本重新估价。即使没有发生这样的事项,也应定期(如每 5 年)对它们的价值进行重估。[55]

从这一意义上讲,折旧是现时重置成本的分配,折旧费反映的是资产提供服务的本期投入价值。这就有可能将利润计量建立在本期投入成本与本期收入配比的基础之上。重置成本的使用排除了资产负债表稳健主义、成本与市价孰低准则、后进先出法和其他成本流转假设的应用。它重视价值变化胜于成本流转,使资产负债表与损益表具有同样的重要性。

爱德华兹(Edwards)和贝尔(Bell)1961 年在其《企业收益的理论和计量》(The Theory and Measnremert of Business Income)一书中提出了一种变异的重置成本会计计量法。他们的注意力集中在资产计价上而不是在成本分配上,集中在现时价格上而不是在资产的原始价格上。

我们已指出,现实是由会计期所记录的本期事项构成的,而深为人知的历史成本却不是本期的事项。估计的现时成本当然要比原始成本优越,因为它是实际现时成本的近似值。[56]

两位作者在阐述了没有反映持产利得对资产的影响(即失去报表可比性)后,进一步论证了对付个别物价水平变动和一般物价水平变动影响的调整方法。与斯普劳斯和穆尼茨一样,他们认为按重置成本计提折旧的主要优点不在于它提高了企业的变现能力,而在于它有利于本期成本和收入的配比。这样就能鉴别出持产利得和损失,从而更清楚地反映管理人员投资决策的效果。

1963 年,美国会计学会长期耐用资产委员会(Committee on Long Lived Assets)肯定了以前将资产看作服务潜力的定义。该委员会承认很难计量个别资产的折现现金流量,认为重置成本近似于资产的服务潜力,它反映企业在目前市场上购买资产所要支付的价格。如果重置成本高于历史成本,那么,在不存在物价水平变动的情况下,其差额就是持产利得,应当列入收益。因而,可以从本期收入中减去包括按现行重置价格所计折旧的费用总额来求得净利润。

1976 年 3 月 23 日,证券交易委员会发出《会计系列公告》第 190 辑,要求一些大型公司在其公布的财务报告中以附注方式反映重置成本。其他国家似乎也在朝着相同的方向迈进。1973 年,英国会计协会的会计准则筹划指导委员会(Accounting Standard Steering Committee)建议按一般物价水平进行调整。但是,1974 年 10 月,英格兰和威尔士特许会计师协会和由英国政府成立的桑迪兰兹委员会(Sandilands Committee)都作出决定,重置成本优于按物价水平进行调整。

R·J·钱伯斯(R. J. Chambers)认为,"为选择购买、持有或销售等经营活动而对每项财产进行的计量都是在一定时点、在当时的特定环境下,按当时的货币单位进行的……"[57]过去的价格与决定经营活动是不相关的,而表现为折现现金流量形式的未来价格则是推测的和主观的。因此,会计师只能在资产的现时重置价格和它们的现时销售价格之间进行选择。

然而,购买价格或重置价格并不反映在现有资产的基础上将现金投向市场以适应当前环境的能力,而销售价格却能做到这一点。因此,我们认为,在某时点上与市场上可能的未来经营活动一致相关的唯一财务财产是任何持有商品的市场销售价格或可变现价格。可变现价格可作为现时现金的等值。[58]

钱伯斯主张,像主要按市场牌价计量相同种类和条件的商品一样,应用在现时市场上有秩序地进行清算的条件下所产生的价格对每一项资产进行计价。这样,资产的可销售性是将它们计列在资产负债表中的一项主要的检验。包括所有无形资产在内的、无法销售的长期资产,在购置时都会全部注销记入费用。

作为支配商业簿记300多年的资产盘存计价法的一种不同形式,钱伯斯的方法旨在通过缩小会计计量范围来提高会计计量的准确性。他强调企业的现时市场能力,尤其是它的短期变现能力。资产寿命周期的预测和折旧的折算、追踪存货流转以估算历史成本、重新估价无形资产之类的问题都消失了或弱化了;稳健主义以及它所重视的可能的未来后果,都成为完全不相关的东西。像其他的计价方法一样,"连续适应时代的会计"也面临一个共同存在的问题,即持续经营企业在资产的集合使用和计价过程中,难以找出每项个别资产的持续经营价格。从更广的意义上说,持续经营原则体现了现行方法和建议方法的本质差别。传统会计在评价企业本期财务状况时,既看过去又看未来,从而产生了许多无法解决的实际困难,然而,它对经营活动所持的看法与持续经营概念所持的整个经营活动的连续统一性却不矛盾。过去的状况可能被错误地反映,但没有被忽略掉。

六、归纳和结论

像1900年一样,会计行为仍然受稳健主义、原始购置成本计价及其所有的辅助原则和方法的支配。如果不是这样,这一章也许可以称作"历史成本计算的盛衰"。实务不对理论作出反应乃是 20 世纪计价问题的显著特征。在过去的 70 年中,各种概念逻辑地、连贯地发展起来了,但会计师在实践中却几乎未受到它们的影响。相反,使会计发生变动的原因主要是诸如通货膨胀、税收、逐渐复杂化的业务经营、股东比债权人日益重要、政府干预的威胁以及会计方法的规范化等外部原因。其部分原因是由于资产计价给会计实践者、理论工作者和公司管理人员带来了完全不同的问题。原因也许还在于:以稳健主义为中心的现行资产计价方法,虽然实际上在理论上站不住脚,却被证明可以长期使用,因为它们仅仅是会计惯例而不是逻辑推理建立的、与其他会计理论相互影响的会计原则。像在 1900 年那样,这些方法之所以能够存在,主要是因为会计师对可替代的会计方法没有取得一致的意见。

在 20 世纪 20 年代,软弱的会计职业曾允许对资产任意增记价值,后来它因这种做法产生的后果受到了谴责。今天,对会计师的公开批评更多地集中于他们对成本价格的顽固坚持和由此在公布的报表中产生的不实际的数字,以及会计师不同意增记现时价值等方面。现在看来,会计理论的根本改善将可能始于资产计价程序的变革。目前计量财务状况的理论重点已从原始购置成本转向现时价值,从销货时点实现收益转向一旦能做出客观的计量就确认利润。G·爱德华·菲利普斯(G. Edward Philips)下过这样的结论:

会计理论的变革实质上是试图改变传统会计理论强调成本的状况,代之以价值为中心的符合逻辑的结构。人们期望这将为解决重要的理论争端和进一步缩小目前公认会计实务的多样性提供一个基准。[59]

注 释

[1] Henry Rand Hatfield, "Some Variation in Accounting Practice in England, France, Germany, and the United States", Journal of Accounting Research 4 (Autumn 1966), 169-182.

[2] George O. May, Memoirs and Accounting Thought of George O. May, Paul Grady, ed. (New York: Ponald Press, 1962), p. 23.

[3] R. H. Parker, "Lower of Cost or Market in Britai and the United States: An Historical Survey", Abacus 1 (December 1965), 158-159.

[4] S. Paul Garner, Evolution of Cost Accounting to 1925 (Alabama: University of Alabama Press, 1954), p. 321.

[5] Reed K. Storey, "Revenue Realization, Going Concern, and Measurement of Income", Accounting Review 34 (April 1959), 236-237.

[6] Richard P. Prief, "Nineteenth Century Accounting Error", Journal of Accounting Research 3 (Spring, 1965), 12-31.

[7] Storey, op. cit., pp. 233-234; D. A. Litherland, "Fixed Asset Replacement a Half Century Ago", Accounting Review 26 (October 1951), 475-480.

[8] May, op. cit., p. 233.

[9] Lawrence R. Dicksee, Auditing, 5th ed. (London: Gee and Company, 1902), pp. 180-181.

[10] Lawrence R. Dickess, Advanced Accounting (London: Gee and Compay, 1903), p. 5.

[11] Storey, op. cit., pp. 237-238.

[12] Henry Rand Hatfield, Modern Accounting (New York: D. Appleton-Century Company, 1909), p. 81.

[13] Henry Rand Hatfield. Accounting, Its Principles and Problems (New York: D. Appleton-Century Company, 1927), p. 152.

[14] Storey, op. cit., pp. 236-238.

[15] William A. Paton, Accounting Theory (New York: Ronald Press, 1922; reprinted by Accounting Studies Press, Chicago, 1962), p. 293.

[16] Stephen A. Zeff, "Episodes in the Progression of Price-Level Accounting in the United States", Accountants' Magazine 68 (April 1964), 304.

[17] John B. Canning, The Economics of Accountancy (New York: Ronald Press, 1929), pp. 12-13.

[18] Ibid., p. 227.

[19] J. D. Edwards and R. F. Salmonson, eds., Contributions of Four Accounting Pioeers (East Lansing: Michigan State University Business Studies, 1961), pp. 46, 53-56.

[20] A. C. Littleton, "Prestige for Historical Cost", in M. Chatfield, ed., Contemporary Studies in the Evolution of Accounting Thought (Belmont, Cal.: Dichenson Publishing Company, 1968), p. 308.

[21] May, op. cit., p. 314.

[22] Storey, op. cit., p. 238.

[23] Robert R. Sterling, "Conservatism: The Fundamental Principle of Valuatiou in Traditional Accounting", Abacus 3 (December 1967), 110.

[24] Lawrence L. Vance, "Authority of History in Inventory Valuation", Accounting Review 18 (July 1943), 219-227; A. C. Littleton, "Geneology for Cost or Market", Accounting Review 16 (June 1941), 161-167.

[25] Eldon S. Hendriksen, Accounting Theory, rev. ed. (Homewood, Ill., Richard D. Irwin, 1970), pp. 278-279.

[26] May, op. cit., p. 67.

[27] Ibid., pp. 235-236.

[28] Ibid., p. 64.

[29] Committee on Terminology, American Institute of Certified Public Accountants, "Review and Resume", Accounting Terminology Bulletin No. 1 (New York: AICPA, 1953), p. 16.

[30] Thomas Henry Sandes, Henry Raná Hatfield and Underhill Moore, A Statement of Accounting Principles (New York: American Institute of Accountants, 1938), pp. 114-115.

[31] Executive Committee of the American Accounting Association "A Tentative Statement of Accounting Principles Underlying Corporate Financial Statements", Accounting Review 11 (June 1936), 188.

[32] W. A. Paton and A. C. Littleton, An Introduction to Corporate Accounting Standards, American Accounting Association Monograph No. 3 (New York, American Accounting Association, 1940), p. 10.

[33] Ibid., p. 14.

[34] Ibid., pp. 80-81, 126-129.

[35] See Germain Boer, "Replacement Cost: A Historical Look", Accounting Review 41 (January 1966), 92-97.

[36] "Cost Versus Value", Journal of Accountancy 45 (September 1927), 200-201.

[37] Solomon Fabricant, "Revaluations of Fixed Assets, 1925—1934", National Bureau of Economic Research, Bulletin No. 62 (December 7, 1936), p. 5.

[38] Research and Service Department: National Association of Cost Accounts, "Report on a Survey of the Revaluation of Plant Assets", N. A. C. A. Bulletin (March 15, 1933), p. 1039.

[39] Henry T. Chamberlain, "Adjustments of Fixed Assets", in Papers on Accounting Principles and Procedures (New York: American Institute of Accountants, 1938),

pp. 8-12.

[40] Henry W. Sweeney, Stabilized Accounting (New York: Harper and brothers, 1936; reprinted by Holt, Rinehart and Winston, New York, 1964), p. 24.

[41] Henry W. Dweeney, "'Reporting the Financial Effects of Price-Level Changes,' A Critique", Accounting Review 39 (October 1964), 1100.

[42] Kenneth MacNeal, Truth in Accounting (Philadelphia: University of Pennsylvania Press, 1939), p. 84.

[43] Edward Wilcox, "Fluctuating Price Levels in Relation to Accounts", in Handbook of Modern Accounting Theory, Morton Backer, ed. (Englewood Cliffs, N. J.: Prentice-Hall, 1955), p. 255.

[44] Ibid., pp. 257-258; Stewart Y. McMullen, "Depreciation and High Costs: The Emerging Pattern", Journal of Accountancy 88 (October 1949), 302-304.

[45] Accounting Research Bulletin No. 29, "Inventory Pricing" (New York: AICPA, 1947), pp. 235-242.

[46] Accounting Research Bulletin No. 43, "Restatement and Revision of Accounting Research Bulletins" (New York: AICPA, 1953), p. 28.

[47] See Chapter Fifteen.

[48] Maurice Moonitz, "The Case Against LIFO as an Inventory pricing Formula", Journal of Accountancy 95 (June 1953), 682-683.

[49] "Price Level Changes and Financial Statements", Accounting Review 26 (October 1951), 468-471.

[50] American Accounting Association Committee on Accounting Concepts and Standards, Accounting and Reporting Standards for Corporate Financial Statements and Preceding Statements and Supplements (columbus, Ohio: American Accounting Association, 1947), p. 6.

[51] American Institute of Certified Public Accountan, "Reporting the Financial Effects of Rrice-Level Changes", Accounting Research Study No. 6 (New York: AICPA, 1963), p. 53.

[52] Samuel S. O. Lee, "Korean Accounting Revaluation Laws", Accounting Review 40 (July 1965), 622.

[53] Zeff, op. cit., pp. 303-304.

[54] Robert T. Sprouse and Maurice Moonitz, "A Tentative Set of Broad Accounting Principles for Business Enterprises", Accounting Research Study No. 3 (New York: AICPA, 1962), p. 20.

[55] Ibid., p. 34.
[56] Edgar O. Edwards and Philip W. Bell, The Theory and Measurement of business Income (Berkeley and Los Angeles: The University of California Press, 1961), p. 284.
[57] Raymond J. Chambers, Accounting, Evaluation and Economic Behavior (Englewood Cliffs, N. J.: Prentice-Hall, 1966), pp. 91-92.
[58] Ibid., p. 92.
[59] G. Edword Philips, "The Revolution in Accounting theory", Accounting Review 38 (October 1963), 707.

主要参考文献

American Accounting Association, Committee on Concepts and Standards-Long-Lived Assets. "Accounting for Land, Buildings, and Equipment". Supplementary Statement No. 1. Accounting Review 34 (July, 1964), 639-699.

American Accounting Association, Committee on Concepts and Standards-Inventory Measurement. "A Discussion of Various Approaches to Inventory Measurement", Supplementary Statement No. 2. Accounting Review 34 (July, 1964), 700-714.

American Institute of Certified Public Accountants. "Reporting the Financial Effects of Price-Level Changes". Accounting Research Study No. 6. New York: AICPA, 1963.

Boer, Germain, "Replacement Cost: A Historical Look". Accounting Review 41 (January, 1966), 92-97.

Brief, Richard P. "The Origin and Evolution of Nineteenth-Century Asset Accounting". Business History Review 40 (1966), 1-22.

——ed. The Late Nineteenth Century Debate Over Depreciation, Capital and Income. New York: Arno Press, 1976.

Canning, John B. The Economics of Accountancy. New York: Ronald Press, 1920, chaps. one and two.

Chambers, Raymond J. Accounting, Evaluation and Economic Behavior. Englewood Cliffs, N. J.: Prentice-Hall, 1966. Reprinted by Scholars Pook Company, Houston, 1975. Especially 91-93, 103-123.

——"The Development of the Theory of Continuously Contemporary Accounting". Academy of Accounting Historians Working Paper No. 13. University, Alabama: Academy of Accounting Historians, 1975.

—"Second Thoughts on Continuously Contemporary Accounting". Abacus 6 (September, 1970), 39-55.

Devine, Carl T. "The Rule of Conservatism Reexamined". Journal of Accounting Research 1 (Autumn, 1963), 127-138.

Dicksee, Lawrence R. Advanced Accounting. London: Gee, 1903. Reprinted by Arno Press, New York, 1976.

—Auditing. London: Gee, 1892. Reprinted by Arno Press, New York, 1976.

—Depreciation, Reserves, and Reserve Funds. London, 1903. Reprinted by Arno Press, New York, 1976.

—Goodwill and its Treatment in Accounts. London: 1906. Reprinted by Arno Press, New York, 1976.

Edwards, Edgar O., and Bell, Phillip W. The Theory and Measurement of Business Income. Berkeley and Los Angeles: University of California Press, 1961, chaps. six through nine.

Elvik, K. O. "Acquisition Cost Versus Revaluation: a Historical Perspective". International Journal of Accounting 9 (Spring, 1974), 155-167.

Hatfield, Henry Rand. "Some Variations in Accounting Practice in England, France, Germany, and the United States". Journal of Accounting Research 4 (Autumn, 1966), 169-182.

—Modern Accounting. New York: D. Appleton-Century Company, 1909. Reprinted by Arno Press, New York, 1976.

Hendriksen, Eldon S. Accounting Theory, rev. ed. Homewood Ill.: Richard D. Irwin, 1970, chaps. nine through fourteen.

Horn, C. A. "Changing Attitudes to Obsolescence and Depreciation". Accountant 158 (May 11, 1968), 619-622.

Ijiri, Yuji. The Foundation of Accounting Measurement. Englewood Cliffs, N. J.: Prentice-Hall, 1967, especialy 64-67.

Iselin, Errol R. "Chambers on Accounting Theory". Accounting Review 43 (April, 1968), 231-238.

Kitchen, J. "Lawrence Dicksee, Depreciation, and the Double-Account System". In Harold Edey and B. S. Yamey, eds. Debits, Credits, Finance and Profits. London: Sweet and Maxwell, 1974, 109-130.

Leake, P. D. Depreciation and Wasting Assets and their Treatment in Assessing Annual Profit and Loss. London: 1912. Reprinted by Arno Press, New York, 1976.

Littleton, A. C. "Geneology for Cost or Market". Accounting Review 16 (June, 1941), 161-167.

——"Prestige for Historical Cost". In M. Chatfield, ed., Contemporary Studies in the Evolution of Accounting Thought. Belmont, Cal.: Dickenson Publishing Company, 1968, 307-312.

Littleton, A. C., and Zimmerman, V. K. Accounting Theory: Continuity and Change. Englewood Cliffs, N. J.: Prentice-Hall, 1962, chaps. seven and eight.

Litheriand, D. A. "Fixed Asset Replacement a Half Century Ago". Accounting Review 26 (October, 1951), 475-480.

MacNeal, Kenneth, "What's Wrong with Accounting?" In W. T. Baxter and Sidney Davidson, eds. Studies in Accounting Theory. Homewood, Ill.: Richard D. Irwin, 1962, 56-69.

——Truth in Accounting. Philadelphia: University of Pennsylvania Press, 1939. Reprinted by Scholars Book Company, Lawrence, Kansas, 1970.

Matheson, Ewing. The Depreciation of Factories, Mines and Industrial undertakings and their valuation. London and New York: 1893. Reprinted by Arno Press, New York, 1976.

Mathews, R. L. "Price-Level Changes and Useless Information". Journal of Accounting Research 3 (Spring, 1965), 133-155.

May, George O. "Comment on 'Prestige for Historical Cost.'" In M. Chatfield, ed. Contemporary Studies in the Evolution of Accounting Thought. Belmont, Cal.: Dickenson Publishing Company, 1968, 313-315.

Moonitz, Maurice. "The Case Against LIFO as an Inventory Pricing Formula". Journal of Accountancy 95 (June, 1953), 682-690.

Mueller, Gerhard G. "Valuing Inventories at Other than Historical Costs-Some International Differences". Journal of Accounting Research 2 (Autumn, 1964), 148-157.

Parker, R. H. "Lower of Cost or Market in Britain and the United States: An Historical Survey". Abacus 1 (December, 1965), 156-172.

Paton, W. A., and Littleton, A. C. An Introduction to Corporate Accounting Standards. American Accounting Association Monograph No. 3. New York: American Accounting Association, 1940, chaps. two and three.

Securities and Exchange Commission. Accounting Series Release No. 190. Washington, D. C.: Securities and Exchange Commission, March 23, 1976.

Solomons, David. "Economic And Accounting Concepts of Cost and Value". In Morton Backer, ed. , Modern Accounting Theory. Englewood Cliffs, N. J. : Prentice-Hall, 1966, 117-140.

Sprouse, Robert T. "Historical Costs and Current Assets-Traditional and Treacherous". Accounting Review 38 (October, 1963), 687-695.

Sprouse, Robert T. , and Moonitz, Maurice. "A Tentative Set of Broad Accounting Principles for Business Enterprises". Accounting Research Study No. 3. New York: AICPA, 1962, chaps. three and four.

Sterling, Robert R. "Conservatism: The Fundamental Principle of Valuation in Traditional Accounting". Abacus 3 (December, 1967), 109-132.

"The Going Concern: An Examination". Accounting Review 43 (July, 1968), 481-502.

—ed. Asset Valuation and Income Determination. Houston: Scholars Book Company, 1973.

Storey, Reed K. "Revenue Realization, Going Concern, and Measurement of Income". Accounting Review 34 (April, 1959), 233-238.

Sweeney, Henry W. Stabilized Accounting. New York: Harper and Brothers, 1936. Reprinted by Holt, Rine-Hart and Winston, New York, 1964.

Thomas, Arthur L. "The Allocation Problem in Financial Accounting Theory". Rmerican Accounting Association Studies in Accounting Research, No. 3. Menasha, Wisc. : George Banta Company, Inc. , 1969.

Tritschler, Charles A. "A Sociological Perspective on Accounting Innovation". International Journal of Accounting 5 (Spring, 1970), 39-67.

Vance, Lawrence L. "The Authority of History in Inventory Valuation". Accounting Review 18 (July, 1943), 219-227.

Vngermeersch, Richard. "Historical Overview of Depreciation: U. S. Steel, 1902 - 1970". Mississippi Valley Journal of Business and Ecomomics 8 (Winter, 1971— 1972), 56-74.

—"Management Behavior on Original Valuation of Tangible and Intangible Fixed Assets", and "The Significance of Write ups of Tangible Fixed Assets in the 1920's". Academy of Accounting Historians Working Paper No. 15. University, Alabama: Academy of Accounting Historians, 1975.

Zeff, Stephen A. "Episodes in the Progression of Price-Level Accounting in the United States". In M. Chatfield, ed. Contemporary Studies in the Evolution of Accounting

Thought. Belmont, Cal.: Dickenson Publishing Company, 1968, 316-335.

—ed. Asset Appreciation, Business Income and Price-Level Accounting: 1918—1935. New York: Arno Press. 1976.

(肖泽忠 译　陈今池 校)

第十八章 收益实现和计量

一、1900 年以前的收益确定

像资产计价概念一样,现代的企业收益概念最容易被理解为早期各种观点的综合。在复式簿记产生以前,簿记主要反映的是资产而不是利润,财产经管人记账的目的不是为了会计个体,而是为了自己控制经管的资产。那时,没有明确地划分资产与收益的界限,也不存在按构成要素来确定资产价值的成本会计,更没有为了精确地计量收益而规定资产的计价和摊销制度。当时使用的簿记制度既不利于数据积累,一般也不涉及未来。所以,从现代意义上决定收益的动机,几乎是不存在的。

当文艺复兴时期的商人感到有必要汇总其贸易经营的成果时,收益计算就代替资产经管责任而成为簿记的主要问题,复式记账制度因而进一步发展演化。"应该说,500 年以来通过成本与收入配比来确定收益一直是复式记录的主要特征"。[1] 这个新制度的特殊方面以及它区别于更早时期收益计量方法之处,是实账户和虚账户的结合,这种结合使得许多业务的成果可以通过一个损益账户的余额来表现。复式记账法通过统一的数量计算,也就是说,通过以进销减价作为毛利,提供了一条取代主观估测收益的途径。

但是,这种对确定收益很有影响的方法在 17 世纪以前极少运用。由于短期贸易具有一锤子买卖的性质,而且,每次航海贸易所得利润并不相同,商人们宁愿按每批商品分别设置账户,直到每批商品全部售出才结账。结账时,是将短期贸易账户结出余额并划线作为结账标志,其余额结转到损益账户,相隔很长时间,再结转到资本账户。每次,当短期贸易清算后,就认为已经获得了利润。总利润的确定只不过是结账过程的副产品而已。每个从事短期贸易的商人只要从他最终的所得中减去最初的投资就能算出自己的盈利。

经营活动的持续性和股份公司的出现,要求定期计算收益,作为支付股利的前提。计算某一特定时间所获收益的尝试必然导致应计和递延记账制度的产生。

在19世纪,一系列由成文法规所支持的法庭判例,规定只能从当期收益或留存盈余中支付股利。由于有必要划分资本和收益,工业企业发展了一些更完善的资产计价方法和折旧方法。然而,收益计量通常是资产计价的附属物。企业通过重置会计或通过定期地进行资产评价的方法,将利润当作一定时期净资产的增值。将这些方法标准化是困难的,到1900年,利润计算仍然缺乏准确性和一致性。不过,为分配股利而确定年度收益已被认为是会计的主要任务。而且利润额亦被广泛地视为管理效率的指标、未来经营成果的预示、课税的基准和政府制定规章政策的依据。

二、法律上的实现概念

利润是净资产的增值这一会计观念受到英国和美国所得税法的支配。[2]从税收目的来看,要确定年度收益,就需要使用客观的合法方法。税是对收益而不是对财产课征的,以年度资产负债表的重估价为基准来征税显然是不可取的做法。这些早期的税法认为应税收益是现金收入超过现金支出的数额,这就要求对收益和带来收益的资本分别加以计算。可见,从一开始,收益实现规则就是税收法规的不可缺少的组成部分。财产的任何增加都必须在利润产生前通过某些经济业务或会计事项予以证实,通常是以现金的收入来证实的。这种以现金收入来体现的实现原则通行于内战时期税法(1862—1873年)的整个实施期间,而1909年在开征货物税的借口下制定的公司所得税法或许又强化了这一原则。

第16条修正案通过后的税收法开始了法律收益概念和会计收益概念趋

于一致的进程,其结果,是这两个概念相互产生了直接的深远的影响。大多数大型企业根据权责发生制记账,而且,可以证明,让这些企业用截然不同的方法来确定应税收益是不切实际的。几乎在税收法产生的同时,法院也允许纳税人采用权责发生制。1916年,纳税人被允许选用计算收益的方法,他们可以用法定的现金收付制计算收益,也可以采用纳税人通常使用的簿记方法,只要政府税收官员认为它能正确反映税收即可。1918年的税收法特别许可使用权责发生制。为了与财务会计程序取得一致,该税法实际上作了修改,其修改的前提是:计算企业收益是商业问题而不是法律问题。

如果说财务会计影响了税制,那么反过来说也是真实的。现在会计师采用的确定企业收益的准则,即使不是大部分,也有许多是产生于1913年至1920年之间判决的税务案件。1913年,财政部2090号判决规定:销售和有效的应收账款的存在就足以证明收益的实现。最高法院裁定:只有销售所得才是收益;销售成本和为获取收入而发生的营业费用,即使没有明确的法律许可,亦可以列支。[3]法院的裁决支持了这样一种观点,即资产在变现以前,均应以历史成本列账。法院认为收取货币的权力应该与测定已获收益时的收入相等,即政府可以向那些未收回现金的利润征税。

由于要求明确第16条税收法修正案中使用的收益一词,最高法院强调应明确收益的来源,并强调收益与资本是完全不同的。[4]在以后的裁决中,法院又规定:销售固定资产所得的利益同营业收益一样是应纳税的。一个更为尖锐的问题涉及对于持产利得加以征税的可能性。在汤对艾斯纳(Towne V. Eisner 1918)案件和艾斯纳对麦库默(Eisner V. Macomber,1920)案件中,最高法院裁定:普通股票形式的股利收入不构成有效的实现收益,因而对于接受者来说不是应税收益。这是因为,这些股利并未从企业的财产中带走什么,也未给投资者的财产增加什么。最高法院法官查尔斯·埃文斯·休斯在阐述他对后一案件的意见时强调:如果(1)接受者的财富没有实际增加;(2)所得与资本没有分开,那么收益是不成立的。一个人可能因为拥有资产的增值而致富,但他只有出售资产,才承担纳税人义务。

艾纳斯对麦库默案件的裁决几乎成为以后所有法院裁定收益实现的判例。收益是通过交换业务从资本中分离出来的论点,现在仍然是法律和会计的一般规则。但是1920年以后的税案裁决逐渐扩大了实现的范围,这一范围包括现金的收入与应收账款的发生以外的其他经济事项。[5]当财产的法律地位发生变化时,应税收益亦可以实现。实现还可能与"收益的最终享受"——不管采取何种形式——一致起来。在某些情况下,当事者的意图在决定是否已获得收益时也被认为是决定性的。法院甚至将艾斯纳对麦库默案件的裁决修正到这样的程序,即使不分离收益和资本,租赁权收益亦作为应税收益。不过,现在法律对收益的意见仍然是:只有在与资产价值的增加有关的某些条件得到满足以后,收益才能产生。收益和增值必须是能客观计量的,是确定的和不可改变的,而且,还必须通过一些经济业务或会计事项(如现金或财产的收入、债权的解除、法律权利性质的改变等)加以证实。[6]

三、会计理论中的实现概念

会计理论与法律的实现概念之间,在某些地方有着一定的联系。劳伦斯·迪克西和其他几位早期会计理论家通过不同的论证方式,都对收益计量得出了相似的结论。迪克西的企业持续经营的假设排斥了在资产负债表中使用清算价格的做法,这和纳税申报表强调客观性而不使用清算价格是一致的。如果企业必须永久地拥有固定资产,那么,根据现行再售价格进行年度估价以确定利润就是不合逻辑的。由于没有销售这些资产的打算,其市场价格的变动就不能视为收益或损失。长期资产应按历史成本列账,只有在它们被售出时,收益才会实现。迪克西认为,一般地说,对利润不应该加以预测。他认为,尽管可能有例外,但在一般情况下,生产利润只能在生产完工时才能确认,营业收益只能在销售时才能确认。[7]

持续经营假设的理论要求按变现净值来估价流动资产,并将持产利得和损失转到损益账户。这与税法和会计上的稳健主义是相冲突的。实现规则对于持续经营概念是一个补充,因为后者过于激进和主观地增记资产价值使其超过成本。"未能将持续经营假定引向合乎逻辑的结论,致使会计理论留下了一个空白,这个空白为收益实现惯例所填补"。[8]实现规则只要求对所有资产在销售之前按历史成本计价。但是,这个规则的普及应用却意味着"资产计价和收益计量是以经过稳健主义调和的持续经营惯例的不完全应用为基础的"[9]。

乔治·O·梅指出,在第一次世界大战以前,成本等本价值的观念实际

上是毋庸置疑的事实,持续经营原则也被人们接受,而实现原则却完全未予承认。他补充道:

> 重温一下会计、法律和经济文献就会发现……1913 年,这些领域的英国和美国学术权威们都同意收益就是"资产净值增加"的概念。[10]

这最后一句有些言过其实。1933 年以前的会计实务所运用的是一些混合的会计方法,它们主要是但不完全是以持续经营概念为基础的会计方法。当时并不存在一种占统治地位的或"公认"的收益决定理论。第一次权威性地使用"实现"一词可能是在 1932 年在美国会计师协会与证券交易所的特别合作委员会给纽约证券交易所证券上市委员会的一封信函中。[11]协会特别合作委员会赞同收益的实现规则,否认资产估价确定收益的做法,其理由是:无论哪一家大型企业,资产的实际价值都是集合性的,主要取决于企业的盈利能力。[12]

随着对实现的认识从"资产净值的增加"转向销售时点的实现,人们普遍认为收益确定是一个相关成本与收入配比的过程。这种认识在 20 世纪 30 年代受到美国会计师协会和证券交易委员会的积极推崇,原因是它的结果是客观的、可验证的。在会计发展的这一阶段,统计性被看得比准确性更为重要。会计职业通过在以前几十年间增记价值的经验教训,掀起了一个改革的气氛,以将弄虚作假的可能性降到最低限度。在实现和配比方面,会计师协会鼓励其会员使用既容易标准化又可以向投资者和一般公众解释的会计程序。这两个方面的方法都与应计基础、客观性、稳健主义的传统相适应,并且灵活到允许诸如按成本与市价孰低法减记价值和分期付款销售时递延收益的实现等例外情况的存在。在公司从债务筹资转向产权筹资,和累进税制诞生之后,损益表被广泛地认为是对配比过程的反映。不久,作为改进收益计量方法的尝试,人们从理论和实践上又作了进一步的努力。甚至连后进先出法、加速折旧法、税金分期分摊法、完工百分率法等新方法,也是为了改善成本与收入配比而采用的。

四、批评的反响

在认识到有必要建立一些方法来使收益确定成为常规程序的同时,内战时期的许多会计理论家对实现—配比原则表示强烈的不满。这倒不完全是由于该制度存在明显的缺陷和不一致性,更多地是由于它提供了一种非常狭隘的经营成果观,并且还由于几乎难以论证它是一种理论。

亨利·兰德·哈特菲尔德(Henry Rand Hatfield)和威廉·佩顿(William Paton)甚至在收益实现规则确立以前就对它表示不满。哈特菲尔德明确地批评了"利润只产生于财产增值实现时"而不是产生于资产价值增值时的观念,认为它过于简单化了。[13] 1900 年佩顿在《会计理论》(Accounting Theory)一书的前言中,以"毋庸争辩的态度",指出:

> 开明的人士认为,理想地看,不管由何种原因引起的任何真正的价值增减变化都应在账户中予以反映……以表明所有类型的情况和业务都能以合理的方式予以处理……是这一态度的主要原因。同时笔者相信这种合乎逻辑的主张对职业会计人员是适合的,至少可以当做一个出发点。[14]

佩顿认为,即使在最妙的情况下,期间利润的测定也"不过是一种良好的猜测而已"。他指出:

> 确认增值就需要反映"未实现利润"的论点是不正确的,因为所有的应计项目都是在同一意义上以"未实现"业务为基础的。而且,在许多情况下增值可以被估计得比折旧和因磨损或使用而引起的减值更准确。[15]

除了呼吁在更广泛的基础上进行企业收益计量外,批评家们痛惜这样一个事实,即会计师确定利润不是受一种严密的理论的指导,而是被一系列随意的规则所支配。1929 年在《会计中的经济学》(The Economics of Accounting)一书中,约翰·坎宁看到了将其他学科的概念引进到会计学的必要性:

> 对会计文献进行认真研究的结果表明,人们对收益的性质惊人地缺乏讨论。难以想象,经常对收益进行统计处理的会计专家,却没有提及他们刻意计量的收益的性质。[16]

不仅缺乏关于收益的会计理论,而且直到 20 世纪 30 年代后期,对如何应用实现规则仍然没有取得一致的看法。坎宁曾提出,当下列三个条件得到满足时,收益就实现了:(1)在一年内极有可能收回现金;(2)将要收入的总额是已知的或者是可以准确预测的;(3)为产生收入而发生和将发生的费用可以被准确地加以预计。[17]但是,史蒂芬·吉尔曼(Stephen Gilman)在

《利润的会计概念》(Accounting Concepts of Profit, 1939)一书中主张,只有实际收到现金或其他流动性极强的资产时,收益才能实现。

在任何特殊情况下,收益实现都可以通过下列问题为检验:商品的转让将带来现金或带来在正常营业过程中可转化为现金的资产吗?也就是说,商品出售是不是为了获得现金?[18]

1940年,佩顿和利特尔顿提出了一种同样的机械论者的意见。不过,他们更强调转换而不是可收回性:

按照占支配地位的观点来看,收益的实现应通过收入的现金,或应收账款或其他新的流动资产来证明。它包括两项测试:(1)通过流动资产销售或其他相似的过程实现转换;(2)通过流动资产的取得加以确认。[19]

但是,这种小小的争论几乎没有影响到会计实务。20世纪30年代美国注册会计师协会对会计的改进主要集中于成本与收入配比以及收益实现规则方面。到1940年,后一规则几乎普遍地得到了应用。会计师在还未充分了解它的实际含义之前,就已充分地懂得了它的具体做法。当收益的确定性和可计量性达到值得在账户中加以反映时,收益便实现了。它通常发生于收益过程基本结束的销售时点,此时,流动资产和流动资本得到增加,商品所有权已转移,而且企业已经与外部发生了客观的、可予证明的经济业务。实现的结果同样易于理解。成本与时间的流逝同时发生,但是,销售收入是在一定时点发生的。未实现收益是不相关的,可予忽略,但损失必须通过减记资产账面价值加以预计。会计从本质上说是有关成本与收入配比的过程。一旦成本与收入总额弄清之后,剩下的问题就是将它们在现在和未来的会计期间之间进行分摊。由本期负担的费用结转到损益账户,其余的费用和所有资产统统当作未来收益的递延成本。由于收入和成本配比过程同时发生,因此,实现原则成为"目前收益确定和资产计价最为重要的惯例"。[20]

会计理论家们或许会以这个理由来反对实现规则,即它实际上通过将持产利得的确认推迟到为获得持产利得而发生的成本被记录的会计期,从而妨碍了成本与收入的配比。但是,收益的确定取决于一系列的假定,这些假定不仅包括配比和实现,而且包括历史成本、持续经营、稳健主义和会计期间。这些假定由于收益计量已取得比资产计价更为重要的地位,由于相当稳定的战前价格结构而和谐一致。即使不那么和谐,但正如在各种期刊文献中所反映的那样,这些原则一般地说与人们所了解的现实是相称的。要改变其中一个而不影响其整体效果是非常困难的。接受这些假设的人发现他所面临的一是个像20世纪初的牛顿物理学定律一样完美无缺的、封闭的、自我证明的体系。第二次世界大战以后,通货膨胀创造了一个新的环境,在这个环境中,这些惯例的大部分受到挑战,传统的收益和实现观念虽然继续在实践中应用,但在理论上已经站不住脚。

五、经济学家的企业收益概念

会计上的实现概念在形成期间是由法律观念所支配的。法律规定,除非某些事件的发生能使收益被客观地计量,否则,收益是不存在的。相反,经济学家一致认为,收益是随着未来服务的现时价值的增加而同时产生的。战后工业技术和物价水平的变动、会计理论水平的提高、会计报表使用者提出的更高要求等,使会计人员对什么是企业收益和如何计量收益的问题产生了重要的分歧。20世纪50年代以后,会计理论家协调经济学和会计学上的收益确定观点的尝试,不仅给了后者以新的理论基础,而且使会计技术方法与更完善的会计理论一致起来。

销售时点实现规则并不真正是一项会计原则,而是一种"统计的法则",它"适用与否,取决于它是否符合客观环境"[21]。它的价值完全取决于其具体的应用。在战前的环境下,或许这还是一个优点,但是,当通货膨胀损害了按历史成本计量的收益概念时,会计师无力摆脱收益实现原则就成为严重的障碍。资产计价和收益计量传统上所依据的经营责任会计假定,不再反映大型制造公司的真实经营目标及其股东的主要权益。由于收益的确定取决于是否从事某项经营活动的决策,收益实现规则对篡改期间收益额就是一种容许和鼓励。由于将注意力完全集中于本期资产的变现,而排斥或忽视其他的价值变动,运用收益实现规则就只能反映一部分经营成果和管理效果。收益确认的"会计事项测验"使投资者和财务分析人员只好进行主观解释,而这正是会计师们过去所回避的。

在过去的200年间,会计学上的企业收益概念和经济学上的企业收益概念是朝着完全相反的方向发展的。[22]会计上的收益最初是资产负债表所表现的资产计价的结果,而现在,在大多数情况下是在损益表上用已实现销售收入超过为取得收益而发生的成本的数额来表示。18世纪的经济学家们把企业收益看作收入与为维持固定资本和流动资本所必需的费用之间的差额。亚当·斯密的商品在所有者更换之前不产生利润的学说,可以作为今天的会计收益实现的定义。但是,所有的现代经济学家均将收益定义为资产现时价值的增加。就像西德尼·亚历山大(Sidney Alexander)指出的那样,"从根本上说,年度收益是个人本身或其公司在整个一年中可以使用的从年初到年末结余的财富总额"。[23]

会计师与其客户和公众的关系使经济学上的收益定义无法适用于会计计量。[24]对第三者不承担责任的经济学家没有必要去从诸如客观性和稳健主义等信条那里寻求庇护。经济学家倾向于关心管理预测,而并不关心过去的财务状况和过去决策的现时成本。所以,会计学和经济学在收益确定方法上的最大差异就表现在:经济学家希望认识到通货膨胀、持产利得、商誉提高以及其他价值变动所产生的影响。经济学家们主张,"一个人当他的资产价值增加时,而不是当他把资产售出时变为更富裕"。按照这些看法,实现意味着依据来源对收益进行的划分,而不是依据确认收益的测验。与经济学上的收益概念进行比较主要有助于说明会计学上的收益概念及其缺陷,以及会计理论家所应遵循的主要发展方向。

六、对实现规则的挑战

1947年,美国会计师协会成立了一个由40多名具有不同背景的人组成企业收益研究组(Study Group on Business Income),旨在对3年来会计上、法律上和经济学上的企业收益问题进行研究。其主要成果是发现有着不同的收益计量方法,并对其中若干观点及其可行性作了详尽的论述。该研究组发表的学术专著包括乔治·O·梅1949年出版的《企业收益和物价水平:一项会计研究》(Business Income and Price Levels, an Accounting Study)和由经济学家撰写的五本企业收益专著。西德尼·亚历山大(Sidney Alexander)的《动态经济中的收益计量》(Income Measurement in a Dynamic

Economy)一书是其中之一。亚历山大在书中指出：

……应从纯理论的观点出发来分析收益概念，并且应将这种分析的结果与会计师传统上所计量的收益进行比较。这种分析的目的是要澄清在物价变动和预测变化时期实际计量的收益发生了什么变化。[25]

按照他的理论，对企业收益进行计量要求定期确定未来收益流量的现值。乔治·O·梅的论文提出铁路和公用事业单位有必要增补折旧费，以便反映本期收入与由具有较大购买力的货币产生的成本进行配比，其他未受管制的工业公司如果这样做，也应当受到鼓励。作为企业收益研究组1952年发表的报告的作者之一，[26]梅建议应逐渐推行按价格水平变动加以调整的财务报表。

大多数战前的会计师似乎都将实现测验看作收益定义的一部分。这就是说，反映收益实现的会计事项一定发生在收益发生以前。与这种观点相反，也有人认为收益可以在正式实现之前就以价值增加的形式存在，并可以加以确认。1957年，美国会计学会概念和标准委员会对实现定义如下：

实现的本质含义是保证资产或负债在报表中的变动具有足够的确定性和客观性。资产或负债变动的确认须依据于独立的当事人之间的交易业务，或依据于已确立的商业惯例，或依据于被认为实际上是有效的合同履行条件。它还可能依赖于金融制度的稳定性、商业协议的可实施性、以及高度组织的市场具有将一种资产转换成其他形态的能力。[27]

这一定义只提到了具有"确定性和客观性"的变动，而未提及现金或其他流动资产的收入。由于实现意味着可以适应价值变动的各种类型，所以，它不仅包括资产的变动，还包括负债的变动。与以前的定义相比，该定义更多地把收益计量建立在估计和判断的基础上。该委员会的报告认为，实现规则应帮助"投资者使用公布的财务报表来作出投资决策和对企业管理人员施加控制"[28]。它提出，应在报表中反映持产利得，但应在损益表中净收益额下加以列示，以便反映价值变化，同时，保持已实现利润和未实现利润的区分。

G·爱德华·菲利普斯(G. Edward Philips)提出了收益自然增值的概念，以取代利润完全是在销售时刻获得的这一假定。在收益自然增值概念中，各部分利润应被看成是在公司经营周期每一阶段获得的。[29]一些著作者没有走到这一步,他们主张应在明显可以确定的时候,而不是在经营周期的特定时点记录经营收益。约翰·H·迈尔斯(John H. Myers)在1959年的论文[30]中指出,将收益分配到经营周期的各个阶段,与其说值得,毋宁说可能会带来更大的麻烦。而且,收益是所有努力的综合成果,而这些努力是很难细分的;每一阶段所增加的价值取决于计划、投资、生产、销售、收款和售后服务等整个持续过程。迈尔斯主张,应在作出最关键的决策时和执行经营周期中最关键业务时报告收益。由于重大事项一般是指销售,所以,这不会从根本上改变现行做法,但会以收益确认的一般原则取代现行的只适用于特殊情况的一系列规则。

斯普劳斯和穆尼茨在他们的《企业主要会计原则初探》一文中也这样认为:

……如果对经济活动的成果加以客观的计量,那么,收益就应与生产和分配产品和劳务所必要的重要经济活动完成的时期一致起来。这两个条件,即主要经济活动的完成和计量的客观性,是在不同情况下,经济活动的不同阶段实现的,有时比发送产品或提交劳务的时间要晚,有时则在更早的某个时点上。[31]

斯普劳斯和穆尼茨不仅强调及时地确定利润,而且强调有必要通过划分经营收益、持产利得和价格水平变动的影响,来提高财务报表的可比性和可解释性。这种划分显然应通过分离资产价值的变动而不是通过应用收益实现规则来完成。[32]因为收益实现规则"缺乏分析的准确性",最好是完全抛弃它而不是修正它。

为检验收益实现规则的有效性,阿瑟·托马斯(Arthur Thomas)对在决定收益时是否应考虑由于金融投机而产生的利得或损失进行了研究。他发现:

收益实现规则本身不适宜于对投资者报告投机的结果……由于几乎不存在采用收益实现规则而不涉及金融投机的情况,因此该规则从大多数财务会计目的看来,是毫无价值的。[33]

1964年美国会计学会实现概念委员会发表了一份用来修正和扩充1957年公报的报告书。[34]报告中,该委员会提出,市场交易应是实现的基本检验标准,但是,可计量性(不是流动性)才应成为判断收到资产的质量的首要条件。而且该委员会认为,对顾客提供服务的检验标准应被重大业务发生后认定收益的方针所取代。该委员会一致同意可检验的资产价值变动应在会计账簿中予以记录。这样,将现实成本与收入进行配比和反映资产的"现时经济意义"的优点,就可以与实现和未实现利润额是以证据的不同质量为依据的这一事实的公开结合起来。事实上,实现规则将不仅用来决定收益确定的时机,而且将用来按来源划分资产净值的增加。

爱德华兹(Edwards)和贝尔(Bell)在赞同会计师采用经济上的收益概念方面是坎宁、吉尔曼和亚历山大等人的后继者。但是,早期作者几乎把自己完全局限于理论性比较之中,而爱德华兹和贝尔却开始探索会计实际工作者如何划分和报告权益增加的不同类型。在这个过程中,他们保留了收益现实规则,甚至还将其适用范围扩大到成本节约方面。他们把可实现利得划分成三种类型:一是通过直接销售实现的;二是用于生产,然后出售实现的;三是未实现的。持产利得既可通过将涨价后的资产直接销售而实现(称作资本利得),也可在购置生产用于销售的商品的资产后,通过提价来实现(称作成本节约)。作者强调,一方面,任何完整的收益分析都应该考虑已实现和未实现的持产利得,并按来源进行分类。当持产利得发生时,如不加记录,不仅会导致本期收益不能如实地反映,而且会引起以后出售资产时将收入与不相关的成本进行错误的配比。另一方面,营业收益与持产利得通常是由不同类型的管理决策产生的,而且,采取不同的循环形态,所以,对二者作同样处理,将削弱损益表的预测能力。

爱德华兹和贝尔仅仅对现行会计方法稍作修改,就证明了如何在账户上区别四类收益。他们把本期经营利润定义为销售收入超过本期生产和销售成本的数额;可实现的成本节约是本期所拥有的资产价格增加额;已实现的成本节约是已销售商品的历史成本与现时购进价格之间的差额;已实现的资本利得则是处理长期资产时销售收入大于历史成本的数额。[35]这些增量的总和为投资者提供了测定相对"富裕程度"的尺度和详细分析公司经营成果和可比财务状况的合理出发点。

1965年,查尔斯·霍恩格伦(Charles Horngren)在《如何解释实现概念》(How Should We Interpret the Realization Concept?)一书中,对会计师希望更接近于经济理论上的收益,但又要保持对已实现和未实现利润的区分这一立场进行了说明。霍恩格伦认为纯粹经济学的见解,即价值增加的确认就是实现,不可能适用于会计实务。需要的是寻求一些可行的折中观点。所以他在赞同"报告过程应扩大到包括能为客观的、可检验的证据所证明的价值变动"[36]的同时,认为会计师不应该仅仅因为可以比现行做法更早计量资产价值的增加就抛弃收益实现规则。收益实现测验是有价值的,因为(1)它表明客观性的相关程度;(2)它维持了利益相关都有不同看法和考虑的各种类型会计事项间的区别。为了取得客观性和公开性之间的平衡,霍恩格伦提出应将反映价值变动的宽松的"确认规则"与确定已获收益的严格的实现测验结合起来。这一居于现行的"过于刻板的二者必居其一的方法"中间的折中观点使投资者可以同时使用经济学和会计学上的收益概念,而且,可以使两种不同学科能更多地相互作用。会计上的收益实现测验也因此获得了在与经济学观点的竞争中证实和适应自身的新机会。如果不能如此,并且经济上的收益最终取代了它的地位,那么,这种折中观点也可以帮助缓和这个困难的过渡期。

七、收益实现和计量

实现作为一项决定收入确认的时机的正式会计规则,是于20世纪初期开始的。在法律上和经济学中均有先例可援。人们一方面关心(会计数据的)确定性和客观性,另一方面又关心净资产增加的正确计量,实现规则的应用就波动于这两种情况之间。当主要问题是会计的统一性而不是通货膨胀时,法律观点就在会计理论和实务中广为流行。但是,第二次世界大战以来,经济学上的收益概念在会计学实现理论的探讨中一直处于支配地位。有些人认为,对收益确认时机的这些论战并没有证明利润计量的内在重要性。自从十七世纪以来,国家和企业就把收益额看作体现自己的竞争力的一项指标。直到今天,还没有谁证实这一点已不正确,也没有人证实20世纪60年代初期的忧郁的预言,即"……以后的25年看来将是收益计量的没落时代"[37]在实务中有所表现。毋宁说,人们有一种处于过渡时期的感觉。旧方法已丧失信誉,但是对于用何种新方法来取代它们却缺乏一致的看法。会计师仍然在试图建立一种统一的收益理论,使之既与经济理论更为相符,又具有客观性和程序上的统一性。近来的文献表明,传统的会计学立场似乎正逐渐转向经济学上的收益观点,但只要还有利用价值,就应保持实现测验。

注 释

[1] A. C. Littleton, The Structure of Accounting Theory (Iowa City: American Accounting Association, 1953), p. 27.
[2] 关于税法的争论背景,请参照第 15 章。
[3] In Doyle v. Mittchell Brothers Company, 247 U. S. 17.
[4] 将它定义为"从资本、劳动,或从两者的结合中引导出的利得"。
[5] Floyd W. Windal, The Accounting Concept of Realization, Occasional Paper No. 5 (East Lansing: Bureau of Business and Economic Research, Michigan State University, 1961), pp. 28-29.
[6] Ibid., p. 236.
[7] Lawrence R. Dicksee, Advanced Accounting (London: Gee and Company, 1903), p. 5.
[8] Reed K. Storey, "Revenue Realization, Going Concern, and Measurement of Income", Accounting Review 34 (April 1959), 236-237.
[9] Ibid, p. 236.
[10] George O. May, "Business Income", The Accountant 123 (September 30, 1950), 316.
[11] Samuel J. Broad, "Cost: Is It a Binding Principle or Just a Means to an End?" Journal of Accountancy 97 (May 1954), 583.
[12] Audits of Corporate Accounts: Correspondence with New York Stock Exckange (New York: The American Institute of Accountants, 1934), pp. 5-7ff.
[13] Henry Rand Hatfield, Accounting, Its Principle and Problems (New York: D. Appleton-Century Company, 1927), p. 251.
[14] William A. Paton, Accounting Theory (New York: Ronald Press Company, 1922; reprinted by Accounting Studies Press, Chicago, 1962) p. vii.
[15] William A. Paton, "The Significance and Treatment of Appreciation in the Accounts", Twentieth Annual report of the Michigan Academy of Science (1918), pp. 35-49; summarized in J. D. Edwards and Roland F. Salmonson, Contributions of Four Accounting Pioneers (East Lansing: Michigan State University, 1961), p. 176.

[16] John B. Canning, The Economics of Accountancy (New York: Ronald Press Company, 1929), p. 5.

[17] Ibid., pp. 102-105.

[18] Stephen Gilman, Accounting Concepts of Profit, (New York: Ronald Press Company, 1939), p. 102.

[19] William A. Paton and A. C. Littleton, An Introduction to Corporate Accounting Standards (Columbus, Ohio: American Accounting Asociation, 1940), p. 49.

[20] Storey, op. cit., p. 238.

[21] Robert T. Sprouse and Maurice Moonitz, A Tentative Set of Broad Accounting Principles for Business Enterprises, Accounting Research Study No. 3 (New York: AICPA, 1962), p. 14.

[22] Emily Chen Chang, "Business Income in Accounting and Economics", Accounting Review 37 (October 1962), 637-638.

[23] Sidney S. Alexander, "Income Measurement in a Dynamic Economy", as revised by David Solomons and reprinted in W. T. Baxter and sidney David son, eds, Studies in Accounting Theory Homewood, Ill.: Richard D. Irwin, 1962). p. 127.

[24] See Keith Schwayder, "A Critique of Economic Income as an Accounting Concept", Abacus 3 (August 1967), 23-35.

[25] Alexander, op. cit., p. 132.

[26] Study Group on Business Income of the American Institute of Accountants, Changing Concepts of Business Income (New York: Macmillan, 1952).

[27] American Accounting Association, Accounting and Reporting Standards for Corporate Financial Statements and Preceding Statements and Statements and Supplements (Columbus, Ohio, American Accounting Association, 1957), p. 3.

[28] American Accounting Association, Committee on Concepts and Standards, "Accounting and Reporting Standards for Corporate Financial Statements 1957 Revision", Accounting Review 32 (October 1957), p. 542.

[29] G. Edward Philips, "The Accretion Concept of Income", Accounting Review 38 (January 1963), 14.

[30] John H. Myers, "The Critical Event and Recognition of Net Profit", Accounting Review 34 (October 1954), 528-532.

[31] Sprouse and Moonitz, op. cit., p. 47.

[32] Ibid., p. 51.

[33] Arthur L. Thomas, Revenue Recognition (Ann Arbor: University of Michigan

Press, 1966), p.2.

[34] American Accounting Association 1964 Concepts and Standards Research Committee-The Realizing Concept. "The Realization concept", Accounting Review 40 (April 1965), 312-322.

[35] Edgar O. Edwards and Philip W. Bell, The Theory and Measurement of Business Income (Berkeley and Los Angeles: The University of California Press,

[36] Charles T. Horgren, "How Should We Interpret the Realization Concept?" Accounting Review 40 (April 1965), 327.

[37] David Solomons, "Economic and Accounting Concepts of Income", Accounting Review 36 (July 1961), 383.

主要参考文献

Alexander, Sidney S. "Income Measurement in a Dynamic Economy", As revised by David Solomons and reprinted in W. T. Baxter and Sidney Davidson, ed., Studiesin Accounting Theory. Homewood, Ill.: Richard D. Irwin, 1062, 126-200.

—et al. Five Monographs on Business Income. New York: 1950. Reprinted by Scholars Book Company, Lawrence, Kansas, 1973.

American Accounting Association 1964 Concepts and Standards Research Study Committee-The Matching Concept. "The Matching Concept". Accounting Review 40 (April, 1965), 368-372.

American Accounting Association 1964 Concepts and Standards Research Study Committee-The Realization Concept. "The Realization concept". Accounting Review 40 (April, 1965), 312-322.

Backer, Morton, and Bell, Philip W. "The Measurement of Business Income", In Morton Backer, ed, Modern Accounting Theory. Englewood Clifes, N. J.: Prentice-Hall, 1966, 68-98.

Bedford, Norton M. Income Determination Theory: An Accounting Framework. Reading, Mass.: Addison-Wesley, 1965, chap. six.

Brown-Clifford D. The Emergence of Income Reporting: An Historical Study. East Lansing: Michigan State University Business Studies, 1971.

—"The Emergence of Income Reporting". International Journal of Accounting 10 (Spring, 1975), 85-107.

Chang, Emily Chen. "Business Income in Accounting and Economics". Accounting Review 37 (October, 1962), 636-644.

Davidson, Sidney. "The Realization Concept". In Morton Backer, ed., Modern Accounting Theory. Englewood Cliffs (N. J.: Prentice-Hall, 1966, 99-116.

—Green, D., Horngren, C. T., and Sorter, G. H. An Income Approach to Accounting Theory: Readings and Questions. Englewood Cliffs, N. I.: Prentice-Hall, 1964.

Edwards, Edgar O., and Bell, Philip W. The Theory and Measurement of Business Income. Berkeley and Los Angeles,: University of California Press, 1961, especially the last chapter.

Gilman, Stephen. Accounting Concepts of Profit. New York: Ronald Press Company, 1939, chap. eight.

Hansen, Palle. The Accounting Concept of Profit: An Analysis and Evaluation in the Light of the Economic Theory of Income and Capital. Amsterdam: North Holland Publishing Co., 1962.

Hendriksen, Eldon S. Accounting Theory, rev. ed. Homewood, Ill.: Richard D. Irwin, 1970, chaps. five and six.

Horngren, Charles T. "How Should We Interpret the Realization Concept?" Accounting Review 40 (April, 1965), 323-333.

Ijiri, Yuji. The Fonndations of Accounting Measurement. Englewood Cliffs, N. J.: Prentice-Hall, 1967, chap. two.

Kehl, Donald. Corporate Dividends. New York: Ronald Press Company, 1941. Reprinted by Arno Press, New York, 1976.

Lee, Geoffrey, A. "The Concept of Profit in British Accounting, 1760—1900". Business History review 49 (Spring, 1975), 6-36.

Littleton, A. C. "Variety in the Concept of Income". In M. Chatfield, ed., Contemporary Studies in the Evolution of Accounting Thought. Belmont, Cal.: Dickenson Publishing Company, 1968, 289-296.

Mattessich, Richard. Accounting and Analytical Methods. Homewood, Ill.: Richard D. Irwin, 1964, chap. five.

May, George O. "Business Income". The Accountant 123 - September 30, 1950), 315-323.

—"Taxable Income and Accounting Bases for Determining It". Journal of Accountancy 41 (October, 1925), 248-266.

Moonitz, Maurice. "Should We Discard the Income Concept?" Accounting Review 37 (April, 1962), 173-180.

Myers, John J. "The Critical Event and Recognition of Net Profit". Accounting Review

34 (October, 1954), 528-532.

Oddy, D. J. "Ealing Business History Seminar: Accounting in the Nineteenth Century". Business History 16 (July, 1974), 175-182.

Parker, R. H. ed. Readings in the Concept and Measurement of Income. London: Cambridge University Press, 1969.

Philips, G. Edward. "The Accretion Concept of Income". Accounting Review 38 (January, 1963), 14-25.

Reiter, Prosper. Profits, Dividends, and the Law New York: Ronald Press Company, 1926. Reprinted by Arno Press, New York, 1976.

Shwayder, Keith. "A Critique of Economic Income as an Accounting Concept". Aoacus 3 (August, 1967), 23-35.

Solomons, David. "Economic and Accounting Concepts of Income" Accounting Review 36 (July, 1961), 374-383.

Sprouse, Robert T. "Observations Concerning the Realization Concept". Accounting Review 40 (July, 1965), 522-526.

Sterling, Robert R. Theory of the Measurement of Enterprise Income. Lawrence, Kansas: The University Press of Kansas, 1970, especially chaps. eleven and twelve.

Storey, Reed K. "Revenue Realization, Going Concern, and Measurement of Income". Accounting Review 34 (April, 1959), 232-238.

Study Group on Business Income of the American Institute of Accountants. Changing Concepts of Business Income. New York: Macmillan, 1952. Reprinted by Scholars Book Company, Houston, 1975.

Thomas, Arthur L. Revenue Recognition. Ann Arbor: University of Michigan Press, 1966.

Walker, L. M., Mueller, G. G., and Dimian, F. G. "Significant Events in the Development of the Realization Concept in the United States". Accountant's Magazine 74 (August, 1970), 357-360.

Windal, Floyd. The Accounting Concept of Realization. Occasional Paper No. 5. East Lansing: Bureau of Business and Economic Research, Michigan State University, 1961.

—"The Accounting Concept of Realization". Accounting Review 36 (April, 1961), 249-258.

（肖泽忠 译　陈今池 校）

第十九章　公布报告中的披露

一、1900 年以前公司的披露

英国会计师为保证颁布强制审计和披露的法律所作的努力如同前述。英国的公司法与其他欧洲国家的商法也有相似之处，他们均要求报送已审财务报表，以保护投资者、债权人和公众的利益。1900 年以前，若干欧洲国家甚至比英国更进一步，他们强制公司董事为股东们提供损益表和资产负债表。[1]在法国和德国，统一会计法规的前身甚至规定了应设置的会计账簿的种类，在某些情况下，并规定了使用的会计方法。

相反，美国工业公司所提供的财务数据则几乎完全由管理者自行处理。他们随意提供自己认为应提供的信息，并按照自己喜欢的方式安排数据。一些企业不能定期地，或者在会计年度过后很久才报送财务报告。许多企业甚至什么也不向股东们报告。[2]由于没有在公布的财务报表中附上独立审计人员的审计证明书的惯例，即使是提供的少量信息，也涂有管理当局的主观色彩。某些企业的保密做法是声名狼藉的，私人所有的小公司在这一点上尤为突出，许多大型垄断托拉斯也是如此。[3]当然，那些主要依赖外来资本的公司和在证券交易所上市股票的公司，还是经常公布详细的会计报表。尽管如此，企业管理上仍很少认为财务公开是一条上策。

这种态度主要是美国工业形成时期的一种遗风。那时候，大部分制造企业是小型的，为少数人严格控制，而且，只在当地市场活动。[4]这一时期没有形成公司财务公开的惯例,因为没有谁认为个体所有者、合伙人或家庭企业的经营者应公布财务信息。后来,由于怕被竞争对手所利用的顽固心理,又产生了隐瞒公司的销售额和利润额的动机。19世纪80年代大规模工业公司开始形成以前,美国企业都不通过公开出售股票来筹集大量资本。[5]而从银行获得短期借款的一般惯例,使企业没有必要与一般公众保持接触。而且,把有价证券的销售看作公司与投资者之间的私事,似乎也是理所当然的。

公司开业特许证中对公司管理者应负责编制的财务报告常常是只字不提。到1900年,在约占半数的州里,公司法均要求向股东提供某些类型的报告,但对其内容,却未作具体的规定,也不要求为那些不能参加公司年度股东大会的股东们邮寄报告。[6]会计师也许对这一制度的结果深感遗憾,但由于没有一个强有力的职业组织或一个有效的理论体系,他们无力反对委托人要求保密的愿望。他们多次努力,希望联邦政府为公开披露立法,但屡遭失败。[7]他们也未能制订一套实务准则。当时,会计方法完全由管理者自由选择。公众舆论支持有关铁路和银行的法律条款,但对影响产业公司的立法却表现出一副漠不关心的样子,新证券的购买者与其说相信发行公司的招股说明书,毋宁说相信负责代理发行证券的投资银行的威信。

二、1900—1933年间的公司管理者及其批评家

1900年以后,产业企业在经济生活中所起的重要作用和它们的股东数量的迅速增多,[8]第一次使人们普遍感到公司保密是反社会的,一般公众和个人投资者均要求有财务公开的保护制度。美国的制造工厂虽然未放弃财务保密的做法,但逐渐改进了它们的报告事项。于是乎,到1930年,资产负债表更为标准化了,向股东们提供的年度报告中还包括了一份简单的损益表,独立审计师编制审计证明书也成了一条规则,而不再是一种例外情况。[9]美国钢铁股份有限公司和其他少数较为开明的公司成为充分公开政策的自发支持者。[10]不过,大多数工业企业的经理们并不认为财务报告具有极大的重要性,而且仍有一些大型企业一如既往并不公布任何会计报告。当时,对管理者的财务公开政策也不存在什么外部的限制,大多数州的公司

法中关于会计报告的条款从19世纪以来几乎未作过修改,联邦法对该问题则保持沉默。因此,一般地说,管理者对于不受自己欢迎的批评可以不予理睬。

20世纪20年代,J·M·B·霍克赛和威廉·Z·里普利反复地表达了自己对提供给股东的财务信息的质量问题的忧虑。在对年度报告书进行一番调查后,里普利尤其为公司任意篡改报告数字的"不可思议"的会计实务而感到不安。[11]阿道夫·A·伯尔(Adolph A·Berle),Jr·米恩斯和加德纳·C·米恩期(Crardiner C·Means)以里普利的研究为起点,首次对现代公司、现代公司的社会地位和它们与股东的关系进行了学术性和权威性的分析。他们于1933年出版的《现代股份有限公司和私有财产》[12](The Mordern Corporation and Private Property)一书被称作证券法的蓝图,事实上它论述了作为这一法律基础的原理,同时,为立法保护投资者起到了促进的作用。

伯尔和米恩斯的主题是:现代股份有限公司使美国经济发生了变革,要解决这种变革带来的问题就要求公共政策也相应发生根本的变化。他们指出,在1930年,200家大型的非金融股份有限公司控制了全国非金融公司几乎一半的财产和几乎1/4的全国财产总额。4家公司的无烟煤开采量占全国开采量的50%,两家公司控制了1/4的钢铁工业,铝和镍产品的生产几乎全被垄断。此外,三家企业集团控制着超过半数的电力工业,两家公司生产约占2/3的车辆,三家公司控制了70%的香烟生产,农用机械的一半由一家公司制造。伯尔和米恩斯指出,1932年,600家股份有限公司拥有美国65%的制造资产,这意味着,这些股份有限公司的2 000名活跃的业务经理实际上控制了美国的经济生活。如果这样的企业集中化速度继续下去,那么,到1950年,全国的70%的公司活动就会掌握在200家企业之手。[13]。

寡头垄断不再是例外情况,而成了一种正常现象和一种趋势。亚当·斯密所论述的充满竞争的"流通市场"已让位于由少数大型股份有限公司所支配的"管制市场"。这样的管制市场通过将全国的大部分经济生活置于自己的管理支配下,决定性地改变了经济的性质。随着固定标价取代竞争价格,市场不再像以前那样趋向平衡。在传统模式中,供过于求时会引起价格下跌,直至需求赶上供给。但是在管制市场中,供给过剩却往往容易引起产品减少,而价格仍保持不变。实际上,在 1930 年,这种情况经常发生。

大型企业对雇员个人、顾客和投资者来说,影响是太强大了。股票所有权的分散使管理者几乎完全控制了公司的财务和向投资者提供的会计信息。大多数"所有者"事实上剥夺了管理权利。他们的唯一选择权就是决定持有股票还是按市价出售股票。公司管理者在大多数情况下,对向股东支付红利并不关心。他们的公司正成为一种社会势力,影响着文化准则,而且,在争夺经济权力以外,还争夺政治权力。

在这种情形下,大多数事情取决于负有责任的企业领导。但是,正如伯尔和米恩斯所论述的那样,企业界却仍然是以"争夺权力而不承担责任——有野心而无勇气"为特征的。企业的董事很少认识到自己对社会、顾客和劳工所负的责任。他们通过隐瞒财务信息、乱用会计方法等手段,故意欺骗股东。他们内部也缺乏团结精神,争吵不休。管理阶层总有一天会成熟起来,并建立一种"技术统治"或"非共产主义的集体主义"。与此同时,联邦政府则必须创造出一个与发达工业社会相适应的社会经济环境。该环境包括失业保险、医疗保险和退休保险制度,确立财政支出计划以刺激社会需求,将金融制度中央集权化,重新组织股票市场,而且,发行有价证券的市场交易,也将置于联邦政府的控制之下。此外,修改反托拉斯法,允许公司进一步合并,甚至形成垄断。这些最终均成为美国社会的实情。但是,公共的福利要求政府制定详细的法规,对所有的集中化企业加以管理。

改革的努力

这里,区别意见和行为是重要的。批评大企业的人最终多了起来,但是,在大多数情况下,他们的直接影响是微弱的。他们无力强迫管理人员接受更优秀的报告标准,而且,由于在这方面得不到广大公众的支持,因而无力把自己的主张转化为法规。他们的建议对公众的影响时起时落,在 20 年代处于低潮,而在股票市场暴跌后又迅速高涨。尽管这样,在 1933 年对 1934 年的证券法规颁布之前,政府以外的三个组织仍然为提高财务报告的质量作出了有计划的努力。

其中,最早的组织是美国投资银行协会。该协会在 1920 年到 1927 年间发出了一系列报告,其中,提出了用于招股书和其他涉及产业证券的财务报表最低限度的公开标准。该协会不仅希望将提供给投资者的信息标准化，而且希望保护投资银行，消除一般公众因投资银行出售欺诈性股票而产生的不满，从而抢在各州和联邦政府之前对证券交易进行管理。它们建议使用合并财务报表和逐年盈利汇总表，并采用报告存货、营运资本和折旧的标准方法。[14]但是，这些建议很少被投资银行或股份有限公司付诸实施。它们之所以缺乏支持，部分原因是人们一直认为投资银行的信誉是对股东们的最好的保护。然而，在某些情况下，投资银行也会利用不公开来隐瞒委托出售证券的企业的缺陷。

在这一时期，对促进公开披露有着重要影响的是纽约证券交易所。该交易所长期以来就反对企业的保密思想，[15]早在1866年它就尝试让证券上市的公司报送财务报表。到1900年，它要求申请证券上市的公司都必须同意公布年度资产负债表和损益表。不过，这一规则并不一定是非执行不可的。1910年，交易所撤销了那个公司经营证券不用向证券上市委员会提供财务报表的部门。1922年起，它开始收集每一个股票经纪人的成员企业的有关财务状况方面的信息，并要求所有股票上市的股份有限公司均应提出财务报告的副本备案。到1926年，在该所上市的90%的公司股票均接受了年度审计。[16]每一个股票上市公司均被要求至少在年度股东大会之前15天向股东公布并报送反映公司财务状况的报告书。控股公司则必须为母公司或每一个拥有多数股权的子公司编制合并财务报表或者个别财务报表。此外，证券上市公司还要公布半年或季度的损益表。1930年该交易所开始了它与美国会计师协会的著名的交流，其意图是解决审计的范围和责任问题，并确立财务报告的公认方法。

纽约证券交易所的困境在于它只能管理那些想使其股票上市的公司，而且，由于制订了更严格的报告标准，将那些急需改善的公司排斥在交易所的大门之外。严格的报告标准也使它自己在与地方证券交易所和场外交易经纪人的竞争中处于不利地位，因为后者对于公开的要求远非那么严格。这样做带来的后果是有些公司在某种程度上不愿实施那些不方便的报告规定。而且，还产生了这样一种趋向，即新的准则不适用于已经上市的公司，而适用于将来注册的公司。再者，对于是否将违反者从其名册中予以注销。交易所也犹豫不决，认为这样一来受处罚的是希望得到信息的股东，而不是那些真正有罪过的企业内部人员。[17]

会计职业

会计职业在 1900—1933 年之间的美国经济生活中占据着重要地位，这主要是推行所得税和企业依赖于外部资本的结果。在这期间，会计教育者、会计师以及美国会计师协会都呼吁提高财务的公开性，其中，大多数注册会计师的领袖人物是像乔治·O·梅（George ·O·May）那样的英国人，他们认为应将英国公司法有关公开的规定运用于美国的股份公司。

会计界为促进公开披露所作的努力是采取两种形式进行的。一是试图形成适合大型股份公司的理论信条；一是与执行机构，尤其是纽约证券交易所进行合作。

理论的重心从报告企业在到期时支付流动负债的能力转向报告公司董事会受托管理资产的责任。[18] 投资者对期间净盈利感兴趣，并把它作为衡量管理业绩的尺度，于是，产生了这样一个假设，即本期收益是反映企业未来盈利能力的预报器，企业价值主要体现在这种未来盈利能力中，而不是体现在其资产的清算价格中。会计人员的持续经营原则就是以这一假设为基础的。这一假设意味着重心已从资产负债表进一步转向损益表。会计上的企业经营主体理论强调股份有限公司和经营权应与其股东的所有权相分离。曾经与流动性和信用授予相联系的稳健主义概念现在已演化为"公允性信条"。这一信条是指财务报表所反映的内容应对所有报表使用者均是公允的。[19] 但是，有时对于债权人来说是公正的（或稳健的），但对股东却可能不然。要在企业组织中实行稳健主义，就必须指明财务报告的用户，而稳健原则本身对此则是毫无帮助的。由于这样或那样的原因，稳健主义开始在会计文献中倍受冷遇。

美国最早的全国性会计师团体创建于 1886 年，但是直到 30 年后，这一职业才真正开始为会计报告实务的标准化而努力。1917 年，在联邦贸易委员会和联邦储备委员会支持下，由美国会计师协会制定了《统一会计》。顾名思义，其意图是通过推动会计统一来改善财务信息。不过，它们的建议对公布的报告并没有什么直接影响，这主要是因为银行家害怕对其顾客产生反作用而不要求借款申请者报送已审定的财务报表。[20] 另外，许多企业家感到《统一会计》中规定的财务报告标准格式对公开的要求太高，这些报告也有可能被竞争对手利用而于己有害。

1930年以前,会计师协会所有有关公开的公告都是以为取得银行信用而编制财务报表的中小型企业为对象的。同年,会计师协会与证券交易所合作的特别委员会以及纽约证券交易所上市委员会开始就公司会计和报告实务共同进行研究。会计师协会于1934年发表了研究报告《公司账目的审计》,该报告指出,交易所的工作包括:(1)宣传资产负债表不反映资产和负债的现时价值这一事实,鼓励在财务报告中公开所使用的估价方法;(2)强调损益表的重要性;(3)要求上市公司遵循公正的公认会计原则。它还包括交易所的一个声明,其内容是:1933年7月1日以后,提交附有上市申请书的财务报表应附上独立会计师的审计证明书;并要求同意以后提供给股东们的报告均应附上同样的审计证明书。这样,管理者对于会计报告中的公开内容不再是唯一的决定者了。

值得怀疑的是,协会与证券交易所之间的合作,能不能使报告标准在整个美国产业界付诸实施。从整体上说,投资者并不都明白他们的利益所在。管理者们早就表示过他们宁可根据会计方法的各种自定的范围,进行有选择的披露。当时,会计师协会仅有几千会员,可以用来与全国最大的股份公司对抗的资源也是极为有限的。因此,会计师从未有效地控制会计报告中的公开内容,也没有为建立技术的会计标准起多大作用,而那些正在实施的会计标准也没有得到法律上的支持。会计技术是根据实用的思想建立起来的,因为,它几乎总是比公司的最新发展要晚一步。由于缺乏能据以解决具体问题的满意的概念框架,职业会计师也就不容易对那些有争执的问题取得一致的意见。总之,会计师协会的公开研究项目被联邦政府拖延了6个月时间。富兰克林·罗斯福总统的当选和证券法的通过导致了对财务报告实务的严厉控制,其严厉程度在早些年几乎是不可能的。

三、证 券 法

政府的任务是不仅要提高公布报告的质量,而且要使技术性很强的会计过程所产生的结果易于为人们所理解,并使投资者相信这些报告对于判断证券的价值是值得信赖的。这些目标是基于这样一种假设,即公众投资的欲望部分地取决于对财务报告的了解和信任。这种信任受到了1929年的大萧条的伤害,但国民的利益又要求予以恢复。1933年颁布的《证券法》主要涉及向证券的最初购买者提供的信息。[21] 它要求在州际市场上出售的新证券必须在联邦贸易委员会进行登记,在登记中还必须包括一份由独立公共会计师签署的关于证券发行公司财务状况的证明书。1934年颁发的《证券交易法》要求把有关在证券交易所挂牌上市的证券信息提供给证券所有者和交易。为了贯彻这两个法律,根据后一法律的规定,成立了证券交易委员会。1964年的修订又将年度报告规定的适应范围扩展到拥有100万美元资产和500多股东的场外交易股份公司,并明确规定,向股东提供的报告与在证券交易委员会备案的年度10 K报表(证券交易委员会要求全部美国公司呈报的年度报表名称——译者注)之间存在的任何差异都必须予以说明,并在向证券交易委员会提出的报告中予以调整。

可以理解,法律要保护投资者就应该对财务公开负责者的工作差错和舞弊行为严加惩罚。这种观点的支持者喜欢将证券法与英国的公司法进行比较,但是美国的法律意在管理股份公司采用的会计程序及其公布的报告书。1933年的《证券法》第11条款加强了审计人员对于第三者的责任,并且把举证责任落在处于被告地位的会计人员身上,而不是那些声称判断错误的股东身上。注册会计师和他的助手的无意识的疏忽或误报也会受到与故意作弊相同的处罚。证券法第19条款授权联邦贸易委员会明确规定会计术语、规定股份有限公司应遵循的会计方法,这些公司应向证券交易委员会报送报告,并在这方面受它的管辖。在这样的会计发展的关键时期,国会实际上授予了这一政府机构以推行公司统一会计制度的权力。

这种权力后来为什么又中止了呢?首先,是因为证券交易委员会没有、以后也不会有足够财力来直接管理全国的股份公司的会计事务。[22] 其次,是因为过去证券交易行业的自我约束的努力,尤其是证券交易所的年度审计的要求收到了很好的效果,这样继续下去,看来可以取代政府的直接控制。[23] 证券交易委员会为应向自己报送的10 K和其他报告规定了标准格式,但对报送给公众的财务报告却未作详细的规定。在比以前较小的范围内,公司经理仍然可以对会计方法加以选择。证明公布的报告书的权力,仍然掌握在会计职业的手中,证券交易委员会还鼓励它建立审计标准和会计原则。

为了缩小报告相似的经济业务出现的差异范围,证券交易委员会具有迅速要求所有注册公司遵守最起码标准的优势。很少有公司采用已被该委员会否认的会计程序。但是，为了清除20世纪20年代的财务流弊，该委员会极力强调战后许多会计师希望加以修正或废除的客观性、一致性和原始成本估价原则。委员会还通过鼓励人们对具有低报和隐瞒含义的稳健主义的偏好来推动统一性。但它不鼓励注册公司向投资者提供按价格水平调整数据、未来盈利估计的数据、以及几乎任何类型的重新估价的数据。[24]这些做法的最终结果是：一方面，证券交易委员会与会计职业界之间形成了互相依赖的关系；另一方面，会计师与他们的委托人之间形成了互相依赖的关系。不管理论上或实际上的影响有什么差异，其中的每一方现在都被迫依法与其他方面打交道。

四、证券法颁布以后的披露

促进财务报告标准化的努力使会计原则体系应运而生。1936年，美国会计师协会修改了1929年发表的《财务报表的检查》，从而使审查重点从为取得信贷而编制的会计报表转移到为股东编制的会计表报表。协会提出的通过专案处理报告问题的方法与证券交易委员会的方法相呼应。当时，证券交易委员会的《会计公告文件》与协会的《会计研究公司》一般是采取相同的立场。由于许多《会计研究公告》涉及了财产报告的披露问题，所以，会计师协会研究学部于1948年公开发表了以前与该问题有关的公告。[25]美国会计学会会计概念和标准委员会1954年在《补充公告第8辑》（Supplentary Statement Number 8）[26]中对公开报告书的适当性作了一次较广泛的探讨。从1966年开始，会计师协会要求公开披露所有的已审财务报表与《会计研究公告》和《会计原则委员会意见书》中规定的会计程序之间存在的任何重要的偏离现象。这些权威性的主张之间并没有产生冲突，相反，这些公告和出版物大多收到补充之效。它们一致认为，大型股份公司的股东现在已成为财务报告应该为其服务的主要对象。

美国工业公司发表的财务报表在当今世界上是最详细、最具有综合性的。[27]一些国家有关披露的最新法规均自发地模仿了美国的会计实务。[28]《会计趋势和技术》（Accounting Trends and Techniques）与《财务经理》

(Financial Bxecutives)对 600 家公司的年度调查,表明了一个不可改变的趋势,即应在报告中增加反映背景情况的资料。脚注、补充明细表,以及历史概况等增多了。报表中还逐渐增加了诸如余额和各部门成果之类的项目。这样,过去那条划分秘密主义的公司和公开披露的公司的明显界线更加迅速地消失了。

可以认为,20 世纪初叶、20 世纪 40 年代后期的事情和态度与现在的事情和态度有着相似之处。当时与现在一样,政府虽然关心公布报告书的质量,却又不愿意直接地加以干预。同样,投资者也抱怨财务报告没有提供他们评价企业的管理方针或比较不同公司的盈利前景所需的会计数据。会计职业界对这些问题的反映,总是落后于公司生活的变化步伐。显然,现行的许多财务报告方面的问题都是由 20 世纪 30 年代证券交易委员会和美国会计师协会所抨击的基本问题派生出来的。虽然现在已经建立了标准来帮助职业会计师决定何时需要披露,以及应采取何种形式,但是,有充分的证据表明,当时的一些问题仍然未从根本上得到解决。

其中的证据之一已在关于美国审计的章节(第 10 章)中详细讨论过。这就是,许多被会计人员"公认"的报告程序并未得到公众的普遍理解。在会计和经济杂志上发表的文章中,在会计职业界和有关团体(如主计长协会)所作的调查中,以及在弄虚作假、披露使人误解财务状况的公司及其审计人员的诉讼中,都清楚地说明,公众仍然误解了会计人员在财务报告和检验中所起的作用。普遍的印象是,注册会计师决定财务报表内容的权力和承担财务公开的责任要比实际状况大得多。极端地说,这种看法认为,审计人员不仅有责任评价管理活动,而且有责任评价公司的经营成果和财务状况。

另一个长期存在的问题是由管理者对于会计方法广泛的选择引起的。由于存在可以产生不同结果的代用方法,所以,人们不断尝试不通过实实在在地改善业绩就能获得盈利和增长的办法。由于证券交易委员会和美国注册会计师协会规定的会计程序未能详细到可以使各公司的报告具有可比性,因此,将每个企业采用的会计方法在财务报告中予以公开,对于普通的投资者来说,并无多大帮助。显然,剔除妨碍可比性的代用方法、将会计术语和会计账户分类予以简化和标准化,以及严格地定义构成会计报告实务基础的会计原则,均是必要的。

五、高效率市场假设

只有对投资者和其他必须对公司作出决策的人有所帮助,为减少可供选择的会计方法和提高财务报告的公开性而作出的努力才是有现实意义的。会计师一向认为,财务报表分析可以提高投资者在证券市场上的绩效。根据这一假设,问题在于如何为特定企业选择合适的会计报告方法,以及如何为经营业务相似的不同公司选择具有可比性的会计方法。倘若使用了不恰当的会计方法,就可能将投资者引入歧途,在资本市场上,资源就会被错误地加以配置。仅仅是由于采用了不同会计方法,一些证券就会比其他证券的定价要高、某些股份公司就更便宜地筹集到资本。如果说财务报表是一种资源分配手段,那么,相互对抗的会计方法的滥用就会导致在整个经济中无法高效率地分配投资资本。

但是,许多证据表明[29],资本市场有能力吸收和适应财务信息,而不管财务信息是如何报告的。有效市场假设的"半结实形态"认为所有有利于公众的关于公司的信息将立即在它的证券市价中得到反映。如果资本市场是有效的,那么,通过财务报告分析所作出的投资策略就不会允许投资者在公众参加的证券交易中获得超过平均水平的有价证券报酬,因为在这些财务报告中的信息已被证券市场打了折扣。

高效率市场假设对会计来说,意味着什么呢?它不是意味着财务报告公开是不重要的,或者投资者在评价各证券投资风险时不能使用会计数据。相反,不披露会计信息也许会给公司自身带来投机利润而牺牲其他投资者和公众的利益。无论如何,会计数据对内部报告、对象获取信贷那样的非投资目的,及对税务机关和政府管理机构的报告来说也是有用的。高效率市场的假设意味着财务报告信息公开化的方式并非像会计人员设想的那样重要。只在备注中或在报送证券交易管理委员会的 10 K 报告中加以反映的或有负债应该在证券价格中如实反映,就像它在资产负债表中作为一个项目予以报告一样。而且,高效率市场的假设还说明,通过剔除会计的可选择方法使已发布报表的公开办法标准化这一做法也没有像会计人员设想的那样有成效,在选择可替代会计方法而不影响实际的经营成果时,尤为如此。

仅仅为了编制报告而把存货计价法由先进先出法改为后进先出法并没有改变股份公司的经济状况,因此,不应该影响它的证券价格。

六、归纳和结论

自从会计职业在美国兴起以来,美国会计人员就一直面临着充分披露的问题。只是解决这一问题的进展缓慢。若干年来,人们都将公开披露视为会计责任范围以外的概念。1933年以前,大部分公司都采用保密主义,讨论提高公司的公开性的,主要是企业管理集团以外的人,即大企业的批评者、个别会计师和纽约证券交易所的官员。这一时期,管理者几乎完全控制了公布报告中财务信息的选择权。

1929年以后公众的态度起了变化,许多公司仍没有按股东的要求改进自己的报告实务,于是导致联邦政府于1933年和1934年分别颁布了证券法,以此来进行干预。证券交易委员会和美国会计师协会采取专案方法,建立了一系列的会计核算和报告标准,从而极大地提高了公司财务报告的平均质量。然而,第二次世界大战以来,会计标准和管理报告实务的改进又再次落后于公司发展的速度和投资者对综合、详细和可比的财务信息的需要。

除非会计师们和他们的委托人带头裁减可接受的会计核算方法,否则公开披露将在更大程度上成为法律上的问题。人们似乎越来越感到,有必要建立一套权威性的准则来限制会计方法的多样化,同时,人们越来越相信,只有联邦政府才能成功地做到这一点。不论采用何种方法,从财务报告的最近历史就可以清楚地看到,有关方面正在设法满足公众的需求。如果会计职业不能做到这一点,那么,"它的显赫地位就可能让位于那些抓住良好时机的人们"。[30]

注 释

[1] Henry Rand Hatfield, "Some Variations in Accounting Practice in England, France, Germany. and the United States", Journal of Accounting Research 4 (Autumn 1966), 174.

[2] David F. Hawkins, "The Development of Modern Financial Reporting Practices Among American Manufacturing Corporations", Business History Review 37

(Autumn 1963), 135.

[3] Ibid., p. 138.

[4] Ibid., p. 137.

[5] A. C. Littleton and V. K. Zimmerman, Accounting Theory: Continuity and Change (Englewood Cliffs, N. J.: Prentice-Hall, 1962), Po. 109-112.

[6] Hawkins, Op. Cit., pp. 142-143.

[7] John L. Carey, The Rise of Accounting Profession, in 2 Vols. (New York: AICPA, 1969—1970), 3Vol. 1. pp. 57-58.

[8] 美国的股东人数；1900 年为 50 万人，1920 年为 200 万人，到 1930 年增至 1 000 万人。

[9] Hawkins, Op. Cit., p. 160.

[10] R. S. Claire, "Evolution of Corporate Reports", Joural of Accountancy 79 (January 1945), 39-51.

[11] Willam Z. Ripley Main Street and Wall Street (Boston: Little, Brown & Company, 1927), Chap. Six.

[12] Adolf A. Berle, Jr., and Gardiner C. Means, The Modern Corporation and Private Property (New York: Macmillan, 1933).

[13] See Carl Kaysen, "The Corporation: How Much Power? What Scope?" Chap. five of E. S. Masen, ed., The Corporation in Modern Society (Cambridge, Mass.: Harvard University Press, 1960).

[14] Hawkins, Op. cit., pp. 151-152.

[15] See James Don Edwards, History of Public Accounting in the United States (East Lansing: Michigan State University: 1961), p. 6.

[16] George O. May, Twenty-Five Years of Accounting Responsibility, in 2 Vols. (Rahway, N. J.: Quinn and Boden Company, 1936), Vol. 2, p. 54.

[17] Hawkins, op. cit., p. 158.

[18] Eldon S. Hendriksen, Accounting Theory, rev. ed. (Homewood, Ill.: Richard D. Irwin, 1970), p. 58.

[19] Carl T. Devine, "The Rule of Conservatism Reexamined", Journal of Accounting Research 1 (Autumn 1963), 129-130.

[20] Hawkins, op. cit., p. 156.

[21] 关于证券交易法的条款，已在第 18 章作了更详细的论述。

[22] William W. Werntz, Willlium W. Werntz, His Accounting Thought (New York: AICPA, 1956), p. 509.

[23] Richard W. Jennings, "Self-Regulation Within the Security Industry", in Law and Contemporary Problems (Duke University School of Law, 1964), Vol. 29, p41-14.

[24] Ceorge J. Benston, "The Value of he SEC,s Accounting Disclosure Requirements", Accounting Review 44 (July 1969), 526.

[25] American Institute of Accountants Research Department, "Disclosure in Financial Statements-Code of Institute Pronouncements", Journal of Accountancy 86 (August, 1948), 112.

[26] American Accounting Association, Committee on Accounting Concepts and Standards, "Supplementary Statement Number Eight", Accounting Review 30 (July, 1955), 400-406.

[27] Gerhard G. Mueller, International Accounting (New York: Macmillan, 1967), 140.

[28] Ibid.

[29] William H. Beaver, "The Behavior of Security Prices and Its Implications for Accounting Research (Methods)", in Robert R. Sterling, ed., Research Methodology in Accounting (Lawernce, Kans: Scholars Book Company, 1972), 9-37.

[30] Robeert K. Mautz and Hussein A. Sharaf, The Philosophy Of Auditing. American Accounting Association Monograpn Number-Six. (Menasha, Wisc.: American Accounting Association, 1961)200.

主要参考文献

Ameiss, A. P. "Two Decades of change in Foreign Subsidiary Accounting and United States Consolidation Practices". International Journal of Accounting 7 (Spring, 1972), 1-22.

American Institute Of Certified Public Accountants. Objectives of Financial Statements. Nwe York: AICPA, 1973.

Aranya, Nissim. "The Influence of Pressure Groups on Financial Statements in Britain". Abacus 10 (June, 1974), 3-12.

Backer, Morton. "Comments on The Value of the SEC's Accounting Disclosure Requirements". Accounting Review 44 (Julg, 1969), 533-538.

Barr, Andrew. "Changing Financial Reporting: Yesterday, Today and Tomorrow". California CPA quarterly (June, 1968), 15-19.

Benston, George J. "The Value of the SEC's Accounting Disclosure Requirements". Accounting Review 44 (July, 1969), 515-532.

Berle, Adolf A., and Means, Cardiner C. The Modern Corporation and Private Property. New York: Macmillan, 1933.

Birkett, W. P., and Walker, R. G. "Response of the Australian Accounting Profession to Company Failures in the 1960's". Abacus 7 (December 1971), 97-136.

Brundage, Percival F. "In Fluence of Covernment Regulation DeveloPment of Today's Accounting Practices". Journal of Accountancy 90 (November, 1950), 384-391.

Buttimer, Harry. "The Evolution of Stated Capital". Accounting Review 37 (October, 1962), 746-752.

Carey, John L. The Rise of the Accounting Profession, in 3 Vols. New York: AICPA, 1969-1970.

Chatov, Robert. Corporate Financial · Reporting: Public or Private Control? New York: Free Press, 1975.

Chen, Rosita. The Behavioral Implications of the Stewardship Concept and Its effects on Financial Reporting. Unpublished Ph. D Dissertation, University of Illinois at Urbana, 1973, University Microfilms, Ann Arbor, Michigan.

Chetkovich, Michael N. "Standards of Disclosure and their Development". Journal of Accountancy 50 (December, 1955), 48-52.

Claire, R. S. "Evolution of Corporate Reports". Journal of Accountancy 79 (January, 1945), 39-51.

Dyckman, T. J., Downes, D. H., and Magee, R. P. Efficient Capital Markets and Accounting, A Criiccl Analysis. Englewood Cliffs, N. J.: Prentice-Hall, 1975.

Evans, E. J. Prospectuses and Annual Reports: An Historical Look at Rule Development. Armidale, N. S. W. : New England Accounting Research Study No 3, 1974.

Gibson, Robert W. Disclosure by Australian Companies. Melbourne: Melbourne University Press, 1971.

Greidinger, B. Bernard. Preparation and certification of Financial Statements. New York: Ronald Press Company, 1950, chap. one.

Hatfield, Henry Rand. "Some Variatons in Accounting Practice in England, France, Germany, and the United States". Journal of Accounting research 4 (Autumn, 1966), 169-182.

Hawkins, David F. "The Development of Modern Financial reporting Practices Among

American Manufacturing Corporations". In M. Chatfield, ed. Contemporary Studies in the Evolution of Accounting Thought. Belmont, Cal. : Dickenson Publishing Company, 1968, 247-279.

Hendriksen, Eldon S. Accounting Theory, rev. ed. Homewood, Ill. : Richard D. Irwin, 1970, chap. nineen.

Johnson, Hans V. "Evidential Matter Pertaining to the Historical Development of the Concept of Disclosure and its Uses as a Teaching Aid". Academy of Accounting. Historians Working Paper No. 17. University, Alabama: Academy of Accounting Historians, 1975.

Kitchen, J. "The Accounts of British Holding Company Groups: Development of Attitudes to Disclosure in the Early years". Accounting and Business Research 2 (1972), 114-136.

—"Consolated Accounts and Disclosure: Retrospect and Prospect". Accountancy 83 (January, 1973), 14-17.

Littleton, A. C., and Zimmeran, V. K. Accounting Theory: Continuity and Change. Englewood Cliffs, N. J. : Prentice-Hall, 1962. Chap four.

Mautz, Robert K., and Sharaf, Hussein A. The Philosophy of Auditing. American Accounting Association Monograph Number Six. Menasha, wisc. : American Accounting Association, 1961, Chap. seven.

May, George O. Financial Accounting: A Distillaton of Experience. New York: Macmillan, 1953. Reprinted by Scholars Book Company, Lawrence, Kansas, 1972. Chapter twenty-Six.

McLaren, Norman. Annual Reports to Stockholders. New York: Ronald Press Company, 1947, Chap. one.

Mueller, Gerhard G. "An International View of Accounting and Disclosure". International Journal of Accounting 8 (Fall, 1972), 117-134.

Parrish, Michael E. Securities Regulation and the New Deal. New Haven: Yale University Press, 1970, especially 179-232.

Rappaport, Louis H. SHC Accounting Practice and Procedure, 2d ed. New York: Ronald Rress Company, 1963.

Rayburn, Frank R. "The Evolution of Pooling of Interests Accounting: 1945-1970". Academy of Accounting Historians Working Paper No. 19. University, Alabama: Academy of Accounting Historians, 1976.

Ripley, William Z. Main Street and Wall Street. New York: Little, Brown and

Company, 1927. Reprinted by Scholars Book Company, Lawrence, Kansas, 1972. Chapter Six.

Scott, D. R. The Cultural Significance of Accounts. Columbia, Mo.: Lucas Brothers, 1927. Reprinted by Scholars Book Company, Lawrence, Kansas, 1973.

Skousen, K. Fred. "Chronicle of Events Surrounding the Segment Reporting Issue". Journal of Accounting Research 8 (Autumn, 1970), 293-299.

（肖泽忠　林耀耀 译　黄肇兴 校）

第二十章　假设和原则

一些较古老的职业发现有必要摆脱依照经验形成的信条,美国的会计职业似乎在步它们的后尘。最初,理论是从实践中抽象出来的,由个人行为的解释构成,这些人对某些被证明有用的概念进行了调整,并将它们维持下来。这样得出的理论可以解决一些特定的问题,但是,一旦环境发生了急剧变化或者出现了新的情况,仅仅依赖于推论的职业就会陷入困境。这时就需要一个明确的概念体系来对现实的写实描述加以补充。逻辑地推出的原则能使积累的知识适用于变化的环境。它们提供了一种参照框架,通过它,人们可以判断特定会计方法的适当性,并能合理地解释一些方法何以优于另一些方法。通过将单个的会计程序纳入一个具有内在联系的会计体系,就能缩小报告相同业务时出现的差异,并减少使用粗糙的会计方法。它还可以把会计人员从需要对经常重复出现的问题加以判断的境况中解脱出来,使他们能把注意力集中于非经常性问题上。

这种把会计引向精密的方法并非美国独有,但是,只有在美国,会计原则才一直是改进会计的首要标准。它们在很大程度上决定了美国会计的发展。因此,在最后一章,我们追踪一下努力将这些概念形成条文的轨迹。

一、1940 年前美国的会计原则论著

根据原则来证明会计方法适当性的做法,以前就有很多先例。[1] 20 世纪早期的美国会计人员,在没有法典和统一会计科目表作为指南的情况下,比起其他职业人员,更多地倾向于依据一般概念来对各种会计程序作出判断。

即使在当时,也明显地存在着两大学派。1922年,首次对会计原则作了全面论述的威廉·佩顿(William Paton)持当时大多数人赞同的观点,即这些通则几乎没有论证的可能性,"会计是一个目的性很强的领域,所以,任何假设、原则或程序,如果能充分地服务于这种特定的自的,那么,它就能相应地得到证明……"[2]只有少数作者认为,原则与其说是被发明的,毋宁说是被发现的,因而主张会计方法应该从会计原则中演绎出来,而不是相反。查尔斯·E·斯普拉格(Charless E·Sprague)在《账户原理》(The Philosophy of Accounts,1913年版)一书中指出:"作为数学和分类学的一个分支,会计原则可以通过一种超前(priori)推理来确定,而不应由围绕这门技术的惯例和传统来确定。"[3]

然而直到20世纪20年代末期,仍然不存在对可以用来确定会计程序健全与否的会计原则的权威性论述。在没有为检查财务报表的正确性制定满意标准的情况下,却要求审计人员对财务报表加以证明。从债务集资为主转向权益集资、所有权和管理权的逐渐分离、所得税法的颁发。企业活动和国民利益间互相依赖的增强等,都扩大了会计师的责任和影响,在正常时期,会计职业或许已经逐渐适应了这些变化,但是1929年股票市场暴跌以后,人们更迫切地感到需要一套形成条文的理论体系来支持和约束会计实务。

里德·斯托里(Reed Storey)将人们对会计原则的关心划分为三个时期。第一个时期,也是最有成效的时期,是1932—1940年。这一时期的特征是个人尝试定义会计原则主要的会计团体制定了会计原则研究项目,不过并没有形成一套"公认"的会计原则。第二个时期(1946—1953年)的特征是公共团体起来建立会计原则,这些团体主要是美国会计师协会和美国会计学会。第三个时期始于1956年,终于20世纪60年代的初期。这一时期会计原则委员会的努力占显著地位,它试图将会计师协会的实用主义方法与会计学会建立逻辑严密的会计原则的方法结合起来。在人们对会计原则感兴趣的三个时期中,各种定期刊物都对财务会计核算和报告实务提出了尖锐的批评,强调应减少许多允许使用的方法,而要达到这一点,就有必要把会计原则明确化。[4]

美国会计师协会与证券交易委员会

最早对形成会计原则作出重要努力的是1932年由乔治·O·梅任担任

主席的美国会计师协会与证券交易所合作特别委员会。纽约证券交易所对证券上市公司所采用的核算方法和报告方法的多样性表示担忧。在会计师协会方面,审计证明书的准确措词和公证会计师应负的责任仍然含糊不清。在这样的情况下,该委员会受托建立完善的会计标准体系,然后通过证券交易所的证券上市规定予以推行。

按乔治·O·梅的意见,该委员会担负两项特别的任务,即:一方面教育公众会计方法多样化之所以必要的原因;另一方面又提出减少会计方法多样性,然后逐步使较好的会计方法得到普通使用的途径。

在考虑改善当前状况的方法时,有两种选择:一种是主管当局从今日流行的可接受的会计方法体系中筛选出一套对各种类型的公司都具有约束力的详细准则……不过,反对试图将这种选择用于股份公司的意见是占绝对优势的。

更为实际的另一选择是让股份公司在非常广泛的范围里自行选择会计方法。但是,要求它们公开使用过的方法,并保持年度之间使用方法的一致性。[5]

在选择以会计原则为基础的会计方法时,梅受到他在英国从事审计工作的经验和他个人的观点的影响。这两个方面都是值得论述的,因为作为委员会的卓越人物,他比前人和后来者的任何一个人都更多地改变了美国会计的进程。

比他更谨慎的人是无法掀起一场大变革的。对于梅来说,"稳健主义仍然在会计中具有首要价值";一致性次之。[6] 20世纪20年代滥用稳健主义以后,他又把历史成本主义和收益实现原则视为自己的追求。但是在强调会计报告的历史特性时,他同样相信损益表比资产负债表更为有用,原因是持续经营企业的资产价值主要取决于它的未来盈利能力。他还认为,股东已成为会计报告数据的主要利用者,但是他们的选择权却未包括可以撤换管理人员。财务报告仅仅在帮助股东决定持有、销售和增加自己的投资方面有价值可言。

对于梅来说,原则就是惯例。"会计规则比起法律规则来,更是经验而不是逻辑的产物"。[7]一套原则应该在实践中具有不同程度的灵活性和合理的统一性。原则应具有广泛的适用性,从原则中得出的会计准则应该不仅是健全的,而且对精明的会计资料使用者来说,也是合理的。

梅的意图是：像英国股东们100多年来享受公司法的保护那样，给予美国的投资者同样的保护。如前所述，英国制度要求，企业只有实行会计披露，才能获得设立股份公司的特权。公司的管理者应公布已审查的资产负债表，提交公司章程备案，以及向政府提供年度资本报表、股东和董事名单。

梅在提出扩大英国的实务以符合美国的状况时，并不指望得到法律的援助。所以，除了交易所的上市规定外，要想成功，只能寄希望于公司管理人员的诚实和合作精神，以及公证会计师的工作能力。他相信，大多数企业管理者是诚实的，大部分财务报表是适当的，大多数会计师也是有能力的。[8]所以即使不侵犯管理特权，"除了教育意见外不加任何强制"，事情也能办好。

该委员会的最后报告提出了五点建议：

1. 为提高一致性，在交易所上市股票的公司应遵循一定的广泛适用的会计原则。在这个前提下，每个企业可以采用它喜欢的任何会计方法。

2. 每个上市公司编制一份在本公司财务报表中使用的会计方法一览表。该一览表须经企业董事会正式批准，提交交易所备案，而且，应满足所有股东的要求。

3. 在该一览表中列示的会计程序应每年连续采用，在没有通知证券交易所和公司投资者之前，不得加以改变。

4. 财务报表应是管理状况的反映。审计人员的任务是向股东报告：各公司采用的方法是否实际采用了，这些会计方法是否符合"公认"会计原则，它们的使用是否具有一贯性。

5. 该委员会还提议由一组有资格的会计师。律师和公司管理人员一起列举出一份具有权威性的会计原则目录，以帮助公司列举它们自己所用的会计方法。[9]

不过，也是由乔治·O·梅担任主席的美国会计师协会会计程序委员会，只接受了其中两条建议。它保留了这样的规定，即只要服从会计原则的约束，每个公司都可以选择最适合本公司经营活动的会计方法。该委员会明确指出，审计师只对他的意见负责，而不对财务报表的内容负责。为使这些决议得到有效的实施，1933年，委员会对标准审计证明书作了修改，增加了词句"认可的会计原则"（accepted principles of accounting），该语句后来又改为"公认会计原则"（generally accepted accounting principles）。

但是,需要股份公司公开其会计程序的建议从未付诸实施。实际上会计方法一览表从未向证券交易所报送备案,从未向股东公布过,也没有发表一份公认会计原则的报告。协会倒是采用了逐一处理发生的问题的办法。

该委员会的重要贡献是指明了后来被遵循的会计原则的发展方向。这种最初努力产生了诸多《会计研究公报》,以及后来的其他研究成果。但是,由于各企业不公开采用的会计方法,公证会计师也没有公认会计原则报告作为下结论的依据;因此,在每一种审计场合,审计师都缺乏提出审计意见书的参考指南,而且,除个人的判断以外,审计人员没有任何保证手段。经理们仍然拥有选择方法的高度自由,不恰当的方法常被他们采用,这最终导致了被接受的会计方法增多。即使是精明的财务报表读者,也难以确定公司采用的会计方法和它对报告结果的影响。从这个意义上说,梅领导的委员会并未能克服这一困难。

1933年的证券法和1934年的证券交易法把以前证券交易所掌握的大部分挂牌上市方面的权限转移到了证券交易委员会(SEC)之手。富有讽刺意味的是,证券交易委员会采纳了刚被美国会计师协会否认的好几条建议。像英国公司法一样,证券交易委员会旨在通过推行公开性和一致性原则,以及通过要求定期呈报已审财务报表来保护投资者。它的基本目标是想改变公司内部人员对公司详细活动的了解要比普通股东多得多的局面。要达到这一目的,证券交易委员会可以采用两种做法,或者亲自制订适应各种状况的会计准则(它拥有这样的权力),或者推动或支持会计职业界的会计原则计划。1938年,它选择了后一策略。[10]此后,它对会计理论的影响就在很大程度上取决于会计师对这一点的了解,即会计师只有通过提高会计原则的有效性,才能限制证券交易委员会扩大它们的管制。这就含有这样一种威胁,即如果会计师不去这样做,政府将取而代之。

探索会计原则的典范文献

在执行会计师协会的计划时,尚需对会计原则加以定义。1936年,美国会计学会发表了《作为公司财务报表编制基础的会计原则草案》[11](A Tentative Statement of Accounting Principles Underlying Corporate Financial Statement),它列出的20条原则的目录,实可谓规则和标准的混合体。其中包括特定会计科目的定义;关于财务报表格式和增记资产,计提折旧的正确处理法的提示；准确划分缴清股本与留存盈余、正常收益与异常收益界限的尝试；以及一系列为其他存在滥用的领域而优选出的方法。作为会计概念的综合性公告,该草案有两大缺陷:一是混淆了广泛适用的会计原则和程序性的准则;二是在逻辑上和实务中都没有独立的推理依据。

我们认为,最早集会计原则之大成的,是1937年庆祝美国会计师协会创立50周年期间由吉尔·伯恩(Gilbert Byrne)撰写的一篇获奖论文。[12]他首先把原则定义为基本的真理,随后论述了八个方面的会计原则,其中包括历史成本估价、成本收入的合理配比、计提折旧、销售时实现收益、稳健主义、缴入资本和企业积累的区别,以及账务处理前后一致性的必要性。

1938年,哈斯金斯和塞尔斯基金会(Haskins and Sells Foundation)委派三位教育家去"建立一套对于解释和改善公司会计,以及向公众发表的财务报表有用的会计原则体系"[13]。这三位教育家是哈佛大学的T·H·桑德斯(T·H·Sanders)、伯克莱大学的H·R·哈特菲尔德和耶鲁法律大学的昂德希尔·穆尔(Underhill Moore)。为了编著《论会计原则》(A Statement of Accounting Principles)一书,他们访问了会计资料的编制者和使用者、阅读了大量期刊文献、研究了法律和法院判决以及当时的公司报告书。

他们的分析方法,有着公众舆论调查的效果,产生了一份当时正在使用的会计原则目录。这种做法使作者陷入了困境。也就是说,它们的原则几乎全是他们力求改进的会计方法中衍生出来的。由于对那些不良方法,只要它们得到普遍应用,就采取姑息的态度,所以,他们从根本上将会计人员置于被动地位。正当会计职业努力想使自己的独立性得到认可之时,他们却认为,决定财务报表中应包括哪些资料以及如何表现,这是管理者的职责。不过,该研究仍然是"第一份比较完整的会计原则意见书"[14]。从这一意义上讲,它对后来的研究方式产生了典范性的影响。

到这时为止,所有的会计原则论述都有一个共同的弱点,即均缺乏准确的术语。想区分会计概念间的层次困难的,因为每个作者都随心所欲地使用"原则"(Principle)、"信条"(doctrine)、"惯例"(convention)和"规则"(rule)之类的词语,有时甚至互相通用。1939年史蒂芬·吉尔曼(Stephen Gilman)在《会计上的利润概念》(Accounting Concepts of Profit)第十二章至第十六章中,试图对论述会计原则时所用到的术语进行严格的定义。他从词典中的定义出发,试图将会计思想分为四个层次,与此相适应,重新对以前称作原则的概念进行分类。

他将惯例定义为构成会计理论基础的基本前提(premises),并列举了四个惯例,即会计主体惯例(the entity convention)、资产计价惯例(the valuation convention)、会计期间惯例(the period convention)和借方贷方惯例(the convention of debit and credit)。[15]信条是作为信念或政策问题采用的习惯做法。例如稳健主义、一致性、公开性和重要性均是会计报告信条,它们是根据方便而不是根据逻辑来证明其合理性的。[16]规则是"规定行为或行动的指针",吉尔曼采用这一用语与我们现在采用的具有相同的含义。原则与自然科学的场合一样,是可据以产生准则的基本真理。不管颁布什么新法律,作出何种法庭判决,以及政府机构发出何种新规定,原则均是不变的,这一点与信条和惯例不同。原则不因行业而异,也不受企业所有权变化的影响。不过吉尔曼也指出,(完全不符合实际的)纯粹的原则是不存在的。[17]

在寻求广义的和狭小的会计体系间的特殊联系时,吉尔曼对推行会计原则时遗留下来的最大障碍进行了抨击,尽管他将会计思想划分成四个层次的方法并没有被后来的探索者们所遵循,但这种方法较之最终形成的方法在两个方面具有优越性:一是吉尔曼使得用语的会计意义与一般用法相一致;一是他提出的术语比现在所使用的更加准确[18]。

接下来的问题是运用原则来约束准则。一种崭新的探索在这方面起了推动作用。1938年 A·C·利特尔顿(A. C. Littleton)发表了两篇关于会计概念发展的文章。[19]像吉尔曼一样,他也从术语问题入手。他指出:"每本书通常都混淆了公理(axioms)、惯例(conventions)、一般法则(generalizations)、方法(methods)、规则(rules)、假定(postulates)、习惯(practices)、程序(procedures)、原则(principles)和标准(standards),而这些用语并不都是同义的。"[20]所以,他做的第一件事就是"将不变的真理与易变的习惯做法区分开来"[21]。规则是达到一致性的基础,原则是测量与规范偏离程度的尺度。他同意伯恩的观点,认为原则体现了对违犯行为实行处罚的"强制或强迫力"[22]。同时,他也接受了吉尔曼的看法,认为规则受到企业环境多样化的影响,而原则体现了基本的真理。他接着指出,完全根据经验推论出来的原则是不恰当的。将实践予以抽象,再用来改进实践,实际上是要求会计职业依靠自己的努力来提高自己。一条成功的途径必须把归纳推理和演绎推理结合起来。确立超越现行实务水平的标准不应使会计职业感到为难。问题不仅仅是建立会计原则,而且要应用它们,使特定的会计目标与达到目标的手段结合起来。

这些概念在佩顿和利特尔顿1940年共著的《公司会计标准导论》(An Introduction to Corporate Accounting Standards)一书中反映出来。该书是当时出版的论述会计原则最为系统的著作,而且是以成本为基础的会计理论的最优秀的解说书。它是第一本主要通过演绎推理而不是根据归纳推理来建立会计原则的典范著作。较之以往的论著,它在更高的层次上强调了理论,并且使实施规则服从于概念。他们不赞同,也不论述稳健主义之类的信条和成本与市价孰低之类的规则。这是第一部既精心设计了一套会计原则又具体表明了这些原则与会计方法之间的相互影响的集大成之作。它预示了一种完整的会计信条体系的发展,根据这一体系在问题尖锐前就可能推导出优选的会计核算方法。

20世纪30年代制订会计原则的努力均受到了严厉的批判。这些努力既没有得到会计职业界广泛的承认,也没有对当时的会计实务产生明显的影响。然而,才华横溢的会计学者们对会计团体的正式公告产生了空前绝后的影响。在本世纪的这一时期里,人们对会计理论的讨论广泛而热烈。在《会计原则的探索》(the Search for Accounting Principles)一书中,里德·斯托里(Reed Storey)这样总结了这一引人注目的年代:

> 自从复式簿记产生以来,今天实行的会计,与其他任何时期相比,更多地归功于20世纪30年代。在这十年里,美国会计师协会和美国会计学会都成立了各自的机构来颁布会计原则……在这一时期,财务会计作为以收入与成本配比为基础的成本分配这一基本形式得以定型,30年代后期形成的会计原则概念支配会计思想达二十多年之久。那些关于如何建立会计原则的流行概念也是如此。[23]

二、会计团体发展会计原则

对会计原则感兴趣的第二个热潮始于第二次世界大战刚刚结束以后。那时候,有关文献论述的重心已从定义会计原则转向运用它们解决面临的实践问题。20世纪30年代存在的最低劣的会计方法已经被抛弃,取而代之的是丰富的"公认"方法。会计职业界所面临的新问题是一个策略问题。当注意到企业和报告情形之间的实际差异时,它不得不减少实务中使用的多样化的方法,想制订一套详尽的会计规范,但又不想招致政府的干预,也不想向作为委托者的管理者施加不必要的压力。

有关方面对会计和会计人员的批评,使会计职业界加快了研究会计原则的步伐。调查表明,一般公众对于财务报表,公布报表的公司和加以验证的审计人员[24]既不了解,又不相信。这些批评者大致可分成两派。一派认为通货膨胀使得一些会计原则失效并使报告的数字明显错误。他们以历史成本和稳健主义信条为例,认为妨碍了公布的报告真实地反映经济业务,从而主张使用更为灵活的,可以按物价水平进行调整的原则取而代之。另一派批评者强调会计师的社会责任,主张通过更为广泛的途径来报告问题。他们建议:(1)增强会计人员独立观念,使他们也成为一般公众利益的保护者,而不仅是投资者利益的保护者;(2)扩大会计服务的范围以满足雇员、消费者和一般公众对于信息的需要;(3)减少处理相同业务的可替代方法,以提高财务报表的可比性。在20世纪60年代,这两类批判使探讨会计原则的兴趣转向了直接考虑物价水平问题。[25]

这一时期的大部分进展都是会计团体努力的结果。虽然多种权威机构的存在有着明显的弊端,但是美国注册会计师和美国会计学会在建立会计原则的过程中却是相互支持的。两者均强调会计的历史方面,均将财务会计看作成本分配过程,并且有着限制使用可替代方法以改善公布报告书的共同目标。他们主要是在建立会计原则的方法上存在分歧。美国注册会计师协会认为会计原则就是惯例,它们依照公认的变化方式产生演变。这种原则是从那些不断经受有用性检验的经验中抽象出来的。而学会则把原则称作"标准",将它们视为理想之物。它试图建设一套能够经常与实践相比较予以精练翻新的标准。学会论著的执笔者倾向于通过查阅有关文献来探讨原则,而协会的公报试图将职业会计师在选择处理实务问题的优秀方法时作出的判断加以集大成。

美国注册会计师协会

在1939—1959年之间,美国注册会计师协会会计程序委员会发布了51

份会计研究公报。这些公报覆盖了财务会计的所有方面，成为推动各特定会计实务改革的手段。该委员会由21个成员组成，每发布1份公告，须得到2/3的委员的支持。当然，这并不意味着所有的注册会计师均必须遵循他们批准的会计程序。公报的影响几乎完全取决于会计实践者及其顾客对它们的"公认"程度。因此，普及性是至关重要的，委员会的目的是发表能改善实务但又不招致严厉反对的公报，从而将举证责任加于任何不遵循指定的会计方法的注册会计师身上。

这种方法的成效已广为人知，其局限性则更多地与当时的会计问题有关。在这种局限性中，一些是自生的，一些是协会所处立场所固有的。注册会计师在解决特定问题时需要直接的指导。协会的公报就考虑这些变得紧迫的具体问题，推荐一个或多个更好的解决问题的方法，以作为答复。只有当问题十分突出时，某个方面的问题才会引起协会的注意，并且，协会对每一个这样的问题孤立地加以处理。委员会所发出的公报不是按有关问题的顺序加以编写的，而且，它们所持的主张也并不总是相互一致的。从这样一种孤立地处理问题的方法产生的决议就被用来支持估价、配比、实现和公开诸概念。由于无法在处理实际问题之前对会计原则加以定义，结果是按过高的标准对某些程序上的问题（如后进先出法的优点）进行讨论。有时，公报是以该委员会对职业会计师和公众对某个问题的看法为基础的，有时则采取一种不顾法庭判例和经济现状的、武断的和站不住脚的立场。这些特定问题解决办法很少具有确定性，所以，委员会不得不一次又一次的重新考虑资产估价、折旧、存货计价和公司清算等基本问题。

美国会计师协会所采取方法的另一缺陷可以说仅仅是政治性的。职业会计师的任何团体在为其会员制订规划时，都受到顾客们各种可能反应的影响。于是产生了这样一种倾向，即抛弃那些使顾客很不方便的规定。[26]需要2/3的多数委员同意才能通过公报这一点有时妨碍了发布有争议问题的公报。更为突出的是，委员会并不太千方百计地解决这些问题。在只需一种方法就足够时，由于妥协，又使得几种方法得以认可。这不仅使"公认"的会计程序急增，而且产生了一些得到允许但又明显低劣的可替代方法。大部分理论就是这样产生的，它们至今仍然存在着，为审计人员和管理者开着方便之门。

美国会计学会

1935 年 12 月,美国大学会计学教师协会(American Association of University Instructors in Accounting)更名为美国会计学会,并宣布扩大研究项目。学会的执行委员会相信,通过"完善会计师据以活动的基础",就可以更充分地改进会计实务。它所希望的不是要求普遍遵循的准则,而是据以判断现存会计方法的标准。其理想是"公司的定期财务报表应始终与单一的和谐的会计理论体系相一致"[27]。学会预见到了这种方法的困难("它必然会与现实中的会计实务发生冲突,因为会计实务本身在许多方面存在矛盾。"[28]),并且期望逐渐地、全面地改进会计实务,而不是在某个特殊领域立竿见影。对会计学者们来说,不能迅速地影响会计实务,在某些方面倒是一种好处。因为这使他们对问题看得更全面,并使他们所提出的主张即使暂时显示不出高明之处,在理论上却具有正确性。

学会作出的能与《会计研究公报》媲美的贡献集中体现在四份会计原则公告上。它们是:

1936 年的《作为公司财务报表编制基础的会计原则草案》;

1941 年的《作为公司财务报告编制基础的会计原则》(Accounting Principles Underlying Corporate Financial Peports》);

1948 年的《作为公司财务报表编制基础的会计概念和标准》(Accounting Concepts and Standards Underling Corporate Financial Statements);

1957 年的《公司财务报表的核算和报告标准》(Accounting and Reporting Standards for Corporate Financial Statements)。

1936 年的公告是会计原则和方法的混合物。它对当时突出的基本问题进行了研究,指明了成本和价值、收益计量、资本核算 3 个方面的不足,试图纠正 20 世纪 20 年代的错误做法,尤其是想使原始成本信条得到公认并确立会计乃是原始成本的分配教程的思想。

后来 3 种主要的修订版和八份补充公告把这一套最早的会计原则扩充成为综合性的理论纲目。但是,1936 年的公告强调历史成本、(成本与收入)配比和损益表的基本方法和思想,却没有什么变动。1936 年的公告只有 3 节,而 1941 年的修订版改成了 4 节(成本、价值、收益和资本);在 1948 年的修订版中,标题"原则"改为"概念和标准"。这份公告自身也具有明显的理论性。1957年的公告较之以前的公告甚至更为概念化,但是它的主张却不像以前的公告那样严格地根源于理论,该公告还论述了"从经验中获得的惯例"[29]。

美国会计学会1966年发布的《基本会计理论说明》(A Statement of Basic Accounting Theory)与过去的公告不同,它不再局限于对外报告问题。较之过去的公报,它也较少涉及当时实务中的具体问题,它旨在建立一种以相关性、可检验性、中立性和可计量性这4个标准为基础的基本的、一般的理论。它提出,凡是符合这些标准的数据都均可以予以报告,而且建议,历史成本都应在损益表和资产负债表中用单独的栏目加以反映。

《基本会计理论说明》(ASOBAT)的批评者们否认了这些结论,更否认得出这些结论的方法。[30]这些批评的中心问题是美国会计学会的委员们没有彻底地贯彻自己的演绎方法。他们认为,这四个通则的定义是不严密的;它们之间的协调关系也是松散的;它们与低层次标准的关系没有加以明确;而且,委员会没有指出在会计实务中应用这些标准的方法和这种理论的范围。由此可见,一般来说,由权利主义直观论者从会计环境中抽象出来的原则,由于非常有益于规范过去20年的会计实务,所以到20世纪60年代中期,它们似乎已经牢牢地控制了会计职业。

小结:美国会计学会和美国注册会计师协会

对美国注册会计师协会和和美国会计学会的公告的分析结果表明,它们所涉及的主题和提出的主张之间存在着明显的相似之处。[31]但是,无论是概念化的方法还是实用主义的方法最初均没有解决那些使会计原则成为必要的基本问题。协会可能认为,大多数的职业会计师都遵守了它颁发的《会计研究公报》,也可能例举许多实例来说明这些公报明显地改变了会计事务。事实上,协会与学会之间并不存在真正的竞争。会计学会不仅缺乏推行其主张的强制力,而且也不可能与职业会计师有效地进行交流,因为它的公告对于解决注册会计师所面临的问题没有多大的帮助。但是,会计师协会也没有达到财务报告适当公开的目的。会计实务在一定程度上确实标准化了,20世纪20年代的一些恶劣的弊端也被消除了。然而,在取得这些成果的同时,《会计研究公报》也确实增加了公认的可替代的会计方法,尤其是在折旧和存货计价等重要领域。这是由于委员会不能做出坚定的抉择、不愿意否决那些广泛使用的方法，即使这些与它的主张相矛盾。"公认"只不过是一项微不足道的测试，这使得许多低劣的方法得以获得认可。由此产生的报告方法的多样性又妨碍了报告的可比性。也许，这一缺陷是强调公开性和一惯性而不强调应用特定原则的方法所固有的。[32]

三、会计原则委员会

把职业会计师的方法与会计学者们的方法结合起来，显然大有益处。在对会计原则兴趣浓厚的第三阶段，会计师协会试图求得演绎研究方法和实用主义研究方法之间的平衡。

1957年，协会新任会长阿尔文·R·詹宁斯（Alvin R·Jennings）提出应重新研究会计概念，并将重心从应用研究转向基础研究。[33]现在的问题已不再是20世纪30年代缺乏标准的问题了，而是需要对现有规则加以提炼升华的问题，较之建立和承认一套统一的会计理论体系，应付个别事例已经不那么重要了。这需要理论研究引导实践而不是步实践之后尘，需要一个长期的而不是一个立等见效的研究计划。1959年，正值《会计研究公报》第1辑发表20周年，协会制订了一个采用这种新方式来研究会计原则的研究计划。

协会新建立的会计原则委员会和会计研究部，分别取代了原来的会计程序委员会和会计研究部。会计原则委员会主要由职业会计师组成，会计研究部主要由会计学者组成。协会还组织了一批常设人员来帮助编纂《会计研究论文集》。这些文集不是协会的正式公告，而是授权会计研究主任发布的。会计原则委员会行动以前，这些论文已广为发行。该委员会对这些论文加以研究，决定是接受还是否定。《会计研究论文集》和《会计原则委员会意见书》均对隐藏在会计惯例之后的理论作出了详细的说明，而过去的《会计研究公报》却缺少这一点，这是众所周知的。当美国注册会计师协会理事会提出1965年以后的所有与《会计研究公报》和《会计原则委员会意见书》的重要背离情况都应在财务报表的注释中或在审计意见中加以反映时，这一新的项目加快了研究的步伐。这就迫使注册会计师和他们的客户负有根据已建立的会计原则来选择会计方法的直接责任。韦尔登·鲍威尔（Weldon Powell）是当时的会计原则委员会会长，他这样描述协会的新研究计划：

> 我们设想，对财务会计的主要问题需要从4个层次上具体加以考虑：首先是会计假设；其次是会计原则；第三是在具体环境下应用会计原则的准则或指南；第四是研究。
>
> 假设可以认为是原则赖以存在的基本假定。我们应明确理解和解释何为假设，以便为建立会计原则提供一个有意义的基础。
>
> 我们还将在假设的基础上努力形成一套能相当广泛地运用、并互相协调的会计原则，也许在范围上会与美国会计学会公布的关于会计和报告标准的公告相似。
>
> 我们将尝试建立与前述假设相联系的，在具体环境下应用会计原则所需要的准则或其他指南。关于这些准则的公告，也许在内容上与现行的会计研究公报有若可比性。它们将具有适当的灵活性。
>
> 我们相信，对前述各方面进行当的研究是必要的。我们计划，会计问题的公告将对问题的彻底的、独立的研究作为基础，在研究过程中，将考虑所有的观点。[34]

这一新研究计划的基础是两份会计研究论文，一是《会计研究论文集》第一辑《会计的基本假设》（The Basic Postulates of Accounting，1961）；二是《会计研究论文集》第三辑《经营企业暂订主要会计原则》（A Tentative Set of Broad Accounting Principles for Business Enterprises，1962）。广泛适用的会计原则是从已经确立的会计假设中演绎推理出来的，它们反过来又成为具体领域的研究指南。委员会希望，这样一来，较好的会计实务方法"就会作为不可避免的结局而产生"。

穆尼茨的《会计的基本假设》是探索谁都认为是有效的和有意义的"自我证明的会计环境"命题的研究成果。这些假设几个世纪以来在广阔的地域里都被认为是正确的推论，这本身给注册会计师协会的研究计划奠定了基础，并提供了一定的原动力。它们意在表明必要的理论变化，而《经营企业暂订主要会计原则》一书则勾勒出了会计实务的变更。[35]由于穆尼茨设想的理论变化是稳妥的，因此，大部分会计假设都未引起争议或受到广泛的批评。

相反,规划咨询委员会中几乎每位委员都对斯普劳斯和穆尼茨的《经营企业暂订主要会计原则》提出了批评。[36]这是因为,他们采用的方法并不是真正严密的和演绎的,《会计的基本假设》并不一定会带来《会计研究论文集》第3辑中列出的具体原则,而且两份报告实际上也不是完全一致的。例如,在《会计的基本假设》中强调的是交换价值,而在《经营企业暂订主要会计原则》中强调的却是未来利益的现时价值。更为重要的是,《会计研究论文集》第3辑中记载的会计原则提出了这样的会计准则,这些准则超越了现实的会计实务,而且,它变化太大,职业会计师都不愿接受。从法律上保护公证会计师的原则,如客观性、一致性、原始成本和稳健主义,也遭到了否认或在很大程度上被忽略了。他们置收益实现准则于不顾,而主张一种收益增值概念。他们把资产定义为未来的服务潜力,却没有明确规定计量标准。不仅其配比、实现和资产估价很难与当前会计实务相联系,他们也未提供使用他们建议的方法的标准。1962年4月,会计原则委员会拒绝了这两辑关于假设(第1辑)和原则(第3辑)的研究论文,理由是"它们与目前公认的会计原则区别太大,因此此时难以接受"。

随后,协会委派专家进行了一次新的研究。保罗·格雷迪(Paul Grady)的《经营企业的公认会计原则纲目》(Inventory of Generally Accepted Accounting Principles for Business Enterprises, ARS No. 7)就是一种尝试。像30年前桑德斯,哈特菲尔德和穆尔的专论一样,它罗列从当时的实践中概括出来的原则。格雷迪的10条原则包括:(1)授予私有财产权的社会;(2)明确的企业主体;(3)持续经营;(4)账户的货币反映;(5)一致性;(6)企业主体间的差异;(7)稳健主义;(8)通过内部控制使数据具有可靠性;(9)重要性;(10)需要估计的报告的及时性。他认为自己的任务是鉴别而不是发现。他把注意力局限于现行约会计环境,所以那些没有得到普遍使用的方法都被他排除了。

格雷迪的方法是从实践中归纳原则和实用主义方法的翻版,其结果是会计原则委员会意见书与以前的会计研究公报之间不存在本质的区别。尤其是从企业合并问题(《会计原则委员会意见书》第6号)和投资信贷问题上(《会计原则委员会意见书》第2号和第4号)可以看出,会计原则委员会又站在以前的会计程序委员会的立场上了。《会计研究论文集》对其所包含的提议在正式采用前进行了较多的论述,并较多地讨论了选择某一会计方法的种种理由。但是,论文本身是由一系列独立的分析构成的,每位作者都可自由自在地确定会计处理方法和证明其结论的合理性。《会计研究论文集》的建议并非总被《会计原则委员会意见书》确认,这些研究也没能解决实务中"公认"的可替代方法增多的老问题。

会计职业界和公众对会计原则委员会的意见书明显地缺乏信任,所以,最后协会不得不让非会计人员参与会计准则的制定。根据惠特委员会报告书的提议,注册会计师协会于1973年3月成立了财务会计标准委员会,以取代会计原则委员会。该委员会的成员由具有独立性的财务会计联合会中的9位理事担任。原来的会计原则委员会由18位业余的不取酬的委员(全部是注册会计师,其中14人是主要会计师事务所的成员)组成,而财务会计标准委员会由7位全日的、享受高薪的成员组成,他们的任期为5年,其中仅有4人是公开营业的注册会计师,其他3人是在财务报告方面具有丰富经验的非注册会计师。

四、两种会计理论

建立会计原则的人们,显然处于一种进退维谷的境地。如果他们的原则是从实务中抽象出来的,那么,这些原则就不能在任何重要方面有助于改善实务,或者很难想象会有新的发展。如果制定的原则超越实务,它们又不能被会计职业界接受。

回顾一下,斯普劳斯和穆尼茨的《经营企业暂订主要会计原则》,显然在许多方面是不成熟的。对《会计研究论文集》第3辑的争论是一场日益激烈的方法论辩论,但这场辩论并未以赞同协会的方法而收场。一些批评者反对它的特定内容,而另一些批评者却反对它通过应用演绎法得出会计原则来改善会计实务的整个思考方法,他们认为需要一种完全不同的解决办法。[37]一些人只要求在会计实务中保持一致性,而另一些人则要求建立详细的准则以使相同的业务在账户中总是得到相同的处理。还有人认为,在确定资产计价、收益计量等方法时,特定的环境应是决定因素。对会计实务加以抽象的必要性也可以通过为每一主要的利害关系集团单独编制报告而降到最低限度。[38]

甚至在协会制订研究计划和会计研究论文集第1辑和第3辑发行之前,理查德·马德斯切(Richard Mattessich)[39]和R·J·钱伯斯(R·J·Chambers)[40]就试图建立一种比以前具有更大内聚力和适用性的会计假设和原则为基础的会计理论整体结构。他们探索的不仅仅是会计原则,而是一个完整的、互相衔接的、能据以评价每一项会计活动的思想体系。在确立会计原则之前,钱伯斯和马特斯切在三个方面对现存的理论进行批判:(1)它们没有逻辑的一致性;(2)它们缺乏普及性;(3)它们的结论是不可检验的。

首先,他们认为一套会计命题应该"相互结合一致"[41],这是很重要的.一套信条应具有系统性,假设和原则应不相互矛盾。这样,会计的上层结构才能严密地从一个有效的前提基础上推演出来,假设实质上是一种价值判断,就连它的有效性也建立在一个推理严密的"验证基础"上。[42]在这里,方法论是重要的,因为区别不同层次上的命题时,必须极其慎重。

会计概念的有效性似乎不仅依赖于形成这一概念的严密性,而且决定于"它的范围的广度"。有效的理论不仅要确定假设和原则间的联系,而且应明确表明它们与现有全部会计方法的关系。只有这样,才有可能根据完好的理论评价或决定采用哪种会计方法。许多会计制度(关于财务,成本,管理和政府等方面)都是依据相同的基本假设和原则形成的,但是,现行模式却不能把它们统一起来,甚至不能对所有的会计实务进行论述。我们只有将会计领域看作一个整体,才能正确理解和评价会计抉择。[43]会计实务的长期不统一使这一点具有双重的必要性。现在,会计学科领域太广阔了,通过观察个别事例或掌握它所有方面的切合实际的可替代方法,是无法进行研究的。相反,会计人员应该采用这样一种理论,这种理论能对这些具有特定用途的方法进行充分的抽象,并把它们纳入一个综合的体系。

最后,钱伯斯和马特斯切主张,应敞开对会计理论进行检验的大门。这就是说,应有接受或者否认会计理论的标准,理论应能接受其提出者以外的人的严格检验。[44]或者,至少应将可检验的假设与价值判断和定义区别开来。甚至连价值判断和定义,如果能加以检验,也是适当的。对于不同抽象程度的会计命题也要求进行不同的检验,但是,一般说来,检验意味着保证理论与其所有可能的后果保持相符。假设不应被作为基础的全部会计原则和规则中的任何一个驳倒,每条原则都应与所有的假设和规则保持一致。

而且,还可以通过判断使用某一规则的长期收效是否大于使用它所付出的代价、是否不亚于使用另一种准则的好处,相互对照着对规则进行检验。[45]

五、国际会计原则

正如执意模仿某事是对这件事的可行性的赞赏一样,其他国家不受拘束地重复模仿美国通过原则来促进会计实务的经验,是这种经验具有普遍性的证明。那些通过统一会计科目表来控制会计实务的国家,迄今仍然对理论毫无兴趣,而那些用公司法来调节会计的国家却经常感到需要像《会计研究公报》那样的优选方法的公告。这些公告常常采取了由会计团体或政府机构提出会计程序的建议形式,它们本身并不表示根据一般会计原则进行推论的尝试。不过,职业会计师抱怨法律条款与这些公告所包含的准则之间存在差异。在日本和墨西哥这样不同的国家中,会计师同样尝试过把会计原则建成一种减少实务中可替代方法的手段。[46]一些国家的作者还建议在国家之间建立统一的会计原则,以利于国际贸易和国际投资。[47]

美国会计实践者表示过许多企望会计理论的要求。经过40年的讨论,至今仍然缺乏一套综合的、统一的、会计师和报表用户均能赞同和信赖的会计概念公告。对于财务报表按照"公认会计原则"公允地反映经营成果的审计标准意见的准确含义,至今仍没有统一的看法。其结果,是导致会计方法的变化比会计环境的变化缓慢得多。而且,会计职业界一直未能解决公开性、一致性和报表可比性等方面的基本问题。

如今的美国会计是一门同时处在许多发展阶段的艺术。会计的期刊文献可以分成两类:一类是学者们的,他们仍然运用演绎的会计原则确立法决定和维护他们对会计技术的选择;另一类是其他许多人的,他们对会计方法进行经验研究,而对会计理论很少过问。

但是,没有任何国家的会计师像美国的那样,作为一个群体致力于会计原则的探讨。在其他国家,建立会计原则被看得太重要,因此不能由会计师来进行,基本准则的制定几乎总是政府的特权,而且这似乎是必然的事情。莫里斯·穆尼茨(Maurice Moonitz)认为会计职业团体如果能自行制定会计原则,就可能永远得不到一致意见,并且无力强制它们付诸实施。[48]现在看来,第一代美国会计理论家们显然低估了在建立和制定会计原则时所遇到的理论和实务方面的困难。

注 释

[1] Angelo Pietra 早在 1586 年就支持谋求分析原始成本、企业实体、稳健主义、期间性之类的信条的实用簿记。这是引人注目的。See Edward Peragallo, "A Commentary on Vigano's Historical Development of Ledger Balancing Procedures, Adjustments and Financial Statements During the Fifteenth, Sixteenth, and Seventeenth Centuries", Accounting Review 46 (July 1971), 531-534.

[2] William A. Paton, Accounting Theory (New York: Ronald Press Company, 1921: reprinted by Accounting Studies Press, Chicago, 1962), p472.

[3] Charles E. Sprague, The Philosophy of Accounts (New York: Ronald Press Company, 1913), p. iii.

[4] Reed K. Storey, The Search for Accounting Principles (New York: AICPA, 1964), p. 3.

[5] Audits of Corporate Accounts, Correspondence with New York Stock Exchange (New York: American Institute of Accountants, 1934), p. 9.

[6] George O. May, Financial Accounting-A Distillation of Experience (New York: Macmillan, 1946), pp.

[7] Ibid,. p. viii.

[8] For example, see George O. May, Twenty-Five44-48 Years of Accounting Responsibility, 1911—1936 (New York: American Institute Publishing Co., 1936), pp. 53-59.

[9] Audits of Corporate Accounts, op. cit., pp. 13-14.

[10] Carmen. Blough, "Development of Accounting Principles in the United States", Berkeley Symposium on the Foundations of Financial Accounting (Rerkeley: School of Business Administration, University of California, 1967), p. 5.

[11] See "A Tentative Statement of Accounting Principles", Accounting Review 11 (June 1936), 187-191.

[12] Gilbert Byrne, "To What Extent Can the Practice of Accounting be Reduced to Rules and Standards?" Journal of Accountancy 44 (November 1937), 364-379.

[13] Thomas Henry Sanders, Henry Rand Hatfield, and Underhill Moore, A Statement of Accounting Principles (New York: American Institute of Accountants, 1938), p. xiii.

[14] Storey, op. cit., p. 31.

[15] Stephen Gilman, Accounting Concepts of Profit (New York: Ronald: Press Company, 1939), p. 245.

[16] Ibid., pp. 231-244.

[17] Ibid., pp. 254-257.

[18] Storey, op. cit., p. 24.

[19] A. C. Littleton, "Tests for Principles", Accounting Review 13 (March 1938), 16-24; "High Standards for Accounting", Journal of Accountancy 66 (August 1938), 99-104.

[20] A. C. Littleton, "Tests for Principles", op. cit., p. 16.

[21] Byrne, op. cit., p. 371.

[22] Storey, op. cit., pp. 19-31.

[23] Ibid., p. 19.

[24] Ibid., pp. 36-37.

[25] Ibid., pp. 37-38.

[26] 例如,在关于企业合并的会计研究公告第 40 辑的修订版,即会计研究公告第 43 辑中,由于方便那些希望作为联营合并处理而不是作为购买处理的客户,废除了事实上按合并企业处理的要求。

[27] "A Tentative Statement of Accounting Principles", op. cit., p. 188.

[28] American Accounting Association, A Tentative Statement of Accounting Principles Underlying Corporate Financial Statements (New York: American Accounting Association, 1936), p. 3.

[29] American Accounting Association, Accounting and Reporting Standards for Corporate Financial Statements (New York: American Accounting Association, 1957), p. 1.

[30] see John W. Buckley, Paul Kircher, and Russell L. Mathews, "Methodology in Accounting Theory", Accounting Review 43 (April 1968), 274-283.

[31] A. C. Littleton, "The Search for Accounting Principles", New York Certified Public Accountant 28 (April, 1958), 250; Storey, op. cit., pp40-48.

[32] Storey, op. cit., p. 49.

[33] Alvin R. Jennings, "Present-Day Challenges in Financial Reporting", Journal of Accountancy 105 (January 1958), 28-34.

[34] Weldon Powell, "Report of the Accounting Research Activities of the American Institute of Certified Public Accountants", Accounting Review 37 (January

1962), 26.

[35] Arthur M. Cannon, "Discussion Notes on 'The Basic Postulates of Accounting,'" Journal of Accountancy 113 (February 1962), 42-43.

[36] Robert T. Sprouse and Maurice Moonitz, "A Tentative Set of Broad Accounting Principles for Business Enterprises", Accounting Research Study No. 3 (New York: AICPA, 1962), pp. 60-83.

[37] See "Comments of Leonard Spacek", in Maurice Moonitz, "The Basic Postulates of Accounting", Accounting Research Study No. 1 (New York: AICPA, 1961), 56. Also Leonard Spacek, "The Need for an Accounting Court", Accounting Review 33 (July, 1958), 368-379.

[38] For a methodological survey, see Eldon S. Hendriksen, Accounting Theory, rev. ed. (Homewood, Ill. : Richard D. Irwin, 1970), 1-21.

[39] Richard Mattessich, "Towarda General and Axiomatic Foundation of Accountancy", Accounting Research 8 (October, 1957), 328-356.

[40] R. J. Chambers, "Blueprint for a Theory of Accounting", Accounting Research 6 (January, 1955), 17-25.

[41] R. J. Chambers, Accounting, Evaluation and Economic Behavior (Englewood Cliffs, N. J. : Prentice-Hall, 1966), 4.

[42] Richard Mattessich, "Some Thoughts on the Epistemology of Accounting", a paper presented at the Second International Conference of Accounting Education, London, 1967.

[43] Richard Mattessich, Accounting and Analytical Methods (Homewood, Ill. : Richard D. Irwin, 1964), 8-15.

[44] Ibid. , 19; R. J. Chambers, Accounting Evaluation and Economic Behavior, op. cit. , 7.

[45] Richard Mattessich, Accounting and Analytical Methods, op. cit. , 232-241.

[46] See Stephen A. Zeff, Forging Accounting Principles in Five Countries: A History and Analysis of Trends, (Champaign, Ill. : Stipes Publishing Company, 1972).

[47] T. K. Cowan, "The International Harmonization of Accounting Principles", The Accountant's Journal (New Zealand), (February: 1968), 206 - 210; Jacob Kraayenhof, "International Challenges for Accounting", Journal of Accountancy 109 (January, 1960), 34-38.

[48] Maurice Moonitz, Obtaining Agreement on Standards in the Accounting Profession, (Sarasota, Florida: American Accounting Association, Studies in Accounting

Research No. 8, 1974).

主要参考文献

Abel, Rein. "The Impact of Environment on Accounting Practices: Germany in the Thirties". International Journal of Accounting 7 (Fall, 1971), 29-47.

American Accounting Association. A Statement of Basic Accounting Theory. Evanston, Ill.: AAA, 1966.

American Institute of Certified Public Accountants. "Restatement and Revision of Accounting Research Bulletins". Accounting Research Bulletin No. 43. New York: AICPA, 1953.

American Institute of Certified Public Accountants. APB Statement No. 4: Basic Concepts and Accounting Principles Underlying Financial Statements of Business Enterprises. New York: AICPA, 1970.

American Institute of Certified Public Accountants, Study Group on the Establishment of Accounting Principles. Establishing Financial Accounting Standards. New York: AICPA, 1972.

Benson, Sir Henry. "The Story of International Accounting Standards". Accountancy 87 (July, 1976), 34-39.

Blough, Carman G. "Development of Accounting Principles in the United States". Berkeley Symposium on the Foundations of Financial Accounting. Berkeley: School of Business Administration, University of California, 1967, 1-25.

Bray, F. Sewell. "Accounting Postulates and Principles". In Morton Backer, ed. Modern Accounting Theory. Englewood Cliffs, N. J.: Prentice-Hall, 1966, 28-47.

Buckley, John W., Kircher, Paul, and Mathews, Russell L. "Methodology in Accounting Theory". Accounting Review 43 (April, 1966), 274-283.

Burns, Thomas J. Accounting in Transition: Oral Histories of Recent U. S. Experience. Columbus, Ohio: College of Administrative Science, Ohio State University, 1974.

Chambers, R. J. Accounting, Evaluation and Economic Behavior. Englewood Cliffs, N. J.: Prentice-Hall, 1966, 341-363.

—"Blueprint for a Theory of Accounting". Accounting Research 6 (January, 1955), 17-25.

—"Detail for a Blueprint". Accounting Review 32 (April, 1957), 206-215.

—"Why Bother with Postulates?" Journal of Accounting Research 1 (Spring, 1963), 3-15.

Davidson, Sidney, and Kohlmeier, John M. "A Measure of the Impact of Some Foreign Accounting Principles". Journal of Accounting Research 4 (Autumn, 1966), 183-212.

Devine, Carl T. "Research Methodology and Accounting Theory Formation". Accounting Review 35 (July, 1960), 387-399.

Gilman, Stephen. Accounting Concepts of Profit. New York: Ronald Press Company, 1939, Chaps. twelve through sixteen.

Gordon, Myron. "Postulates, Principles and Research in Accounting". Accouting Review 39 (April, 1964), 251-263.

Gorelik, George. "Notes on the Development and Problems of Soviet Uniform Accounting". International Journal of Accounting 9 (Fall, 1973), 135-148.

Grady, Paul. "The Quest for Accounting Principles". Journal of Accountancy 113 (May, 1962), 45-50.

Hendriksen, Eldon S. Accounting Theory, rev. ed. Homewood, Ill.: Richard D. Irwin, 1970, especially chaps. one, three, and four.

—"Toward Greater Comparability Through Uniformity of Accounting Principles". New York Certified Public Accountant 37 (February, 1967), 105-115.

Ijiri, yuji. The Foundations of Accounting Measurement. Englewood Cliffs, N. J.: Prentice-Hall, 1967, especially chap. three.

Imke, Frank J. "Relationships in Accounting Theory". Accounting Review 41 (April, 1966), 318-322.

Littleton, A. C. The Structure of Accounting Theory. Menasha, Wisc.: George Banta Company, 1961.

Littleton, A. C., and Zimmerman, V. K. Accounting Theory: Continuity and Change. Englewood Cliffs, N. J.: Prentice-Hall, 1962, Chap. six.

Mattessich, Richard. Accounting and Analytical Methods Homewood, Ill: Richard D. Irwin, 1964, especially chap. two.

—"Toward a General and Axiomatic Foundation of Accountancy". Accounting Research 8 (October, 1957), 328-356.

Mautz, Robert K. "The Place of Postulates in Accounting". Journal of Accountancy 119 (January, 1965), 46-49.

—"Accounting Principles-How Can They Be Made More Authoritative?" CPA Journal (March, 1973), 185-190.

May, George O. Financial Accounting: A Distillation of Experience. New York:

Macmillan, 1953. Reprinted by Scholars Book Company, Lawrence, Kansas, 1972. First six chapters.

Metcalf, Richard W. "The Basic Postulates in Perspective". Accounting Review 39 (January, 1964), 16-21.

Moonitz, Maurice. "The Basic Postulates of Accounting". Accounting Research Study No. 1. New York: AICPA, 1961.

—"Accounting Principles-Some Lessons from the American Experience". Journal of Business Finance 2 (1970), 51-64.

—Obtaining Agreement on Standards in the Accounting Profession. Sarasota, Florida: American Accounting Association, Studies in Accounting Research No. 8, 1974.

—"Three Contributions to the Development of Accounting Principles Prior to 1930". Journal of Accounting Research 8 (Spring, 1970), 145-155.

—"Why Do We Need 'Postulates' and 'Principle'?" Journal of Accountancy 96 (December, 1963), 42-46.

Newman, Maurice S. "Historical Development of Early Accounting Concepts and Their Relation to Certain Economic Concepts". Academy of Accounting Historians Working Paper No. 11. University, Alabama: Academy of Accounting Historians, 1975.

Paton, William A. Accounting Theory. New York: Ronald Press Company, 1922. Reprinted by Accounting Studies Press, Chicago, 1962, and by Scholars Book Company, Lawrence, Kansas, 1972. Chapter twenty.

Paton, W. A., and Littleton, A. C. An Introduction to Corporate Accounting Standards. American Accounting Association Monograph No. 3. New York: AAA, 1940.

Powll, Weldon. "Inventory of Generally Accepted Accounting Principles". Journal of Accountancy 119 (March, 1965), 29-35.

Sanders, T. H., Hatfield, H. R., and Moore, U. A Statement of Accounting Principles. New York: American Institute of Accountants, 1938. Reprinted by American Accounting Association, Columbus, Ohio, 1959.

Savoie, Leonard. "Accounting Attitude". Financial Executive (October, 1973), 78-84.

Schmalenbach, Euge. Dynamic Accounting. London: Gee, 1959.

Spacek, Leonard. "A Suggested Solution to the Principles Dilemma". Accounting Review 39 (April, 1964), 275-284.

—"The Need for an Accounting Court". Accounting Review 33 (July, 1958), 368-379.

Sprouse, Robert T., and Moonitz, Maulice. "A Tentative Set of Broad Accounting

Principles for Business Enterprises". Accounting Research Study No. 3. New York: AICPA, 1962.

Storey, Reed K. "Accounting Principles: AAA and AICPA". Journal of Accountancy 117 (June, 1964), 47-55.

——The Search for Accounting Principles. New York: AICPA, 1964.

Vatter, William J. "Postulates and Principles". Journal of Accounting Research 1 (Autumn, 1963), 179-197.

Zeff, Stephen A. Forging Accounting Principles in Five Countries: A History Analysis of Trends. Champaign, Ill. : Stipes Publishing Company, 1972.

——"Chronology of Significant Events in the Establishment of Accounting Principles in the United States, 1962—1972". Journal of Accounting research 10 (Autumn, 1972), 217-227. Reprinted in Burns, op. cit. , 1-15.

（肖泽忠 译　黄肇兴 校）